제11판

K-IFRS 반영

회계원리 입문

김종호 · 홍정화 · 김원배 · 김태석 · 차진화

제11판을 내면서

국제회계기준이 2011년 전면 도입된 이후 회계원리 제10판을 2012년 2월에 출간하였다. 이후 국제회계기준의 제정과 개정이 있었지만 회계원리에 반영해야 할 국제회계기준의 개정은 주로 금융자산 편에서 이루어졌다. 금융자산 편에서 회계원리 에 반영되어야 할 정도는 주로 계정과목의 이름이 변경된 것에 불과하여 제10판의 수정으로만 진행하였다.

그러나 K-IFRS 제1109호에서 금융자산을 당해 금융상품의 현금흐름특성과 금융자산을 보유하는 기업의 사업모형에 따라 당기손익-공정가치측정금융자산(지분증권), 당기손익-공정가치측정금융자산(채무증권), 기타포괄손익-공정가치 측정금융자산(지분증권), 기타포괄손익-공정가치측정금융자산(채무증권), 상각 후원가측정금융자산으로 분류하고, 이 금융자산에 대한 후속 측정에 대한 폭넓은 개정으로 인하여 이를 반영한 개정판인 제11판을 출간하게 되었다.

제11판 개정에는 제8장과 제11장에서 금융자산의 개정에 대한 개념 및 예제를 회계원리를 학습하는 학생들 수준에서 어렵지 않게 구성하였다. 제17장 현금흐름표에서도 개정된 K-IFRS 대로 반영하였다.

K-IFRS에서 개정되지 않은 나머지 단원들에서는 예제를 보완 및 수정하였고, 단원별 연습문제의 풀이를 반영하여 그동안 풀이와 해답이 없거나 틀린 내용으로 반영되어 있어 불편하였던 학습자들의 불편을 해소하고 이해력을 높일 수 있게 하였다.

또 문맥이나 표현이 적절하지 못한 부분을 전체적으로 수정하여 본서로 학습하는 학 습자들의 혼돈을 줄이려고 하였다. 본서를 이용하여 회계원리를 학습하는 학생들이 회계환경의 변화에 따른 회계의 기본원리를 이해하고 재무제표 작성에 대한 기초지식을 습득하는 데 기여할 뿐 아니라 재무제표를 해석하고 이를 활용할 수 있는 능력도 함양할 수 있기를 기대한다.

제11판을 낼 수 있도록 지원을 해주신 도서출판 두남의 전두표 사장님을 비롯한 임직원 여러분께 깊은 감사의 말씀을 드린다.

2020년 8월 20일

저자들 씀

머 리 말

오늘날의 사회는 흔히 정보화 사회라고 일컬어지는데, 이는 정보가 중요시되고 정보에 의한 의사결정이 요구되는 사회를 의미하는 것이다. 물론, 여기에서 정보란 대부분의 경우에 있어서 경제적 정보를 뜻하는 것이다.

이를 구체적으로 말하면 산업사회에서는 물론 정보화 사회의 진입 이후 모든 개인·조직 및 사회는 한정된 자원을 효율적으로 운용하여 각자의 목적을 달성하고자 하는데, 이 경우에 있어서 정보가 필수적으로 요구된다는 것이다. 즉, 개인이나 조직은 극대이윤을 추구하며, 사회 전체적으로는 자원의 효율적 배분을 그 목표로 추구한다.

이와 같은 각자의 목표를 달성하기 위해서는 합리적 판단이나 의사결정을 하여야 하는데, 여기에서 의사결정이란 여러 가지 대체안 중에서 어느 하나 또는 그 이상의 방안을 선택하는 과정을 말한다.

합리적 판단이나 의사결정이 이루어지기 위해서는 경제 전반에 관련된 정보, 산업별 정보 및 기업별 정보가 요구되는 것이다. 이러한 여러 정보는 기업별 재무 및 생산보고서를 토대로 하여 형성되는 것이기 때문에 우선적으로 개별 기업의 재무 및 생산에 관한 정보를 이해할 수 있는 능력이 필요하다. 이러한 능력을 함양시켜주는 학문이 회계학이라는 사회과학이다.

이렇게 볼 때, 회계학은 산업사회와 정보화 사회를 살아가는 모든 사회구성원들이 반드시 이해하여야 할 지식체계이고, 경제 현실과 기업을 이해하기 위한 커뮤니케이션의 수단을 설계하는 학문이며, 오늘날과 같이 이해관계자 집단간의 대립이 심한 경우에 있어서는 이해조정자적 기능을 수행하는 학문이라고 할 수 있다. 그러나 회계학의 중요성을 인정하면서도 입문과정에서의 어려움 때문에 일정부문의 종사자들만이 공부해야 하는 것으로 치부되는 경우가 종종 있다.

최근 일련의 사태로 정경유착의 근절분위기가 높아가고, 금융실명제 및 부동산실명제의 실시로 증권시장의 동향이나 각종 금융기관의 신용의사결정 행태도 과거와는 달리 대체로 회계정보에 의존하고 있는 추세라는 점을 고려한다면 회계가 일정부문의 종사자들에게만 한정적으로 요구되는 것이 아님을 쉽게 납득할 수 있는 것이다.

회계학을 공부하는 데 있어서는 끈기와 정성이 요구된다. 회계학의 입문과정에서 공부하게 되는 과목이 회계원리인데, 회계원리과정에서부터 기본원리를 이해하기 위한 끈기와 수많은 회계자료를 대상으로 재무보고서를 작성하기 위한 정성이 요구된다.

이 책의 저자들은 이러한 점을 염두에 두면서 집필하였는데, 특히 다음과 같은 내용에 역점을 두었다.

첫째, 회계학의 학문체계를 사회과학의 한 분야로서 이해하기 위하여 회계의 본질을 현대적 상황에서 명백히 규명하고자 노력하였으며, 회계에 대한 정확한 이해를 돕기 위하여 기본원리를 상세히 설명하였다.

둘째, 회계의 계산원리를 쉽게 이해할 수 있도록 모든 회계사안에 대한 예제를 충분히 설정하여 설명하였으며, 또한 각 장의 연습문제에 대한 해답을 이 책의 말미에 부록으로 수록함으로써 독자 스스로 공부하는 데 도움이 되도록 하였다.

셋째, 기업회계기준의 규정에 충실하게 설명하되, 회계를 처음 공부하는 독자들에게 꼭 필요한 내용만을 선정하여 설명함으로써 독자들의 주의를 집중시키도록 하였다.

따라서 이 책으로 강의를 하는 교수님들은 불필요한 내용없이 한 학기내에 내용을 설명할 수 있을 것으로 사료된다. 또한 진도에 따라서는 제17장과 제18장은 생략하여도 무방할 것으로 생각된다.

이 책은 이상과 같은 점을 특히 고려하여 저술하였으나 저자들의 능력 부족과 충분한 시간적 여유를 갖지 못한 관계로 내용면에서 부실한 부분이 있을 것으로 생각된다. 그러나 독자들의 성원과 선배·동료교수들의 질책이 있다면 보다 좋은 교과서로서 거듭날 것으로 믿는다.

끝으로, 이 책을 맡아 발간하여 주신 도서출판 두남의 전두표 사장님을 비롯한 임직원 여러분들게 감사드린다.

1997년 7월

저자들 씀

차 례

제 I 부 기업과 회계의 기초개념

제1장 기업과 회계

제2장 회계본질의 이해

제3장 재무제표의 구성요소

제Ⅱ부 회계의 순환과정

제4장 회계의 기록대상으로서의 거래

제5장 거래의 기록과 분류방법

제6장 회계의 기록장소로서의 장부

제7장 회계정보산출절차로서의 결산

제Ⅲ부 재무제표 구성요소별 회계

제8장 현금및현금성자산·당기손익-공정가치측정금융자산

제9장 수취채권과 지급채무

제10장 상 품

제11장 투자자산(기타금융자산)

제12장 비유동자산

제13장 부 채

제14장 자 본

제15장 수익과 비용

제Ⅳ부 재무제표의 작성과 활용

제16장 결산정리기입과 재무제표 작성

제17장 현금흐름표

제18장 재무제표의 검증과 활용

제 I 부
기업과 회계의 기초개념

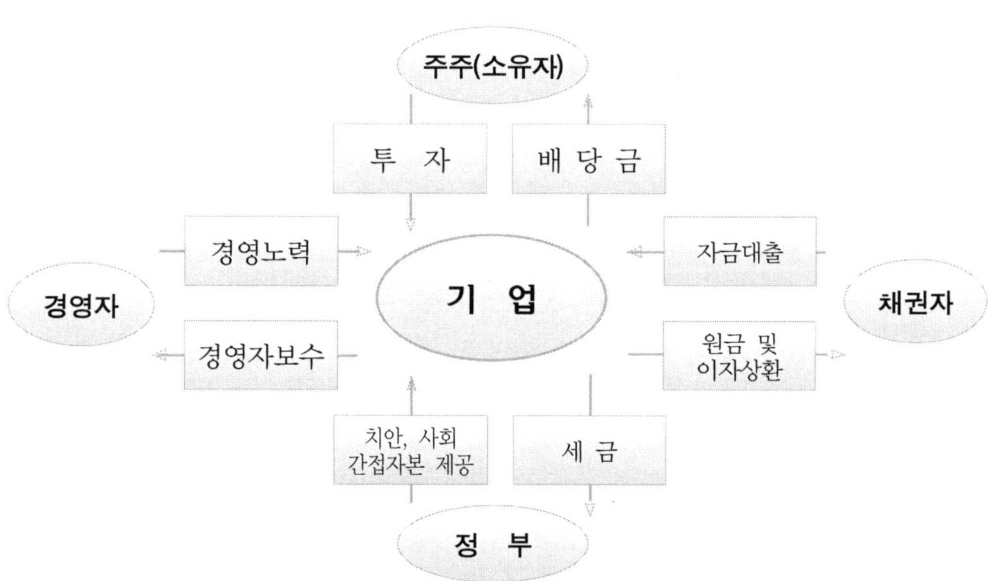

제1장 기업과 회계

기업이란 무엇인가?

1·1 기업의 의미

자본주의 경제사회의 구성원인 우리들은 일상생활에서 개인생활이든 사회생활이든 간에 기업과 가까이서 밀접한 관련을 맺으며 살아가고 있다. 그래서 우리들은 원만한 생활을 영위해 나가기 위해서는 먼저 기업의 활동을 이해해야 할 필요가 있다.

이상과 같은 관점에서 우리는 기업활동에 대한 내용을 요약하고 있는 회계를 보다 잘 이해하기 위해서 먼저 다양한 형태의 기업과 기업활동을 파악하여야 한다.

기업(business)의 의미에 대하여 여러 학자들이 다양한 견해를 나타내고 있으며, 또한 기업을 정의하는 사람마다 조금씩 다른 주장을 하기도 한다. 즉, 어떤 사람은 기업이란 재산 형성의 꿈과 흥분을 실현시키기 위한 기회를 제공하는 것으로 이해하는가 하면, 반면에 어떤 사람은 탐욕과 착취를 하는 것으로 이해하고 있다.

그러나 기업에 대한 우리들 각자의 견해가 긍정적이든 부정적이든 간에 관계없이 우리들은 기업에서 일어나는 것들로부터 영향을 받으며 매일매일을 살아가고 있는 것이다.

기업의 의미를 알아보기 위하여 사전을 찾아보면 다음과 같이 다양하게 정의되어 있다.[1)]

① 사람의 일 또는 직업, ② 특별한 업무 또는 의무, ③ 사건 또는 일, ④ 상업 또는 거래, ⑤ 상업조직 또는 산업조직

위에서 보듯이 기업의 사전적 의미는 다양하다는 것을 알 수 있다. 이 책에서는 기업의 의미를 ⑤의 상업조직 또는 산업조직이라는 것으로서 사용하기로 한다.

기본적으로 기업은 재화와 서비스를 생산하여 그것을 필요로 하는 고객에게 판매하여 이익을 창출하고, 그 이익을 기업의 이해관계자들에게 분배하거나 재투자하여 그 활동을 계속해 나가는 조직이다.

기업은 이러한 경제활동을 수행하기 위하여 자원, 노동, 자본 등과 같은 제1차적 생산요소와 이들 제1차적 생산요소들을 결합하여 기업이 이루어지도록 하는 기업가 정신(경영)이라는 제2차적 요소를 필요로 한다.

기업가(경영자)는 기업을 설립하고 그것을 경영함으로써 발생하는 부의 축적이라는 성공의 기회와 파산이라는 실패의 위험을 기꺼이 받아들이고자 하는 사람들이다. 그들은 제1차적 생산요소를 결합하여 재화와 서비스를 생산하고, 이를 판매하여 이익을 창출함으로써 기업가치를 증대시키는 것을 목표로 하고 있다.

1 · 2 기업의 형태

기업의 형태는 주로 자본의 출자와 이에 수반되는 책임정도에 따라 다음과 같이 구분할 수 있다.

- 사기업
  - 자연인기업 ; 개인기업, 조합기업
  - 법인기업(회사기업) ; 합명회사, 합자회사, 유한회사, 주식회사
- 공기업
  - 관청기업, 국영기업
  - 법인체기업 ; 공사, 공단
- 공사혼합기업 : 특수회사

여기에서는 민간인에 의하여 영리목적으로 운영되는 사기업에 대해서만 살펴본다.

---

1) Kumen H. Jones, Jean B. Price, Michaell L. Werner and Marth S. Doran, *Introductory to Financial Accounting - A User Perspective*, Prentice - Hall, 1996, p.3

1. 자연인기업

자연인기업은 자연인으로서 개인에 의해 설립되고 개인의 책임하에 운영되는 개인기업과 소수의 개인이 동업을 함으로써 그 책임을 분담하고 이익을 공유하는 조합기업으로 나눌 수 있다.

자연인기업의 특징은 기업을 둘러싼 이해관계자가 적어서 사회에 미치는 영향이 크지 못하기 때문에 상법 등의 법령에 의한 규제와 보호가 미약한 편이다.

회계와 관련시켜 자연인기업의 특징을 본다면, 자본금을 늘리거나 줄이는 데 제한이 없으며, 또한 발생된 이익의 처분에도 제한이 없다는 점을 들 수 있다.

(1) 개인기업

개인기업은 가장 오랜 전통을 가진 기업의 형태로서 개인상인이 대표적이다. 때에 따라서는 다른 사람에게 운영을 맡길 수도 있으나 일반적으로 출자자, 경영자 및 기업지배자가 일치된다.

개인기업은 설립과 해산이 용이하며, 모든 이익이 소유자 개인에게 귀속된다. 또한 업무집행에 있어서 열의와 신속성이 있으며, 기업의 비밀유지가 보장될 수 있다.

그러나 법인기업에 비하여 자본조달이 어렵기 때문에 자본규모가 작고 자본축적의 원천이 미약하다. 그리고 대외신용이 미약하여 외부로부터의 차입에 의한 타인자본의 조달이 곤란하며, 경영능력에 있어서 한계점을 가지게 된다.

그러므로 개인기업은 소규모이어서 대부분의 경우 기업주가 관리하며, 큰 자본을 필요로 하지 않는 기업에 적합하다.

(2) 조합기업

조합기업은 두 사람 이상의 소유에 의하여 동업의 형태로 운영되는 기업형태를 말하며, 민법에 설립근거를 두고 설립된다. 조합기업도 설립이 용이하며, 정부규제가 적은 편이다. 개인기업에 비하여 경영전문성이 증대되며, 자본조달이 용이한 편이다. 그리고 발생된 이익은 조합규약에 따라 분배된다.

그러나 조합기업은 조합원들이 무한책임을 져야 하며, 발생된 이익을 다른 조합원들과 분배해야 하기 때문에 분쟁의 가능성이 있다.

2. 법인기업

법인기업은 기업의 소유자가 아닌 기업 그 자체가 실체(entity)로서 법률상의 권리능력을 가지고 영업활동을 수행하는 기업형태이다. 법인기업은 소유자와는 별개의 법인격을 가지고 각종 계약을 체결하고 구매, 판매행위 등의 경제활동을 수행함으로써 이익을 창출한다. 법인기업은 많은 이해관계자를 가지고 있으므로 상법 등의 법령에 의하여 규제와 보호를 받으며, 사회에 미치는 영향도 크다.

회계와 관련된 법인기업의 특징은 자본금을 늘리거나 줄이기 위해서 일정 절차를 거쳐야 한다는 점과 발생된 이익을 처분하기 위해서는 일정한 절차를 거쳐야 한다는 점을 들 수 있다.

(1) 합명회사

합명회사는 기업의 채무에 대하여 무한적으로 책임을 지는 2인 이상의 무한책임사원으로 구성된 회사를 말한다. 합명회사의 소유자인 사원은 정관 또는 모든 사원의 동의로써 대표사원을 정하지 않는 한 각 사원이 회사를 대표한다.

합명회사는 새로운 사원의 입사나 퇴사가 모든 사원의 동의로서만이 가능하기 때문에 사원 상호간의 개인적인 신뢰관계를 바탕으로 한 인적기업(동족회사)이다. 합명회사는 제조업보다 비교적 큰 설비를 필요로 하지 않는 상품매매기업이나 중소기업에 적합한 기업형태이다.

(2) 합자회사

합자회사는 1인 이상의 무한책임사원과 1인 이상의 유한책임사원으로 구성된 기업형태로서 인적기업이다. 무한책임사원은 출자와 회사의 업무집행을 담당하지만 유한책임사원은 출자만 담당하므로 후자의 손실부담 염려가 더 적다.

보다 광범위하게 자본을 모으려고 발전하였지만 유한책임사원이 되기보다는 주식회사의 주주를 선택하는 경향 때문에 오히려 합명회사보다도 소규모인 경우가 많다.

(3) 유한회사

유한회사는 주식회사보다 설립과 조직을 간편하게 하여 중소기업에 적합하도록 1인 이상 50인 이하의 유한책임사원으로 구성되는 기업형태이다. 그러므로 유한책임사원은 회사의 자본에 대한 출자 의무를 부담하며 회사의 채무에 대해서는 출자액의 한도내에서만 책임을 진다.

유한회사에 대한 상법규정 중에는 주식회사에 대한 규정과 동일한 것이 많기 때문에 회계처리도 주식회사에 대한 방법과 유사하다. 그리고 유한회사는 출자자를 공개모집할 수 없으므로 설립절차가 간결하고 재무보고서를 공개할 의무도 없다.

(4) 주식회사

주식회사는 자본을 중심으로 한 물적회사로서 오늘날 자본주의 경제사회에서 가장 일반적인 기업형태이다. 주식회사는 상법의 규정에 따라 1인 이상의 발기인이 회사의 정관을 작성하여 법원에 설립등기를 마침으로써 설립된다.

주식회사는 유한책임을 지는 주주로서 구성되며 회계에서는 회사는 계속적으로 존속한다는 것을 전제로 한다. 주식회사의 경우에는 널리 자본을 조달할 수가 있으며 소유권의 이전이 증권시장을 통하여 용이하게 이루어진다. 그러나 세금이 이중으로 부담되는 문제가 있다.

즉, 기업에 대하여 법인세로서 우선 과세가 이루어지고 이어서 주주들에게 배당된 배당금수입에도 과세가 이루어진다. 또한 주식회사는 많은 이해관계자를 가지고 있어서 사회에 많은 영향을 끼치게 되며, 이 때문에 상법 등의 법령에 의하여 정부규제를 많이 받는 편이다.

1 · 3 기업의 유형

기업은 기업이 종사하고 있는 영업활동의 유형(업종)에 따라 상품매매기업, 제조기업, 서비스기업 및 복합기업으로 구분된다.

1. 상품매매기업

상품매매기업이란 상품매매를 주된 영업활동으로 하는 기업으로서, 구체적인 형태를 가지는 상품의 구매와 판매를 통하여 이윤을 획득하는 것이 목적인 기업을 말한다.

상품매매기업은 판매를 목적으로 완성품인 상품을 외부에서 구입하고, 추가적인 가공없이 이윤을 가산하여 외부에 판매한다는 점에서 제조기업과 차이가 있다.

상품매매기업의 주된 수익은 상품을 판매하는 과정에서 실현되는 매출액이다. 그리고 수익(매출액)을 창출하는 과정에서 희생되는 비용으로 매출한 상품의 구입원가

(매출원가), 광고비, 운송비 등의 판매비용, 인건비 등의 관리비용이 있다.

상품매매기업은 다음과 같이 도매기업과 소매기업으로 구분할 수 있다.

(1) 도매기업

도매기업은 제조기업 또는 다른 도매기업으로부터 상품을 구매한 후 이를 소매기업에게 판매하는 기업을 말한다.

일반 소비자들은 대부분 소매기업과 접촉하기 때문에 도매기업에 대한 이해가 어려울 수 있다.

그러나 최근에는 제조기업이 직판장을 설치하여 직접 소비자에게 제품을 판매하거나, 롯데마트 · E마트 · GS마트 등의 대형 유통업체가 제조기업으로부터 직접 구입하여 소비자에게 낮은 가격으로 판매하는 경우가 많아 도매기업 본래의 목적이 퇴색되고 있다.

(2) 소매기업

소매기업은 도매기업 또는 제조기업으로부터 직접 상품을 구매하여 최종 소비자에게 판매하는 기업을 말한다. 일반적으로 최종 소비자는 도매기업보다는 각종 백화점이나 슈퍼마켓과 같은 소매기업을 자주 이용한다.

소매기업은 문구점, 의류점, 제과점 등과 같이 개별 소유자에 의하여 단독으로 운영되는 경우가 해당하지만 점차 가맹점(프랜차이즈) 형태가 증가하는 추세이다.

2. 제조기업

제조기업이란 재료를 구입하여 생산과정에 투입하고, 생산과정을 거쳐 제품으로 완성한 후, 외부에 판매함으로써 이윤을 획득하는 것이 목적인 기업을 말한다.

제조기업에 있어서 영업활동은 구매과정, 제조(생산)과정, 판매과정을 거쳐 이루어진다.

(1) 구매과정

외부로부터 제품제조에 필요한 각종 생산요소를 구입하는 과정이다. 즉, 원재료를 구입하고 그것을 가공하는 데 필요한 노동력과 건물, 기계, 공구 등의 생산설비 및 수도, 전기, 가스 등의 여러 서비스를 외부로부터 구입하여 제조활동의 준비를 하는 과정이다.

(2) 제조과정

구매과정에서 구입된 재화와 서비스를 결합하여 제품을 제조하는 과정이다. 즉, 공장내에서 각종의 기계공구를 사용하고 전기, 가스 등을 소비하면서 노동력을 투입하여 원재료를 가공하는 과정이다. 제조과정은 상품매매기업에는 없는 제조기업의 특징으로서 이 과정의 기록을 위하여 원가계산제도가 필요하다.

제조기업에 있어서의 이윤은 제품을 제조함으로써 얻어지는 것이므로 제조기업의 이윤은 실질적으로 이 제조과정에서 발생되는 것이다. 따라서 제조기업의 경영에 있어서는 가장 중요한 과정이다.

(3) 판매과정

제조과정을 통하여 생산된 제품을 외부에 판매하는 과정이다. 이 과정에서 제조기업의 수익(매출액)이 실현되어 제조과정에서 발생된 원가자료를 토대로 계산된 제조원가와 대응시킴으로써 이윤(이익)이 산출된다.

3. 서비스기업

서비스기업은 상품이나 제품처럼 구체적인 형태를 가지는 품목을 취급하는 것이 아니라 서비스를 제공함으로써 이윤을 획득하는 것이 목적인 기업을 말한다. 서비스업의 예로서는 회계법인(회계사업), 법무법인(변호사업), 의료법인, 경영자문업(컨설팅업), 운송업, 학원 등을 들 수 있다.

최근 들어 우리나라에서도 서비스기업의 비중이 증대되고 있다. 서비스기업의 주된 수익원천은 수수료수익이 되며, 이에 대응되는 비용으로는 인건비나 임차료 등이 해당된다. 서비스기업의 효율적인 경영은 수수료수익을 극대화하고 그에 대응하는 여러 가지 비용을 절감함으로써 달성된다.

4. 복합기업

복합기업이란 상품매매기업, 제조기업, 서비스기업 어느 한 가지 업종에 국한되지 않고 둘 이상의 업종을 병행하는 기업을 말한다.

예를 들면, 가전제품을 제조하는 기업이 가전제품의 판매를 위한 판매부서를 가지고 있으면서 애프터 서비스를 제공하기 위한 A/S부서를 가지고 있는 형태가 대표적이다.

복합기업의 영업자료는 복잡하고 다양하다. 이들 영업자료를 다루는 기업내부의 종사자는 물론 기업외부의 이용자들 또한 상품매매기업, 제조기업, 서비스기업의 영업자료를 분석하고 이해하는 방법을 먼저 파악할 필요가 있다.

기업과 회계정보

기업은 기업을 둘러싸고 있는 여러 이해관계자들과 다양한 이해관계를 맺고 있으며, 이들의 협조와 지원하에서만이 기업의 목적을 달성할 수가 있다. 기업의 이해관계자들은 기업의 정보를 필요로 하며, 기업은 이해관계자들과 협조적인 관계를 유지하고 이들로부터 지원을 받기 위해서는 기업의 경영에 관한 정보를 제공해야 한다.

다시 말하면 기업 내부와 외부의 이해관계자들은 각자의 목적을 달성하기 위한 합리적 의사결정을 하게 된다. 이때 기업경영에서 발생된 여러 자료와 정보가 요구된다.

이러한 정보는 세계경제나 국가경제에 관련된 거시적인 정보에서부터 개별기업에 국한된 미시적인 정보에 이르는 다양한 것으로서 계량적일 수도 있고 비계량적일 수도 있다.

이와 같은 정보들은 기업의 이해관계자들이 기업을 이해하는 데 필요한 정보원천이 될 뿐 아니라 이해관계자들 상호간의 커뮤니케이션의 수단이 될 수도 있다. 기업경영에 관한 모든 자료를 일정한 절차에 따라 계량화하여 공신력 있는 독립된 제3자(공인회계사)의 확인과정을 거쳐 제공되는 정보가 회계정보이다.

이와 같은 점에서 일반적으로 경제사회에서는 회계를 기업의 언어(language of business)라고 부르는데, 이는 기업의 경영활동내용을 요약한 재무보고서가 경영활동과정에서 발생된 회계자료를 토대로 작성되고, 재무보고서는 기업 내외에 있어서 커뮤니케이션의 수단이 되고 있기 때문이다.

즉, 언어가 상호간의 의사표시 및 정보전달의 수단이 되듯이 회계는 기업에 있어서 상호간의 의사표시 및 의사결정에 필요한 경제적 정보(economic information)를 전달하는 수단이 된다.

언어란 음성 또는 문자를 이용하여 인간의 감정이나 의사를 나타내는 것으로서, 한 개인이 자신의 감정이나 의사를 타인에게 전달하거나 타인의 감정이나 생각을 이해하기 위해서 언어가 사용되는 것이다.

주주, 채권자, 종업원(노동조합), 정부 등과 같은 기업의 이해관계자들이 기업의 경영활동을 잘 이해하기 위해서는 기업과 이들간의 의사전달의 수단이 되는 언어가 필요하게 되는데 회계가 바로 그 언어로서의 기능을 하는 것이다.

예를 들어, 회계라는 언어가 없다고 할 때 기업은 자체의 경영활동 내용을 체계적으로 파악할 수도 없고, 또한 이해관계자들에게 알려 줄 수도 없을 것이다. 그리고 기업의 이해관계자들은 기업의 경영활동을 파악하기 위해 당해 기업을 직접 방문하여 자산, 부채의 상황과 수익, 비용의 발생 등을 일일이 조사하여야 하는데, 이러한 조사절차를 위한 시간과 노력은 실로 엄청날 것이다.

기업의 언어로서 회계가 존재한다는 것은 이러한 혼란을 방지해 주게 된다. 위에서도 설명한 바와 같이 기업이 일정기간의 경영활동 내역을 회계장부에 기록한 후 일정기간 말에 이를 요약하여 재무보고서로서 이해관계자들에게 제공한다면 이들은 적은 노력과 시간으로 당해 기업의 재무상태와 경영성과 등을 파악할 수 있을 것이다. 따라서 회계를 이해하지 못한다는 것은 기업의 언어를 이해하지 못한다는 것이며, 이는 결과적으로 자본주의 경제체제하에서는 경제문맹이 된다는 것을 의미한다.

기업은 자본주의를 유지·발전시켜야 하는 견인차이며, 기업이 계속적으로 성장하기 위해서는 기업과 이해관계자들간의 원활한 커뮤니케이팅이 이루어져야 한다. 이를 위해 기업은 경영활동내역을 요약한 회계정보를 충분하고도 완전하게 공시(disclosure)를 해야 하며, 이해관계자들은 기업이 공시한 회계정보에 입각하여 합리적 의사결정을 할 수 있을 것이다.

3절 기업과 회계제도

1980년대 후반기 이후 소련을 비롯한 동구권의 공산권 국가에 있어서 사회주의 경제체제의 붕괴는 자본주의 경제체제의 우월성을 입증시켜 주는 역사적 사건이 되고 있다. 또한 개인 · 조직 및 국가에 있어서 이념문제라는 것이 얼마나 공허한 것이며,

생존과 번영의 문제로서 경제문제야말로 개인·조직 및 국가가 추구해야 하는 가장 근본적 문제라는 것을 우리들에게 인식시켜 준 계기가 되었다.

그러면 자본주의 경제체제가 사회주의 경제체제에 비하여 경제적 번영을 가져오는 원인은 어디에서 찾을 수 있을까?

결론적으로 말하여 자본주의 경제체제에서는 그것을 지켜주는 파수꾼으로서 회계제도가 효과적으로 그 기능을 수행하고 있기 때문이다. 즉, 회계제도는 자본주의 경제체제의 존립기반이 되는 제도적 틀(institutional framework)이 되고 있기 때문이다.

자본주의 경제체제에서 부를 창출하는 것은 주식회사로 대표되는 기업이며, 기업이 유지되고 성장하기 위해서는 모든 기업의 구성원인 주주, 채권자, 정부, 종업원(노동조합) 등이 신뢰감을 가지고 기업에 대한 자신의 의무를 충실히 수행할 수 있어야 한다. 즉, 주주는 출자한 자금이 공정하고도 효율적으로 운용되어 자신에게 배당금의 형태로 과실을 가져다 준다고 믿기 때문에 출자하는 것이며, 채권자는 기업의 재무상태를 파악한 후 원금회수 및 이자수익을 얻을 수 있다고 판단하여 자금을 대여해 주는 것이다.

종업원(노동조합)은 자신들이 기업의 순이익 창출에 기여한 만큼 대가를 받는다고 믿기 때문에 당해 기업에 근무하는 것이다. 정부당국(세무당국)도 기업으로부터 제공된 회계정보가 신뢰성이 있다고 보기 때문에 이에 기초를 두고 적정한 세금을 부과하고, 이를 재원으로 하여 사회간접자본이나 치안유지 등과 같은 공공재를 제공하는 것이다.

그러면 주주, 채권자, 종업원(노동조합), 정부 등과 같은 기업의 이해관계자들이 신뢰감을 갖게 되는 근거는 무엇인가?

이는 기업이 대다수의 사회구성원들의 입장에서 볼 때 일반적으로 공정 · 타당하다고 인정되는 기준과 방법에 따라 일정기간의 경영활동 내역을 회계장부에 기록하여 이를 토대로 당해 기간말에 재무보고서(financial reports)로 작성한 후, 독립된 제3자로서의 회계전문가(공인회계사)의 감사를 받아 감사의견이 첨부된 재무보고서를 주주, 채권자, 정부당국, 종업원(노동조합), 기타 일반대중과 같은 이해관계자들(interested group)에게 공표하기 때문이다. 이해관계자들은 공표된 재무보고서를 토대로 하여 그들에게 가장 많은 이익을 가져오도록 의사결정을 하게 되는 것이다.

따라서 일반적으로 공정·타당하게 확립된 회계제도가 있기 때문에 주식회사로 대표되는 기업은 이해관계자들의 지원과 신뢰 속에서 이익을 창출하기 위해서 끊임없이 경영활동을 계속해 나가는 것이다.

기업과 회계윤리

4·1 윤리의 의미

인간이 행동을 할 경우 준수해야 할 도덕적 원칙을 윤리(ethics)라고 한다. 친구의 숙제를 그대로 복사하여 제출하는 것이 나쁘다고 생각하는 학생과 교수가 명시적으로 금지하지 아니한 경우에는 괜찮다는 학생이 있듯이 사람에 따라 옳고 그름의 관점이 반드시 일치하는 것은 아니다. 그러나 부도 직전의 기업을 구하려고 회사가 받을 판매대금을 과대하게 기록하여 은행에서 자금을 차입한 경영자나 가족의 수술비를 마련하기 위해 회사의 공금을 횡령한 종업원의 경우처럼 그르다는 것을 알면서도 비윤리적 행동을 하게 되는 경우도 있다.

윤리적 행동이란 사회와 이웃에 미치는 영향을 감안하여 선택한 행동으로 자신의 이익뿐 아니라 다른 사람의 이익도 고려한 행동이다. 윤리적 행동이 기업의 성공에 밑받침이 된다는 것은 원가를 절감하기 위해 결함이 있는 제품을 그대로 판매한 제조기업의 매출이 고객의 신뢰상실로 급격히 감소하는 경우에서 볼 수 있다. 더 높은 이윤을 얻기 위해 상품의 원산지를 속여 판 기업이나 환경을 오염시킨 기업이 소송이나 고객의 외면으로 파산한 경우도 있다. 종업원이 회사공금을 횡령하거나 부정한 방법으로 회사의 재산을 유용하여 기업에 막대한 손실을 입히는 경우도 많다.

경영자나 종업원의 비윤리적 행동에 의하여 기업의 실질적 내용과 회계정보가 다를 수 있다. 받아야 할 판매대금을 실제보다 과대하게 표시하거나, 판매실적을 실제보다 부풀려 보고하거나, 갚아야 할 채무를 과소하게 표시하는 경우가 그것이다. 경영자가 의도적으로 기업의 실질과 다른 회계정보를 공시하는 것을 분식회계(粉飾會計)라고 한다. 분식회계에 의한 회계정보는 기업의 실질과 다르므로 분식회계정보에 의하여 주식에 투자를 하거나 대출을 한 이해관계자는 주가가 하락하거나 기업이 원리금을 상환하지 못해 손해를 보게 된다. 정부는 분식회계에 의해 이해관계자가 손해를 보게 되므로 분식회계를 한 기업과 경영자 및 이에 관련된 공인회계사 등을 처벌하는 등 방지대책을 마련하고 있다.

기업은 경영자나 종업원에게 윤리적 행동을 선택하도록 유도하는 환경과 제도를 정착시켜야 한다. 경영자와 종업원으로 하여금 아무리 작은 비윤리적 행동도 심각한 후유증이 나타날 수 있으므로 회피하도록 하고, 단기적 성과에 대한 압력보다는 장기적 성과에 따라 행동을 선택할 수 있게 하여야 한다.

경영자와 종업원의 윤리적 행동을 촉구하기 위하여 많은 기업이 윤리헌장과 윤리강령을 제정하고 있다. 즉, 일부 기업은 생산성통계 등 모든 기업정보를 공개하고 수익을 주주와 기업, 직원 등에 균등 배분하는 기업윤리경영강령을 채택한 바 있으며, 다른 기업은 공정하고 투명한 기업경영을 위한 가치판단기준 및 행동강령으로 윤리헌장과 윤리강령을 제정하고, 부정을 방지하기 위한 내부자 고발 및 감사시스템을 가동하고 있다.

4 · 2 회계윤리의식의 생성[2)]

인간은 경제활동을 시작하면서 기록의 중요성을 인식하기 시작하였다. 지금으로부터 약 7000년 이전부터 칼데아, 바빌로니아, 앗시리아 및 슈멜의 문명은 세계최고의 문자와 상업기록을 남겨 놓았다고 한다.

이탈리아의 수학자 루카 빠찌올리는 15세기 이탈리아 베니스 상인의 상업활동의 기록방법인 복식부기의 원리를 그의 저서에서 다루었는데, 이 원리 못지않게 회계의 윤리적인 측면도 다루고 있다. 그는 '기록이라는 질서가 없는 곳에는 혼란만 있을 뿐이다'라고 말하면서 장부기록의 중요성을 강조하였다. 중세 이탈리아 상인들은 재산을 성실하고 정직하게 관리하고 기장한다는 의미에서 장부의 앞부분에 '십자가(†)' 표시를 하였다. 베니스식 부기를 유럽에 전파한 어느 학자는 정확하지 않은 장부는 '불편과 불안'의 원인이 된다고 말하였으며, 17세기 베니스의 어느 상인은 장부기입의 목적은 '마음의 평화와 정신적 안정을 위한 것'이라고 말하였다.

가장 일찍부터 회계기록이 남겨진 것으로 알려진 제노아에서 태어난 콜럼부스는 빠찌올리의 저서가 나오기 2년 전인 1492년 스페인의 범선을 타고 서쪽으로 항해를 시작했는데, 공교로운 것은 그가 회계감사인 1명을 대동하였다는 점이다. 그 회계감사인은 콜럼부스가 매입한 금과 향료의 가격을 기록할 때 콜럼부스가 개인적으로 유용한 교제비가 없는지 잘 감시하도록 스페인 법정이 지명한 감사인이었다고 한다.

미국 건국 초기의 회계실무자들은 회계를 윤리시스템으로 이해하였다. 조지 워싱톤을 비롯하여 미국 독립선언문에 서명한 인사의 대부분은 자신의 회계장부를 가지

---

2) 이 글은 정기숙·박해근·이중희 공저 「회계사상과 회계기준의 발전」(경문사, 2005)의 서문 일부 내용을 수정·보완한 것임.

고 있었으며, 록펠러의 개인 가계부는 오늘날까지 미국 가정주부들에 의해 화제가 되고 있다. 막스 웨버는 프로테스탄트의 윤리와 자본주의 정신과는 깊은 관련이 있다고 전제하고, 프로테스탄트의 교리인 '일상생활의 실천(everyday practices)'에는 일상생활의 경제활동을 장부에 기록하는 기장관습이 내재되어 있음을 시사하였으며, 1페니까지도 성실하게 보고하여야 한다고 주장하였다.

이상과 같이 서양에서 회계가 태동할 시기에는 윤리적인 면이 강조되었으나, 서양의 회계가 우리나라에 전래되면서 윤리적인 면이 크게 부각되지 않았다. 이러한 사실은 일본도 마찬가지이다. 개인이 '경제활동을 정직하게 기록해야 한다'는 마음가짐은 무엇보다 중요하다. 모든 회계제도가 완벽하게 갖추어 있다고 하더라도 부정을 저지르겠다는 생각을 가지고 있다면 경제활동의 올바른 기록은 불가능한 것이다. 회계에서 기본적으로 전제되는 것은 올바르게 기록하고 보고하겠다는 마음가짐이다. 그러나 경제활동이 복잡하고 다양해지면서 올바르게 기장하겠다는 마음만으로는 올바른 기장과 보고가 불가능하다는 사실을 인식하게 되었다. 이러한 문제를 해결하기 위해 정부규제기관이 설립되고 규제수단으로서 회계기준의 제정 및 회계관계법령의 제정이 필요하게 되었다.

연습문제

1-1 회계학을 공부하는 학생의 입장에서 기업의 의미를 어떻게 보아야 하는가?

1-2 기업의 형태별로 장·단점을 설명하시오.

1-3 기업의 유형별로 수익창출과정을 설명하시오.

1-4 '회계는 기업의 언어이다'라는 말에 대해서 설명하시오.

1-5 회계제도가 기업의 유지·발전에 어떻게 기여하는지를 설명하시오.

1-6 기업과 개인, 사회를 위하여 회계윤리가 요구되는 이유를 설명하시오.

1-7 다음의 설명 중 자연인기업의 특징에 해당되는 것에는 A, 법인기업의 특징에 해당되는 것에는 B로 표시하시오.

(1) 소유자에 의한 경영활동의 전반적 통제 ……………( )
(2) 기업의 영속성 증대 ……………( )
(3) 소유권 이전의 용이성 ……………( )
(4) 유한책임 ……………( )
(5) 무한책임 ……………( )
(6) 경영전문성의 제약 ……………( )
(7) 부재 소유자 ……………( )
(8) 다양한 정부규제 ……………( )
(9) 해산의 복잡성 ……………( )
(10) 소유자간 분쟁의 가능성 ……………( )
(11) 이윤의 독점적 소유 ……………( )
(12) 설립의 용이성과 경제성 ……………( )
(13) 막대한 자본조달 능력 ……………( )
(14) 경영전문성의 증대 ……………( )
(15) 과중한 세금부담 ……………( )

제2장 회계본질의 이해

회계란 무엇인가?

현대사회에서 회계(accounting)의 중요성이 점차 증대되고 있는 추세이다. 회계가 역사 발전의 산물이고 시대와 환경의 변화에 따라 함께 변화하는 실용학문이기 때문에 '회계란 무엇인가'와 같은 회계의 정의에 있어서는 다양한 의견이 있다. 지금까지 가장 일반적으로 논의되고 있는 회계의 정의에 대하여 살펴보기로 한다.

1·1 회계는 실무적 기술이다

전통적인 회계의 정의는 기업실무에서 장부기록과 재무보고서 작성을 위하여 사용되는 단순한 기술(art)이라는 것이다. 1953년 미국공인회계사회의 회계용어위원회(Committee on Terminology)가 공표한 회계용어공보(Accounting Terminology Bulletin; ATB) 제1호에 다음과 같이 소개되고 있다.[3)]

3) Committee on Terminology, *Accounting Terminology Bulletin No. 1*, AICPA, 1953, Para, 9.

"회계는 적어도 부분적으로나마 재무적 성격을 가지는 거래나 사건을 의미있는 방법으로 화폐단위에 의하여 기록, 분류, 요약하고 그 결과를 해석하는 기술이다. (Accounting is the art of recording, classifying and summarizing in a significant manner and terms of money, transaction and events which are in part at least, of a financial character and interpret the results thereof)."

여기에서는 회계를 단순히 실무에서 적용되는 기술(practical art)로 인식하고 있을 뿐이다. 기업에서 회계기간 동안 이루어지는 회계과정을 관찰하여 그대로 서술한 것으로서 재무보고서를 작성하는 일련 과정인 회계의 순환과정(accounting cycle)을 체계적으로 정리하여 설명한 것에 불과하였다.

이상의 전통적 회계의 정의를 자세히 살펴보면 다음과 같이 정리할 수 있다.

첫째, 회계는 회계실체(accounting entity)로서의 기업, 학교, 관청 등의 경영활동을 일정한 원리에 따라 기록·분류·요약하고 이를 해석하는 기술이다. 즉, 일정한 회계기록의 원리에 따라 경영활동과정에서 발생한 회계자료를 기록·분류하고 이를 종합하여 재무보고서를 작성·보고하는 기술만을 말한다는 것이다.

따라서 회계가 논리적·규범적인 방법론을 갖는 과학(science) 또는 학문이라기 보다는 단순한 기술(art)이라는 점을 명백히 하고 있다.

둘째, 회계는 화폐로 측정 가능한 재무적 거래만을 대상으로 하며, 화폐로 측정 불가능한 비재무적 거래는 회계의 대상에서 제외하고 있다.

셋째, 회계의 주된 목표는 재무보고서의 작성에 있을 뿐 재무보고서의 작성목적이나 재무보고서를 이용하는 정보이용자는 고려하지 않고 있다. 회계실무에서 중요한 것은 회계자료의 처리에 있어서의 진실성만 요구되고, 정보이용자들의 재무보고서 활용에 대해서는 고려하지 않았다.

1 · 2 회계는 정보시스템이다

현대적인 회계의 정의는 회계는 기업, 학교, 관청 등의 회계실체가 이해관계자들이 합리적 의사결정을 하는 데 필요한 경제적 정보를 제공하는 정보시스템(information system)이라는 것이다. 1966년 미국회계학회가 발표한 「기초적 회계이론에 관한 보고서(A Statement of Basic Accounting Theory ; ASOBAT)」에 다음과 같이 소

이 정의는 1941년에 정립되었으나, 회계용어공보에 의해 공표된 것은 1953년이다.

개되고 있다.[4]

"회계는 정보이용자가 합리적 판단이나 의사결정을 하는 데 필요한 경제적 정보를 식별, 측정 및 전달하는 과정이다(The process of identification, measuring and communicating economic information to permit informed judgements and decisions by users of the information)."

여기에서는 회계를 단순히 장부기장과 재무보고서 작성을 위한 기술로 접근하려는 전통적인 정의에서 벗어나 재무보고서의 작성목적이나 재무보고서를 이용하는 정보이용자를 고려하고 있다.

이상의 현대적 회계의 정의를 자세히 살펴보면 다음과 같이 정리할 수 있다.

첫째, 회계는 경제적 정보를 식별·측정하고 전달하는 과정이다. 경제적 정보의 식별이란 기업, 학교, 관청 등의 회계실체의 경영활동 과정에서 회계의 대상이 되는 정보를 찾아내어 이를 선정한다는 것이며, 측정한다는 것은 선정된 정보를 수치화·계량화한다는 것을 의미한다. 전달이란 정보를 필요로 하는 정보이용자들에게 전달하는 것이다.

둘째, 회계의 목적은 정보이용자들이 경제적 의사결정에 유용하게 활용할 수 있는 정보를 제공하는 것이라는 것을 분명히 하였다는 것이다.

전통적 회계의 정의에서 '실무적 기술'로 회계정보를 산출(생산)하는 과정과 재무보고서 작성이라는 작성자중심회계를 강조한 반면, 현대적 회계의 정의에서는 재무보고서를 이용하는 정보이용자를 고려하고 있어 이용자중심회계를 강조하고 있다는 점이 특징이다.

이용자중심회계에서의 회계정보이용자의 의사결정과정을 표시하면 [그림 2-1]과 같다.

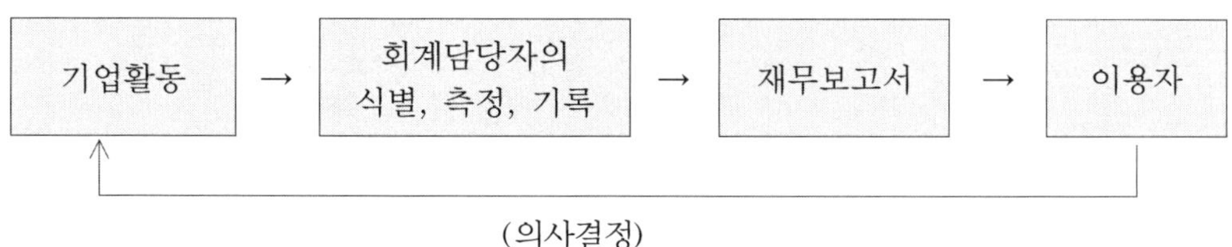

[그림 2-1] 회계정보이용자의 의사결정과정[5]

4) Committee to Prepare a Statement of Basic Accounting Theory, *A Statement of Basic Accounting Theory*, AAA, 1966, p.1.

5) Horngren, Charles T., Sundem, Gary L., Elliott, John A., *Introduction to Financial Accounting, sixth ed.*, Prentice-Hall, 1996.에서 수정·보완함.

[그림 2-1]에서 회계정보이용자와 의사결정에 대한 예를 살펴보면 [표 2-1]과 같다.

[표 2-1] 회계정보이용자와 의사결정[6)]

회계정보이용자	의사결정
경영자	· 영업활동을 확대할 것인가 아니면 축소할 것인가 · 각 부문의 성과는 어떠한가 · 보상을 받을 사람은 누구인가
채권자	· 대출을 할 것인가 · 대출기간을 어떻게 할 것인가 · 이자율은 얼마로 할 것인가 · 대출된 금액을 회수할 것인가 아니면 연장해 줄 것인가
제품 및 서비스공급자	· 외상거래기간을 얼마로 할 것인가 · 외상거래금액을 얼마까지 할 것인가
주주	· 투자금액의 규모는 얼마로 할 것인가 · 투자금액을 증대시킬 것인가 아니면 감소시킬 것인가
세무당국	· 과세소득은 얼마인가 · 세금을 잘 내고 있는가 · 세금을 얼마나 더 부과할 것인가
금융감독원 등 규제기관	· 기업이 공시한 재무보고서가 관련 법령이나 기준을 잘 따르고 있는가

6) Horngren, Charles T., Sundem, Gary L., Elliott, John A., *Introduction to Financial Accounting, sixth ed.*, Prentice-Hall, 1996.에서 수정·보완함.

회계의 분류

회계는 정보이용자에 따라 재무회계·관리회계·세무회계, 회계실체 운영목적에 따라 영리회계·비영리회계, 회계경제단위가 따라 미시회계·거시회계, 회계 교과과정에 따라 재무회계·관리회계·세무회계·회계감사·회계정보시스템로 분류할 수 있다.

본서에서는 회계정보이용자에 따른 분류와 교과과정에 따른 분류를 살펴본다.

2·1 회계정보이용자에 따른 분류

회계는 정보이용자가 회계정보를 이용하는 목적에 따라 재무회계(financial accounting), 관리회계(management accounting), 세무회계(tax accounting)로 구분된다.

1. 재무회계

재무회계는 기업의 외부정보이용자에게 재무적 정보를 제공하는 것을 목적으로 하는 회계분야이다. 기업외부자는 주주, 채권자 및 정부(세무당국) 등을 말하는데, 정부의 세금부과 의사결정에 재무적 정보를 제공하는 세무회계도 재무회계의 영역에 포함되지만 정보이용자가 주주, 채권자와는 구별되는 특수한 관계인 정부라는 점에서 별도의 회계분야로서 분류된다.

재무회계는 원래 전통적인 회계로서 기업에 경영자금을 제공하고 있는 기업외부의 투자자를 위한 회계이다. 그러므로 재무회계는 주로 기업의 경영자금조달을 위하여 자금을 제공하거나 제공하게 될 외부투자자로서 주주나 채권자들의 의사결정에 필요한 재무적 정보를 제공해 주는 기능을 수행하여야 할 것이다.

또한 재무회계는 이들 외부투자자들의 재산관리를 부탁받은 경영자들의 책임(이를 수탁책임이라고 한다)을 밝혀 주고, 부탁받은 재산의 관리 결과에 대한 보고기능을 수행한다. 재무회계는 다음에 설명하게 되는 관리회계 및 세무회계와 비교하여 다음과 같은 특징을 갖는다.

첫째, 재무회계는 외부투자자로서 주주와 채권자들의 이해관계를 조정하기 위하여 일정한 규범, 즉 「일반적으로 인정된 회계원칙(Generally Accepted Accounting Principles ; GAAP)」에 따라 재무적 정보를 제공한다.[7)]

둘째, 재무회계는 기업의 전반적인 경영활동에 관한 정보를 제공하는데, 그 형식은 재무상태표(statement of financial position)와 손익계산서(income statement)로 대표되는 일정한 재무보고서에 의해 정기적으로 제공한다.

셋째, 재무회계는 관리회계나 세무회계에 대하여도 정보를 제공하며, 전체적인 회계시스템의 기본적인 골격이 된다. 이런 면에서 재무회계는 일반회계(general accounting)라고도 하며, 이에 대응하여 관리회계나 세무회계는 특수회계(special accounting)라고 말한다.

요약하건대, 오늘날의 재무회계는 기업외부의 정보이용자들 중 가장 중요한 집단인 투자자들을 고려하여 그들이 필요로 하는 재무적 정보를 중점적으로 제공해 주려고 노력하고 있는 추세에 있다.

2. 관리회계

관리회계는 기업내부자인 경영자가 합리적인 의사결정을 하는 데 필요한 정보를 제공하는 회계분야를 말한다. 즉, 관리회계는 경영자가 경영활동을 계획하고 통제하는 것을 용이하게 할 수 있도록 수시로 필요에 따라 정보를 제공한다.

일반적으로 기업에 있어서 회계담당자는 경영자와 매우 밀접한 관계에 있으므로 경영자가 필요로 하는 재무적 정보가 구체적으로 어떠한 것인가를 잘 알 수 있기 때문에 그에 따른 재무적 정보를 적절한 때에 제공하게 마련이다. 따라서, 재무회계의 경우에 비하여 관리회계의 정보는 많은 개인적 추정과 판단에 의한 내용을 포함하게 된다. 즉, 관리회계의 정보에는 기본적인 재무적 정보 외에도 경영자가 필요로 하는 내용이면 추정과 판단자료까지 포함하게 된다.

관리회계는 재무회계와 비교하여 다음과 같은 특징을 갖는다.

첫째, 관리회계는 주로 기업내부자인 경영자에게 정보를 제공한다.

둘째, 관리회계는 경영자를 위한 회계이므로 재무회계와 같이 「일반적으로 인정된

7) 일반적으로 인정된 회계원칙이란 기업의 회계담당자가 회계업무를 수행하는 데 있어서 지켜야 할 기준으로서 오랜 시간을 통하여 형성된 회계규범이다. 우리나라의 성문화된 일반적으로 인정된 회계원칙의 대표적인 것은 금융위원회가 증권선물위원회의 심의를 거쳐 제정한 일반기업회계기준과 K-IFRS이다. 일반기업회계기준과 K-IFRS는 우리나라의 회계실무에서 준수되어야 할 일종의 경제규범이다(제18장 참조).

회계원칙」에 구애받지 않고 다양한 형태로 정보를 제공한다.

셋째, 재무회계가 정보를 일정한 재무보고서의 형식에 의하여 정기적으로 제공하는 데 비하여, 관리회계는 일정한 형식이 없이 관리의 필요상 수시로 또한 신속히 정보를 제공하는 것을 목적으로 한다.

넷째, 재무회계가 기업의 전반적인 경영활동에 관한 정보를 제공하는 데 비하여 관리회계는 보통 특정분야별로 정보를 제공한다.

3. 세무회계

세무회계는 기업에 대하여 세금을 부과하고 징수하는 정부당국(세무당국)이 적절한 금액의 세금을 결정하는 데 필요한 정보를 제공하는 것을 목적으로 하는 회계분야이다.

오늘날 기업에 대하여 부과되는 세금은 일정 법령(세법)에 따라 결정되는 것이 원칙인데, 일반적으로 말하면 기업의 순이익에 대한 일정비율로 결정된다.

그런데 세금을 부과하기 위한 법령에서 규정하고 있는 기업의 순이익은 그 구성요소나 계산방법에 있어서 일반적인 재무회계상의 순이익과 완전히 일치하지 않는 것이 보통이다. 따라서 기업의 회계담당자는 법령의 규정에 따라 기업이 납부해야 할 세금액을 계산하는 세무당국에게 재무적 정보를 제공해야 하는데, 이러한 정보를 제공하는 것이 세무회계이다.

세무회계의 특징을 지적하면 다음과 같다.

첫째, 세금을 결정하는 근거법령인 세법의 목적달성을 위하여 세무회계는 「일반적으로 인정된 회계원칙」을 그대로 받아들이지 않는다.

둘째, 세무회계는 「일반적으로 인정된 회계원칙」을 수정 또는 배제하거나 새로운 기준을 제시할 수도 있는 세법의 이념을 실현하는 것을 중요한 과제로 한다.[8)]

---

8) 일반적으로 인정된 회계원칙을 수정하거나 또는 배제하여 세법에서 정하고 있는 내용에 따라 세금액을 계산하는 과정을 「세무조정」이라고 한다.

2 · 2 교과과정에 따른 분류

1. 재무회계분야

(1) 회계원리(principles of accounting)

회계의 입문과정으로서 회계학의 기초개념 및 이론을 습득하고 회계의 순환과정(accounting cycle)을 체계적으로 다루게 된다.

즉, 회계원리에서는 기업의 영업활동으로 발생하는 거래를 복식부기원리에 의하여 기록, 계산, 분류하여 재무제표라는 재무보고서로 요약되기까지의 과정을 대상으로 공부하게 된다.

(2) 중급회계(intermediate accounting)

재무회계의 두 번째 과정으로서 회계원리에서 습득한 기초지식을 밑바탕으로 하여, 모든 기업이 준수해야 할 「일반적으로 인정된 회계원칙」을 이론적·실천적으로 다룬다.

(3) 회계이론(accounting theory)

재무회계의 세 번째 과정으로서 회계의 이론적 구조, 형성과정, 「일반적으로 인정된 회계원칙」의 비판 및 평가, 나아가 회계의 발전방향을 모색하게 된다.

(4) 고급회계(advanced accounting)

재무회계의 특수분야로서 기업의 인수·합병에 관련된 회계문제를 다루는 기업결합회계, 해외자회사 및 해외지사의 재무보고서를 국내의 본사 재무제표에 결합시키는 문제를 다루는 외화환산회계 그리고 기업의 청산에 관련된 문제를 다루는 청산회계 등을 대상으로 한다.

2. 관리회계분야

(1) 원가회계(cost accounting)

원가의 기록, 분류, 요약, 보고, 해석 등을 연구의 대상으로 한다. 원가회계는 제조기업에 있어서 재무제표 작성목적, 경상적 경영활동의 계획 및 통제목적, 비경상적 의사결정목적 등에 필요한 원가정보의 산출 및 제공을 중요시한다.

(2) **관리회계**(management accounting)

기업의 내부자인 경영자가 경영계획 및 통제업무를 수행하는 데 필요한 회계정보를 마련하고 이것을 적절하게 활용할 수 있는 여러 기법을 대상으로 한다.

관리회계의 구체적 기법은 대부분이 원가정보를 통해서 이루어지기 때문에 원가회계와 관리회계는 불가분의 관계를 가지고 있다.

3. 세무회계분야

과세소득계산과 관계되는 분야를 연구대상으로 하며, 각종 세법 및 법령 등과 관련시켜서 연구하여야 한다. 즉, 세법에 의한 세금의 징수 및 납부세액 산출방식과 합리적 기업경영을 위한 세무계획, 세무관리 등의 문제를 대상으로 한다.

4. 회계감사분야

회계감사(auditing)는 감사인이 기업에 의해 작성된 회계자료의 적정성 여부를 검토하여 의견표명을 하는 문제를 다루는 회계분야이다.

회계정보의 공시와 관련된 학문이라는 점에서 보면 재무회계의 한 분야라고 할 수 있으나 감사인의 판단 등을 중요시해야 한다는 연구내용으로 보아서 독립된 분야로 구분된다. 감사인은 흔히 공인회계사를 지칭하며, 재무제표의 적정성 여부를 검토할 때 「일반적으로 인정된 회계원칙」과 「회계감사기준」을 준거하여야 한다.

5. 회계정보시스템분야

회계정보시스템(accounting information system)은 회계정보의 효율적 전달을 위하여 필요한 시스템의 평가, 시스템의 설계 및 시스템의 관리에 대한 문제를 대상으로 한다.

회계의 역할

'기업활동에 있어 회계는 어떠한 역할을 수행하는가?' 회계는 경영자가 기업을 경영하는 데 필요한 정보를 제공하며, 이해관계자들이 기업의 성과를 파악하는 데 필요한 정보를 제공한다.

회계의 정의에서 살펴보았듯이 오늘날 회계는 기업이 수행한 경제적 활동성과를 이해관계자들에게 보고하는 정보시스템으로 이해되고 있다. 여기에서는 기업의 경제활동에 있어서 회계의 역할을 중심으로 설명하지만 이러한 회계의 개념과 역할은 개인, 정부나 비영리조직에도 적용된다.

개인이 여러 가지 세금이나 공과금을 지급하거나 지급하여야 할 금액에 맞는 은행예금 잔고를 확보하거나 주택의 규모를 늘리는 방안에 따라 비용을 비교하여 하나의 방안을 선택함에 있어서 회계개념과 절차를 적용한다.

정부나 사찰, 교회, 학교 등 영리를 목적으로 하지 않는 비영리조직도 회계개념과 절차에 따라 산출된 회계정보를 토대로 하여 세금을 내거나 기부 또는 헌금을 하거나 등록금을 납부한 이해관계자들에게 보고를 한다.

기업에 관한 정보가 회계라는 수단을 통하여 전달된다는 의미에서 회계를 기업의 언어(language of business)라고 한다. 이해관계자는 회계를 통하여 기업활동에 대한 정보를 전달받아 의사결정을 한다.

예를 들면, 경원식품㈜의 경영자는 신제품의 수익성을 제시한 회계보고서를 보고 그 제품을 계속 판매할 것인지를 결정한다. 경원식품㈜의 소유주는 회계보고서를 보고 기업을 계속 운영할 것인지를 결정한다. 우리은행은 경원식품㈜의 회계보고서를 보고 그 기업에 대출을 할 것인지를 결정한다. 경원식품㈜에 원자재를 공급하는 경기제분㈜는 경원식품㈜의 회계보고서를 보고 원자재인 밀가루를 계속 외상으로 공급할 것인지를 결정한다. 정부는 경원식품㈜의 회계보고서를 보고 그 기업이 납부할 세금을 계산한다.

이에 따라 기업은 이해관계자와 이들의 정보요구를 파악하고 정보요구를 충족할 수 있는 회계정보시스템을 설계하여야 한다. 회계시스템은 기업의 경제적 활동에 관한 자료를 기록하여 이해관계자가 요구하는 바에 따라 이해관계자에게 보고한다.

회계정보를 작성하여 보고하는 기업을 회계주체 또는 회계실체(accounting entity)라 하며 회계실체에는 기업뿐 아니라 비영리조직도 포함한다. 위의 사례에서 경원식품㈜는 경제적 활동의 결과를 수집하여 회계정보로서 이해관계자에게 제공하는 회계실체에 해당한다.

회계실체는 이해관계자의 정보요구에 부응하여 회계정보를 제공할 뿐 아니라 법률상의 규제에 따르거나 자발적으로 회계정보를 제공한다. 회계실체가 회계정보나 기업활동의 내용을 외부에 제공하는 것을 포괄하여 공시(disclosure)라고 한다.

기업과 같은 회계실체는 낮은 이자율의 장기자금을 조달하려는 경영전략상 목적에 따라 대외 신뢰도를 높이거나 홍보의 일환으로 자발적으로 회계정보를 공시한다. 투자자는 기업이 회계정보를 적절히 공시하지 아니하면 재무상태가 불성실하거나 경영자의 능력이 부족하다는 신호로 받아들이게 되어 당해 기업은 상대적으로 높은 이자율로 자금을 조달하게 된다. 경영자가 수탁책임의 이행을 위하여 소유주에게 회계정보를 제공하는 것은 물론이다.

기업은 상법, 증권거래법, 주식회사의 외부감사에 관한 법률(외감법) 등의 규정에 따라 회계정보를 공시한다. 법률로 회계정보의 공시를 강제하는 것은 경영자에 비하여 기업의 내용을 손쉽게 파악할 수 없는 출자자나 채권자 등 이해관계자를 보호하기 위한 것이다.

기업이 신문의 광고란에 회계보고서를 게재하는 것은 상법의 규정에 따른 것이다. 주식이나 회사채를 많은 사람을 대상으로 발행한 기업(공모기업)이나 상장기업은 증권거래법에 따라 회계보고서를 공시하여야 한다. 외감법은 일정한 규모 이상의 기업에게 회계전문가인 공인회계사(Certified Public Accountant : CPA)의 회계감사(auditing)[9]를 받은 회계보고서를 공시하도록 요구하고 있다.

최근에는 기업이 공시하는 회계정보를 인터넷으로 볼 수 있다. 상장기업을 감독하는 금융감독원은 상장기업이 제출한 회계보고서를 금융감독원의 전자공시시스템(Data Analysis, Retrieval and Transfer System : DART)에 의하여 제공하고 있다. 상장기업들도 회사 홈페이지를 통하여 회계정보 및 기업내용에 관한 정보를 공시하고 있다.

9) 공인회계사는 회계감사를 통하여 기업의 회계보고서가 회계에 관한 원칙(회계기준)에 따라 작성되었는지를 감사하고 의견을 제시한다.

회계의 생성과 발전

4·1 회계의 발전과 경제발전의 관계

회계의 생성과정과 발전과정을 조사해보면, 회계는 주로 당시의 시대적 환경과 상업상의 필요에 따라 생성되고 발전되었다. 그러나 반대로 회계는 경제발전에도 영향을 받아 상호간의 상승작용에 의하여 발전해 왔다. 즉, 문명수준이 높아질수록 장부기장의 필요성이 증대되어 그에 따른 기장방법이 개발되고 회계자료가 지니는 중요성도 커지게 되었다.

새로운 회계방법은 상업과 사회환경을 변화시키기도 하였다. 복식부기의 출현에 따라 어느 정도 규모를 갖춘 상업조직이 형성되었으며, 이후 산업혁명을 거쳐 주식회사 형태의 기업조직이 생겨날 수 있었던 것도 그에 적합한 회계방법이 개발되어 있었기 때문이라 할 수 있다.

오늘날의 대기업이 가능해진 것도 기업조직의 분권화 또는 책임경영제(독립채산제)를 뒷받침하는 각종의 회계기법이 개발되었기 때문이다. 이러한 결과 회계가 발전된 국가나 사회는 경제발전이 잘 이루어진 것으로 볼 수 있다.

[표 2-2] 회계의 발전과 경제발전

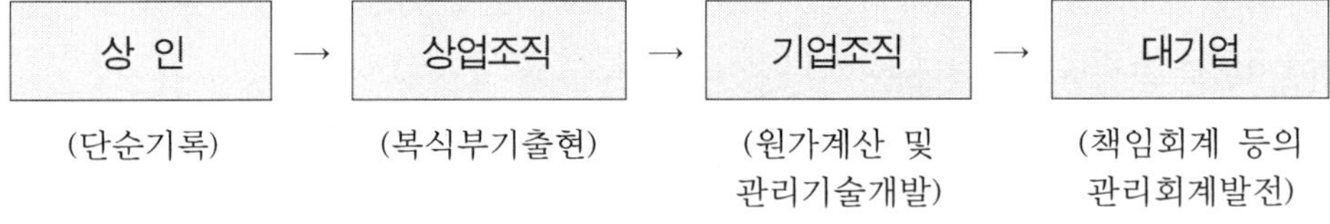

과거의 역사를 살펴보아도 르네상스시대에 복식부기를 채택하고 있던 독일의 A 도시국가는 일정한 기장기술이 없는 단식부기를 사용하고 있던 B 도시국가에 비해 급속한 경제발전이 이루어진 것으로 밝혀졌다.

4·2 회계의 생성·발전과 관련된 사건

1. 회계의 옛날 흔적들

원시공동체사회에서는 구성원들이 의식주에 필요한 모든 물품을 공동으로 마련하고 관리, 배분하였다. 당시에 씨족장 또는 가장은 이를 관리하고 배분하는 임무를 담당하였으며, 이에 따라 이들에게 회계업무(물품의 관리 및 배분내역을 기록하는 업무)는 중요한 임무였다. 당시에는 기록·계산의 수단으로서 신체의 각 부분을 이용하여 수를 나타내다가 이후에는 작은 돌로 수를 표시하는 방법을 생각해 내었는데, 이 방법은 오늘날의 주판(abacus)으로 발전하였다.

고대사회에서도 여러 지역에서 점토판, 양피지 등의 다양한 형태로 회계기록이 발견되었다. 또한 고대사회의 일상생활에 관한 자료는 그 시대의 회계장부로부터 파악되고 있다.

중세의 봉건사회에서는 왕의 재산을 보전·관리하는 왕실회계 담당관의 회계와 봉건 영주의 재산을 관리하던 집사(steward)가 회계장부를 기록하고 재산을 관리하는 형태로 회계가 활용되었다.

그리스 로마시대에는 상인의 활동에서 상인들간 채권·채무를 계산하는 형태로 발전하였으나 당시에도 일정한 원리·원칙이 없는 단순한 수입·지출정도만 기록하는 형태에 불과하였다.

2. 회계의 생성과 발전

오늘날 회계방식은 12~14세기에 이탈리아 지역에서 상업과 무역의 급속한 발달에 따라 상인들간에 사용되던 장부기입방법이 발전되어 복식부기로 기록되면서부터 시작되었다. 이 후 회계는 역사적 사건을 겪으면서 변화와 발전을 거듭해 왔다.

회계의 생성은 십자군원정으로 동서양의 교류가 활발해지면서 동서양의 교역중심지가 되었던 이탈리아의 상업도시인 프로렌스, 베니스, 제노아 등에서 상인들간에 복식부기가 사용되면서 이루어졌다. 당시에는 서양의 상권을 이탈리아가 장악한 시기였다. 당시 상업의 발전이 회계의 생성을 가져 온 것이다.

이후 동양으로 진출하는 새로운 무역항로가 발견되면서 서양의 상권은 네덜란드, 프랑스, 영국 등으로 확대되었다. 당시 책으로 발간되어 모든 유럽에 전파된 복식부기는 상인들의 규모화된 상업활동에 필수적으로 요구되는 지식이 되었다.

영국에서 비롯된 산업혁명은 산업자본주의의 본격적인 시작을 의미한 것으로 영업활동의 주역은 상인으로부터 기업조직으로 변화되었다. 산업혁명은 제조기업의 출현을 가져와 기업이 제품을 생산하여 생산원가 이상으로 시장에 판매하는 영업형태가 일반화되어 생산된 제품의 원가를 계산하여야 할 필요성이 요청되어 원가계산기법의 개발이 이루어지는 계기가 되었다. 철도업, 공장제 기계공업 등은 거대자본을 필요로 하는 산업이기 때문에 자본을 널리 조달할 수 있는 기업조직인 주식회사가 본격적으로 설립되었다.

이와 같은 환경변화는 복식부기의 차원을 넘어 오늘날과 같은 회계의 틀을 형성하는 계기가 되었다.

3. 회계의 대중화

1929년 미국의 경제공황은 회계의 대중화를 촉진시킨 역사적 사건이었다. 경제파탄에 따른 증권시장의 붕괴는 기존의 회계제도에 대한 반성을 하게 하는 계기가 되었다. 당시 주식에 투자하는 투자자들은 기업이 공인회계사의 감사를 받아 공표한 회계보고서를 검토한 후 투자의사결정을 하였다. 그러나 기업이 공표한 회계보고서가 당시의 기업상황을 제대로 반영하지 못하였기 때문에 이를 믿고 투자한 투자자들이 주가폭락으로 막대한 손실을 보게 된 것이다. 당시 기업의 회계보고서는 기업마다, 업종마다 각기 다른 회계방법으로 작성되었기 때문에 오늘날의 관점에서 보면 문제가 있었던 것이다.

이로 인하여 기업이 회계보고서를 작성할 때 준수해야 할 통일된 기준을 제정할 필요성을 인지하였으며, 이러한 결과 미국의 모든 기업에 통일적으로 적용되는 회계기준이 탄생하였다.

이와 같은 과정을 거쳐 세계 여러 나라에서 기업이 회계업무 수행과 회계보고서 작성시 준수해야 할 회계기준이 마련되었다. 즉, 회계의 자발적 활용에서 발전하여 회계를 제도화 또는 규정화 한 것은 1930년대 이후부터 이루어진 것이다.

4·3 우리나라 고유의 부기법

우리나라에 있어서도 '사개송도치부법(四介松都治簿法)'이라는 고유의 복식부기가 생성되어 상인들을 중심으로 사용되었다는 사실이 학자들의 연구에 의하여 밝혀지고 있다. 개성부기 또는 송도부기라고 일컫는 우리나라의 복식부기제도는 고려시대의 수도이었던 개성의 상인들에 의하여 창안되어 한일합방 전·후까지 전래되어 왔다.

이후 일제시대를 겪으면서 점차 경제활동에서 사라진 것으로 보여진다. 개성부기는 서양의 복식부기보다 약 200년 먼저 창안된 것으로 주장되고 있는데 그 시기는 대체로 12세기경으로 추정된다. 개성부기는 서양부기에 비하여 이론상으로나 실천적인 면에서 우수한 것으로 평가되고 있다.

그렇다면 개성부기가 우리나라의 기업실무에서 사용되지 않고 단지 박물관의 소장품 정도로만 소개되고 있는 것은 무슨 까닭인가?

이는 개성부기가 고려시대를 거쳐 조선시대를 맞이하면서부터 유교사상에 기반을 둔 사농공상(士農工商)의 사회적 신분관념 때문에 상업을 천시하는 풍조에 밀려 당시 학자들의 연구대상이 되지 못했기 때문이라 보여진다. 또 개성부기를 활용한 계층도 개성이라는 특정 지역의 상인들이었고, 그나마도 입에서 입으로 전해내려 오다가 한일합방을 거쳐 일제시대를 지나면서 서양부기에 밀려 오늘날 기업실무에서는 전혀 사용되지 않고 있다. 해방 이후 일부 학자들이 개성부기를 연구하고 있으나 그 연구성과는 만족스럽지 못하였다.

5절 회계전문가

기업경영의 투명성이 강조되면서 회계전문가의 역할에 관심이 집중되고 있다. 투명한 경제사회의 실현을 위하여 회계전문가에게 기대되는 사회적 요구가 점차 증가하고 있기 때문이다. 회계 관련된 전문가는 다양하지만 본서에서는 기업내부에서 회계업무를 담당하는 회계담당자, 기업외부에서의 전문가인 공인회계사 및 공인세무사를 중심으로 설명한다.

5·1 회계담당자

기업에서의 회계담당자는 경리부, 회계부, 회계팀, 재경팀, 기획부 및 감사실을 담당하고 있는 관리자나 경영자 등이 있다. 이들은 회계시스템의 설계와 운용을 담당하며, 기업의 목표를 설정하고 목표의 달성에 문제가 있는지를 파악하여 최고경영자 또는 관리자의 주의를 환기시키는 것이 주된 업무이다.

1. 경리부(회계부, 회계팀, 재경팀 등)

경리부(회계부, 회계팀, 재경팀 등)는 기업의 특성에 맞는 회계시스템을 설계하고 운용하여 정기적으로 회계보고서를 작성한다. 회계시스템의 설계는 거래를 측정하여 회계보고서에 기록하기 위하여 필요한 회계서류의 종류와 양식, 회계처리지침, 문서의 흐름, 보고서 등을 확정하는 것을 내용으로 한다.

회계시스템의 운용은 회계시스템의 설계대로 거래의 측정, 기록과 보고서의 작성이 원활하게 이루어지도록 하는 것을 그 내용으로 한다. 경리부(회계부, 회계팀, 재경팀 등)의 업무 중에는 회계자료를 세법의 규정에 따라 조정하여 세무회계정보를 산출하는 업무(세무조정계산서 작성)와 세금절약방안을 검토하는 세무계획 및 전략수립 업무도 포함되어 있다.

2. 기획부(또는 기획실)

기획부는 기업활동의 목표를 예산으로 설정하고 이를 달성하기 위하여 예산과 실적을 비교함으로써 경영활동을 평가하는 등의 통제기능을 수행한다. 그리고 기업이 생산하는 제품이나 서비스의 원가를 제품별·생산공정별로 파악한 원가정보에 의하여 원가절감방법이나 판매할 제품의 종류(제품매트릭스)를 결정한다. 또한 신규사업에의 진출과 같은 경영전략, 시설확장 여부나 추가자금의 조달계획 등 경영의사결정에 필요한 회계정보를 생산하여 제공한다.

3. 감사실

감사실은 기업의 경영정책이나 경영방침이 충실히 시행되는지를 평가하는 내부감사기능을 수행한다. 기업활동이 효율적으로 이루어지도록 기업 내부에서 최고경영층을 보좌하는 내부감사는 공인회계사의 외부감사와는 차이가 있다. 공인회계사의 외부감사에서 내부감사의 결과를 활용하기도 한다.

기업의 회계담당자가 되기 위해서는 회계학, 경영학뿐 아니라 컴퓨터시스템에 관한 지식과 기업실무에서의 경험 및 관리능력 또한 필요하다.

5 · 2 공인회계사

1. 자격요건

공인회계사(Certified Public Accountant; CPA)는 회계의 대한 전문지식을 가지고 직업적으로 회계서비스를 제공하는 전문가로서 일정한 자격을 갖추어야 한다. 공인회계사가 되기 위해서는 대학 등 교육기관에서 관련 분야 과목 24학점(회계학과 세무관련 12학점, 경영학 관련 9학점, 경제학 관련 3학점) 이상을 이수한 후, 영어시험확인신청(토익, 토플, 텝스, 지텔프, 플렉스 등 외부공인영어시험에서 취득한 성적으로 대체)을 완료하여야 접수가 가능하다. 우리나라에서는 금융감독원이 공인회계사시험을 주관한다. 공인회계사시험은 공인회계사가 되려고 하는 자에게 필요한 기초소양, 일반적인 학리와 그 응용능력을 검정하기 위한 시험으로 1, 2차로 구분하여 시행된다. 1차시험은 경영학, 경제학원론, 상법, 세법개론, 회계학에 대해 객관식으로 실시하며 합격자는 다음 연도까지 2차시험에 응시할 수 있다. 2차시험은 세법, 재무관리, 회계감사, 원가회계, 재무회계 대해 주관식으로 실시한다.

공인회계사의 업무를 하고자 할 때는 한국공인회계사회에 등록하여야 한다. 공인회계사는 개인이 사무소를 설립하거나 공동으로 합동사무소나 회계법인을 설립하여 기업이나 개인에게 관련 서비스를 제공한다.

2. 업무영역

(1) 회계감사

회계감사(auditing)는 공인회계사의 기본적 업무로서 기업에서 작성한 회계보고서가 회계기준에 따라 제대로 작성되었는지를 검증하는 업무이다.

기업의 이해관계자들이 회계보고서를 통하여 기업의 재무상태와 경영성과를 통하여 미래 현금창출능력을 파악하고, 더불어 경영자의 경영능력을 평가할 것이다. 따라서 기업의 경영자들은 의도적으로 기업의 실상과 다른 회계보고서를 작성할 가능성이 있다. 또, 회계지식이 부족하거나 담당자의 실수, 오류 등에 의해서도 잘못된 회계보고서가 작성될 수 있다.

공인회계사의 회계감사는 기업의 실상과 다른 회계보고서나 잘못된 회계보고서에 의하여 이해관계자들이 입을 손실을 미리 방지하여 회계정보를 믿고 이용할 수 있게 하는 중요한 기능을 수행한다.

따라서 회계감사를 담당하는 공인회계사는 회계에 대한 전문지식은 갖추어야 하며, 감사를 받는 기업과 이해관계가 없도록 독립성이 유지되어야 하는 등 엄격한 자격을 갖추어야 한다.

우리나라에서는 증권거래소에 주식을 상장한 기업, 주식을 불특정 다수의 사람들에게 발행하려는 기업, 회사채를 발행하고자 하는 기업, 상장을 준비하는 기업 등 '주식회사의 외부감사에 관한 법률'의 적용을 받는 기업들은 회계보고서를 작성할 때 독립된 공인회계사의 회계감사가 반드시 필요하다.

공인회계사는 규정된 회계감사 절차(회계감사기준)에 따라 회계시스템의 조사, 거래기록의 검토 등을 실시하여 증거를 수집하고 수집된 증거를 기초로 회계보고서가 기업의 실상을 있는 그대로 반영하였는지를 검증한다. 즉, 규정된 회계절차와 방법(일반기업회계기준 및 K-IFRS)에 따라 작성되었는지에 대하여 판단한다. 감사결과에 대한 공인회계사의 감사의견은 감사보고서의 형태로 주주 등의 이해관계자에게 전달된다. 회계감사를 받은 기업은 회계보고서를 이해관계자에게 제공할 때 감사의견이 반영된 감사보고서를 첨부한다.

(2) 세무업무서비스

기업은 경영활동의 결과에 따라 세법의 규정에 의하여 세금을 납부하여야 한다. 기업의 경영자들은 납부할 세금을 정확히 계산하고자 하며, 합법적으로 절세를 하기 위하여 세금계획에 관심을 가지고 있다. 공인회계사는 세법의 관련규정과 판례 등에 대하여 전문지식을 가지고 있으므로 세무조정을 통한 기업의 세금계산과 절세를 위한 세금계획에 관하여 기업이나 개인에게 세무업무서비스(tax service)를 제공해 줄 수 있다.

(3) 경영자문

경영자문(management consulting)은 기업활동 전반에 관하여 경영자가 당면한 문제들을 해결하는 데 도움을 주는 조언활동을 말한다. 공인회계사는 회계감사를 통하여 당해 기업의 경영활동을 전반적으로 이해하고 있을 뿐만 아니라 다양한 기업들에 대하여 회계감사를 실시함으로써 당해 기업의 경영전략, 경영효율성 등을 동일업종의 다른 기업들과 비교·평가할 수 있다. 따라서 공인회계사는 기업특성에 맞는 회계정보시스템의 구축, 원가절감방안의 수립, 추가자금 조달방안의 확정, 해외시장의 개척방안의 수립, 외국의 반덤핑관세에 대한 대응전략의 수립, 기업일부의 매각

계획의 수립, 타기업의 인수합병 등 광범위한 문제에 대하여 기업의 경영자에게 조언을 한다. 최근에는 경영자문에 대한 수요가 지속적으로 증대하고 있으며, 경영자문활동에 의한 수입의 비중도 증가하고 있다. 경영자문업무의 효율적 집행을 위하여 공인회계사는 다른 전문가의 조언을 받기도 한다.

5 · 3 세무사

1. 자격요건

세무사는 세무서비스업무만을 제공하는 전문가로서 개인이나 기업과 같은 납세의무자로부터 의뢰를 받아 각종 세금업무를 수행한다. 세무사 자격을 취득하기 위해서는 국세청이 주관하는 자격시험에 합격하여야 한다. 자격시험은 2차에 걸쳐 실시되는데 1차시험은 재정학, 세법학개론, 회계학개론, 상법(회사편), 영어(공인어학성적 제출로 대체)에 대해 객관식으로 실시된다. 1차시험 합격자는 당해연도와 다음 연도의 2차시험에 응시할 수 있다. 2차시험은 회계학1부(재무회계, 원가관리회계), 회계학2부(세무회계), 세법1부(국세기본법, 소득세법, 법인세법, 상속세 및 증여세법), 세법2부(부가가치세법, 개별소비세법, 지방세법, 지방세기본법, 지방세징수법 및 지방세특례제한법 중 취득세·재산세 및 등록에 대한 등록면허세, 조세특례제한법)에 대해 주관식으로 실시된다.

2. 업무영역

세무사의 주요업무는 다음과 같다.

① 조세에 관한 신고, 신청, 청구(이의신청, 심사청구 및 심판청구 포함)

② 세무조정계산서 및 기타 세무관련서류의 작성

③ 조세에 관한 신고를 위한 기장 대행

④ 조세에 관한 상담 및 자문

보 론 회계와 부기의 관계

1 부기의 의의

경제주체의 경제활동을 장부에 기록, 계산하는 사무적인 절차를 부기(book-keeping)라고 한다. 다시 말하면, 부기는 가계, 기업, 정부 등과 같은 경제주체들에게 귀속되는 재산의 증감을 장부에 기록, 계산하는 것이다.

원래 부기는 장부기입(록)이라 의미이며, 장부에 기록한다는 것은 개인의 수입과 지출을 기록하는 금전출납장, 가계의 수입과 지출을 기록하는 가계부, 정부 재정활동의 기록도 해당된다. 그러나 회계에서의 부기는 기업의 장부기입(록)을 말한다.

부기의 대상은 기업의 영업활동에서 발생한 자산, 부채, 자본의 증감변동으로서, 이들을 화폐가치로 기록, 계산하는 사무적인 절차를 거쳐 재무보고서를 작성한다. 재무보고서는 회계정보로서 기업의 재무상태와 경영성과를 표시하게 된다.

2 부기의 종류

부기는 기장방법에 따라 단기부기와 복식부기로, 이용하는 주체에 따라 영리부기와 비영리부기로 구분된다. 또한 응용 여부에 따라 기본부기와 응용부기로 구분된다.

1. 단식부기와 복식부기

단식부기(single entry book-keeping)는 일정한 원리·원칙이 없이 주로 금전출납을 중심으로 일반적인 상식에 따라 기장하는 방법을 말한다.

단식부기의 기장방법은 전문지식이 없이도 할 수 있으므로 가정에서 수입·지출의 기록이나 학교, 종교단체, 관청 등의 소비경제주체와 규모가 작은 소매상에서의 기장에 많이 이용한다. 단식부기는 금전출납에 대한 관리가 주요목적이기 때문에 금전출납부에 현금의 수입·지출을 기록함으로써 금전관리를 하게 된다.

그리고 수입에 대하여는 그 내용을 상세히 기록하기 위하여 수입명세부를 두며, 지출에 대하여는 지출명세부를 두어 수입명세와 지출명세를 기록하여 둠으로써 그 수입내용과 지출내용을 명백히 밝힐 수가 있다.

복식부기(double entry book-keeping)는 일정한 회계의 원리·원칙에 의하여 조직적으로 기업의 경영활동을 기록, 계산하는 기장방법을 말한다. 복식부기란 모든 거래를 복식으로 기록한다는 의미인데, 여기에서 복식이란 이중적인 기록방법에 의하여 기록하는 것이다.

현금 1,000,000원을 10개월 후 상환하기로 하고 은행으로부터 현금으로 차입한 거래를 예를 들어 설명해보자.

단식부기에서는 현금이 입금된 사실에 대하여 금전출납부에 1,000,000원을 수입으로 기장하면 된다. 그러나 복식부기에서는 현금 1,000,000원이 증가한 사실을 현금 계정과목으로 기록하고, 동시에 단기차입금 계정과목으로 부채가 1,000,000원 증가한 사실을 기록함으로써 한 거래를 이중으로 기록하게 되는 것이다.

따라서 복식부기는 거래를 이중으로 기록하기 때문에 그 정확성을 자동적으로 검증할 수 있는 자기검증기능을 가지고 있다. 과거에는 기업에서 복식부기를 사용했지만, 요즘은 기업 뿐 아니라 국가, 지방자치단체, 학교 등에서도 복식부기를 사용하고 있다. 우리의 학문적 연구대상 역시 이러한 복식부기이다.

2. 영리부기와 비영리부기

영리부기는 기업부기라고도 하는 것으로서 이는 이윤을 추구하는 기업에서 사용하는 부기이다. 적용되는 업종에 따라서 상업부기, 공업부기, 은행부기, 농업부기, 호텔부기 등으로 구분되며, 기업의 조직에 따라서 개인기업부기, 조합기업부기, 회사기업부기 등으로 나누어진다.

비영리부기는 가계부기, 관청부기 등과 같은 소비경제주체에서 사용되는 부기를 말한다.

영리부기는 복잡하고 방대하게 발생하는 기업의 영업활동을 기록, 계산하여야 하기 때문에 복식부기의 방법을 사용하고 있으며, 비영리부기는 금전의 수지계산 및 물품의 관리, 계산을 하는 데 불과하므로 일반적으로 단식부기를 사용한다.

3. 기본부기와 응용부기

기본부기란 모든 영리부기의 기본이 되는 일반부기(general book-keeping)를 의미하는 것이다. 영리기업의 대표적인 형태는 상품매매기업이다. 상품매매기업에서 적용되는 부기, 즉 상업부기를 기본부기라고 한다.

응용부기란 기본부기인 상품매매기업의 상업부기를 기업의 종류에 따라 응용한 것을 말한다. 제조업에서의 공업부기, 은행업에 있어서의 은행부기, 농업에 있어서의 농업부기 등이 이에 속한다.

이와 같이 상업부기는 모든 영리부기의 기본이 되는 것이므로 이를 충분히 습득함으로써 다른 응용부기를 이해할 수 있으며, 더 나아가서 회계전반을 연구하는 데 도움이 될 것이다.

3 회계와 부기의 관계

부기(book-keeping)와 회계(accounting)는 동일한 것이 아니며 구별되는 개념이다. 부기는 회계의 일부분을 차지하는 것인 데도 많은 사람들은 두 가지를 동일한 것으로 생각하여 왔다.

회계와 부기를 동일한 개념으로 혼동하고 있는 이유는 초기단계의 회계학 교육이 동서양을 막론하고 장부기입을 중심으로 이루어져 왔기 때문이다. 또한 장부에 기입하는 데 준거해야 할 원리와 연구범위 및 대상에 관하여 별다른 진전이 없었기 때문인 것으로 볼 수 있다.

그러던 것이 이에 대한 원리와 지식이 체계화되어 연구범위가 확대됨에 따라 부기는 단순히 거래를 기록, 계산하여 보고하는 기술적인 측면을 강조하는 의미를 갖게 되었고, 회계는 기업내·외부의 이해관계자들이 합리적 판단이나 의사결정을 할 수 있도록 기업실체에 관한 재무적 정보를 측정하여 제공하는 정보시스템으로서 학문적 체계를 형성하게 됨으로써 이론적인 측면을 강조하는 의미를 갖게 되었다.

따라서 부기는 회계의 일부분으로서 하부의 계산구조를 형성하는 것이기 때문에 회계가 부기보다는 더 넓은 의미로 사용되고 있다고 할 수 있다.

회계를 잘 모르는 사람들은 종종 부기담당자 또는 장부기입자(book-keeper)와 회계담당자(accountant)의 기능을 혼동할 수 있다. 그런데 부기와 회계의 기능은 다음과 같이 구별될 수 있다.

회계부문의 업무절차는 보통 ① 재무자료의 수집, 기록, 요약, ② 재무정보의 분석, ③ 재무정보의 제공, ④ 재무정보에 대한 조언 등의 4단계로 이루어진다. 부기담당자의 업무는 첫번째 단계인 재무정보의 수집, 기록, 요약만을 말하며, 부기담당자의 기능은 회계과정에서 회계담당자에 의해 사용될 수 있는 재무자료를 수집하여 기록하고 요약하는 것에 불과하다.

회계담당자는 회계과정의 모든 단계에 직접적으로 관여한다. 그러나 첫번째 단계인 재무자료의 수집, 기록, 요약 단계에서는 부기담당자에 의해 수행되는 재무자료의 수집 및 기록시스템을 설계(design)하는 데만 국한된다.

회계담당자의 주된 기능은 회계절차 중에서 두 번째부터 네 번째 단계인 재무정보를 분석하고, 그 정보를 제공하며, 그 정보에 대한 도움을 주는 단계에서 발휘된다.

그러나 대부분의 회계담당자는 단지 세 번째 단계인 재무정보의 제공 업무만을 수행하며, 이해관계자(정보이용자)들과 직접적인 접촉을 하지는 않는다.

따라서 회계담당자의 역할은 부기담당자의 역할보다도 훨씬 방대하며, 또한 회계담당자에게는 이해관계자(정보이용자)들이 어떠한 정보를 요구하는지에 대한 보다 깊은 배려가 요구된다.

연습문제

2-1 회계는 실무적 기술이라는 의미를 설명하시오.

2-2 회계는 정보시스템이라는 의미를 설명하시오.

2-3 회계정보이용자의 범위를 구체적으로 지적하고, 그들은 왜 회계정보를 필요로 하는지를 설명하시오.

2-4 재무회계, 관리회계 및 세무회계의 특징과 상호관계를 설명하시오.

2-5 여러분들은 회계학 공부를 어떤 교과과정에 따라 어떤 과목별로 공부하여야 하는지에 대하여 설명하시오.

2-6 회계의 역할에 대하여 설명하시오.

2-7 회계담당자와 부기담당자의 역할 및 관계에 대하여 설명하시오.

2-8 회계의 발전과 경제발전의 관계를 설명하시오.

2-9 회계의 대중화 배경을 설명하시오.

2-10 회계전문가의 역할을 설명하시오.

제3장 재무제표의 구성요소

자산 · 부채 · 자본

1·1 자 산

1. 자산의 의의

자산(assets)이란 기업이 소유하고 있는 재화, 채권 및 법률상의 권리를 말한다. K-IFRS에서는 자산(assets)을 과거사건의 결과로 기업이 통제하는 현재의 경제적 자원이라고 정의한다. 기업의 영업활동에는 현금, 건물, 비품 등과 같은 재화가 필요하다. 또한 상품매매기업은 영업의 대상이 되는 상품을 보유하게 되며, 제조기업은 (원)재료, 재공품, 제품을 보유하게 된다.

기업이 상품 또는 제품을 외상으로 판매하면 외상매출금이라는 매출채권이 발생하며, 금전을 빌려주면 단(장)기대여금이라는 채권이 발생한다. 연구개발활동의 결과 신제품의 제조에 성공하면 개발비가 발생하며, 특허 같은 법률상의 권리를 취득하면 특허권이 발생한다.

이상과 같이 기업은 영업활동과정에서 현금, 상품, 건물, 비품 등과 같은 재화와 외상매출금 등과 같은 매출채권, 대여금 등과 같은 채권, 특허권 등과 같은 법률상의 권리를 보유하게 되는데 이들을 자산이라고 한다.

그러나 기업이 보유하고 있는 재화, 채권, 권리 모두가 회계상의 자산이라 할 수는 없다. 회계이론 및 실무에서는 자산이 되기 위한 조건으로서 당해 자산을 취득할 때에 객관적으로 측정가능한 화폐적 금액을 지급하거나 지급할 약속에 의해 취득한 것이어야만 할 것을 요구하고 있다. 즉, 자산은 회계실무상 장부에 기입하기 위하여 화폐가치로 표시할 수 있어야 한다.

따라서 기업이 우수한 종업원을 고용하고 있다든가, 종업원의 사기가 높다는 것, 기업의 성공적인 경영으로 얻은 기업의 명성도 기업의 입장에서는 훌륭한 자산(재산)이지만 화폐가치로 표시할 수 없으므로 회계에서는 자산이 아니다.

그러나 타기업으로부터 가치있는 명성을 대가를 지급하고 취득하였다면 회계상의 자산(영업권)이라 할 수 있다.

2. 자산의 분류

자산은 자산을 현금으로 전환하는 데까지 소요되는 기간(환금화)에 따라 유동자산(current assets)과 비유동자산(non-current assets)으로 분류한다. 유동자산과 비유동자산은 1년을 기준으로 분류하는데 이를 1년 기준(one year rule)이라고 한다.

유동자산은 환금화기간이 결산일로부터 1년 이내인 자산 또는 1년 이내에 환금화할 목적으로 보유하는 자산이고, 비유동자산은 환금화기간이 결산일로부터 1년 초과인 자산 또는 영업활동에 사용할 목적으로 보유하는 자산이다.

자산을 구체적으로 분류하면 [표 3-1]과 같다.

[표 3-1] 자산의 분류

구분		계정과목
유동자산	당좌자산	현금및현금성자산(현금, 당좌예금, 보통예금, 현금성자산)
		매출채권(외상매출금, 받을어음), 미수금
		당기손익-공정가치측정금융자산, 단기대여금
		선급금, 선급비용
	재고자산	상품, (원)재료, 제품, 재공품, 저장품(소모품 등)
비유동자산	투자자산	기타포괄손익-공정가치측정금융자산, 상각후원가측정금융자산, 관계기업투자주식, 장기대여금, 투자부동산
	유형자산	토지, 건물, 비품, 기계장치, 차량운반구, 건설중인자산
	무형자산	산업재산권(특허권, 실용신안권, 디자인권, 상표권), 저작권, 개발비, 영업권, 소프트웨어
	기타비유동자산	이연법인세자산, 임차보증금, 장기매출채권, 장기미수금

1·2 부 채

1. 부채의 의의

부채(liabilities)는 기업이 부담하고 있는 채무를 말한다. K-IFRS에서는 부채를 과거사건의 결과로 기업이 경제적 자원을 이전해야 하는 현재의무라고 정의한다.

기업의 영업활동에서 상품 또는 (원)재료를 외상으로 매입하면 외상매입금이라는 매입채무가 발생하며, 금전을 금융기관 등으로부터 빌려오면 단(장)기차입금이라는 채무가 발생한다.

부채도 자산과 마찬가지로 회계이론 및 실무상으로 장부상 부채가 되기 위해서는 화폐가치로 표시가 가능하여야 한다. 따라서 화폐가치로 표시할 수 없는 정신적인 부담(빚)이라든가 병역의무 등은 부채가 아니다.

2. 부채의 분류

부채는 부채를 상환하는 데까지 소요되는 기간에 따라 유동부채(current liabilities)와 비유동부채(non-current liabilities)로 분류한다. 유동부채와 비유동부채 역시 1

년을 기준으로 분류한다.

유동부채는 상환하는 데까지 소요되는 기간이 1년 이내인 부채 또는 1년 이내에 상환할 목적으로 부담하는 부채이고, 비유동부채는 상환기간이 결산일로부터 1년 초과인 부채이다.

부채를 구체적으로 분류하면 [표 3-2]와 같다.

[표 3-2] 부채의 분류

구분	계정과목
유 동 부 채	매입채무(외상매입금, 지급어음), 미지급금, 미지급비용, 예수금, 선수금, 선수수익, 단기차입금, 유동성장기부채
비유동 부 채	장기매입채무(장기외상매입금, 장기지급어음), 장기미지급금, 장기차입금, 퇴직급여충당부채, 사채, 임대보증금

1·3 자 본

1. 자본의 의의

자본(capital)이란 기업자산에 대한 소유주의 지분(몫)을 말한다. 기업이 경영활동을 하기 위해서는 많은 자금이 필요하다. 그런데 기업의 내부에서만 자금을 조달하는 것은 한계가 있기 때문에 주식시장에서 주식을 발행하여 자금을 조달하게 된다.

K-IFRS에서는 자본을 기업의 자산에서 모든 부채를 차감한 후의 잔여지분이라고 정의한다. 자본은 기업이 소유하고 있는 자산총액(total assets)에서 기업이 부담하고 있는 부채총액(total liabilities)을 차감한 잔액을 의미하는 것이다.

기업의 자본은 순자산이라고도 하며 다음과 같은 자본등식으로 나타낼 수 있다.

자산－부채＝자본

경제적 측면에서 자본은 자기자본이라고 하고, 부채는 타인자본이라고 하며, 이들 자본(자기자본)과 부채(타인자본)의 합계를 총자본이라고도 한다.

2. 자산 · 부채 · 자본의 관계

기업에는 자산과 부채가 있고 자산에서 부채를 차감한 잔액이 자본이라는 것은 앞에서 설명하였다. 자산, 부채, 자본의 관계를 [예제 3-1]을 이용하여 살펴보자.

예제 3-1 경원상사의 20×1년말 현재의 자산과 부채액은 다음과 같다. 자본등식에 의해 재무상태를 표시하시오.

현 금	360,000원	외 상 매 출 금	1,200,000원
상 품	800,000원	비 품	480,000원
외 상 매 입 금	680,000원	단 기 차 입 금	960,000원

해답

재 무 상 태 의 표 시

자 산		부 채		자본(순 자 산)	
현 금	360,000	외상매입금	680,000	자본(순자산)	1,200,000
외상매출금	1,200,000	단기차입금	960,000		
상 품	800,000				
비 품	480,000				
자 산 총 액	2,840,000	부 채 총 액	1,640,000	자 본 총 액	1,200,000

[예제 3-1]에서 경원상사의 자산, 부채를 이용하여 자본등식에 따라서 자본을 구하면 다음과 같다.

자산(2,840,000원) − 부채(1,640,000원) = 자본(1,200,000원)

경원상사가 소유하고 있는 자산총액은 2,840,000원이며, 상환해야 하는 부채총액은 1,640,000원이므로 자산총액에서 부채총액을 차감한 자본총액은 1,200,000원이 된다.

기업이 소유하고 있는 자산총액 2,840,000원 중 부채총액 1,640,000원은 기업이 갚아야 하는 채권자의 몫이고, 나머지인 1,200,000원은 자본주(소유주)의 몫이다.

경원상사의 총자본은 자기자본 1,200,000원과 타인자본 1,640,000원을 합친

2,840,000원이 되며, 총자본은 기업에 투자되어 있는 총자산과 같은 금액이 되는 것이다.

총자본 = 자기자본 + 타인자본

총자산 = 총자본

3. 자본의 분류

K-IFRS에서는 자본을 납입자본, 이익잉여금, 기타 자본구성요소로 구분하고 있다. 회계학을 처음 공부하는 학생들은 자본을 소유주가 출자한 자본금과 영업활동 등을 통해 발생한 잉여금으로 구분하고, 잉여금을 다시 기업의 영업이익에서 발생한 이익잉여금과 영업이익 이외의 원천에서 발생하는 자본잉여금으로 구분하는 것으로 이해하는 것이 좋다. 자본에 대한 구체적인 설명은 제14장에서 하기로 한다.

재무상태표

재무상태표(statement of financial position)는 일정시점의 기업의 재무상태를 나타내는 재무보고서이다.

일정시점에 기업이 보유하고 있는 경제적 자원인 자산과 경제적 의무인 부채, 그리고 자본에 대한 정보를 제공한다.

재 무 상 태 표

<table>
<tr><td rowspan="2">자 산</td><td>부 채</td></tr>
<tr><td>자 본</td></tr>
</table>

재무상태표의 차변은 자산, 대변은 부채와 자본으로 기록한다. 외부 채권자로부터 조달한 부채와 주주로부터 조달한 자본을 어디에 얼마나 투자했는지를 알 수 있다. 재무상태표의 왼쪽은 기업이 소유하고 있는 자산을 표시하며, 오른쪽은 기업자산의 조달원천인 부채와 자본을 표시한다. 또한 왼쪽과 오른쪽은 금액이 일치되어 균형상태를 이루게 된다.

자산=부채+자본

이 식을 재무상태표등식 또는 회계등식(accounting equation)이라고 하며, 회계의 기본원리를 도출하는 중요한 식이다. 이 식은 복식부기제도(double entry book-keeping system)의 기본으로 장부기입 및 재무보고서 작성의 기초가 된다.

예제 3-2 [예제 3-1]의 자료를 이용하여 계정식 재무상태표를 작성하시오.

해답

재 무 상 태 표

경원상사 20×1년 12월 31일 현재 (단위 : 원)

자 산	금 액	부채 · 자본	금 액
현 금	360,000	외 상 매 입 금	680,000
외 상 매 출 금	1,200,000	단 기 차 입 금	960,000
상 품	800,000	자 본 금	1,200,000
비 품	480,000		
자 산 총 액	2,840,000	부 채 와 자 본 총 액	2,840,000

[예제 3-2]와 같이 왼쪽에 자산을 표시하고, 오른쪽에 부채와 자본을 표시하여 작성된 재무상태표의 양식을 계정식(account form)이라고 한다.

또한 차변, 대변 구분없이 자산을 위쪽에 표시하고 부채와 자본을 아래쪽에 표시하여 작성된 재무상태표의 양식을 보고식(report form)이라고 한다.

예제 3-3 [예제 3-1]의 자료를 이용하여 보고식 재무상태표를 작성하시오.

해답

재 무 상 태 표

경원상사 20×1년 12월 31일 현재 (단위 : 원)

계 정 과 목	금 액
자산	
현 금	360,000
외상매출금	1,200,000
상 품	800,000
비 품	480,000
자 산 총 계	2,840,000
부채	
외상매입금	680,000
단기차입금	960,000
부 채 총 계	1,640,000
자본	
자 본 금	1,200,000
자 본 총 계	1,200,000
부채 및 자본총계	2,840,000

재무상태표에는 ① 재무상태표라는 재무보고서 이름, ② 회사이름, ③ 재무상태표 작성기준일, ④ 보고통화 및 금액단위가 표시되어야 한다.

수익 · 비용

3·1 수 익

수익(revenue)은 기업이 일정기간 동안에 고객에게 재화나 서비스를 제공하고 그 대가로 받은 것을 화폐가치로 표시한 것을 말한다. 예를 들면, 상품매매기업에서는 상품의 판매액(매출액)이 주요한 수익에 해당되며, 금융업에서는 현금을 대출해 주고 수령한 이자가 주요한 수익이다.

회계법인, 세무법인, 법무법인(변호사업), 병원 등과 같은 서비스업에서는 서비스를 제공해 주고 이에 대한 수수료를 받게 되는데 이 수수료가 주요한 수익이다.

이와 같이 기업이 영업활동을 통하여 벌어들인 수입 또는 수입이 될 금액을 수익이라고 하는데, 결과적으로 수익은 기업의 자본을 증가시킨다.

그런데 수입과 수익은 반드시 일치되지 않기도 한다. 수입(receipt)은 현금의 유입액(inflow of cash)을 의미하지만, 수익은 반드시 현금의 유입을 수반하지 않기도 한다. 수익과 유사한 개념으로서 이익이란 용어가 있다.

이익(profit)은 수익에서 비용을 차감한 잔액을 말하는 것으로 수익이 비용을 초과한 금액을 의미한다. 예를 들어, 원가 1,000,000원의 상품을 1,200,000원에 판매하였다면 수익(1,200,000원)과 비용(1,000,000원)의 차액(200,000원)이 이익이 된다. 즉 수익은 상품 판매액(매출액)으로서의 총액개념이고, 이익은 수익에서 비용을 차감한 순액개념이다.

3·2 비 용

비용(expense)은 수익을 얻는 과정에서 소비 또는 지출된 경제적 가치를 화폐가치로 표시한 것을 말한다. 비용은 결과적으로 기업의 자본을 감소시킨다. 예를 들면, 상품판매액에 대한 원가(매출원가)나 영업활동을 위한 판매비 또는 관리비가 비용이 된다.

수익이 수입과 일치하지 않는 것처럼 비용과 지출(disbursement)도 반드시 일치하지 않기도 한다. 즉 지출은 현금의 유출(outflow of cash)을 의미하지만, 비용은 반드시 현금의 유출을 수반하지 않기도 한다.

비용과 비슷한 개념으로 손실(loss)이란 용어가 있다. 손실이란 비용에서 수익을 차감한 개념으로서 비용이 수익을 초과한 금액을 말한다. 예를 들어, 원가 1,000,000원의 상품을 800,000원에 판매하였다면 200,000원이 손실된다.

손실은 영업활동과 관계없이 발생한 경제적 가치의 소멸, 즉 수익과 관계없이 발생한 자기자본의 감소를 의미하기도 한다. 손실의 발생원인이 외생적인 것으로 화재·도난 등에 의한 발생을 들 수 있다.

4절 수익 · 비용 · 자본의 관계

회계에서는 발생한 수익·비용을 회계기간말 재무보고서를 작성할 때 수익과 비용을 상호비교하여 순손익을 계산한다. 계산한 순손익은 자본에 가감한다.

총수익 > 총비용 ……→ 이익 → 자본의 증가
총수익 < 총비용 ……→ 손실 → 자본의 감소

영업활동의 결과 발생한 이익은 자본을 증가시키며, 손실은 자본을 감소시킨다. 이익과 손실은 수익과 비용에 의해 결정되므로 결국 수익과 비용은 자본을 증가시키거나 감소시키는 원인이 된다.

5절 순손익의 계산

순손익이란 순이익과 순손실을 합친 말이며, 순손익의 계산은 기업이 일정기간 영업활동을 한 결과(영업성과)를 평가하는 과정을 말한다. 기업의 순손익을 계산하는 방법은 재산법과 손익법이 있다.

5·1 재산법

재산법(assets and liabilities method)은 회계기간말(기말)의 순자산(자본)이 회계기간초(기초)에 비하여 영업활동으로 인하여 얼마나 증가하였는지로 순손익을 계산하는 방법이다. 재산법에 의한 순손익은 다음 계산식을 이용하여 계산한다.

기말자본 − 기초자본 = 순손익

만일 회계기간 중에 영업활동이 아닌 자본활동(증자 또는 감자)으로 인한 순자산(자본)의 증감이 있었다면 순손익은 다음 계산식을 이용하여 계산한다.

기말자본 − (기초자본 + 증자 − 감자) = 순손익

재산법은 현실적으로 보유하는 재산의 실지조사로 순자산을 확인하여 순손익을 계산하기 때문에 순손익을 객관적으로 계산할 수 있다는 장점이 있다. 반면, 다음과 같은 단점도 있다.

첫째, 순손익을 자의적으로 계산한다는 것이다. 기초와 기말의 순자산을 비교하려면 무엇보다도 기초와 기말의 자산과 부채를 평가하는 것이 중요한데, 이때 적용할 자산과 부채의 평가기준이 객관적으로 통일되어 있지 않다.

둘째, 순손익의 발생원인을 명확하게 알 수 없다는 것이다. 즉 재산법에서는 기초와 기말시점의 순자산을 상호비교함으로써 순손익을 계산하는데, 순손익은 총액으로만 표시될 뿐 발생원인이 무엇 때문인지 명확하게 나타나지 않는다.

재산법에 의해 계산된 순손익은 재무상태표에 표시된다. 재무상태표는 회계기간말의 재무상태를 표시하는 것이다. 그런데 추가적으로 순자산(자본)의 증감, 즉 순손익을 표시함으로써 재무상태표의 유용성은 높아지게 된다. 따라서 기말에 작성되는 재무상태표에는 기말자산과 기말부채가 기입되고, 기말자본은 '기초자본+순이익'의 형식 또는 '기말자본(순이익을 따로 표시)' 형식으로 기입된다.

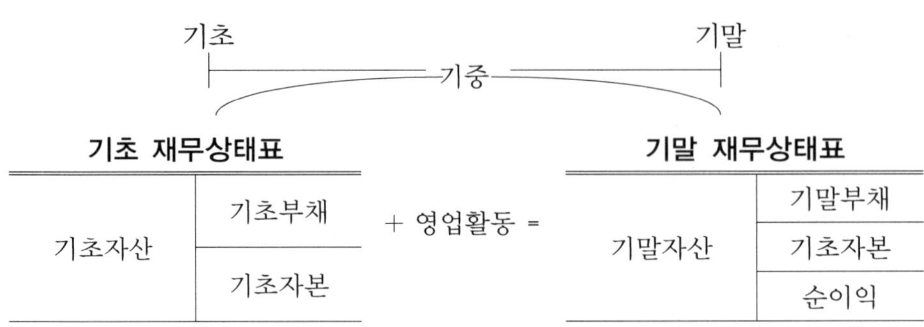

[그림 3-1] 재산법의 순손익 계산

[그림 3-1]에서 기말자본이 기초자본보다 적을 때는 순손실이 발생하며, 재무상태표의 왼쪽에 표시된다.

예제 3-4 수정상사가 20×1년 1월 1일 자기현금 300,000원과 외부로부터 단기간 차입한 현금 100,000원으로 회사를 설립하고, 영업을 개시하였다. 영업을 개시한 시점에서의 재무상태표를 계정식으로 작성하시오.

해답

재 무 상 태 표

수정상사 20×1년 1월 1일 현재 (단위 : 원)

자 산	금 액	부채 · 자본	금 액
현 금	400,000	단기차입금	100,000
		자 본 금	300,000
자산총액	400,000	부채와자본총액	400,000

예제 3-5 수정상사가 1년 후인 20×1년 12월 31일의 재산상태를 조사한 결과 다음과 같이 변동되었다고 할 때 20×1년 12월 31일의 재무상태표를 계정식으로 작성하시오.

자 산		부 채	
현 금	80,000	외상매입금	240,000
외상매출금	300,000	단기차입금	120,000
상 품	200,000		
비 품	120,000		

해답

재 무 상 태 표

수정상사 20×1년 12월 31일 현재 (단위 : 원)

자 산	금 액	부채 · 자본	금 액
현 금	80,000	외상매입금	240,000
외상매출금	300,000	단기차입금	120,000
상 품	200,000	자 본 금	300,000
비 품	120,000	당기순이익	40,000
자산총액	700,000	부채와자본총액	700,000

5 · 2 손익법

손익법(profit and loss method)은 기업이 일정기간에 걸쳐 영업활동으로 벌어들인 총수익에서 이를 획득하는 데 소요된 총비용을 차감함으로써 순손익을 계산하는 방법이다. 손익법에 의한 순손익은 다음 계산식을 이용하여 계산한다.

총수익 − 총비용 = 순이익
총비용 − 총수익 = 순손실

손익법은 수익과 비용에 대한 장부기록으로 계산되기 때문에 순손익의 발생원인을 알수있다. 일반적으로 회계에서는 재산법 대신 손익법으로 순손익을 계산한다.

손익법에 의해 계산된 순손익은 포괄손익계산서에 표시된다.

포괄손익계산서

포괄손익계산서(income statement ; I/S)는 일정기간의 영업활동으로부터 발생한 수익과 비용을 항목별로 분류하여 대응·표시함으로써 순손익을 표시하는 재무보고서이다.

포 괄 손 익 계 산 서

차변	대변
총 비 용	총 수 익
순 이 익	

비용〈수익

포 괄 손 익 계 산 서

차변	대변
총 비 용	총 수 익
	순 손 실

비용〉수익

포괄손익계산서는 손익법에 의하여 왼쪽에는 비용항목을, 오른쪽에는 수익항목을 기록하여 순이익이 얼마인지를 계산한다.

순이익이 발생하는 경우에는 왼쪽에는 총비용과 순이익을 기록하고 오른쪽에는 총수익이 표시되고, 반대로 순손실이 발생하는 경우에는 왼쪽에는 총비용을 기록하고 오른쪽에는 총수익과 순손실이 표시된다.

K-IFRS에서는 당기순손익만 표시하던 손익계산서에 기타포괄손익까지 표시하여 포괄손익계산서를 작성하도록 규정하고 있다. 기타포괄손익은 당기순손익을 구성하지 않고 바로 재무상태표의 자본으로 표시하는 항목이다. 구체적 내용은 제14장과 제15장에서 설명한다.

총포괄손익 = 당기순손익 + 기타포괄손익

예제 3-6 다음은 성남상사의 20×1년 중의 영업활동에 관한 내용이다. 이들 자료를 이용하여 포괄손익계산서를 작성하시오.

<자료>

(1) 수정상사로부터 단기대여금에 대한 이자 270,000원을 현금으로 받다.
(2) 종업원의 급여 164,000원을 현금으로 지급하다.
(3) 건물의 임차료 120,000원을 현금으로 지급하다.
(4) 단기차입금에 대한 이자 30,000원을 현금으로 지급하다.

(5) 복정상사로부터 서비스를 제공한 대가로서 344,000원을 현금으로 받다.

(6) 신흥상사에 상품 판매를 의뢰하고 판매수수료 40,000원을 현금으로 지급하다.

해답

포 괄 손 익 계 산 서

성남상사 20×1년 1월 1일부터 20×1년 12월 31일까지 (단위 : 원)

비 용	금 액	수 익	금 액
급 여	164,000	수수료 수익	344,000
임 차 료	120,000	이 자 수 익	270,000
판매수수료	40,000		
이자 비용	30,000		
당기순이익	260,000		
	614,000		614,000

위에서 설명한 포괄손익계산서의 양식은 왼쪽에 비용을, 오른쪽에 수익을 표시하여 순손익을 계산하는 계정식(account form)에 해당된다.

보고식(report form)이란 다음의 [예제 3-7]에서 보는 바와 같이 수익·비용을 순차적으로 연속배열하여 순손익을 계산하는 방법이다.

예제 3-7 [예제 3-6]의 자료를 이용하여 보고식 포괄손익계산서를 작성하시오.

해답

포 괄 손 익 계 산 서

성남상사 20×1년 1월 1일부터 20×1년 12월 31일까지 (단위 : 원)

과 목	금 액	
수 익		614,000
수수료수익	344,000	
이자 수익	270,000	
비 용		354,000
급 여	164,000	
임 차 료	120,000	
판매수수료	40,000	
이자 비용	30,000	
당기순이익		260,000

포괄손익계산서에는 ① 포괄손익계산서라는 재무보고서 이름, ② 회사이름, ③ 회계기간, ④ 보고통화 및 금액단위가 표시되어야 한다.

7절 재무상태표와 포괄손익계산서의 관계

지금까지 재무상태표와 포괄손익계산서의 구성요소로서 자산, 부채, 자본, 수익, 비용에 관하여 설명하였으며, 아울러 재무상태표와 포괄손익계산서 작성원리도 설명하였다.

그리고 재무상태표, 포괄손익계산서 등에 대하여 재무보고서라는 용어를 사용하였으나, 앞으로는 일반적 용어인 재무제표(financial statements)라는 용어를 사용하기로 한다.

이제 재무상태표와 포괄손익계산서의 관계를 설명하기로 한다.

재무상태표는 일정시점의 재무상태를 나타내는 재무제표이고, 포괄손익계산서는 일정기간의 경영성과를 표시하는 재무제표이다. 일정시점이란 회계기간의 기초와 기말을 의미하고, 일정기간이란 기초부터 기말까지의 회계기간을 의미한다.

다음의 [그림 3-2]와 같이 기초 또는 기말이라는 시점에서 자산, 부채, 자본이 어떻게 구성되어 있는가를 나타내는 것이 재무상태표이고, 기초의 재무상태표에 표시된 경제적 자원으로서의 자산을 영업활동 과정에서 어떻게 활용하여 기초에서 기말까지의 회계기간동안 얼마만큼의 순이익을 창출하였는가를 표시해 주는 것이 포괄손익계산서이다.

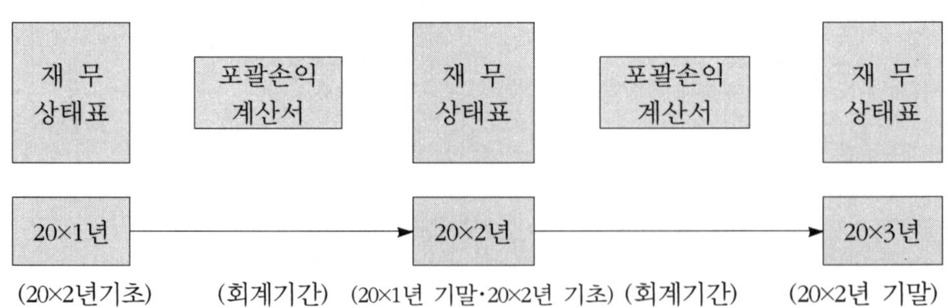

[그림 3-2] 재무상태표와 포괄손익계산서의 관계

수익의 발생은 자산을 증가시키거나 부채를 감소시키고, 비용은 자산을 감소시키거나 부채를 증가시킨다. 회계기간 중에 발생한 수익과 비용은 자산, 부채, 자본에 영향을 주게 되므로 기말 재무상태변동의 원인이 된다.

재무상태표는 회계기간초와 회계기간말이라는 일정시점에 있어서 기업의 재무상태를 나타내는 재무제표이다. 기말의 재무상태를 기초와 비교할 경우 변동이 발생하며, 이러한 변동은 결과적으로 당기순이익 또는 당기순손실로 나타난다. 그리고 수익과 비용이 어떤 과정을 거쳐서 당기순이익을 창출하였는지를 포괄손익계산서로써 알 수 있다.

연습문제

3-1 재무상태표의 의의와 그 구성요소를 설명하시오.

3-2 포괄손익계산서의 의의와 그 구성요소를 설명하시오.

3-3 다음 문제의 ( )에 적당한 말을 넣어 완성하시오.

(1) 회계등식이란 「자산=( )+( )」이다.

(2) 계정식 재무상태표는 왼쪽에 ( )을 표시하고, 오른쪽에 ( )와 ( )을 표시하여 일정시점의 기업의 재무상태를 나타내는 재무제표이다.

(3) 재산법에서 순손익은 「( )−( )=순이익(순손실)」의 등식에 의하여 계산된다.

(4) 손익계산서등식이란 「비용+( )=수익, 또는 비용=수익+( )」이다.

(5) 계정식 포괄손익계산서는 왼쪽에 ( )을 표시하고, 오른쪽에 ( )을 표시하여 일정기간의 기업의 경영성과를 보고한다.

3-4 다음의 계정과목들 중 재무상태표과목은 (재), 포괄손익계산서과목은 (포)이라고 표시하시오.

(1) 소모품비	( )	(2) 비품	( )	(3) 사채	( )
(4) 광고선전비	( )	(5) 단기대여금	( )	(6) 상품	( )
(7) 수수료수익	( )	(8) 단기차입금	( )	(9) 보험료	( )
(10) 선급비용	( )	(11) 자본금	( )	(12) 토지	( )
(13) 미지급금	( )	(14) 건물	( )	(15) 이자비용	( )
(16) 이자수익	( )	(17) 현금	( )	(18) 임차료	( )
(19) 기계장치	( )	(20) 복리후생비	( )	(21) 외상매입금	( )
(22) 상품매출이익	( )	(23) 수도광열비	( )	(24) 매출원가	( )

3-5 회계등식을 이용하여 다음의 빈칸에 알맞은 금액을 기입하시오.

(단위 : 원)

	현 금	외상매출금	상 품	외상매입금	차입금	자본금
(1)	2,000	24,000	( )	5,000	3,000	36,000
(2)	26,000	10,800	18,000	( )	18,000	30,000
(3)	( )	9,000	35,000	12,000	14,000	24,000
(4)	19,600	22,000	29,000	15,000	16,800	( )
(5)	10,000	5,000	20,000	5,000	( )	25,000

3-6 다음 자료를 이용하여 자산총액, 부채총액 및 자본금액을 계산하시오.

현 금	7,000원	단기대여금	9,800원
상 품	81,000원	차량운반구	100,800원
기 계 장 치	152,600원	외상매입금	26,000원
단기차입금	50,000원	미 지 급 금	7,200원

3-7 다음 표의 ( ) 속에 적당한 금액을 기입하시오. 다만, 순손실은 △표로 표시하시오.

(단위 : 원)

	기초자본	기말자산	기말부채	기말자본	총수익	총비용	순손익
(1)	116,000	140,000	( )	100,000	120,000	( )	( )
(2)	( )	( )	60,000	130,000	( )	80,000	6,000
(3)	( )	180,000	( )	120,000	80,000	( )	10,000
(4)	180,000	( )	130,000	( )	( )	160,000	Δ8,000
(5)	300,000	( )	186,000	200,000	260,000	( )	( )

3-8 통일상사의 20×1년 1월 1일의 자본은 500,000원이었고, 20×1년 12월 31일 현재의 재무상태는 다음과 같다. 이에 의하여 20×1년 12월 31일의 자본을 계산하고, 또한 20×1년 중의 당기순손익을 계산하시오.

현 금	30,000원	외상매출금	70,000원
건 물	540,000원	비 품	240,000원
상 품	100,000원	차 입 금	50,000원
외상매입금	170,000원	미 지 급 금	160,000원

3-9 옥인상사의 20×1년 1년 동안의 수익과 비용이 다음과 같을 때, 20×1년도의 당기순손익을 계산하시오.

수수료수익	200,000원	급 여	156,000원
이자 수익	160,000원	임 대 료	66,000원
판매수수료	42,000원	소모품비	22,000원
보 험 료	50,000원		

3-10 을지상사의 20×1년 1월 1일의 자본은 1,000,000원이었다. 20×1년 12월 31일의 재무상태는 다음과 같다고 할 때, (1) 기말자본과 20×1년도의 당기순손익을 계산하고, (2) 기말재무상태표를 작성하시오.

단기차입금	340,000원	현 금	420,000원
외상매출금	220,000원	상 품	500,000원
외상매입금	180,000원	건 물	670,000원

3-11 퇴계상사의 20×1년 12월 31일 결산일의 재무상태 및 수익과 비용은 다음과 같다. 포괄손익계산서와 재무상태표를 작성하시오.

〈재무상태〉

현 금	519,000원	상 품	360,000원
단기차입금	120,000원	단기대여금	100,000원
외상매출금	440,000원	기 초 자 본	920,000원
외상매입금	300,000원		

〈수익 · 비용의 발생〉

급 여	9,400원	수수료수익	91,600원
잡 비	3,000원	이자 비용	3,200원
이자수익	3,000원		

3-12 20×1년 1월 1일에 현금 1,000,000원을 출자하여 개업한 경기상사의 20×1년 12월 31일 현재의 재무상태와 20×1년 중의 수익과 비용은 다음과 같다. 20×1년 12월 31일 현재의 재무상태표와 20×1년간의 포괄손익계산서를 작성하시오.

현 금	200,000원	외상매출금	340,000원
상 품	700,000원	외상매입금	180,000원
급 여	60,000원	보 관 료	8,000원
임차료	30,000원	잡 비	10,000원
보험료	16,000원	상품매출이익	(각자 계산)

3-13 20×1년 1월 1일 자본금이 1,000,000원인 종로상사의 20×1년 12월 31일 재무상태표를 다음과 같이 작성하였다. (1) 기말자본과 20×1년도의 당기순손익을 계산하고, (2) 정확한 기말재무상태표를 작성하시오.

재 무 상 태 표

종로상사 20×1년 12월 31일 현재 (단위 : 원)

자 산	금 액	부채 · 자본	금 액
예 금	300,000	외상매출금	70,000
단기대여금	420,000	비 품	146,000
단기차입금	100,000	임 차 료	54,000
상 품	260,000	외상매입금	130,000
미 지 급 금	120,000	보 험 료	90,000
급 여	90,000	자 본 금	1,030,000
사 채	230,000		
	1,520,000		1,520,000

3-14 다음은 을지상사의 20×1년도의 포괄손익계산서와 재무상태표이다. 잘못된 부분을 수정하여 다시 작성하시오.

포 괄 손 익 계 산 서

을지상사 20×1년 1월 1일 ~ 20×1년 12월 31일 (단위 : 원)

과 목	금 액	
수 익		
용 역 수 익	680,000	680,000
비 용		
임 차 료	284,000	
급 여	180,000	
광고선전비	72,000	536,000
당기순이익		144,000

재 무 상 태 표

을지상사　　20×1년 12월 31일 현재　　(단위 : 원)

과 목	금 액	과 목	금 액
현 금	954,000	외상매출금	990,000
미지급금	990,000	단기차입금	1,422,000
토 지	342,000	수수료수익	108,000
건 물	900,000	자 본 금	720,000
이자비용	198,000	당기순이익	144,000
	3,384,000		3,384,000

3-15 동대문상사의 20×1년 1월 1일부터 20×1년 12월 31일까지 1년 동안의 수익과 비용에 대한 자료는 다음과 같다. 동대문상사의 20×1년의 포괄손익계산서를 작성하고 당기순손익을 계산하시오.

이자 수익	560,000원	광고선전비	320,000원
접 대 비	45,000원	임 차 료	27,000원
잡 이 익	19,000원	배당금수익	35,000원
여비교통비	34,000원	보 험 료	29,000원
급 여	57,000원	임 대 료	14,000원
수수료비용	28,000원	이자 비용	17,000원

제 Ⅱ 부
회계의 순환과정

제4장 회계의 기록대상으로서의 거래

거래의 의의

회계상의 거래(accounting transaction)란 자산, 부채, 자본의 증감, 변동 또는 수익, 비용의 발생을 가져오는 일체의 경제적 사건(economic events)을 말한다. 결과적으로 회계상의 거래는 기업의 재무상태와 경영성과에 영향을 미친다. 회계상의 거래는 그 변동의 정도를 화폐가치로 측정가능한 경우에 한하여 장부에 기입한다.

거래는 회계의 대상이며, 또한 출발점이다. 즉, 거래가 발생하지 않으면 회계장부에 기록할 대상이 없다. 기업활동이 중지된 상태를 의미하기 때문에 기업의 이해관계자들에게 제공할 재무적 정보가 없다는 것이다.

회계상의 거래유형으로는 다음과 같은 것들이 있다.

① 상품매매, 자산의 구입과 처분, 보험료의 지급 등과 같은 기업외부자와의 거래
② 기업외부자와의 거래는 아니지만 설비자산의 활용, 제품제조를 위한 원재료의 사용 등과 같은 기업의 내부에서 발생하는 거래
③ 수해 또는 화재 등과 같은 재해로 인한 손실로서 기업의 재무상태와 경영성과에 직접적으로 영향을 주는 경제적 사건

회계상의 거래는 일상에서의 거래의 개념과는 차이가 있다. 즉, 재무제표 구성요소인 자산, 부채, 자본의 증감 및 수익, 비용의 변동이 없는 경제적 사건은 일상에서는 거래에 해당하지만 회계상에서는 거래에 해당하지 않는다.

예를 들어, 건물에 대한 임대차의 약속, 상품매매를 위한 구두약속 등은 일상에서는 거래라고 하지만, 재무제표 구성요소의 증감변동이 발생하지 않기 때문에 회계상에서는 거래라고 하지 않는다.

또한 상품의 도난, 매출채권의 회수불능(대손), 화재에 의한 건물이나 비품 등 자산의 소실과 같은 경제적 사건은 일상에서는 거래라고 하지 않으나 회계상에서는 자산의 감소와 비용의 발생을 초래하였기 때문에 거래로 취급되어 회계장부에 기입한다.

그리고 회계상의 거래를 회계장부에 기입하기 위해서는 화폐가치에 의한 객관적인 측정이 가능해야 한다. 기업의 재무상태와 경영성과에 중요한 영향을 미치는 경제적 사건이라 할지라도 화폐가치로 객관적인 측정이 불가능하다면 회계상의 거래가 될 수 없다.

예를 들어, 유능한 최고경영자의 영입, 능숙한 기술을 소지한 종업원의 퇴사, 경쟁기업의 공격적 마케팅 등과 같은 사건은 기업의 재무상태에 중요한 영향을 미치는 경제적 사건이지만 그 영향을 화폐가치로 측정하기가 곤란하므로 회계상의 거래가 될 수 없다.

이상에서 설명한 회계상의 거래와 일상적인 거래의 관계를 그림으로 표시하면 [그림 4-1]과 같다.

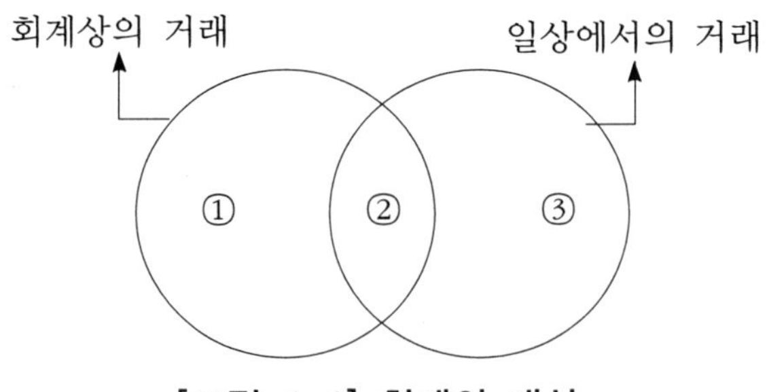

[그림 4-1] 회계의 대상

①: 회계상의 거래이지만 일상에서의 거래가 아닌 사건으로서 화재, 도난, 분실이나 기계, 건물, 비품 등이 시간의 경과에 따라 가치가 감소하는 것 등이 이에 해당된다.

②: 회계상의 거래이면서 동시에 일상에서의 거래로서 상품매매, 자산의 구입과 처분, 채권과 채무의 발생 등 대부분의 거래가 이에 해당된다.

③: 일상에서의 거래이나 회계상의 거래가 아닌 사건으로서 상품매매의 약속, 토지·건물 등의 임대차계약시 지출이 없는 거래가 이에 해당된다.

2절 거래의 이중성과 복식부기의 원리

2·1 거래의 이중성

자산과 자본(부채를 포함한 총자본=자기자본+타인자본의 개념)의 관계에 있어서 자산은 자본의 구체적인 존재(운용)형태이고, 자본은 그 존재형태의 화폐가치 평가액을 의미한다.

양자의 관계는 동전의 양면처럼 동일물을 양면에서 관찰할 때에 부여된 2개의 명칭이다. 이에 따라 앞에서 설명한 회계등식이 성립되는 것이며, 이 회계등식은 왼쪽에 자산의 증감이 발생하면 오른쪽의 자본에도 동일한 금액의 증감이 발생한다는 것을 의미한다. 반대로 오른쪽에 자본의 증감이 발생하면 왼쪽의 자산에도 동일한 금액의 증감이 발생한다는 것이다.

이와 같이 회계상의 거래는 왼쪽과 오른쪽으로 대립관계를 이루어 반드시 양쪽에 동일금액으로 변동하게 되는데, 이를 거래의 이중성(a dual aspect of an accounting transaction)이라고 한다.

다음에서 보는 바와 같이 회계상의 거래는 반드시 왼쪽과 오른쪽에 같은 금액으로 변동하는 것을 확인할 수 있다.

(1) 비품 20,000원을 외상으로 구입하다.
    비품(자산)의 증가 20,000원－미지급금(부채)의 증가 20,000원
(2) 현금 100,000원을 출자하여 개업하다.
    현금(자산)의 증가 100,000원－자본금(자본)의 증가 100,000원
(3) 현금 200,000원을 차입하다.
    현금(자산)의 증가 200,000원－차입금(부채)의 증가 200,000원
(4) 외상매입금 50,000원을 현금으로 지급하다.
    외상매입금(부채)의 감소 50,000원－현금(자산)의 감소 50,000원
(5) 보험료 200,000원을 현금으로 지급하다.
    보험료(비용)의 발생 200,000원－현금(자산)의 감소 200,000원
(6) 차입금에 대한 이자 50,000원을 원금에 가산하기로 하다.

이자비용(비용)의 발생 50,000원－차입금(부채)의 증가 50,000원

(7) 대여금에 대한 이자 100,000원을 현금으로 받다.

현금(자산)의 증가 100,000원－이자수익(수익)의 발생 100,000원

2 · 2 복식부기의 원리

복식부기는 거래가 발생하였을 때 왼쪽과 오른쪽의 가치변동을 동일금액으로 각각 기록하는 것으로부터 발생하였다. 이와 같이 회계상의 거래는 거래의 이중성에 기인하여 회계등식이 유지되도록 기록되어야 하는데, 이를 복식부기의 원리(principle of double entry book－keeping)라고 한다.

복식부기의 원리는 오늘날의 회계의 뿌리가 되고 있다. 괴테는 복식부기의 원리를 인간이 창안해낸 발명품 중에서 가장 위대한 것 중의 하나라고 극찬하였다.

그러면 복식부기의 원리를 구체적으로 살펴보기로 한다.

예를 들어 서울상사가 상품 300,000원을 외상으로 매입하였다면 상품이라는 자산의 증가와 매입채무(외상매입금)라는 부채의 증가가 동시에 기록됨으로써 회계등식의 왼쪽과 오른쪽에 동일금액으로 증가가 나타남으로써 회계등식이 유지된다.

〈상품의 외상매입거래 발생전〉

자 산	=	부 채	+	자 본
(0)		(0)		(0)

〈상품의 외상매입거래 발생후〉

자 산	=	부 채	+	자 본
(상품 300,000원↑)		(매입채무(외상매입금) 300,000원↑)		(0)

* ↑ 표시는 증가를 나타냄.

위의 예에서 회계상의 거래는 회계등식의 왼쪽과 오른쪽이 동일금액으로 변동하여 상품의 외상매입 거래 전과 상품의 외상매입 거래 후의 회계등식이 그대로 유지되고 있는 것을 확인하였다.

이제부터는 회계상의 거래들이 회계등식을 이용하여 어떻게 기록될 수 있는지를 다음의 사례로 분석해 보기로 한다.

사례

신선삼, 심선우, 심선희 3인은 20×1년 1월 1일에 현금 6,000,000원을 투자하여 중장비 대여업체인 경기중장비회사를 설립하고 영업을 개시하였다. 20×1년 중 다음의 거래들이 발생하였다. 회계등식을 이용하여 거래를 분석하시오.

(1) 현금 6,000,000원을 출자하여 경기중장비회사를 설립하였다.
(2) 수원은행으로부터 12개월 후 상환하기로 하고 1,500,000원을 현금으로 차입하였다. 이자는 12%(월)로 매월 말 지급하기로 하였다.
(3) 사무용 비품을 구입하고 현금 2,400,000원을 지급하였다.
(4) 중장비를 대여하고 수수료 12,000,000원을 현금으로 받았다.
(5) 중장비를 대여하고 수수료 1,200,000원은 한달 후에 받기로 하였다.
(6) 종업원들의 급여 7,740,000원을 현금으로 지급하였다.
(7) 수원은행의 차입금에 대한 이자 180,000원을 현금으로 지급하였다.
(8) 중장비대여에 대한 미수수수료 중 300,000원을 현금으로 회수하였다.
(9) 수원은행의 차입금 중 150,000원을 현금으로 지급하였다.
(10) 임차료 600,000원이 발생하였으나 지급하지 못하였다.

〈분개등식과 거래의 분석〉

위에서 10가지의 거래가 회계등식에 맞추어 어떻게 기록되는지를 분석하면 다음과 같다.(↑ : 증가, ↓ : 감소)

(단위 : 원)

거 래	자 산		=	부 채		+	자 본 (수익 - 비용)	
(1)	현 금 ↑	6,000,000					자 본 금 ↑	6,000,000
(2)	현 금 ↑	1,500,000		단기차입금 ↑	1,500,000			
(3)	현 금 ↓	2,400,000						
	비 품 ↑	2,400,000						
(4)	현 금 ↑	12,000,000					*수수료수익 ↑	12,000,000
(5)	미수수수료 ↑	1,200,000					*수수료수익 ↑	1,200,000
(6)	현 금 ↓	7,740,000					**급 여 ↓	7,740,000
(7)	현 금 ↓	180,000					**이자 비용 ↓	180,000
(8)	현 금 ↑	300,000						
	미수수수료 ↓	300,000						
(9)	현 금 ↓	150,000		단기차입금 ↓	150,000			
(10)				미지급임차료 ↑	600,000		**임 차 료 ↓	600,000
20×1. 12. 31.	기말자산	12,630,000	=	기말부채	1,950,000	+	기말자본	10,680,000

* 수수료수익은 수익으로서 자본의 증가를 가져오는 요인이 되므로 자본에 가산되는 효과가 있다.

** 급여, 이자비용, 임차료는 비용으로서 자본의 감소를 가져오는 요인이 되므로 자본에서 차감되는 효과가 있다.

위에서 거래를 분석해 본 결과 각 거래의 발생 전과 발생 후 회계등식은 항상 유지되며, 각 거래가 회계등식에 이중적인 영향을 주고 있음을 알 수 있다.

위의 거래분석결과로 경기중장비회사의 재무상태표와 포괄손익계산서를 작성하여 보기로 한다.

재 무 상 태 표

경기중장비회사 20×1년 12월 31일 현재 (단위 : 원)

자 산	
현 금(6,000,000+1,500,000−2,400,000 +12,000,000−7,740,000−180,000 +300,000−150,000)	9,330,000
미수수수료(1,200,000−300,000)	900,000
비 품	2,400,000
자산총계	12,630,000
부채와 자본	
차입금(1,500,000−150,000)	1,350,000
미지급임차료	600,000
자본금	6,000,000*
당기순이익	4,680,000**
부채와 자본총계	12,630,000

*기초자본

**기말자본(10,680,000) − 기초자본(6,000,000)

포 괄 손 익 계 산 서

경기중장비회사 20×1년 1월 1일부터 20×1년 12월 31일까지 (단위 : 원)

수 익		
수수료수익(12,000,000+1,200,000)		13,200,000
비 용		
급 여	7,740,000	
임 차 료	600,000	
이자 비용	180,000	8,520,000
당기순이익		4,680,000

이상에서 살펴본 바와 같이 회계기간중에 발생된 거래는 회계등식에 이중적 영향을 주는데, 이를 회계기간말에 집계함으로써 재무상태표와 포괄손익계산서를 작성할 수 있다.

거래요소의 결합관계

복식부기의 원리에 따라 회계상의 거래를 회계장부에 효율적·체계적으로 기록하기 위해서는 거래의 유형을 분석하여 기록방법을 정형화할 필요가 있다. 즉, 거래의 이중성에 따라 회계상의 거래는 왼쪽과 오른쪽에 동일금액의 증감, 변동을 가져오는데, 회계등식의 왼쪽항목(자산)과 오른쪽항목(부채+자본)에 증감, 변동을 가져오는 각 요인들을 요약·정리하여 공식화함으로써 실제로 거래가 발생하였을 때 공식에 의해 각각 회계장부에 기록하는 것이 편리하다.

이러한 관점에 따라 분석하면, 기업에서 발생하는 여러 가지 거래는 결국 자산의 증가, 자산의 감소, 부채의 증가, 부채의 감소, 자본의 증가, 자본의 감소, 수익의 발생(자본의 증가와 같은 효과), 비용의 발생(자본의 감소와 같은 효과) 등 8가지 요인으로 분해되어 왼쪽과 오른쪽에서 각각 증감변동을 가져온다. 이들 8가지의 요인들을 거래의 8요소(eight element of transaction)라고 한다.

거래의 8요소는 왼쪽요소 4가지와 오른쪽요소 4가지로 구성되는데, 이들 왼쪽요소 1개 이상과 오른쪽요소 1개 이상이 결합하여 구체적인 거래의 형태가 되는 것이다.

[표 4-1]은 거래의 8요소가 어떻게 결합하는가를 표시한 것이다.

[표 4-1] 거래요소의 결합관계

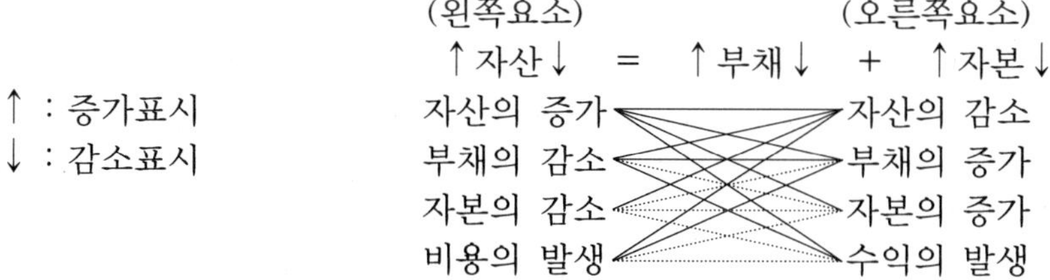

위의 거래의 결합관계를 설명하면 다음과 같다.

첫째, 거래의 결합관계에서 자산의 증가, 부채의 감소, 자본의 감소 및 비용의 발생이 왼쪽요소가 되는 이유는, ① 자산의 증가는 회계등식에서 자산이 왼쪽항목이므로 당연히 왼쪽에 표시되어야 하며, ② 회계등식에서 부채와 자본은 오른쪽항목이므로 부채와 자본의 증가는 오른쪽에 표시되나, 감소는 반대상황이므로 왼쪽에 표시되어야 한다. ③ 비용의 발생은 자본의 감소에 해당되므로 당연히 거래의 결합관계에서 왼쪽요소가 되는 것이다.

둘째, 거래의 결합관계에서 자산의 감소, 부채의 증가, 자본의 증가 및 수익의 발생이 오른쪽요소가 되는 이유는, ① 회계등식에서 자산의 증가는 왼쪽항목이 되나, 감소는 반대상황이므로 오른쪽요소로서 표시되어야 하며, ② 부채와 자본은 회계등식에서 오른쪽항목이므로 그 증가는 거래의 결합관계에서 오른쪽요소로서 표시되어야 한다. 그리고 ③ 수익의 발생은 자본의 증가에 해당되므로 당연히 거래의 결합관계에서 오른쪽요소가 되는 것이다.

셋째, 거래의 결합관계에서 점선표시(……)로 된 거래형태는 별로 발생하지 않는 거래를 의미한다.

거래의 결합관계를 예를 들어 설명하면 [표 4-1]과 같다. [표 4-1]에서는 왼쪽요소 1개와 오른쪽요소 1개가 결합하는 거래의 예만 설명한다.

[표 4-1] 거래의 결합관계별 거래 예

왼쪽요소	오른쪽요소	거래 예
자산의 증가	① 자산의 감소	상품을 현금으로 매입
	② 부채의 증가	상품을 외상으로 매입
	③ 자본의 증가	현금을 출자하여 개업
	④ 수익의 발생	이자를 현금으로 받음
부채의 감소	① 자산의 감소	외상매입금을 현금으로 지급
	② 부채의 증가	외상매입금을 약속(전자)어음을 발행하여 지급
	③ 자본의 증가	자본의 증자를 받아 차입금 상환
	④ 수익의 발생	채권자로부터 채무를 면제받음
자본의 감소	① 자산의 감소	주주에게 배당금을 현금으로 지급
	② 부채의 증가	주총에서 배당금을 현금 지급하기로 결의
	③ 자본의 증가	순이익을 자본금에 대체
	④ 수익의 발생	자기주식을 장부금액보다 높은 금액으로 매도

비용의 발생	① 자산의 감소 ② 부채의 증가 ③ 자본의 증가 ④ 수익의 발생	급여를 현금으로 지급 차입금의 이자를 원금에 가산 이자를 주식으로 교부하여 지급 이자비용과 이자수익을 상계

다섯째, 모든 거래는 거래의 8요소 중에서 구성된다. 거래의 결합관계는 왼쪽요소와 오른쪽요소로 결합되는데, 이때 왼쪽요소끼리 또는 오른쪽요소끼리 결합하는 거래는 발생되지 않는다. 즉, 왼쪽요소인 자산의 증가가 왼쪽요소인 부채의 감소나 자본의 감소 및 비용의 발생과는 결합될 수 없으며, 오른쪽요소인 자산의 감소가 오른쪽요소인 부채의 증가나 자본의 증가 및 수익의 발생과는 결합될 수 없다.

또한 거래는 꼭 왼쪽요소와 오른쪽요소 하나씩만 결합하는 것이 아니라 왼쪽요소 1개 이상과 오른쪽요소 1개 이상이 결합하는 경우도 많다. 복식부기에서는 모든 거래를 이 결합관계로 분해할 수 있다.

예제 4-1 다음은 강원상사의 20×1년 중의 거래이다. 이들 거래를 결합관계로 표시하시오.

(1) 현금 15,000,000원을 출자하여 영업을 개시하다.

자산(현금)의 증가 – 자본(자본금)의 증가
15,000,000원 15,000,000원

(2) 서울은행에서 현금 10,000,000원을 6개월 후 상환하기로 하고 차입하다.

자산(현금)의 증가 – 부채(단기차입금)의 증가
10,000,000원 10,000,000원

(3) 사무실을 임차하고 보증금 10,000,000원을 현금으로 지급하다.

자산(보증금)의 증가 – 자산(현금)의 감소
10,000,000원 10,000,000원

(4) 비품 5,000,000원을 매입하고 대금은 현금으로 지급하다.

자산(비품)의 증가 – 자산(현금)의 감소
5,000,000원 5,000,000원

(5) 강남상사로부터 위탁받은 상품을 판매하고 수수료 1,500,000원을 현금으로 받다.

자산(현금)의 증가 – 수익(수수료수익)의 발생
1,500,000원 1,500,000원

(6) 현금 10,000,000원을 은행에 예금하다.

자산(예금)의 증가 − 자산(현금)의 감소

10,000,000원 10,000,000원

(7) 임차료 750,000원을 은행 예금에서 이체하여 지급하다.

비용(임차료)의 발생 − 자산(예금)의 감소

750,000원 750,000원

(8) 종업원의 급여 250,000원을 현금으로 지급하다.

비용(급여)의 발생 − 자산(현금)의 감소

250,000원 250,000원

(9) 서울은행의 차입금에 대한 이자 100,000원을 예금에서 이체하여 지급하다.

비용(이자비용)의 발생 − 자산(예금)의 감소

100,000원 100,000원

(10) 서울은행의 차입금 중 5,000,000원을 예금에서 이체하여 지급하다.

부채(단기차입금)의 감소 − 자산(예금)의 감소

5,000,000원 5,000,000원

거래의 분류

거래는 다음과 같이 여러 가지 기준에 따라 다양하게 분류된다.

4·1 거래의 발생시기에 의한 분류

1. 개업거래

회사설립 후 영업을 개시해서 처음으로 회계장부에 기입하는 거래이다. 예를 들면, 현금을 출자하여 사업을 시작하였을 경우에 이를 회계장부에 기입하는 것이 개업거래이다.

2. 개시거래

매 회계기간 초의 자산, 부채, 자본의 전기이월을 위한 거래이다.

3. 영업거래

회계기간 중에 영업활동으로 발생하는 거래이다. 예를 들면, 상품의 매매, 급여, 보험료 등을 지급하는 거래가 영업거래에 해당된다.

4. 결산거래

회계기간 말에 결산정리(수정) 및 장부마감을 위해 발생하는 거래이다. 예를 들면, 소유 중인 유가증권의 평가, 감가상각비의 계상, 대손의 추정 등의 자산계정의 정리, 부채계정의 정리 및 수익·비용계정의 정리 등이 결산거래에 해당된다.

결산거래에 대하여는 이 책의 제16장에서 자세히 설명하게 된다.

5. 폐쇄거래

영업을 폐쇄 또는 해산할 경우에 발생하는 거래이다. 예를 들면, 청산시에 주주에게 자본금을 환급하는 거래가 폐쇄거래에 해당된다.

4·2 손익의 발생 여부에 의한 분류

발생한 거래가 기업의 당기순이익에 영향을 주는지의 여부에 따라 다음과 같이 분류된다.

1. 교환거래

기업의 당기순이익에 영향을 주지 않는 거래이다. 거래로 인하여 자산, 부채, 자본의 증감변동은 발생하지만 수익, 비용은 발생되지 않는 거래이다. 교환거래의 예는 다음과 같다.

① 6개월 후 상환하기로 하고 현금 100,000원을 차입하다.

자산(현금)의 증가 100,000원－부채(단기차입금)의 증가 100,000원

② 외상매출금 200,000원을 현금으로 회수하다.

자산(현금)의 증가 200,000원－자산(외상매출금)의 감소 200,000원

2. 손익거래

기업의 당기순이익에 영향을 주는 거래이다. 즉 수익, 비용이 발생하는 거래이다. 거래요소의 결합이 한쪽은 자산, 부채, 자본에 속하고, 다른 한쪽은 수익이나 비용에 속하는 거래이다. 손익거래의 예는 다음과 같다.

① 수수료 200,000원을 현금으로 받다.

자산(현금)의 증가 200,000원－수익(수수료수익)의 발생 200,000원

② 급여 500,000원을 현금으로 지급하다.

비용(급여)의 발생 500,000원－자산(현금)의 감소 500,000원

3. 혼합거래

교환거래와 손익거래가 동시에 혼합되어 발생하는 거래이다. 혼합거래의 예는 다음과 같다.

① 10개월 후 받기로 한 대여금 500,000원과 그에 대한 이자 10,000원을 현금으로 회수하다.

자산(현금)의 증가 510,000원 － { 자산(단기대여금)의 감소 500,000원 / 수익(이자수익)의 발생 10,000원 }

② 6개월 후 상환하기로 한 차입금 300,000원과 그에 대한 이자 5,000원을 현금으로 지급하다.

{ 부채(단기차입금)의 감소 300,000원 / 비용(이자비용)의 발생 5,000원 } －자산(현금)의 감소 305,000원

4·3 현금의 수지 여부에 의한 분류

거래의 발생으로 현금의 수입이나 지출이 발생되는지의 여부에 따라서 다음과 같이 분류된다.

1. 현금거래

거래의 발생으로 현금의 수입이나 지출이 발생되는 거래로서 이는 다시 현금의 수입이 있는 입금거래와 지출이 있는 출금거래로 구분된다. 예를 들면, 상품을 현금으로 지급하고 매입하는 경우(출금거래)와 상품을 현금으로 받고 매출하는 경우(입금거래)는 현금거래에 해당된다.

2. 대체거래

현금의 수입과 지출이 발생되지 않는 거래로서 이는 현금의 수입과 지출이 전혀 발생되지 않는 전부대체거래와 현금의 수입과 지출이 일부 발생되는 일부대체거래로 구분된다.

예를 들면, 상품 500,000원을 외상으로 매출한 경우는 전부대체거래에 해당되며, 상품 600,000원 매입 후 400,000원은 현금으로 지급하고 잔액은 외상으로 하는 경우는 일부대체거래에 해당된다.

4 · 4 거래요소의 수에 의한 분류

1. 단순거래

거래요소 중 왼쪽요소 하나와 오른쪽요소 하나가 결합되어 발생하는 거래를 말한다. 예를 들면, 비품 200,000원을 현금으로 지급하고 매입한 거래는 왼쪽요소 하나(자산의 증가)와 오른쪽요소 하나(자산의 감소)가 결합된 거래이므로 단순거래에 해당한다.

2. 복합거래

거래요소 중 왼쪽요소 하나와 오른쪽요소 둘 이상이거나, 왼쪽요소 둘 이상과 오른쪽요소 하나로 결합되어 발생하는 거래를 말한다. 예를 들면 차입금 500,000원과 그에 대한 이자 10,000원을 현금으로 지급한 거래는 왼쪽요소 둘(부채의 감소, 비용의 발생)과 오른쪽요소 하나(자산의 감소)가 결합된 거래이므로 복합거래에 해당한다.

4·5 기업외부와의 관련 여부에 의한 분류

1. 내부거래

내부거래는 기업내부에서만 발생하고 기업외부와의 관련이 없는 거래이다. 예를 들면, 제조기업에 있어서 원가계산이나 결산시에 있어서 대손의 추정, 감가상각비의 계상 등이 내부거래에 해당한다.

2. 외부거래

외부거래는 기업외부의 고객, 상품공급자, 종업원, 은행, 정부 등과 관련되어 자산, 부채, 자본의 증감변화를 가져오는 거래인데, 회계상의 거래는 대부분 외부거래에 해당한다.

연습문제

4-1 다음 사항 중 회계상의 거래인 것을 고르시오.

(1) 영업용 건물을 10,000,000원에 빌리기로 계약하다.
(2) 종업원 5명을 각각 월급 500,000원을 지급하기로 약속하고 채용하다.
(3) 시간의 흐름에 따라 건물가치가 200,000원만큼 감소하다.
(4) 거래처로부터 전화로 상품 600,000원의 주문을 받다.
(5) 소유하고 있는 주식가액이 300,000원만큼 하락하다.
(6) 점포의 상품 700,000원을 창고업자에게 맡기다.
(7) 현금 100,000원과 상품 50,000원을 도난당하다.
(8) 화재로 건물의 일부가 소실되다. 그 평가액은 50,000,000원이다.
(9) 현금의 시재를 조사한 결과 10,000원이 부족함을 발견하였다.
(10) 상품 100,000원을 외상으로 매입하다.
(11) 영업용 책상 200,000원을 10일 후에 지급하기로 약속하고 구입하다.

4-2 다음 거래를 교환거래, 손익거래 및 혼합거래로 분류하시오.

(1) 은행 예금계좌에 현금 1,000,000원을 입금하다.
(2) 상품 500,000원을 외상으로 매입하다.
(3) 원가 100,000원의 상품을 120,000원에 외상으로 매출하다.
(4) 차입금 500,000원과 그에 대한 이자 20,000원을 현금으로 지급하다.
(5) 종업원의 급여 500,000원을 현금으로 지급하다.

4-3 다음 거래를 현금거래, 전부대체거래 및 일부대체거래로 분류하시오.

(1) 상품 1,000,000원을 매출하고, 700,000원은 현금으로 받고, 잔액은 외상으로 하다.
(2) 대여금에 대한 이자 100,000원을 현금으로 받다.
(3) 상품 500,000원을 매입하고, 대금은 추후에 지급하기로 하다.
(4) 기계설비를 1,000,000원에 구입하고, 대금 중 800,000원은 현금으로 지급하고, 잔액은 외상으로 한다.
(5) 차입금 2,000,000원과 그에 대한 이자 10,000원을 현금으로 지급하다.

4-4 다음 거래들을 내부거래와 외부거래로 구별하시오.

(1) 현금 5,000,000원을 출자하여 개업하다.
(2) 상품 1,500,000원을 외상으로 매입하다.
(3) 제품제조를 위하여 (원)재료 500,000원을 공장으로 출고하다.
(4) 사용중인 기계설비(장부가액 700,000원)를 현금 1,000,000원에 처분하다.

4-5 다음 거래의 결합관계를 표시하시오.

(1) 원가 300,000원의 상품을 370,000원에 외상으로 매출하다.
(2) 공장용 기계설비를 1,000,000원에 현금으로 구입하다.
(3) 단기대여금 1,500,000원과 이자 30,000원을 현금으로 회수하다.
(4) 수수료 200,000원을 현금으로 받다.
(5) 현금 1,000,000원과 시가 2,000,000원의 건물을 출자하여 회사를 설립하다.
(6) 단기차입금 1,000,000원과 이자 10,000원을 현금으로 지급하다.
(7) 보험료 100,000원, 잡비 50,000원을 현금으로 지급하다.
(8) 외상매출금 500,000원을 현금으로 회수하다.
(9) 상품 2,500,000원을 매입하고, 대금 중 1,500,000원은 현금으로 지급하고, 잔액은 외상으로 하다.
(10) 외상매입금 700,000원을 현금으로 지급하다.

4-6 다음 거래요소가 결합된 거래예를 하나씩 드시오.

(1) 자산의 증가와 부채의 증가
(2) 자산의 증가와 자본의 증가
(3) 부채의 감소와 부채의 증가
(4) 자산의 증가와 자산의 감소
(5) 비용의 발생과 자산의 감소
(6) 자산의 증가와 수익의 발생
(7) 자산의 증가와 자산의 감소 및 수익의 발생
(8) 부채의 감소 및 비용의 발생과 자산의 감소
(9) 자산의 증가와 자산의 감소 및 부채의 증가
(10) 부채의 감소 및 비용의 발생과 부채의 증가

4-7 다음의 예와 같이 거래를 회계등식을 이용하여 기입하시오.

(예 1) 현금 500,000원으로 영업을 개시하다.

자 산	=	부 채	+	자 본
(현금↑500,000)				(자본금↑500,000)

(예 2) 외상매입금 100,000원을 현금으로 지급하다.

자 산	=	부 채	+	자 본
(현금↓100,000)		(매입채무↓100,000)		

(1) 연합은행으로부터 6개월 후 상환하기로 하고 현금 200,000원을 차입하다.
(2) 비품을 56,000원에 매입하고, 대금은 추후에 지급하기로 하다.
(3) 공장용 기계설비를 800,000원에 매입하고, 대금은 현금으로 지급하다.
(4) 상품 60,000원을 매입하고, 대금은 현금으로 지급하다.
(5) 상품(원가 60,000원)을 80,000원에 외상으로 판매하다.
(6) 외상매출금 40,000원을 현금으로 회수하다.
(7) 급여 66,000원을 현금으로 지급하다.
(8) 상품 40,000원을 외상으로 매입하다.
(9) 상품(원가 40,000원)을 60,000원에 판매하고, 대금은 현금으로 받다.
(10) 단기차입금에 대한 이자 10,000원을 현금으로 지급하다.
(11) 단기대여금에 대한 이자 15,000원을 현금으로 받다.

제5장 거래의 기록과 분류방법

계정과 계정계산

1·1 계정의 의의

기업경영에서는 매일매일 수많은 거래가 발생하고 거래의 내용 또한 다양하고 복잡하다.

회계의 기본이 되는 회계등식을 유지하면서 수없이 발생하는 거래를 효과적으로 기입하는 방법이 필요한데, 회계에서는 계정에 의하여 기록함으로써 재무제표요소인 자산, 부채, 자본 및 수익, 비용의 증감변동을 효율적으로 파악할 수 있게 된다.

즉, 기업활동의 결과 거래가 발생하면 그 내용을 장부에 기입하게 되는데, 이 경우에 자산, 부채, 자본 및 수익, 비용과 같은 재무제표의 구성요소만으로는 거래내용을 명확하게 기록하기가 곤란하다.

따라서 자산을 현금, 매출채권, 상품 등의 항목으로 분류하는 것처럼 부채, 자본, 수익, 비용에 대해서도 구체적인 항목을 설정하여 각 항목별로 그 증감변동을 기입하면 그 내용을 명백하게 할 수가 있다. 이때 각각의 구체적인 항목별로 설정되는 기록, 계산의 단위를 계정(account a/c)이라고 하며, 계정의 이름을 계정과목(title of account), 계정이 기입되는 장소로서의 회계장부의 쪽(page)을 계정계좌라고 한다.

예를 들어 A={a, b, c, d, e}와 같은 집합이 있는 경우 A는 자산, 부채, 자본, 수익, 비용의 재무제표구성요소에 해당되며, 원소 a, b, c, d, e는 계정에 해당된다. 그리고 원소별 알파벳 명칭은 계정과목에 해당된다. 그러면 자산, 부채, 자본, 수익, 비용과 같은 재무제표의 구성요소를 각각의 소속된 계정별로 기록하는 것이 얼마나 효율적인가를 설명하기로 한다.

신사의류, 숙녀의류, 아동의류와 같은 의류를 매입하여 판매하는 기업의 경우 매입한 3가지 종류의 의류를 분류하지 않고 혼합하여 판매하는 것은 불합리하기 때문에 이들을 각각 매장에서 구분하여 판매하는 것이 효과적이다. 이렇게 함으로써 의류 각각에 대한 증감변동을 쉽게 파악할 수 있을 뿐 아니라 훨씬 편리하게 관리할 수 있다.

기업에서 발생되는 수많은 거래 역시 같은 종류별로 집계하여 기록해 두면 여러 가지로 편리하다.

현금은 현금끼리, 매출채권은 매출채권끼리 모아서 기록하면 현금과 매출채권이라는 자산의 증감변동을 쉽게 파악할 수 있다. 이와 같이 계정은 동일한 성질의 자산, 부채, 자본, 수익, 비용을 각각의 종류별로 집계하여 기록, 계산하기 위한 장소를 의미한다.

계정이란 동일한 성격의 자산, 부채, 자본, 수익, 비용의 증감변동을 체계적이고 구체적으로 기입하기 위해 회계에서 사용하는 특수한 양식이다. 따라서 자산, 부채, 자본, 수익, 비용에 속하는 항목마다 계정이 설정된다. 즉, 자산항목 중 상품의 증감변동을 기입하기 위해서는 상품계정을 설정하고, 매출채권의 증감을 기록하기 위해서는 매출채권계정을 설정한다.

1·2 계정의 분류

계정은 여러 가지 기준에 의해 분류할 수 있으나, 일반적으로 다음과 같이 재무상태표계정과 포괄손익계산서계정으로 분류한다. 그리고 특수계정으로서 평가계정(valuation account)과 대조계정(per contra account)이 있다.

1. 재무상태표 계정

(1) 자산계정

현금및현금성자산계정, 매출채권계정, 단기대여금계정, 상품계정, 건물계정, 기계장치계정 등

(2) 부채계정

매입채무계정, 단기차입금계정, 미지급금계정, 사채계정 등

(3) 자본계정

자본금계정, 자본잉여금계정, 기타포괄손익누계액계정, 이익잉여금계정 등

2. 포괄손익계산서계정

(1) 수익계정

매출계정, 수수료수익계정, 이자수익계정, 상품매출이익계정, 투자자산처분이익계정, 유형자산처분이익계정, 금융자산처분이익, 금융자산평가이익 등

(2) 비용계정

매출원가계정, 급여계정, 광고선전비계정, 접대비계정, 임차료계정, 이자비용계정 등

3. 특수계정

(1) 평가계정

평가계정이란 특정한 계정의 현재가치를 나타내기 위해 당해 계정으로부터의 차감을 표시하는 계정을 말한다.

예를 들면, 매출채권의 미래 회수가능액에 해당되는 결산일 현재의 금액을 표시하기 위해 매출채권계정으로부터 차감하는 형식으로 표시되는 대손충당금계정이나 건물 등과 같은 유형자산의 장부잔액을 표시하기 위한 감가상각누계액계정 등은 평가계정에 속한다. 대손충당금계정이나 감가상각누계액계정에 대해서는 제9장과 제12장에서 설명하기로 한다.

(2) 대조계정

대조계정은 비망적 기록을 위한 일시적 계정으로서 서로 관련되는 두 개의 계정이 왼쪽과 오른쪽의 쌍방에 동일금액으로 동시에 발생하였다가 동시에 소멸하고 독립해서는 존재할 수 없는 계정이다.

대조계정은 기업재산의 증감변동을 초래하지 않기 때문에 회계상의 거래가 아니다. 따라서 대조계정은 회계장부에 기입할 수 없고, 나아가 재무제표에 표시할 수도 없다.

1 · 3 계정의 양식

계정의 양식에는 표준식(standard form)과 잔액식(balance form)의 두 가지가 있다.

회계실무에서 많이 이용되는 계정의 양식은 잔액식이지만 회계를 학습하는 과정에서는 표준식이 많이 이용된다. 표준식과 잔액식의 계정양식은 다음과 같다. 계정양식에서 소개되는 차변과 대변, 분개장, 상대계정의 기입, 잔액 등의 용어에 대하여는 이 장과 다음 장에서 설명되므로 이 곳에서는 양식의 모양만 살펴보는 것이 좋다.

〈표준식〉

○○ 계정

차 변	분 면	적 요	분 면	대 변
①	②		②	①

〈잔액식〉

○○ 계정

적 요	분 면	차 변	대 변	차 또는 대	잔 액
③	②	①	①	④	⑤

① 거래금액
② 분개장의 쪽수(page)
③ 상대계정의 기입
④ 잔액이 차변에 있으면 '차,' 대변에 있으면 '대'라고 기입

회계실무상에서 실제로 발생한 거래를 위와 같은 양식으로 된 장부에 기입하게 되지만 회계를 학습하는 과정에서는 일반적으로 다음과 같은 표준식계정의 약식을 사용한다. 이 약식계정은 T자형식(T form)으로 생겼기 때문에 T계정(T account)이라

고 한다.

○○ 계정

1 · 4 계정계산

회계에서 기록, 계산의 단위가 되는 것을 계정이라고 하여 자산, 부채, 자본, 수익, 비용의 증감변동을 계정을 사용하여 기입한다. 회계에서 사용되는 계산방법으로는 계정계산이라는 형식이 있다.

계정계산의 방법은 다음과 같다. 먼저, 자산・부채・자본 및 수익・비용에 대하여 설정된 각각의 구체적인 항목에 있어서, 그 증가(+)와 감소(−)를 왼쪽과 오른쪽의 두 난에 대조적으로 구분하여 기입한다. 그 다음, 왼쪽과 오른쪽의 금액을 각각 합산한 다음, 금액이 적은 쪽에 차액(잔액)을 가산함으로써 왼쪽과 오른쪽을 일치시킨다. 이 계정계산은 회계에서만 사용하는 독특한 계산형식이다.

현금의 수지계산에 대하여 보통의 계산방법인 계제식계산(stepladder calculation)과 계정계산의 비교를 다음의 [사례]를 통하여 알아보기로 한다.

사례 다음의 거래에 대하여 현금수지계산을 행하시오.

9월 21일 현금시재액 1,200,000원이 있다.
22일 상품 800,000원을 매입하고, 현금으로 지급하다.
23일 상품 300,000원을 매출하고, 현금으로 받다.
24일 급여 160,000원을 현금으로 지급하다.
25일 상품 200,000원을 매출하고, 현금으로 받다.

〈계제식계산〉

9월	21일 시 재 액		1,200,000원
	22일 상품매입	(지출)−	800,000원
		(잔액)	400,000원
	23일 상품매출	(수입)+	300,000원
		(잔액)	700,000원
	24일 급여지급	(지출)−	160,000원
		(잔액)	540,000원
	25일 상품매출	(수입)+	200,000원
		(잔액)	740,000원

위와 같은 계제식 계산법은 잔액을 항상 명백히 표시하는 장점이 있으나, 수입의 합계와 지출의 합계를 비교·대조하고, 그 수입과 지출의 상황을 금방 알아내기는 곤란하다는 단점이 있다. 따라서 거래가 빈번하고 금액이 큰 대기업에서는 적용할 수 없다. 이러한 단점을 보완해주는 계정계산법은 다음과 같다.

〈계정계산〉

(수입) **현 금** (지출)

9/21	시 재 액	1,200,000	9/22	상품매입	800,000
23	상품매출	300,000	24	급여지급	160,000
25	상품매출	200,000	30	잔 액	740,000
		1,700,000			1,700,000

위에서 보는 바와 같이 계정계산은 왼쪽과 오른쪽 2개의 계산장소를 가지고, 왼쪽에는 현금의 수입을 기입하고, 오른쪽에는 현금의 지출만을 기입하여 각각 합계한 후 그 잔액은 수입과 지출의 차액으로 파악한다. 즉, '시재액+수입액=지출액+잔액'의 형식을 취한다.

1 · 5 계정과목의 설정

계정과목은 영업 종류, 기업 규모 또는 그 조직에 따라 달라지는데, 다음과 같은 점에 유의하여 설정하여야 한다.

첫째, 자산, 부채, 자본, 수익, 비용의 구체적인 내용을 적당한 수의 계정으로 나누고, 각 계정에 기입하는 범위를 알맞게 정한다. 이때 수익, 비용이나 채권, 채무와 같이 서로 성질이 다른 것을 같은 과목으로 설정하는 것은 피해야 한다.

둘째, 계정과목은 그 계정에 기입되는 거래의 내용을 명확히 나타내도록 정한다. 특별히 설명을 필요로 한다든지 모호한 이름을 피하여야 하며, 이미 널리 사용되는 이름이 있으면 그에 따른다.

셋째, 일단 정한 계정과목은 특별한 이유가 없는 한 함부로 변경해서는 안된다.

넷째, 경영 규모가 큰 경우에는 동종의 계정은 통합하여 통제계정을 사용하고 자세한 내역은 개별계정을 설정하면 편리하다(통제계정에 대하여는 뒷부분에서 설명한다).

다섯째, 거래가 자주 발생하는 것은 세분하고, 그렇지 않은 것은 통합하여 설정한다.

이상에서 설명한 요건 이외에 회계담당자는 회계기준에서 정하고 있는 여러 규정을 원칙으로 하고, 주위의 여러 사정과 관련 기업의 계정과목을 고려하여 적절한 계정과목을 설정한다.

2절 차변과 대변

거래가 발생하면 그것을 계정의 왼쪽 또는 오른쪽에 기입해야 하는데, 앞으로는 계정의 왼쪽이라는 말 대신에 차변(debtor; Dr)이라는 용어를 사용하고, 계정의 오른쪽이라는 말 대신에 대변(creditor; Cr)이라는 용어를 사용하기로 한다.

○○ 계정

차 변 (왼쪽)	대 변 (오른쪽)

3절 계정기입의 방법

3·1 계정기입의 법칙

거래의 발생 시 나타나는 각 재무제표 구성요소의 증감변동을 각 해당계정의 차변과 대변 중 어느 쪽에 기입하느냐는 재무제표 구성요소에 따라 다르다.

발생한 거래를 각 계정에 기입하는 방법은 거래의 결합관계를 기초로 이해하면 된다. 또한 재무상태표와 포괄손익계산서를 작성하는 기본형태와도 같다.

자산은 재무상태표의 차변에 잔액이 표시되므로 자산의 증가는 차변에 기입하며, 감소는 대변에 기입한다.

그리고 부채와 자본은 재무상태표의 대변에 잔액이 표시되므로 증가는 대변에 기입하며, 감소는 차변에 기입한다.

따라서 일정시점에서의 자산, 부채, 자본계정의 잔액을 하나의 표에 집계하면 재무상태표가 작성된다.

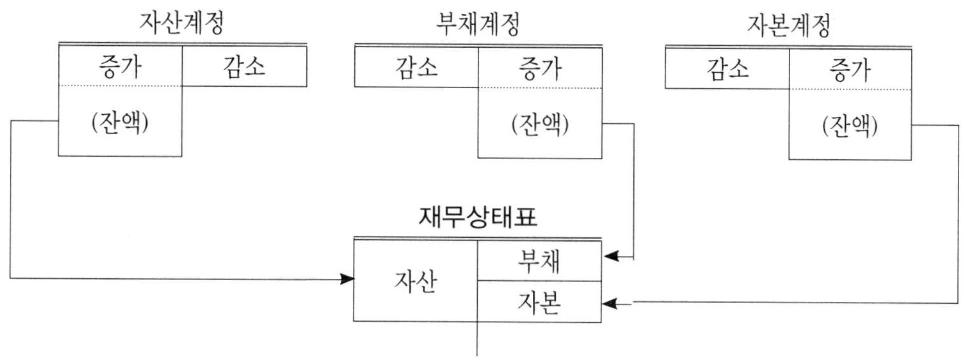

또한 수익은 포괄손익계산서의 대변에 그 발생금액이 표시되므로 수익의 발생(증가)은 대변에 기입되며, 소멸(감소)은 반대쪽인 차변에 기입된다.

그리고 비용은 포괄손익계산서의 차변에 그 발생금액이 표시되므로 비용의 발생(증가)은 차변에 기입되고, 소멸(감소)은 대변에 기입된다.

따라서 수익과 비용의 발생액을 하나의 표에 집계하면 포괄손익계산서가 작성된다.

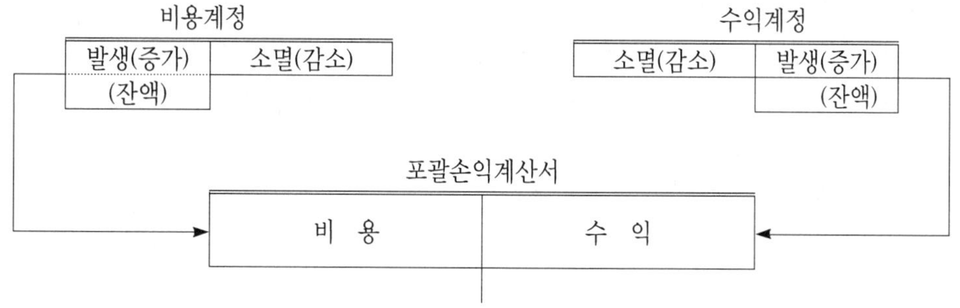

이상에서 설명한 자산, 부채, 자본, 수익, 비용의 각 계정에 대한 기입방법을 요약하면 다음과 같다.

○○계정

(차변)		(대변)	
자산의 증가	×××	자산의 감소	×××
부채의 감소	×××	부채의 증가	×××
자본의 감소	×××	자본의 증가	×××
수익의 소멸(감소)	×××	수익의 발생(증가)	×××
비용의 발생(증가)	×××	비용의 소멸(감소)	×××
	×××		×××

위에 요약·정리된 계정기입의 방법을 계정기입의 법칙이라고 하는데, 거래의 결합관계에서 분석된 내용을 계정기입에 적용한 것에 불과하다.

예제 5-1 다음은 경기상사의 20×1년 9월 중의 거래이다. 이를 자료로 하여 각 계정에 기입하고, 그 잔액으로 재무상태표와 포괄손익계산서를 작성하시오.

9월 1일 현금 6,000,000원을 출자하여 개업하다.

3일 화성상사로부터 상품 4,500,000원을 외상으로 매입한다.

7일 기계장치를 2,100,000원에 현금으로 매입하다.

15일 광평상사가 원가 2,400,000원의 상품을 3,600,000원에 매출하고, 대금은 현금으로 받다.

21일 화성상사에 대한 외상매입금 중 3,600,000원을 현금으로 지급하다.

27일 매화상사에 원가 1,500,000원의 상품을 1,800,000원에 외상으로 매출하다.

30일 당월분 급여 600,000원과 잡비 300,000원을 현금으로 지급하다.

현 금 (1)

9/1	6,000,000	9/7	2,100,000
9/15	3,600,000	9/21	3,600,000
		9/30	900,000

상 품 (2)

9/3	4,500,000	9/15	2,400,000
		9/27	1,500,000

외상매출금 (3)

9/27	1,800,000		

기계장치 (4)

9/7	2,100,000		

외상매입금 (5)

9/21	3,600,000	9/3	4,500,000

자 본 금 (6)

		9/1	6,000,000

급 여 (7)	
9/30 600,000	

잡 비 (8)	
9/30 300,000	

상품매출이익 (9)	
	9/15 1,200,000
	9/27 300,000

재 무 상 태 표

경기상사 20×1년 9월 30일 현재 (단위 : 원)

자 산	금 액	부채 · 자본	금 액
현 금	3,000,000	외상매입금	900,000
상 품	600,000	자 본 금	6,000,000
외상매출금	1,800,000	당기순이익	600,000
기계 장치	2,100,000		
	7,500,000		7,500,000

포 괄 손 익 계 산 서

경기상사 20×1년 9월 1일 ~ 9월 30일 (단위 : 원)

비 용	금 액	수 익	금 액
급 여	600,000	상품매출이익	1,500,000
잡 비	300,000		
당기순이익	600,000		
	1,500,000		1,500,000

* 재무상태표와 포괄손익계산서는 외부에 공표하기 위해서는 보고식으로 작성할 수도 있으나, 여기에서는 계정기입의 법칙을 이해하기 위해 계정식으로 작성하였음.

3 · 2 계정잔액

한 계정의 차변과 대변에 기입된 금액의 차액을 계정잔액(account balance)이라고 하는데, 이는 당해 계정의 계산상 잔액을 의미한다.

계정잔액을 계산하는 방법은 다음과 같다. 즉, 한 계정의 차변에 기입된 금액을 합계하고 또한 대변에 기입된 금액을 합계한 다음, 두 합계액의 차액을 구한 것이 계정잔액이다.

차변에 기입된 금액의 합계가 대변에 기입된 금액의 합계를 초과하는 경우에는 차변잔액(debitor balance)이라고 하며, 대변합계가 차변합계를 초과하는 경우에는 이를 대변잔액(creditor balance)이라고 한다.

예를 들어 앞의 [예제 5-1]에서 9월 중 거래에서 현금계정에 기입되는 사항을 집합시켜 현금계정을 기록하면 다음과 같다.

현 금

9/ 1	6,000,000	9/ 7	2,100,000
9/ 15	3,600,000	9/ 21	3,600,000
		9/ 30	900,000
	9,600,000		6,600,000

현금계정의 차변합계는 9,600,000원이며, 대변합계는 6,600,000원이다. 따라서 현금계정은 차변합계가 대변합계를 초과하는 금액인 3,000,000원의 차변잔액을 가지게 된다.

자산에 속하는 계정은 증가를 차변에 기록하기 때문에 계정잔액도 차변에 나타나는 것이 원칙이다. 반면에 부채와 자본에 속하는 계정은 증가를 대변에 기입하기 때문에 계정잔액도 대변에 나타나는 것이 원칙이다. 이러한 사항은 이미 앞에서 학습한 내용과 일치한다.

또 한 가지의 예를 앞의 [예제 5-1]에서 외상매입금계정의 경우로 살펴보면 다음과 같다.

외상매입금

9/21	3,600,000	9/3	4,500,000
	4,500,000		4,500,000

매입채무계정의 대변합계는 4,500,000원이며, 차변합계는 3,600,000원이다. 따라서 매입채무계정은 대변합계가 차변합계를 초과하는 금액인 900,000원의 대변잔액을 나타내게 된다.

분개와 전기

4·1 분 개

지금까지는 회계상의 거래가 발생하면 이미 설명한 계정기입의 법칙에 따라 직접 해당계정에 기입한다고 하였다. 그러나 수백·수천 가지의 거래가 발생하는 기업실무에서 계정기입의 법칙에 따라 거래를 기록하면 업무량이 많아지고 불편할 뿐 아니라, 특정 기간에 있어서 어떠한 거래가 발생하였는지 파악할 수도 없다. 또한 거래를 해당계정에 기입하는 과정에서 기입상의 오류나 누락이 발생할 위험도 있다.

왜냐하면 장부에는 여러 가지 계정들이 서로 다른 장소에 분산되어 기입되기 때문이다. 따라서 여러 가지 계정을 체계적으로 관리하기 위해 자산계정은 자산계정끼리, 부채계정은 부채계정끼리, 자본계정은 자본계정끼리, 수익계정은 수익계정끼리, 비용계정은 비용계정끼리 서로 쪽(page)을 다르게 설정하기 때문에 어떤 거래를 계정에 곧바로 장부에 기입할 경우 기입과정에서 특정계정의 기록을 누락시킬 위험이 있을 뿐만 아니라, 하나의 거래에 관한 기록이 쪽을 달리하는 두 계정에 기입될 경우 그 거래에 대한 기록을 바로 파악할 수 없다. 또한, 기업활동의 역사인 거래의 발생 순서를 파악하는 것도 불가능해진다.

이상과 같은 문제점을 해소하기 위해 거래를 장부상의 계정에 기록하기에 앞서 그 준비단계로서 분개(journalizing)라고 하는 절차를 거치게 된다.

분개란 어떤 계정의 차변에 얼마를 기입하고 다른 계정의 대변에 얼마를 기입할 것인가를 결정하는 과정을 말한다. 따라서 거래를 분개할 때에는 차변에 기입할 계정과 금액을 먼저 적고, 그 다음에 대변에 기입할 계정과 금액을 기록한다. 예를 들어, 현금 1,000,000원을 출자하여 영업을 개시하였다면 다음과 같이 분개를 한다.

(차) 현금 1,000,000 (대) 자본금 1,000,000

그러므로 분개는 거래를 계정에 직접 기입하는 것과 똑같은 절차를 사전에 거치는 것이라고 할 수 있다.

분개는 회계의 과정에서 처음 단계라고 할 수 있기 때문에 만약 분개를 잘못하면 그 다음 과정이 모두 잘못되어 최종적으로는 재무제표도 잘못 작성되는 결과가 된다. 따라서 분개는 적절한 계정과목과 금액으로 적절히 이루어질 필요가 있다.

회계학습의 지름길로 분개능력의 향상이 중요시되고 있는데, 이를 위해 정확하게 계정과목과 금액을 차변과 대변에 설정하는 능력을 길러야 한다.

거래를 발생순서에 따라 분개를 통하여 계정에 기입하면 다음과 같은 장점이 있다.

첫째, 기업의 재무적 역사를 알 수 있다.
둘째, 기록상의 오류를 추적할 수 있도록 거래를 완전히 기록할 수 있다.
셋째, 거래를 재분류, 분석하는 기초자료가 된다.

그런데 거래를 분개하기 위해서는 다음의 3가지 요건이 충족되어야 한다.

첫째, 발생할 거래가 차변과 대변으로 나누어져야 한다.
둘째, 계정에 기입하기 위해 계정과목을 확정해야 한다.
셋째, 발생한 계정의 거래금액을 확정해야 한다.

4 · 2 분개의 법칙과 전기

앞에서 설명한 바와 같이 분개는 회계과정에서 거래에 대한 최초의 기록이고, 그에 의하여 기계적으로 계정에 옮겨 적게 되므로 분개에 대한 오류는 끝까지 영향을 미치게 된다. 따라서 분개에 대해서는 상당한 주의를 기울여야 한다.

분개는 계정에 대한 기록을 사전에 정하는 것이므로 분개의 법칙은 곧 앞에서 설명한 계정기입의 법칙이 된다.

분개의 법칙에 따라 분개내용을 기록하는 장부를 분개장(journal)이라고 하며, 분개장에 분개된 거래는 계정에 옮겨 적게 되는데, 계정이 포함된 장부를 총계정원장(general ledger)이라고 한다. 그리고 분개장에 기록된 거래를 총계정원장의 해당계정에 옮겨 적는 절차를 전기(posting)라고 한다. 전기할 때는 금액 이외에 상대계정의 과목을 기입하며, 상대계정이 2가지 이상일 때는 제좌라고 기입한다.

지금까지 설명한 회계절차를 요약하면 다음과 같다.

예제 5-2 다음 10월 중 거래를 분개하고, 해당 계정에 전기하시오.

10월 1일 현금 6,000,000원을 출자하여 회사를 설립하다.

(차)	현 금 (자산의 증가)	6,000,000	(대)	자 본 금 (자본의 증가)	6,000,000

10월 5일 기계장치를 매입하고 대금 1,500,000원을 현금으로 지급하다.

(차)	기계장치 (자산의 증가)	1,500,000	(대)	현금 (자산의 감소)	1,500,000

10월 10일 상품 6,000,000원을 매입하고, 대금 중 반액은 현금으로 지급하고, 반액은 외상으로 한다.

(차)	상 품 (자산의 증가)	6,000,000	(대)	현 금 (자산의 감소)	3,000,000
				외상매입금 (부채의 증가)	3,000,000

10월 15일 원가 2,000,000원의 상품을 2,360,000원에 매출하고, 대금은 현금으로 받다.

(차)	현 금	2,360,000	(대)	상 품 (자산의 감소)	2,000,000
				상품매출이익 (수익의 발생)	360,000

10월 17일 원가 2,000,000원의 상품을 2,400,000원에 매출하고, 대금 중 800,000원은 현금으로 받고, 잔액은 외상으로 하다.

(차)	현 금 (자산의 증가)	800,000	(대)	상 품 (자산의 감소)	2,000,000
	외상매출금 (자산의 증가)	1,600,000		상품매출이익 (수익의 발생)	400,000

10월 20일 외상매입금 중 2,000,000원을 현금으로 지급하다.

(차)	외상매입금 (부채의 감소)	2,000,000	(대)	현 금 (자산의 감소)	2,000,000

10월 27일 영업 관련 비용으로서 임차료 200,000원, 잡비 100,000원을 현금으로 지급하다.

(차)	임차료 (비용의 발생)	200,000	(대)	현 금 (자산의 감소)	300,000
	잡 비 (비용의 발생)	100,000			

계정기입

현 금

10/ 1 자본금	6,000,000	10/ 5 기계장치	1,500,000
10/ 15 제 좌	2,360,000	10 상 품	3,000,000
10/ 17 제 좌	800,000	20 외상매입금	2,000,000
		27 제 좌	300,000

자 본 금

		10/1 현금	6,000,000

기계장치

10/5 현금	1,500,000		

상 품

10/10 제좌	6,000,000	10/15 현금	2,000,000
		10/17 제좌	2,000,000

외상매입금

10/20 현금	2,000,000	10/10 상품	3,000,000

외상매출금

10/17 제좌	1,600,000		

상품매출이익

		10/15 현금	360,000
		10/17 제좌	400,000

임차료

10/27 현금	200,000		

잡 비

10/27 현금	100,000		

대차평균의 원리

거래를 계정에 기입할 때에는 한 계정의 차변에 기입하고 반드시 그와 동일한 금액을 다른 계정의 대변에 기입하여야 한다. 이와 같은 과정은 분개의 과정을 거쳐서 이루어지는 것이다.

분개의 법칙에 따라 정확하게 분개가 이루어지고, 이를 해당계정에 올바르게 전기가 이루어졌다면 모든 계정의 차변에 기입된 금액의 총합계는 모든 계정의 대변에 기입된 금액의 총합계와 일치하게 된다. 또한 모든 계정의 차변잔액의 총합계와 대변잔액의 총합계는 일치된다. 이와 같은 일치관계를 대차평균의 원리(principle of equilibrium)라고 한다.

복식부기에서는 이 원리에 의하여 계정기입 또는 전기의 정확성 여부를 검토하게 된다. 이때 차변의 총합계와 대변의 총합계가 일치되면 전기가 정확하게 이루어졌음을 말해주는 것이며, 불일치되면 전기할 때 오류가 있었음을 말해 주는 것이다.

이와 같이 계정기입 또는 전기의 정확성 여부를 검증하는 수단을 가지고 있는 것을 복식부기의 자기검증기능이라고 한다.

앞의 [예제 5-2]에서 모든 계정의 차변의 총합계와 대변의 총합계를 비교하면 다음에서 보는 바와 같이 일치되는 것을 알 수 있다.

계 정 집 계 표

차 변	계정과목	대 변
9,160,000	현 금	6,800,000
1,600,000	외 상 매 출 금	
6,000,000	상 품	4,000,000
1,500,000	기 계 장 치	
2,000,000	외 상 매 입 금	3,000,000
	자 본 금	6,000,000
	상 품 매 출 이 익	760,000
200,000	임 차 료	
100,000	잡 비	
20,560,000		20,560,000

연습문제

5-1 계정, 계정과목 및 계정계좌란 무엇인가?

5-2 계정계산과 계정식계산을 비교·설명하시오.

5-3 회계의 기록에 있어서 분개의 필요성을 설명하시오.

5-4 계정기입의 법칙과 분개의 법칙을 설명하시오.

5-5 대차평균의 원리에 대하여 설명하시오.

5-6 다음 거래를 분개하시오.

(1) 현금 6,000,000원과 시가 3,000,000원의 건물을 출자하여 회사를 설립하다.
(2) 현금 300,000원을 은행 예금계좌에 입금하다.
(3) 단기대여금에 대한 이자 210,000원을 현금으로 받다.
(4) 외상매입금 450,000원을 현금으로 지급하다.
(5) 원가 300,000원의 상품을 450,000원에 매출하고, 대금은 현금으로 받다.
(6) 급여 450,000원, 잡비 150,000원을 현금으로 지급하다.
(7) 거래처에 서비스를 제공하고 그에 대한 대가로서 수수료 60,000원을 현금으로 받다.
(8) 외상매출금 600,000원을 현금으로 회수하다.
(9) 은행에서 현금 1,000,000원을 6개월 후 상환하기로 하고 차입하다.
(10) 은행 차입금 중 700,000원과 그에 대한 이자 5,000원을 현금으로 지급하다.

5-7 다음의 분개를 보고 거래를 추정하시오.

(1)	(차) 단기차입금	300,000	(대) 예 금	300,000
(2)	(차) 현 금	100,000	(대) 단기차입금	100,000
(3)	(차) 현 금	50,000	(대) 외상매출금	50,000

	차변	금액	대변	금액
(4)	(차) 단기차입금	100,000	(대) 현 금	102,000
	이자비용	2,000		
(5)	(차) 상 품	500,000	(대) 현 금	300,000
			외상매입금	200,000
(6)	(차) 단기대여금	100,000	(대) 현 금	100,000
(7)	(차) 급 여	500,000	(대) 현 금	600,000
	잡 비	100,000		
(8)	(차) 현 금	102,000	(대) 단기대여금	100,000
			이자수익	2,000
(9)	(차) 외상매입금	200,000	(대) 현 금	200,000
(10)	(차) 현 금	10,000	(대) 수수료수익	10,000

5-8 다음의 분개를 각 계정에 전기하시오.

	차변	금액	대변	금액
(1)	(차) 현 금	150,000	(대) 자본금	150,000
(2)	(차) 상 품	70,000	(대) 현 금	50,000
			외상매입금	20,000
(3)	(차) 이자비용	10,000	(대) 현 금	10,000
(4)	(차) 현 금	60,000	(대) 상품	50,000
			상품매출이익	10,000
(5)	(차) 외상매입금	10,000	(대) 현 금	10,000
(6)	(차) 비 품	15,000	(대) 현 금	15,000
(7)	(차) 상품	100,000	(대) 현금	50,000
			외상매입금	50,000
(8)	(차) 급 여	10,000	(대) 현 금	25,000
	임차료	15,000		
(9)	(차) 현 금	7,000	(대) 수수료수익	7,000
(10)	(차) 현 금	30,000	(대) 상 품	40,000
	외상매출금	20,000	상품매출이익	10,000

5-9 다음 계정의 기록에 대한 분개를 표시하고, 그 거래를 추정하시오.

현 금

차변	금액	대변	금액
① 자 본 금	1,500,000	② 외상매입금	700,000
④ 수수료수익	60,000	③ 상 품	250,000
⑤ 단기대여금	500,000	⑥ 급 여	50,000
⑦ 상 품	30,000		

상 품

차변	금액	대변	금액
⑧ 현 금	300,000	⑨ 외상매출금	200,000
⑩ 외상매입금	150,000		

5-10 다음 각 계정의 빈 칸에 알맞은 금액을 계산하시오.

현 금

차변	금액	대변	금액
계 좌	4,000	외상매입금	(②)
단기차입금	(①)	잔 액	(③)
	(④)		(⑤)

외상매입금

차변	금액	대변	금액
현 금	1,400	상 품	3,200
잔 액	(⑦)	상 품	(⑥)
	(⑧)		(⑨)

상 품

차변	금액	대변	금액
현 금	7,000	잔 액	8,000
외상매입금	(⑩)		
	8,000		8,000

단 기 차 입 금

차변	금액	대변	금액
잔 액	5,000	전기이월	3,000
		현 금	(⑪)
	5,000		5,000

5-11 다음 자료에 의하여 10월 31일 현재의 외상매출금의 잔액을 계산하시오.

현 금

차변	금액	대변	금액
10/1 자본금	200,000	10/10 상 품	500,000
10/12상 품	526,000	10/13 대여금	100,000
10/17외상매출금	350,000	10/18 외상매입금	40,000
		10/27 급 여	300,000

상 품

차변	금액	대변	금액
10/10 현금	500,000	10/12 제 좌	50,000
		10/15 외상매출금	400,000

제6장 회계의 기록장소로서의 장부

장부와 장부조직

1·1 장부의 의의

기업의 이해관계자들에게 재무상태와 경영성과에 대한 정보를 제공하기 위하여 기업은 영업활동과정에서 발생하는 거래를 조직적이고 계속적으로 기록, 계산, 정리할 필요가 있다. 이 경우에 기록, 계산, 정리하기 위한 수단으로서의 책자를 장부(books)라고 한다.

장부는 종이 한 장으로 된 것이라도 그것이 조직적이고 계속적으로 기록되어만 있으면 일정한 부피의 책자가 아니라도 장부라고 한다. 장부는 펀치카드시스템에서는 펀치카드가 되고, 컴퓨터시스템에서는 USB, 디스켓이 장부에 해당한다. 또 장부는 회계내용이 기록, 보고되는 모든 장부를 지칭하지만 일반적으로 재무제표의 작성에 관련된 모든 문서 및 보고서를 의미한다.

어떤 장부를 설정할 것인지는 기업의 업종이나 규모에 따라 다소의 차이가 있을 수 있으나, 회계업무를 원활하게 수행하기 위해서는 장부 상호간에 유기적인 관계를 갖도록 설정할 필요가 있다. 그렇게 해야 회계상의 부정이나 오류를 방지할 수 있다.

1·2 장부조직

회계상의 거래가 발생되면 분개를 통하여 우선 분개장(journal)에 기입하게 되는데 기업실무에서는 일반적으로 분개장의 역할을 전표(slip)가 대신하고 있으며, 그 본질적인 내용에 있어서는 분개장이나 전표가 동일하다.

분개장이나 전표에 거래가 기록된다고 해서 장부조직이 완성된 것이 아니며, 각 계정과목에 대한 정보를 입수하기 위하여 거래의 기록을 일정한 원칙에 의하여 각 계정별로 집계하여 두는 것이 필요한데 이러한 기능을 수행하는 것이 총계정원장(general ledger)이다.

총계정원장에는 해당 기업에서 사용하는 모든 계정들이 포함되어 있으며, 분개장에 기입된 거래내용들이 전기(posting)라는 절차를 통하여 이곳으로 옮겨져 기록된다.

그리고 특정 계정의 명세를 기입하기 위하여 보조원장(subsidiary ledger)이 필요하다. 예를 들면, 외상매출금계정이나 외상매입금계정에 대한 거래처별 명세를 별도로 기록할 필요가 있는데 이를 위해 보조원장이 필요하다.

또한 발생된 거래를 유형별로 기입함으로써 각 거래별 명세를 파악할 필요가 있는데, 이와 같이 보조원장과는 달리 특정 유형의 거래만을 기입하는 장부가 바로 보조기입장(subsidiary journal)이다.

이상에서 설명한 장부 중에서 분개장과 총계정원장은 기업이 필수적으로 갖추어야 할 장부이기 때문에 주요부(main books)라고 하며, 보조원장과 보조기입장은 주요부의 기능을 보충하기 위한 목적에서 설정되기 때문에 보조부(subsidiary books)라고 한다.

회계과정에 있어서 각 장부의 관계를 표시하면 다음과 같다.

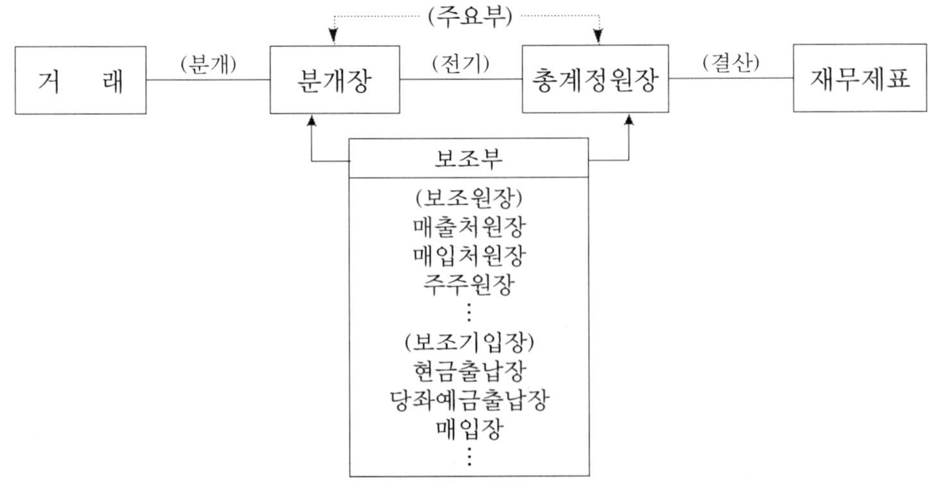

주요부

회계업무를 수행하기 위해 사용되는 장부는 회계적 기능에 따라 주요부와 보조부로 나누어진다. 주요부는 장부의 기본이 되는 것으로서 분개장과 총계정원장으로 구성된다.

분개장은 거래를 처음 기록하는 장부로서 원시기록이 된다는 점에서 중요하고, 총계정원장은 분개장에 기록된 거래를 계정과목별로 기록함으로써 재무상태표 및 포괄손익계산서 등의 재무제표를 작성하는 기초자료가 된다는 점에서 중요하다.

분개장과 총계원장은 서로 성격과 기능이 다르지만, 복식부기에서는 반드시 필요한 장부라는 점에서 주요부라고 지칭하고 있다.

2 · 1 분개장

분개장은 거래를 발생순서에 따라 분개형식으로 기록하는 장부로서 총계원장과 함께 장부 중에서 주요부를 구성하는 장부이다. 거래가 발생하면 각 계정에 전기하기 위한 준비단계로서 분개를 하게 되는데, 분개한 내용을 간단히 거래의 요약과 함께 기록하는 장부가 바로 분개장이다.

분개장은 거래가 처음으로 기록되는 장부이기 때문에 원시기입부 또는 제1차기입부(book of original entry)라고 한다. 분개장에는 모든 거래가 발생한 날짜순서로 기입되므로 언제든지 특정한 날짜에 있어서의 영업활동의 전체내용을 파악할 수 있다.

분개장의 기능을 요약하면 다음과 같다.

첫째, 각 거래를 발생한 순서대로 기록한다.

둘째, 각 거래의 모든 경제적 효과를 한눈에 볼 수 있게 한다.

셋째, 거래의 기입에서 발생한 오류의 추적 및 검증자료가 된다.

넷째, 거래를 재분류, 분석하는 데 있어서 기초자료가 된다.

분개장의 양식은 다음에서 보는 바와 같이 병립식과 분할식의 두 가지가 있는데, 흔히 병립식이 많이 이용된다.

(병립식) **분 개 장**

일자	적요	원면	차변	대변

(분할식) **분 개 장**

차변	원면	적요	원면	대변

분개장의 기입방법은 다음과 같다.

① **일자란**——거래가 발생한 일자를 기입하는데, 바로 위의 거래와 동일한 일자이면 「〃」표로 한다.

② **적요란**——분개한 계정과목은 ( )로 묶어서 기입한다. 차변에 기입하는 계정과목은 왼쪽에, 대변에 기입하는 계정과목은 다음 줄의 오른쪽에 기입한다. 차변 또는 대변에 계정과목이 둘 이상 있을 경우에는 맨 위에 '제좌'라고 기입한다. 그리고 계정과목을 기입한 다음 줄에 거래의 내용을 간단히 적어서 일기장을 겸하도록 한다.

③ **원면란**——분개를 전기한 총계정원장의 쪽수(page) 또는 계정계좌의 번호를 기입한다.

④ **금액란**——차변과 대변의 금액을 각각 해당 금액란에 기입한다.

⑤ **거래의 구분**——한 거래의 분개기록이 끝나면 적요란에서 붉은색 필기도구로 줄을 그어서 거래의 단위가 구분되도록 한 다음에 다음 거래의 분개기록을 한다. 그리고 한 거래의 분개기록을 두 면에 걸쳐서 기입해서는 안된다.

⑥ **쪽의 이월**——각 쪽(page) 마지막 줄의 금액란의 위쪽에 붉은색 필기도구로 한 줄을 긋고, 그 바로 밑에 차변과 대변의 합계금액을 각각 기입한다. 또한 적요란에는 '차면이월' 또는 '다음 쪽에'라고 기입한다. 그리고 다음 쪽의 첫째 줄의 적요란에는 '전면이월' 또는 '앞쪽에서'라고 기입하고, 금액란에는 앞쪽의 차변합계액과 대변합계액을 그대로 옮겨 적는다.

⑦ **장부마감**——일정기간에 발생한 거래의 분개기록이 모두 끝났을 때에는 차변과 대변의 금액란에 합계액을 기입하고, 붉은색 필기도구로 해당 난의 위쪽에는 한 줄을

긋고, 아래쪽에는 두 줄을 긋는다.

예제 6-1 다음은 퇴계상사의 5월 중의 거래이다. 이들 거래를 병립식 분개장과 분할식 분개장에 기입하시오.

5월 1일 현금 3,000,000원을 출자하여 영업을 개시하다.

5일 상품 600,000원을 매입하고, 대금중 450,000원은 현금으로 지급하고, 잔액은 외상으로 하다.

12일 현금 1,500,000원을 을지은행에 당좌예입하다.

28일 급여 150,000원을 현금으로 지급하다.

30일 이자 15,000원을 현금으로 받다.

해답

(병립식) **분 개 장** (1)

일자		적요	원면	차변	대변
5	1	(현금)	1	3,000,000	
		(자본금)	5		3,000,000
		현금출자하여 개업			
	5	(상품) 제좌	3	600,000	
		(현금)	1		450,000
		(외상매입금)	4		150,000
		상품매입하고, 대금중 일부는 현금지급, 잔액은 외상			
	12	(당좌예금)	2	1,500,000	
		(현금)	1		1,500,000
		을지은행에 당좌예입			
	28	(급여)	6	150,000	
		(현금)	1		150,000
		종업원에게 급여지급			
	30	(현금)	1	15,000	
		(이자수익)	7		15,000
		이자를 현금으로 받다.			
				5,265,000	5,265,000

분 개 장

(분할식) (1)

차변	원면	적요	원면	대변
		5월 1일		
3,000,000	1	(현금) (자본금)	5	3,000,000
		현금출자하여 개업		
		5월 5일		
600,000	3	(상품) (현금)	1	450,000
		(외상매입금)	4	150,000
		상품매입하고, 대금중 일부는 현금지급, 잔액은 외상		
		5월 12일		
1,500,000	2	(당좌예금) (현금)	1	1,500,000
		을지은행에 당좌예입		
		5월 28일		
150,000	6	(급여) (현금)	1	150,000
		종업원에게 급여지급		
		5월 30일		
15,000	1	(현금) (이자수익)	7	15,000
		이자를 현금으로 받다.		
5,265,000				5,265,000

2 · 2 총계정원장

분개장에 분개기입이 끝나면 자산, 부채, 자본 및 수익, 비용에 속하는 각 해당계정에 전기하여야 하는데, 이들 계정이 설정되어 있는 장부를 총계정원장(general ledger) 또는 원장(ledger)이라고 한다.

총계정원장에는 거래를 기록하는 데 필요한 모든 계정이 포함되어 있기 때문에 총계정원장을 보게 되면 각 계정의 증감변동 및 잔액을 파악할 수 있고, 또한 자산, 부채 및 자본계정의 잔액을 집계하면 재무상태표를 작성할 수 있으며, 수익 및 비용계정의 잔액을 집계하면 포괄손익계산서를 작성할 수 있다.

총계정원장은 장부 중에서도 가장 중요한 장부이며, 다른 장부는 총계정원장을 위하여 도움을 주고 보충해 주는 장부라고 할 수 있다.

지금까지는 총계정원장에 설정되어 있는 계정을 T자형으로 표시하여 왔으나 그것은 약식에 불과하며, 정식으로는 다음에서 보는 바와 같이 표준식 총계정원장과 잔액식 총계정원장의 두 가지가 있다.

총계정원장

(표준식) ○○계정

일 자		적 요	분 면	금 액	일 자		적 요	분 면	금 액

총계정원장

(잔액식) ○○계정

일 자		적 요	분 면	차 변	대 변	차 또는 대	잔 액

위의 총계정원장의 양식 두 가지를 살펴볼 때, 표준식 총계정원장의 경우 계정기입이 왼쪽과 오른쪽으로 나누어져 이루어지기 때문에 이해하기 쉬운 장점이 있으나, 회계실무에서는 일반적으로 잔액식 총계정원장이 사용되고 있다.

그러면 총계정원장의 기입방법을 표준식과 잔액식으로 나누어 설명하기로 한다.

1. 표준식 총계정원장의 기입방법

① **일자란**——분개장의 일자란과 같은 요령으로 기입한다.

② **적요란**——분개장에 분개한 것의 상대계정과목을 기입한다. 상대계정과목이 둘 이상이면 '제좌'라고 기입한다.

③ **분면란**——당해 계정이 분개된 분개장의 쪽수(page)를 기입하여 기입누락 또는 이중전기 등의 오류조사에 활용한다.

④ **금액란**——왼쪽의 금액란에는 차변금액을 기입하고, 오른쪽의 금액란에는 대변금액을 기입한다.

2. 잔액식 총계정원장의 기입방법

잔액식 총계정원장의 기입방법은 표준식의 경우와 거의 같지만, 하나의 전기가 끝나면 그때마다 잔액을 계산하여 잔액란에 기입하고, '차 또는 대'란에 차변금액이 대변금액보다 많을 경우(차변잔액)에는 '차'라고 기입하며, 대변금액이 차변금액보다 많은 경우(대변잔액)에는 '대'라고 기입한다.

한편 총계정원장에 기입시 주의할 사항을 지적하면 다음과 같다.

첫째, 글자와 숫자의 크기는 줄과 줄 사이의 간격의 2분의 1 또는 3분의 1 정도로 하고, 아래줄에 닿도록 기입한다.

둘째, 줄에 여백이 생긴 경우에는 적요란에 다른 부정기입을 하지 못하게 빗금을 긋는다. 금액란에는 빗금을 쳐서는 안 된다.

셋째, 글자를 잘못 적었을 때에는 틀린 글자만을 정정해도 좋으나, 숫자를 잘못 적었을 때에는 그 숫자 전체를 정정한다. 잘못 적은 글자나 숫자를 정정할 경우에는 붉은색 필기도구로 두 줄을 긋고, 그 위에 바른 글자 또는 숫자를 기입하고 정정한 사람의 도장을 찍는다. 약품을 칠하거나 칼로 긁어 지워서는 안 된다.

넷째, 기입을 간단하게 하기 위하여 다음과 같은 기호를 사용한다.

₩……원, @……단가, #……(제×호)
〃……위와 같음, ✓……대조필(check mark), 전기필
a/c……계정

예제 6-2 앞의 퇴계상사의 분개장의 내용을 총계정원장의 각 계정에 전기하시오.

총계정원장

(표준식)

현 금 (1)

일	자	적 요	분 면	금 액	일	자	적 요	분 면	금 액
5	1	자 본 금	1	3,000,000	5	5	상 품	1	450,000
	30	이자수익	1	15,000		12	은행예금	1	1,500,000
						28	급 여	1	150,000

예 금 (2)

일	자	적 요	분 면	금 액	일	자	적 요	분 면	금 액
5	12	현 금	1	1,500,000					

상 품 (3)

일	자	적 요	분 면	금 액	일	자	적 요	분 면	금 액
5	5	제 좌	1	600,000					

외상매입금 (4)

일	자	적 요	분 면	금 액	일	자	적 요	분 면	금 액
					5	5	상 품	1	150,000

자본금 (5)

일	자	적 요	분 면	금 액	일	자	적 요	분 면	금 액
					5	1	현 금	1	3,000,000

급 여 (6)

일	자	적 요	분 면	금 액	일	자	적 요	분 면	금 액
5	28	현 금	1	150,000					

이자수익 (7)

일	자	적 요	분 면	금 액	일	자	적 요	분 면	금 액
					5	30	현 금	1	15,000

*각 계정의 우측상단의 번호는 총계정원자의 면수(page)를 나타낸다.

총계정원장

현 금

(잔액식) (1)

일	자	적 요	분 면	차 변	대 변	차 또는 대	잔 액
5	1	자 본 금	1	3,000,000		차	3,000,000
	5	상 품	1		450,000	차	2,550,000
	12	은행예금	1		1,500,000	차	1,050,000
	28	급 여	1		150,000	차	900,000
	30	이자수익	1	15,000		차	915,000

예 금 (2)

일	자	적 요	분 면	차 변	대 변	차 또는 대	잔 액
5	12	현 금	1	1,500,000		차	1,500,000

상 품 (3)

일	자	적 요	분 면	차 변	대 변	차 또는 대	잔 액
5	5	제 좌	1	600,000		차	600,000

외상매입금 (4)

일	자	적 요	분 면	차 변	대 변	차 또는 대	잔 액
5	5	상 품	1		150,000	대	150,000

자 본 금 (5)

일	자	적 요	분 면	차 변	대 변	차 또는 대	잔 액
5	1	현 금	1		3,000,000	대	3,000,000

급 여 (6)

일	자	적 요	분 면	차 변	대 변	차 또는 대	잔 액
5	28	현 금	1	150,000		차	150,000

이자수익 (7)

일	자	적 요	분 면	차 변	대 변	차 또는 대	잔 액
5	30	현 금	1		15,000	대	15,000

*각 계정의 우측상단의 번호는 총계정원장의 면수(page)를 나타낸다.

3절 보조부

보조부(subsidiary books)는 주요부의 기록에 대하여 보다 상세한 내용의 기록과 각 계정의 기록내용을 상호 견제할 목적으로 기록, 유지되는 보조적인 장부이다.

최근에 보조부는 경영관리상 각종 분석적, 통계적, 참고적인 자료를 제공하는 장부로서 점차 중요시되고 있다. 그런데 보조부는 기업의 필요에 의해 임의로 설정되는 것이기 때문에 기업의 업종이나 규모에 따라 일정하지가 않지만 일반적으로 보조기입장과 보조원장으로 나눌 수 있다.

3 · 1 보조기입장

보조기입장(subsidiary register, subsidiary journal)은 특정한 거래의 명세를 알고자 할 경우에 설정되는 보조부이다. 거래의 발생건수는 많으나 그 유형이 많지 않을 경우에 거래를 유형별로 기입하는 장부를 준비해 두면 편리할 것이다. 이와 같이 각 계정과목을 기준으로 하나의 유형의 거래만을 기입하는 장부가 보조기입장이다.

보조기입장에 속하는 것으로는 외상매출거래만을 기입하는 매출장(sales books), 외상매입거래만을 기입하는 매입장(purchase books), 현금의 입금거래만을 기입하는 현금수입장(cash receipt books) 및 현금의 출금거래만을 기입하는 현금지출장(cash disbursement books) 등이 있다.

다음에서 설명하는 보조원장이 총계정원장의 기능을 보조하는 것이라면 보조기입장은 분개장의 기능을 부분적으로 대체한다. 즉 보조기입장에 기입되는 거래는 분개장에 별도로 기입하지 않고 바로 보조원장과 총계정원장으로 전기할 수도 있다.

3 · 2 보조원장

보조원장(subsidiary ledger)은 총계정원장에 있는 특정한 계정의 명세를 기록하기 위한 보조부이다. 일정시점에 있어서 수많은 거래처들 중 특정한 거래처에 대하여 매출채권 또는 매입채무의 잔액이 얼마인지를 알아야 할 필요가 있다. 이를 위해서는 거래의 기록을 각 계정뿐 아니라 각 거래처별로 집계하여야 한다. 이러한 기능을 수행하는 것이 바로 보조원장이다.

보조원장은 거래가 빈번한 거래처들에 대해서만 설정하는 것이 합리적이다. 예를 들면 매출채권(외상매출금)계정에 대한 매출처별 명세를 기록하는 매출처원장과 매입채무(외상매입금)계정에 대한 매입처별 내역을 기록하는 매입처원장이 이에 해당된다.

그런데 매출처원장과 매입처원장에 설정되는 각 계정은 거래처의 이름(상호) 등을 기준으로 설정되는데, 이와 같이 상대 거래처의 상호를 계정으로 설정함으로써 상대 거래처와의 채권, 채무를 명백히 하는 데 사용되는 계정을 인명계정(personal account)이라고 한다. 인명계정은 제9장에서 설명한다.

보조원장은 총계정원장의 기능을 보조하는 것이므로 보조원장에 설정되어 기록된 각 인명계정들의 합계액은 총계정원장상의 해당 계정의 금액과 일치되어야 한다.

매출처원장에 설정된 각 인명계정의 합계액은 총계정원장에 있는 외상매출금계정의 금액과 일치되어야 하며, 매입처원장에 설정된 각 인명계정의 합계액은 총계정원장에 있는 외상매입금계정의 금액과 일치되어야 한다.

이와 같이 총계정원장상의 외상매출금계정이나 외상매입금계정 등은 매출처원장이나 매입처원장 등의 보조원장의 기록이 정확한지의 여부를 검토하는 기준이 되므로 이를 통제계정(control account)이라고 한다. 통제계정에 대하여도 앞의 인명계정과 함께 제9장에서 설명한다.

보조원장으로의 전기도 총계정원장과 마찬가지로 분개장의 내용을 기준으로 한다. 보조원장에는 위에서 설명한 매출처원장, 매입처원장 이외에도 상품재고장, 주주원장, 사원원장 등이 있다.

전표와 일계표

4·1 전표의 의의와 종류

기업의 회계실무에서는 회계업무의 편의를 위하여 분개장은 거의 사용되지 않고, 그 대신 전표(slip)가 사용되고 있다. 전표는 발생한 거래의 내용을 거래가 발생할 때마다 발생한 장소(부서)에서 기록함으로써 거래의 발생사실을 경영 내부의 다른 곳에 전달하고, 또한 후일의 기장상의 증거서류로서 보존하기 위한 일정한 양식이다.

전표는 거래가 발생하였을 때 기록의 근거가 되는 증빙서류를 기초로 하여 가장 원시적으로 작성되는 것으로서 회계실무에서 분개장에의 기록이 번거롭기 때문에 분개장의 사용을 피하고 작성된 전표를 일련번호대로 편철함으로써 분개장을 대신하고 있다.

이와 같이 기장업무를 능률화하는 관점에서 전표회계가 널리 활용되는 추세에 있으며, 원시적인 기록인 전표 및 거래의 증빙서류를 정리, 보존함으로써 분개장을 대신하고 있다. 또한, 전표는 각 담당부서 근무자 상호간의 거래전달과정을 거쳐서 승인된 서류이므로 책임의 소재를 명확히 하는 증거력을 가지고 있다.

전표를 사용하면 기장업무 분담이 가능하고 회계업무 능률을 증진시킬 뿐 아니라 다양한 업무담당자간의 협조분위기를 조성한다.

회계실무에서 사용되는 전표의 종류에는 입금전표, 출금전표, 대체전표가 있다.

입금전표는 현금의 수입거래를 기록하는 전표로서 그 양식이 붉은색으로 인쇄되어 있으며, 출금전표는 현금의 지출거래를 기록하는 전표로서 파란색으로 인쇄되어 있다. 그리고 대체전표는 현금의 수입과 지출이 없는 거래를 기록하기 위한 전표로서 입금전표나 출금전표와의 외형상 구별을 위하여 모양을 보다 크게 만들고 검은색으로 인쇄되어 있다.

4·2 전표의 기입방법

1. 입금전표

현금의 수입거래가 발생하게 되면 해당 거래의 일자와 내용 등을 입금전표에 기입한다. 현금의 수입거래를 분개할 경우 차변과목은 항상 현금이 되므로 입금전표에는 차변과목인 현금계정의 상대과목인 대변과목만을 기입하면 된다.

예제 6-3 6월 5일 남대문상사에 A상품(1,000개, @₩100) 100,000원을 매출하고 대금은 현금으로 받다.

(차) 현 금 100,000 (대) 상 품 100,000

No. 2. 입 금 전 표

20×1년 6월 5일

사장		전무		과장		담당	

계정과목	적 요	금 액
상 품	남대문상사 A상품, 1,000개를 단위당 100원에 판매	100000
	합계	₩100000

2. 출금전표

현금의 지출거래는 출금전표를 이용하여 기입하며, 기입방법은 입금전표의 경우와 동일하다. 즉 모든 현금지출거래의 대변과목은 현금이므로 출금전표에는 대변과목인 현금계정의 상대계정인 차변과목만을 기입한다.

예제 6-4 7월 2일 종로은행에 단기차입금 50,000원을 현금으로 상환하다.

(차) 차입금 50,000 (대) 현 금 50,000

No. 3. 출 금 전 표

사장		전무		과장		담당	

20×1년 7월 2일

계정과목	적요	금 액
단기차입금	종로은행에 차입금 상환	50000
	합계	₩50000

3. 대체전표

현금의 수입과 지출이 없는 대체거래는 대체전표에 기입한다. 대체전표에는 차변기입란과 대변기입란이 좌우로 함께 인쇄되어 있으므로 분개한 내용을 대체전표의 해당란에 그대로 기입하면 된다.

예제 6-5 8월 11일 을지상사로부터 B상품(500개, @₩500) 250,000원을 외상으로 매입하다.

(차) 상 품 250,000 (대) 매입채무 250,000

No. 5. 대 체 전 표

사장		전무		과장		담당	

20×1년 8월 11일

금 액	원면	과 목	적 요	과 목	원면	금 액
250000	5	상 품	을지상사로부터 B상품 500개, 단위당 500원씩 외상매입	매 입 채 무	20	250000
₩250000			합 계			₩250000

---

4. 일부대체거래의 전표기입

발생한 거래 중 일부가 수입과 지출이 수반되는 일부대체거래일 경우에는 입(출)금거래와 대체거래가 동시에 발생한 것으로 간주하여, 전자는 입(출)금전표에 기입하고, 후자는 대체전표에 기입한다.

예제 6-6 서대문상사로부터 C상품(300개, @₩1,000), 300,000원을 매입하고, 대금 중 200,000원은 현금으로 지급하고, 잔액은 외상으로 하다.

(차) 상 품	300,000	(대)	현금	200,000
			외상매입금	100,000

위의 분개는 다음과 같이 구분될 수 있다.

① (차) 상 품	200,000	(대) 현금	200,000
② (차) 상 품	100,000	(대) 외상매입금	100,000

즉, 두 개의 거래가 동시에 발생한 것으로 간주하여, ①의 거래는 출금전표에 기입하고, ②의 거래는 대체전표에 기입한다.

4·3 기업실무에서의 전표작성과정

규모가 작은 기업은 거래의 발생빈도나 금액이 적을 뿐 아니라 회계업무에 대한 종업원들의 이해정도도 낮은 수준이기 때문에 회계담당부서에서 전표작성에 대한 모든 업무를 처리한다.

그러나 일정 규모 이상의 기업은 거래의 발생빈도나 금액이 많을 뿐 아니라 기업의 조직도 일정한 체계를 갖추고, 회계업무에 대한 종업원들의 이해수준도 높기 때문에 빈번하게 발생하는 모든 거래에 대한 전표작성을 회계담당부서에서 모두 처리한다는 것은 바람직하지 못하다. 따라서 발생한 거래의 내용을 잘 파악하고 있는 실제의 담당부서 종업원들이 직접 전표를 작성하도록 하는 기업이 대부분이다.

오늘날의 기업경영에서는 회계담당부서에 근무하지 않는 종업원들도 전표작성 등의 기초적 회계지식을 습득할 필요성이 높아지고 있다.

4 · 4 전표와 일계표

회계실무에서는 분개장 대신에 전표를 활용한다. 그런데, 기업에서 발생하는 거래가 하루에도 수십 건 또는 수백 건씩 되기 때문에 거래들을 전표에 분개한 다음 일일이 총계정원장에 전기하게 되면 총계정원장이 너무 방대해지고, 회계업무량도 과다해지기 때문에, 일계표로 집계한 후에 총계정원장에는 일일합계[日計]로 각 계정에 전기한다.

이렇게 하면 아무리 많은 거래가 발생하더라도 총계정원장에는 일별 합계금액으로 기입을 하고, 상세한 거래의 내용은 보조부를 활용함으로써 기장업무의 능률을 향상시키는 동시에 보조부를 통하여 거래내용의 명세도 충분히 나타낼 수가 있게 된다.

예제 6-7 다음은 경기상사의 5월 11일의 거래내용이다. 이들 거래를 분개하여 일계표를 작성하고 총계정원장에 전기하시오.

(1) 영업용 책상을 30,000원에 구입하고, 대금은 현금으로 지급하다.
(2) 상품 60,000원 서울상사로부터 매입하고, 대금은 현금으로 지급하다.
(3) 원가 48,000원의 상품을 60,000원에 영지상사에 매출하고, 대금은 현금으로 받다.
(4) 성남상사로부터 상품 120,000원을 외상으로 매입하다.
(5) 원가 90,000원의 상품을 120,000원에 수원상사에 매출하고, 대금 중 60,000원은 현금으로 받고, 잔액은 외상으로 하다.
(6) 성남상사의 외상매입금 중 60,000원을 현금으로 지급하다.
(7) 종업원에게 급여 12,000원을 현금으로 지급하다.
(8) 삼청상사로부터 대여금 180,000원과 그에 대한 이자 9,000원을 현금으로 받다.
(9) 종로상사에 원가 60,000원의 상품을 72,000원에 외상매출하다.
(10) 당월분 임차료 18,000원을 현금으로 지급하다.

분개

(1) (차) 비 품	30,000	(대)	현 금	30,000
(2) (차) 상 품	60,000	(대)	현 금	60,000
(3) (차) 현 금	60,000	(대)	상품	48,000
			상품매출이익	12,000
(4) (차) 상 품	120,000	(대)	외상매입금	120,000

(5) (차)	현 금	60,000	(대) 상 품	90,000
	외상매출금	60,000	상품매출이익	30,000
(6) (차)	외상매입금	60,000	(대) 현 금	60,000
(7) (차)	급 여	12,000	(대) 현 금	12,000
(8) (차)	현 금	189,000	(대) 대여금	180,000
			이자수익	9,000
(9) (차)	외상매출금	72,000	(대) 상 품	60,000
			상품매출이익	12,000
(10)(차)	임차료	18,000	(대) 현금	18,000

일계표 작성

일 계 표

20×1년 5월 11일

차 변	원 면	계정과목	대 변
309,000	1	현 금	180,000
132,000	2	외 상 매 출 금	
	3	대 여 금	180,000
180,000	4	상 품	198,000
30,000	5	비 품	
60,000	10	외 상 매 입 금	120,000
12,000	13	급 여	
18,000	14	임 차 료	
	17	상 품 매 출 이 익	54,000
	18	이 자 수 익	9,000
741,000		합 계	741,000

총계정원장으로의 전기

총계정원장

(표준식) 현 금 (1)

일	자	적 요	분 면	금 액	일	자	적 요	분 면	금 액
5	11	일계표에서		309,000	5	11	일계표에서		180,000

외상매출금 (2)

일	자	적 요	분 면	금 액	일	자	적 요	분 면	금 액
5	11	일계표에서		132,000					

대 여 금 (3)

일	자	적 요	분 면	금 액	일	자	적 요	분 면	금 액
					5	11	일계표에서		180,000

상 품 (4)

일	자	적 요	분 면	금 액	일	자	적 요	분 면	금 액
5	11	일계표에서		180,000	5	11	일계표에서		198,000

비 품 (5)

일	자	적 요	분 면	금 액	일	자	적 요	분 면	금 액
5	11	일계표에서		30,000					

외상매입금 (10)

일	자	적 요	분 면	금 액	일	자	적 요	분 면	금 액
5	11	일계표에서		60,000	5	11	일계표에서		120,000

급 여 (13)

일	자	적 요	분 면	금 액	일	자	적 요	분 면	금 액
5	11	일계표에서		12,000					

임 차 료 (14)

일	자	적 요	분 면	금 액	일	자	적 요	분 면	금 액
5	11	일계표에서		18,000					

상품매출이익 (17)

일	자	적 요	분 면	금 액	일	자	적 요	분 면	금 액
					5	11	일계표에서		54,000

이자수익 (18)

일	자	적 요	분 면	금 액	일	자	적 요	분 면	금 액
					5	11	일계표에서		9,000

5절 기장예시

지금까지 설명한 내용은 거래의 발생시에 거래를 장부에 기입하는 절차를 중심으로 한 것이었다. 여기에서는 지금까지 학습한 내용을 요약, 정리하는 의미에서 일정 기간에 걸쳐 발생한 거래들을 분개장과 총계정원장에 기입하는 문제를 다루어 보기로 한다.

[거래예시]

다음은 한국상사의 12월 중의 거래이다.

12월 1일 현금 1,000,000원을 출자하여 상품매매업을 개업하다.
12월 3일 영업용 비품을 구입하고, 대금 30,000원을 현금으로 지급하다.
12월 5일 종로상사로부터 상품 750,000원을 매입하고, 대금은 현금으로 지급하다.
12월 7일 을지상사로부터 현금 500,000원을 차입하다.
12월 9일 퇴계상사에 원가 450,000원의 상품을 575,000원에 매출하고, 대금은 현금으로 받다.
12월 11일 청계상사로부터 상품 300,000원을 외상으로 매입하다.
12월 13일 상품매매의 중개수수료로서 15,000원을 현금으로 받다.
12월 15일 효자상사에 원가 350,000원의 상품을 440,000원에 외상으로 매출하다.
12월 17일 청계상사에 대한 외상매입금 중 200,000원을 현금으로 지급하다.

12월 20일 효자상사로부터 외상매출금 중 325,000원을 현금으로 받다.
12월 23일 을지상사에 대한 차입금 중 250,000원과 그에 대한 이자 5,000원을 현금으로 지급하다.
12월 25일 당월분 급여 75,000원을 현금으로 지급하다.
12월 30일 당월분 임차료 20,000원을 현금으로 지급하다.

[분개장에의 기입]

분 개 장

(병립식) (1)

일자		적요	원면	차변	대변
12	1	(현금)	1	1,000,000	
		(자본금)	7		1,000,000
		현금출자하여 개업			
	3	(비품)	4	30,000	
		(현금)	1		30,000
		비품의 구입			
	5	(상품)	3	750,000	
		(현금)	1		750,000
		종로상사로부터 매입			
	7	(현금)	1	500,000	
		(차입금)	6		500,000
		을지상사로부터 차입			
	9	(현금) 제좌	1	575,000	
		(상품)	3		450,000
		(상품매출이익)	8		125,000
		퇴계상사에 매출			
	11	(상품)	3	300,000	
		(외상매입금)	5		300,000
		청계상사로부터 매입			
	13	(현금)	1	15,000	
		(수수료수익)	9		15,000
		상품매매의 중개수수료 입금			
	15	(외상매출금) 제좌	2	440,000	
		(상품)	3		350,000
		(상품매출이익)	8		90,000
		효자상사에 매출			
	17	(외상매입금)	5	200,000	
		(현금)	1		200,000
		청계상사에 지급			

일자	적요	원면	차변	대변
20	(현금)	1	325,000	
	(외상매출금)	2		325,000
	효자상사로부터 회수			
23	제좌 (현금)	1		255,000
	(차입금)	6	250,000	
	(이자비용)	12	5,000	
	을지상사에 차입금 및 이자지급			
25	(급여)	10	75,000	
	(현금)	1		75,000
	3월분 급여 지급			
30	(임차료)	11	20,000	
	(현금)	1		20,000
	3월분 임차료 지급			
			4,485,000	4,485,000

[총계정원장에의 전기]

총계정원장

현 금 (1)

일	자	적 요	분 면	금 액	일	자	적 요	분 면	금 액
12	1	자 본 금	1	1,000,000	12	3	비 품	1	30,000
	7	차 입 금	〃	500,000		5	상 품	〃	750,000
	9	제 좌	〃	575,000		17	외상매입금	〃	200,000
	13	수수료수익	〃	15,000		23	제 좌	〃	255,000
	20	외상매출금	〃	325,000		25	급 여	〃	75,000
						30	임 차 료	〃	20,000

외상매출금 (2)

일	자	적 요	분 면	금 액	일	자	적 요	분 면	금 액
12	15	제 좌	1	440,000	12	20	현 금	1	325,000

상 품 (3)

일	자	적 요	분 면	금 액	일	자	적 요	분 면	금 액
12	5	현 금	1	750,000	12	9	현 금	1	450,000
	11	외상매입금	1	300,000		15	외상매출금	1	350,000

비 품 (4)

일	자	적 요	분 면	금 액	일	자	적 요	분 면	금 액
12	3	현 금	1	30,000					

외상매입금 (5)

일	자	적 요	분 면	금 액	일	자	적 요	분 면	금 액
12	17	현 금	1	200,000	12	11	상 품	1	300,000

차 입 금 (6)

일	자	적 요	분 면	금 액	일	자	적 요	분 면	금 액
12	23	현 금	1	250,000	12	7	현 금	1	500,000

자 본 금 (7)

일	자	적 요	분 면	금 액	일	자	적 요	분 면	금 액
					12	1	현 금	1	1,000,000

상품매출이익 (8)

일	자	적 요	분 면	금 액	일	자	적 요	분 면	금 액
					12	9	현 금	1	125,000
						15	외상매출금	1	90,000

수수료수익 (9)

일	자	적 요	분 면	금 액	일	자	적 요	분 면	금 액
					12	13	현 금	1	15,000

급 여 (10)

일	자	적 요	분 면	금 액	일	자	적 요	분 면	금 액
12	25	현 금	1	75,000					

임 차 료 (11)

일 자		적 요	분 면	금 액	일 자		적 요	분 면	금 액
12	30	현 금	1	20,000					

이자비용 (12)

일 자		적 요	분 면	금 액	일 자		적 요	분 면	금 액
12	23	현 금	1	5,000					

연습문제

6-1 총계정원장의 중요성을 설명하시오.

6-2 회계실무에서 분개장 대신에 전표가 활용되는 이유를 설명하시오.

6-3 다음의 ( ) 속에 적당한 말을 기입하시오.

(1) 거래의 분개내용을 기입하는 장부는 ( ) 또는 ( )이라고 한다.

(2) 거래를 계정과목별로 기록하기 위한 장부를 ( )이라고 한다.

(3) 분개장과 총계정원장을 ( )라고 하며, 분개장과 총계정원장을 보충하기 위한 보조부로는 ( )과 ( )이 있다.

(4) 분개에서 각 계정에 ( )하는 것과 ( )에서 총계정원장에 전기하는 것은 마찬가지이다.

(5) 분개장의 종류로는 ( )과 ( )이 있는데, 일반적으로 ( )이 많이 사용된다.

(6) 총계정원장의 종류로는 ( )과 ( )이 있는데, 일반적으로 ( )이 많이 사용된다.

(7) 전표의 종류로는 ( ), ( ) 및 ( )이 있다.

6-4 다음에 열거한 보조부 중에서 보조기입장에 속하면 ○, 보조원장에 속하면 × 표 하시오.

(1) 사원원장	( )	(2) 수탁매입원장	( )
(3) 현금출납장	( )	(4) 수탁판매원장	( )
(5) 당좌예금출납장	( )	(6) 받을어음기입장	( )
(7) 매출장	( )	(8) 적송품원장	( )
(9) 매입처원장	( )	(10) 상품재고장	( )
(11) 지금어음기입장	( )	(12) 매출처원장	( )
(13) 매입장	( )	(14) 소액현금출납장	( )

6-5 다음 총계정원장의 기입면을 보고 거래를 추정하시오.

현 금

일 자		적 요	분 면	금 액	일 자		적 요	분 면	금 액
5	10	단기차입금		1,000,000	5	20	비 품		200,000

단 기 차 입 금

일 자		적 요	분 면	금 액	일 자		적 요	분 면	금 액
5	30	예 금		600,000	5	10	현 금		1,000,000

비 품

일 자		적 요	분 면	금 액	일 자		적 요	분 면	금 액
5	20	현 금		200,000					
	28	미지급금		300,000					

6-6 다음은 한국종합상사의 5월 중의 거래이다. 이를 분개장과 총계정원장에 기입하시오.

5월 1일 현금 600,000원을 출자하여 영업을 개시하다.

5월 3일 영업용 건물 한 채를 180,000원에 구입하고, 대금은 현금으로 지급하다.

5월 5일 영업용 비품을 구입하고, 대금 6,000원을 현금으로 지급하다.

5월 6일 성동상사로부터 A상품 150,000원을 매입하고, 대금은 현금으로 지급하다.

5월 8일 갑상사에 1년 후 받기로 하고 현금 60,000원을 대여하다.

5월 10일 을상사로부터 10개월 후 갚기로 하고 현금 9,000원을 차입하다.

5월 13일 동아상사에 A상품(원가 75,000원)을 90,000원에 매출하고, 대금은 현금으로 받다.

5월 14일 종로상사로부터 B상품 129,000원을 외상으로 매입하다.

5월 17일 서울상사에 A상품(원가 45,000원)을 57,000원에, 그리고 B상품(원가 52,000원)을 48,000원에 외상으로 매출하다.

5월 18일 종로상사에 외상매입금 중 120,000원을 현금으로 지급하다.

5월 19일 서울상사로부터 외상매출금 105,000원을 현금으로 받다.

5월 20일 갑상사로부터 단기대여금 60,000원과 그에 대한 이자 1,500원을 현금으로 받다.

5월 21일 강남상사에 B상품(원가 42,000원)을 51,000원에 매출하고, 대금 중 21,000원은 현금으로 받고, 잔액은 외상으로 하다.

5월 25일 당월분 급여 15,000원을 현금으로 지급하다.

5월 30일 당월분 잡비 7,500원을 현금으로 지급하다.

6-7 다음의 거래들은 입금전표, 출금전표, 대체전표 중 어느 전표에 기입되어야 하는지를 말하시오.

(1) 상품 1,500,000원을 매입하고, 대금은 10일 후에 지급하기로 하다.

(2) (1)의 외상매입금을 현금으로 지급하다.

(3) 현금 500,000원을 동아상사에 대여해 주다.

(4) (3)의 동아상사에 대한 대여금을 이자 10,000원과 함께 현금으로 회수하다.

(5) 한솔은행으로부터 현금 1,000,000원을 차입하다.

(6) (5)의 한솔은행에 대한 차입금을 이자 15,000원과 함께 현금으로 지급하다.

제7장 회계정보산출절차로서의 결산

결산의 의의 및 절차

1·1 결산의 의의

회계에서는 기업에서 매일매일 발생하는 거래를 정확하게 분개하고, 총계정원장에 전기하여 기업의 자산, 부채, 자본 및 수익, 비용의 각 계정의 증감, 변동사항을 계산한다. 그러나 이러한 회계절차만으로는 기업의 재무적 정보를 전체적으로 한 눈에 파악하기가 매우 곤란하다.

더구나 오늘날 기업은 계속적인 경영활동을 전제로 하여 운영되고 있기 때문에, 회계에서는 인위적으로 경영활동기간을 구분하여, 특정기간말 현재의 자산, 부채 , 자본을 집계함으로써 기업의 재무상태를 파악한다. 동시에 특정 기간중에 발생된 수익과 비용을 비교함으로써 기업의 경영성과를 파악하고 있다.

이와 같이 일정기간(회계기간)이 종료된 후에 여러 회계장부를 정리, 마감하여 기업의 재무상태 및 경영성과를 파악하기 위해 재무제표를 작성하는 절차를 결산(closing)

이라고 한다. 그리고 결산하는 시기를 결산기, 결산하는 날을 결산일(closing date)이라고 한다.

그런데 복식부기에서는 모든 거래가 빠짐없이 총계정원장의 각 계정에 기입되어 있으므로 각 계정을 마감함으로써 결산의 목적을 달성할 수 있다. 그런 까닭에 결산절차는 주로 총계정원장에 행하여지고 다른 모든 장부는 부수적으로 행하여질 뿐이다.

상법 제30조에 따르면 상인은 매년 1회 이상 일정 시기에 결산을 하여야 한다고 규정되어 있기 때문에, 기업은 최소한 연 1회 이상의 결산을 하여야 한다. 이에 따라 대부분의 기업은 연 1회의 결산을 하고 있으며, 결산일은 기업의 회계기간에 따라 다르다.

이와 같은 분기재무제표의 작성을 위한 분기결산은 회계기간말에 하는 정규적인 결산이 아니고, 분기 회계자료를 토대로 한 분기분에 대한 재무제표 작성과정으로서 일종의 가결산의 형태라고 할 수 있다.

1·2 결산의 절차

결산의 순서를 결산절차(closing procedure)라고 하는데, 이것은 기업의 규모나 업종 또는 장부조직이 어떠한 가에 따라 다소의 차이가 있겠으나 일반적으로 다음과 같은 순서에 의하여 이루어진다.

① 시산표의 작성
② 결산정리기입
③ 정산표의 작성
④ 총계정원장 및 기타장부의 마감
⑤ 재무상태표와 포괄손익계산서 등의 작성

위의 절차 중 ③ 정산표의 작성은 반드시 이루어져야 하는 절차가 아닌 선택적·임의적 절차에 속하나 회계의 기초학습과정에서 중요한 것이므로 상세히 설명하기로 한다. 실제로 회계실무에서는 정산표가 거의 작성되고 있지 않는 실정이다.

이 장에서는 ② 결산정리기입을 제외한 결산절차를 설명하며, 결산정리기입은 제16장에서 자세히 설명하기로 한다.

시산표의 작성

2·1 시산표의 의의

시산표(trial balance ; T/B)는 한마디로 계정집계표라고도 할 수 있다. 영업활동 과정에서 발생하는 거래는 분개장에 기입한 후, 총계정원장에 계정과목별로 전기하게 된다. 그리고 분개장에 기입하는 분개절차는 총계정원장에 설정된 각 계정에 정확하게 기입하기 위한 준비절차라는 것도 이미 설명하였다.

그러나 분개장에 기입된 거래를 총계정원장에 전기하는 과정에서 오류가 발생할 염려가 있다. 따라서 분개장에서 총계정원장의 각 계정에의 전기가 정확한가를 검토할 필요가 있다. 이러한 목적에서 작성되는 계정집계표를 시산표라고 한다.

모든 거래가 정확하게 분개되고, 또한 전기가 정확하게 이루어졌다면 대차평균의 원리에 따라 모든 계정의 차변합계와 대변합계는 반드시 일치하게 된다.

시산표는 이 원리에 따라 작성되는 표이다. 만일 시산표에서 차변합계와 대변합계가 일치하지 않는다면 분개장에서 총계정원장으로서의 전기과정에서 어떤 오류가 있음을 뜻하는 것이다. 이런 경우, 각 계정별로 조사하여 그 오류를 수정하여야 한다.

시산표는 특정시점에 있어서 총계정원장에 어떠한 계정들이 포함되어 있으며 그 계정들의 잔액은 얼마인가를 일목요연하게 하나의 표를 사용하여 나타내는 역할을 하기도 한다.

이러한 까닭에 매일, 매주말 또는 매월말 정기적으로 시산표를 작성하여 그 기간의 전기가 정확한가를 확인할 수 있으며, 또한 그 기간말 현재의 각 계정잔액들은 어떠한지를 파악할 수가 있다.

시산표를 작성하였을 때, 차변합계와 대변합계가 일치하지 않는다면 어딘가에 오류가 있음을 의미하므로 다음의 방법에 의해 그 원인을 규명해야 한다.

① 시산표에서 계산이 잘못되었는가를 조사한다.

② 총계정원장의 금액이 정확히 시산표에 기입되어 있는가를 조사한다.

③ 총계정원장의 각 계정의 합계 또는 잔액을 검산한다.

④ 분개장 또는 일계표에서 총계정원장으로서의 전기가 정확하게 이루어졌는가를 조사한다.

⑤ 분개장 또는 일계표의 기입 자체에 잘못이 있는가를 조사한다.

시산표의 차변과 대변의 합계가 일치한다고 하더라도 다음의 경우는 오류가 발견되지 않으므로 주의하여야 한다.

① 분개장에서 차변과 대변의 계정과목을 착각해서 반대로 전기한 경우

② 틀린 계정에 전기한 경우

③ 2개의 오류가 우연히 서로 상계되는 경우

④ 분개장에서 차변과 대변 양변에 동일금액을 오기한 경우

⑤ 전기가 모두 누락되었다든가 또는 중복전기한 경우, 다만 이 오류는 합계시산표의 합계와 분개장의 합계를 비교함으로써 발견할 수 있다.

2 · 2 시산표의 종류

시산표는 다음에서 보는 바와 같이 합계시산표, 잔액시산표, 합계잔액시산표가 있다.

1. 합계시산표

합계시산표는 총계정원장에 설정된 각 계정의 차변합계와 대변합계를 집계하여 작성된 시산표이다. 합계시산표의 총계는 거래의 총액을 나타내며, 또한 이 금액은 분개장의 총계와도 일치하도록 되어 있다.

따라서 시산표와 분개장의 총합계금액을 대조해 봄으로써 총계정원장 기입의 정확성 여부를 더욱 확실하게 검증할 수 있다.

2. 잔액시산표

잔액시산표는 총계정원장에 있는 각 계정의 잔액만을 집계하여 작성된 시산표이다. 다시 말해서 잔액시산표는 각 계정의 기말의 현재액을 집계한 표로서 결산일 현재의 자산, 부채, 자본 및 수익, 비용의 각 계정의 잔액을 나타낸 것이다. 총계정원장 기입의 정확성 여부를 확인하여 주는 역할 외에도 기업의 재무상태와 경영성과를 개략적으로 파악하기 위해서도 많이 이용된다. 즉, 잔액시산표는 재무제표를 작성하는 데 기초자료를 제공하며, 회계기간의 거래결과를 알 수 있게 해 준다.

잔액시산표의 구조는 다음과 같은 시산표 등식과 그림으로 나타낼 수 있다.

기말자산+총비용=기말부채+기초자본+총수익

잔액시산표

기말자산	×××	기말부채	×××
		기초자본	×××
총 비 용	×××	총 수 익	×××
	×××		×××

위의 식과 그림에서 알 수 있듯이 잔액시산표에는 재무상태표과 포괄손익계산서계정이 함께 기재되고, 자본계정은 기초자본으로서 당기순이익이 산출되기 이전의 것이다.

3. 합계잔액시산표

합계잔액시산표는 합계시산표와 잔액시산표를 하나의 표로 결합한 것이다. 두 표의 장점을 모두 가지고 있으나, 작성이 번거로운 문제점도 있다. 회계실무에서는 합계잔액시산표가 많이 작성되고 있는데, 이는 우선 총계정원장에서 계정의 합계액을 집계하여 차변과 대변의 합계액을 일치시켜 본 다음에 잔액시산표를 작성하기 때문이다.

2 · 3 시산표의 작성방법

시산표는 다음과 같은 순서에 따라 작성한다.

① 총계정원장의 각 계정의 차변합계와 대변합계를 계산하고, 차변합계와 대변합계를 비교하여 차변 또는 대변의 잔액을 산출한 후, 다음의 사례에서처럼 자산, 부채, 자본, 수익, 비용의 순서로 계정과목란에 각 계정과목을 기입한다.

② 총계정원장의 각 계정의 금액을 시산표의 당해 계정의 금액란에 옮겨 적되, 차변금액은 차변금액란에, 대변금액은 대변금액란에 옮겨 적는다.

③ 원면란에는 총계정원장의 쪽수(page)를 기입한다.

거래의 기입과정과 시산표의 작성방법을 그림으로 표시하면 다음과 같다.

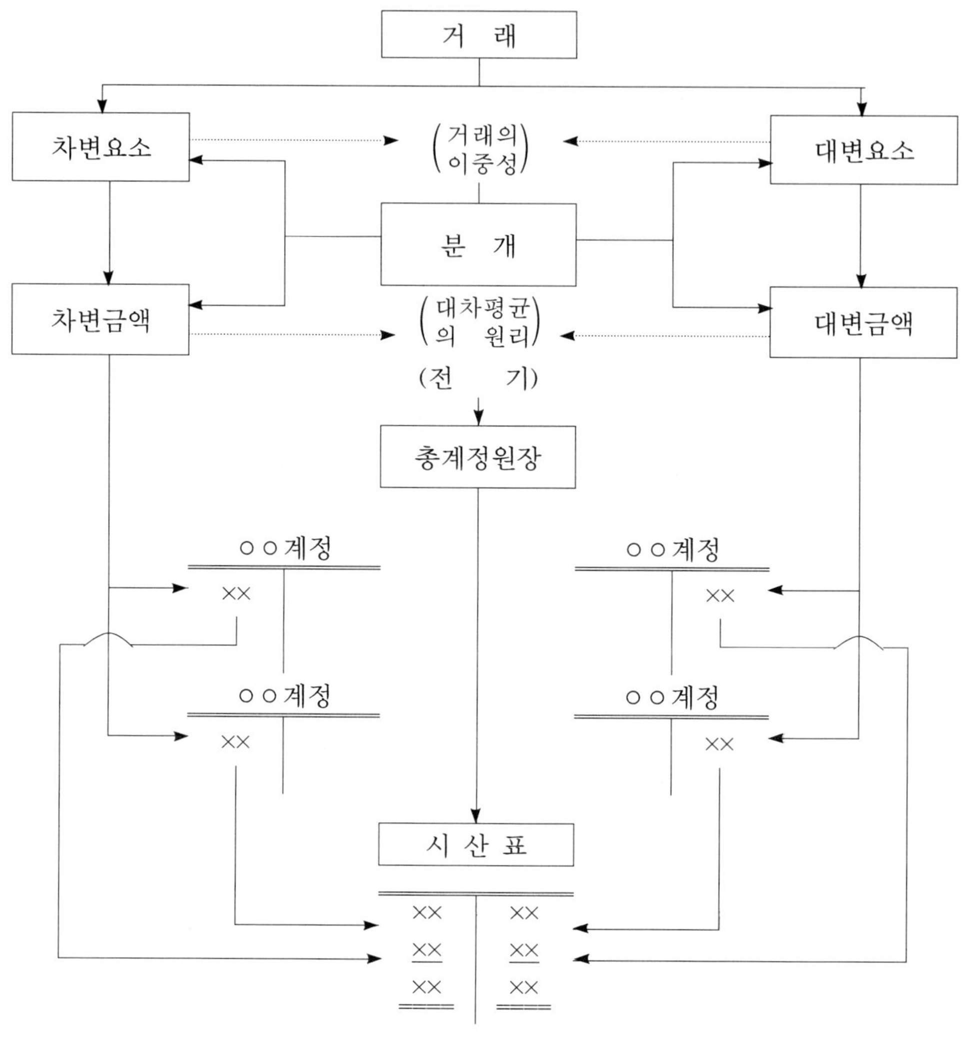

이상에서 설명한 시산표의 작성방법에 따라 작성된 합계시산표, 잔액시산표 및 합계잔액시산표를 보면 다음과 같다. 여기에서 제시된 시산표들은 제6장의 기장예시에 제시된 한국상사의 총계정원장으로부터 작성된 것이다.

합계시산표

한국상사 20×1년 12월 31일 (단위 : 원)

차 변	원면	계정과목	대 변
2,415,000	1	현 금	1,330,000
440,000	2	외 상 매 출 금	325,000
1,050,000	3	상 품	800,000
30,000	4	비 품	
200,000	5	외 상 매 입 금	300,000
250,000	6	단 기 차 입 금	500,000
	7	자 본 금	1,000,000
	8	상품매 출이익	215,000
	9	수 수 료 수 익	15,000
75,000	10	급 여	
20,000	11	임 차 료	
5,000	12	이 자 비 용	
4,485,000			4,485,000

잔액시산표

한국상사 20×1년 12월 31일 (단위 : 원)

차 변	원면	계정과목	대변
1,085,000	1	현 금	
115,000	2	외 상 매 출 금	
250,000	3	상 품	
30,000	4	비 품	
	5	외 상 매 입 금	100,000
	6	단 기 차 입 금	250,000
	7	자 본 금	1,000,000
	8	상 품 매 출 이 익	215,000
	9	수 수 료 수 익	15,000
75,000	10	급 여	
20,000	11	임 차 료	
5,000	12	이 자 비 용	
1,580,000			1,580,000

합계잔액시산표

한국상사 20×1년 12월 31일 현재 (단위 : 원)

차 변		원면	계정과목	대 변	
잔 액	합 계			합 계	잔 액
1,085,000	2,415,000	1	현 금	1,330,000	
115,000	440,000	2	외 상 매 출 금	325,000	
250,000	1,050,000	3	상 품	800,000	
30,000	30,000	4	비 품		
	200,000	5	외 상 매 입 금	300,000	100,000
	250,000	6	단 기 차 입 금	500,000	250,000
		7	자 본 금	1,000,000	1,000,000
		8	상품매출이익	215,000	215,000
		9	수 수 료 수 익	15,000	15,000
75,000	75,000	10	급 여		
20,000	20,000	11	임 차 료		
5,000	5,000	12	이 자 비 용		
1,580,000	4,485,000			4,485,000	1,580,000

정산표의 작성

3 · 1 정산표의 의의

재무상태표와 포괄손익계산서는 총계정원장의 각 계정의 잔액을 집계하여 작성한 것이다. 따라서 총계정원장의 각 계정의 잔액을 집계한 잔액시산표에 의해서도 재무상태표와 포괄손익계산서를 작성할 수 있는데, 정산표(working sheet ; W/S)는 잔액시산표를 토대로 하여 재무상태표와 포괄손익계산서를 작성하는 과정을 일람표로 나타낸 것이다.

정산표를 작성하는 주된 목적은 재무상태표 및 포괄손익계산서의 작성을 정확하고 신속하게 하기 위한 것이다. 즉, 먼저 정산표에서 모든 결산절차를 예비적으로 수행하고, 이에 의하여 재무상태표와 포괄손익계산서를 작성한 다음 정식의 결산절차를 회계장부상에서 수행하는 것이 필요하다.

정산표를 작성하는 또다른 중요한 목적은 결산절차를 하나의 표에 표시함으로써 계정상호간의 관계 등 결산에 필요한 사항을 쉽게 이해하도록 하는 것이다.

앞에서 설명하였듯이 정산표는 복식부기의 결산절차로서 필수적인 절차는 아니다. 다만, 결산절차의 편의를 위하여 작성하는 것이다. 만약 정산표를 작성하지 않고 곧바로 장부결산(즉, 총계정원장과 기타 장부의 마감)을 하였을 때 사무적인 오류가 발생하게 되면 1년 내내 공을 들여서 작성한 장부의 여러 곳을 정정하는 수고가 따르게 된다.

따라서 잔액시산표와 결산정리기입절차가 끝나면 장부결산에 앞서 정산표를 작성한 다음 이를 기초로 하여 총계정원장 등의 장부를 마감하면 편리하고 정확한 장부마감을 할 수 있으며, 또한 재무상태표와 포괄손익계산서를 작성하는 데도 매우 편리하다.

3 · 2 정산표의 작성절차

정산표의 양식에는 6위식, 8위식, 10위식 등이 있으나, 상품매매기업에서는 일반적으로 8위식 정산표가 많이 이용되고, 제조기업에서는 10위식 정산표가 많이 이용된다. 여기에서는 가장 초보적인 정산표인 6위식 정산표를 대상으로 하여 설명한다.

6위식 정산표를 작성하는 과정은 다음과 같다.

① 정산표라는 명칭과 상호, 회계기간 등을 표시하며, 정산표상에서 계정과목의 배열순서는 총계정원장상의 각 계정의 원면순서로 한다. 또한 잔액시산표란에는 총계정원장의 잔액을 집계한 잔액시산표를 이곳에 그대로 기입한다.

② 잔액시산표의 계정과목과 계정잔액을 기초로 하여 포괄손익계산서란을 완성한다. 이미 아는 바와 같이 포괄손익계산서에 포함되는 계정과목은 수익과 비용계정으로서 당연히 잔액시산표상의 수익은 포괄손익계산서란의 대변에, 비용은 손익계산서란의 차변에 기입한다.

이에 따라 포괄손익계산서란의 대변합계는 수익의 합계이고 차변합계는 비용의 합계이므로 대변합계가 차변합계를 초과하면 당기순이익이 발생하게 되고, 미달하면 당기순손실이 발생하게 된다.

그리고 포괄손익계산서란의 차변합계와 대변합계를 일치시키기 위해서 당기순이익이 발생하면 그 금액만큼을 포괄손익계산서란의 차변에 기입하고, 당기순손실이 발생하면 그 금액에 해당되는 금액을 포괄손익계산서란의 대변에 기입한다. 그런데 정산표상에서 포괄손익계산서가 완성된다 하더라도 기업은 표준양식에 의한 보고식 포괄손익계산서를 별도로 작성하여 공표해야 한다.

③ 잔액시산표상의 계정과목 중 자산, 부채 및 자본에 속하는 계정들을 재무상태표란에 옮겨 적는다. 즉, 잔액시산표에 있는 계정들 중 자산계정은 차변에 계정잔액이 기록되어 있으므로 그 금액을 재무상태표란의 차변으로 옮겨 기록하고, 부채 및 자본계정은 대변으로 옮겨 기록한다.

그리고 재무상태표란의 차변합계와 대변합계를 일치시키기 위하여 포괄손익계산서란에서 계산된 당기순이익을 재무상태표란의 대변에 기입하며, 만약 포괄손익계산서란에서 당기순손실이 계산되었다면 당기순손실을 재무상태표란의 차변에 기입한다.

이러한 절차가 이루어짐으로써 재무상태표란이 완성되며, 또한 정산표의 작성절차도 완료된다. 그런데 포괄손익계산서에서와 마찬가지로 정산표상에서 재무상태표를 작성하더라도 기업은 표준양식에 의한 재무상태표를 작성해야 하는 점도 유의해야 한다.

위에서 설명한 내용을 정산표의 양식을 통하여 설명하면 다음과 같다.

정 산 표

○○회사 20×1년 ×월 ×일부터 20×1년 ×월 ×일까지 (단위 : 원)

계정과목	잔액시산표		포괄손익계산서		재무상태표	
	차 변	대 변	차 변	대 변	차 변	대 변
자 산	xxx				► xxx	
부 채		xxx				► xxx
자 본		xxx				► xxx
수 익		xxx		► xxx		
비 용	xxx		► xxx			
당기순이익			△△△◄	(일	치)	►△△△
합 계	xxx	xxx	xxx	xxx	xxx	xxx

이상에서 설명한 정산표의 작성절차에 따라 앞의 제2절 시산표의 작성에서 제시된 한국상사의 자료를 이용하여 정산표를 작성하면 다음과 같다.

정 산 표

한국상사 20×1년 ×월 ×일부터 20×1년 ×월 ×일까지 (단위 : 원)

계정과목	잔액시산표		포괄손익계산서		재무상태표	
	차 변	대 변	차 변	대 변	차 변	대 변
현 금	1,085,000				1,085,000	
외 상 매 출 금	115,000				115,000	
상 품	250,000				250,000	
비 품	30,000				30,000	
외 상 매 입 금		100,000				100,000
단기차입 금		250,000				250,000
자 본 금		1,000,000				1,000,000
상 품 매 출 이 익		215,000		215,000		
수 수 료 수 익		15,000		15,000		
급 여	75,000		75,000			
임 차 료	20,000		20,000			
이 자 비 용	5,000		5,000			
당 기 순 이 익			130,000			130,000
	1,580,000	1,580,000	230,000	230,000	1,480,000	1,480,000

위의 정산표에 있어서의 잔액시산표와 포괄손익계산서 및 재무상태표의 관계는 다음과 같다.

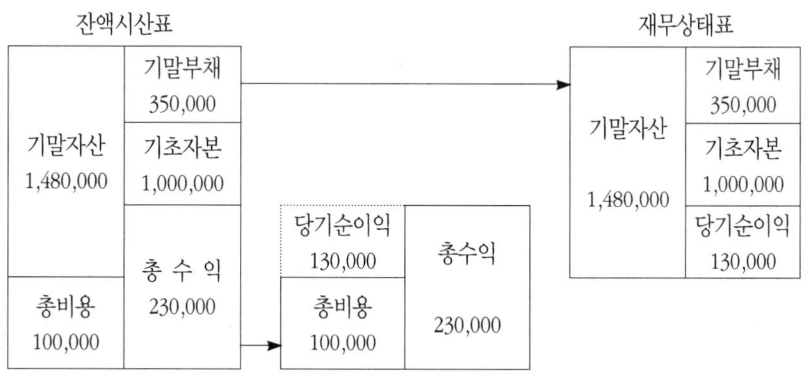

위 정산표 속의 잔액시산표를 등식으로 나타내면 다음과 같다.

기말자산+총비용=기말부채+기초자본+총수익 ……… ①

위의 식 ①에서 기말부채와 기초자본을 왼쪽으로 옮기고, 총비용을 오른쪽으로 옮기면 다음과 같은 등식이 된다.

(기말자산－기말부채)－기초자본＝총수익－총비용 ······ ②
└ 기말자본 ┘

위의 식 ②의 왼쪽에 의하여 재무상태표의 당기손순익이 계산되고, 그 오른쪽에 의하여 포괄손익계산서의 당기순손익이 계산된다.

이와 같이 재무상태표와 포괄손익계산서에 의해서 계산한 당기순이익이나 당기순손실은 반드시 일치하도록 되어 있으므로, 계산의 정확성 여부는 자동적으로 확인되는 결과가 된다. 이것은 복식부기가 가지는 중요한 특징이다.

4절 총계정원장 및 기타 장부의 마감

총계정원장 및 기타 장부의 마감절차는 결산본절차 또는 장부결산절차라고도 하는데 먼저 수익과 비용계정의 잔액을 집합손익계정이라는 집합계정에 대체하여 당기순손익을 산출한 다음, 자산, 부채, 자본계정의 잔액을 다음 회계연도의 장부에 이월시킴으로써 끝나게 된다.

4·1 수익·비용계정의 마감

수익과 비용계정의 마감절차는 다음과 같이 두 가지의 단계를 통하여 이루어진다.

1. 집합손익계정을 설정하여 수익과 비용계정의 잔액을 집합손익계정에 대체한다

1회계기간의 영업활동에서 발생한 모든 수익과 비용은 총계정원장에 각 계정별로 기입되어 있기 때문에 결산시에 기업의 경영성과를 측정하기 위해서는 기업의 전체적인 수익총액과 비용총액을 계산하여야 한다.

집합손익계정은 1회계기간의 수익과 비용을 한 곳에 집계하여 당기순손익을 계산할 목적으로 설정되는 계정으로서 차후에 포괄손익계산서의 작성자료가 된다.

이 과정을 좀더 구체적으로 보면, 집합손익계정을 설정한 후에 수익에 속하는 모든 계정의 잔액은 집합손익계정의 대변으로, 비용에 속하는 모든 계정의 잔액은 집합손익계정의 차변으로 옮긴다.

이와 같이 한 계정에서 다른 계정으로 금액을 옮기는 것을 대체(transfer)라고 한다. 대체를 위한 기입을 정확하게 수행하기 위하여 분개장의 분개를 통하여야 하는데, 이 경우의 분개를 대체분개라고 한다. 수익과 비용의 대체과정을 각각 예를 들어 설명하면 다음과 같다.

(1) 수수료수익계정의 대변잔액 15,000원을 집합손익계정에 대체하기 위해서는 다음의 절차에 의한다.

수수료수익

차변		대변	
(i) 12/31집합손익	15,000	12/13 현금	15,000
	(iv)		(iv)
		(ii)	

집합손익

차변	대변	
	(iii) 12/31 수수료수익	15,000

(i) 12/31에 집합손익계정으로 15,000원을 대체한다는 것을 의미한다.
(ii) 12/31에 대체분개를 한다.
(차) 수수료수익 15,000 (대) 집합손익 15,000
(iii) 12/31에 대체분개한 것을 전기한다.
(iv) 수수료수익계정은 차변과 대변의 금액이 일치되어 마감된다.

(2) 급여계정의 차변잔액 75,000원을 집합손익계정에 대체하기 위해서는 다음의 대체분개를 한 뒤 집합손익계정에 대체한다

급 여

차변		대변	
12/25 현금	75,000	12/31 집합손익	75,000

집합손익

차변		대변
12/31 급여	75,000	

12/31 (차) 집합손익 75,000 (대) 급 여 75,000

따라서 수익계정과 비용계정은 다음과 같은 대체분개를 통하여 집합손익계정에 대체된다.

(차) 수　익　　×××　(대) 집합손익　　×××
(차) 집합손익　　×××　(대) 비　용　　×××

그런데, 실제로 결산시의 대체분개는 위와 같이 매 계정마다 일일이 행하는 것이 아니라, 다음에서 표시된 분개장에서와 같이 수익·비용마다 각각 일괄해서 행한다.

앞에서의 한국상사의 수익계정과 비용계정의 잔액을 집합손익계정에 대체하기 위한 분개를 기입한 분개장은 다음과 같다.

분개장

(병립식) (2)

일자		적요	원면	차변	대변
12	31	결산분개			
		제좌 (집합손익)	13		230,000
		(상품매출이익)	8	215,000	
		(수수료수익)	9	15,000	
		수익의 각 계정을 집합손익계정에 대체			
	〃	(집합손익) 제　좌	13	100,000	
		(급　여)	10		75,000
		(임 차 료)	11		20,000
		(이자비용)	12		5,000
		비용의 각 계정을 집합손익계정에 대체			

위의 결산분개(대체분개)를 총계정원장에 전기하게 되면 수익과 비용의 각 계정은 차변과 대변의 합계액이 일치하므로 마감할 수가 있다.

앞의 한국상사의 총계정원장의 기입내용에서 수익과 비용에 속하는 계정을 마감한 것과 집합손익계정의 전기내용은 다음과 같다.

총 계 정 원 장

상품매출이익 (8)

일	자	적 요	분면	금 액	일	자	적 요	분면	금 액
12	31	집합손익	2	215,000	12	9	현　금	1	125,000
						15	외상매출금	〃	90,000
				215,000					215,000

수수료수익 (9)

일	자	적 요	분면	금 액	일		적 요	분면	금 액
12	31	집합손익	2	15,000	12	13	현 금	1	15,000

급 여 (10)

일	자	적 요	분면	금 액	일	자	적 요	분면	금 액
12	25	현 금	1	75,000	12	31	집합손익	2	75,000

임 차 료 (11)

일	자	적 요	분면	금 액	일	자	적 요	분면	금 액
12	30	현 금	1	20,000	12	31	집합손익	2	20,000

이자비용 (12)

일	자	적 요	분면	금 액	일	자	적 요	분면	금 액
12	23	현 금	1	5,000	12	31	집합손익	2	5,000

집합손익 (13)

일	자	적 요	분면	금 액	일	자	적 요	분면	금 액
12	31	급 여	2	75,000	12	31	상품매출이익	2	215,000
	〃	임 차 료	〃	20,000		〃	수수료 수익	〃	15,000
	〃	이자비용	〃	5,000					

총계정원장의 적요란에는 분개의 상대 계정과목이 둘 이상 있을 경우 앞에서도 이미 설명한 바와 같이 제좌라고 기입하였다. 그러나 집합손익계정의 적요란에는 손익 발생의 원인을 명백히 하기 위해 제좌라고 기입하지 않고, 위와 같이 대체된 모든 계정과목과 금액을 하나 하나 기입한다. 또한 분개장에 대체분개나 또는 결산정리분개를 기입할 때에도 그 원인을 분명히 하기 위하여 '결산분개'라는 표시를 한다.

2. 집합손익계정의 잔액(당기순손익)을 자본금계정에 대체한다

수익과 비용계정의 잔액이 모두 집합손익계정에 집계되면 차변총액은 1회계기간의 비용총액을, 대변총액은 수익총액을 나타내므로 그 차액은 당기순손익이 된다. 즉, 집합손익계정의 차변에 잔액이 나타나면 당기순손실, 대변에 잔액이 나타나면 당기순이익을 의미한다.

그리고 당기순손익은 자본의 증감을 의미하므로 개인기업의 경우 자본금계정에 대체하여 자본금의 기말 현재액을 반영하게 한다. 이때의 대체분개는 다음과 같다.

① 당기순이익의 발생시
(차) 집합손익 ××× (대) 자본금 ×××
② 당기순손실의 발생시
(차) 자본금 ××× (대) 집합손익 ×××

앞의 한국상사의 집합손익계정의 경우는 대변잔액이 130,000원(대변총액 230,000원－차변총액 100,000원)이 되는데, 이것이 한국상사의 당기순이익이다. 개인기업에서는 이 금액을 자본금계정의 대변에 대체하여 자본금을 증가시킨다.

이에 대하여 다음과 같이 분개장에 대체분개를 기입한다.

분 개 장 (2)

일	자	적 요	원면	차 변	대 변
		결산분개			
12	31	(집합손익)	13	130,000	
		(자본금)	7		130,000
		당기순이익을 자본금계정에 대체			
				460,000	460,000

위의 분개를 총계정원장에 전기하면 집합손익계정의 차변과 대변의 합계액은 서로 일치하므로 이를 마감한다. 다음에 자본금계정은 130,000원만큼 증가하므로 기말의 자본금은 1,130,000원이 된다.

집합손익 (13)

일	자	적 요	분면	금 액	일	자	적 요	분면	금 액
12	31	급 여	2	75,000	12	31	상품매출이익	2	215,000
	〃	임 차 료	〃	20,000		〃	수수료이익	〃	15,000
	〃	이자비용	〃	5,000					
	〃	자 본 금	〃	130,000					
				230,000					230,000

자 본 금 (7)

일	자	적 요	분면	금 액	일	자	적 요	분면	금 액
					12	1	현 금	1	1,000,000
						31	집합손익	2	130,000

4 · 2 자산·부채·자본계정의 마감

재무상태표계정인 자산, 부채 및 자본계정의 마감방법에는 대륙식과 영미식의 두 가지가 있다.

대륙식은 당기순손익을 산출하는 방법(수익과 비용계정의 마감)이 영미식과 동일하나, 자산, 부채, 자본계정에 대하여는 계정잔액을 분개장에서 분개를 하여 총계정원장에 전기함으로써 계정의 차변과 대변의 금액을 일치시켜 마감하는 방법이다. 즉, 추가로 잔액계정을 설정한 후에 자산, 부채 및 자본계정의 잔액을 잔액계정에 집계하여 마감함으로써 자산, 부채, 자본계정의 금액은 분개장의 분개를 통해서만이 기록된다는 원칙에 의한 것이다.

그런데 대륙식은 다음에서 설명하는 영미식보다 분개 및 전기의 업무가 추가되어 복잡하기 때문에 기업실무에서는 잘 사용되지 않는 방법이다. 이에 따라 이 책에서는 영미식만을 설명하기로 한다.

영미식에 의한 마감방법을 설명하면 다음과 같다.

자산에 속하는 계정은 차변에 잔액이 생기고, 이 잔액은 차기(다음 회계연도)에 이월되어 활용되는 금액이므로, 이 금액을 결산일자로 대변에 차기이월이라고 붉은색으로 기입하고 차변과 대변의 합계액을 일치시켜 마감한다.

부채와 자본에 속하는 계정은 자산계정과는 반대로 잔액이 대변에 생기며, 이 잔액도 차기로 이월되는 금액이므로, 이 금액을 결산일자로 차변에 차기이월이라고 붉은색으로 기입하고 차변과 대변의 합계액을 일치시켜 마감한다.

이러한 절차를 마감기입(closing entry)이라고 한다.

그리고, 자산, 부채, 자본의 각 계정의 차기이월이라고 기입한 반대쪽에 다음 회계연도의 초일자로 전기이월이라고 하고 이월된 금액을 기입한다. 이러한 절차를 개시기입(opening entry)이라고 한다.

이상과 같은 마감절차는 분개장을 통하지 않고 직접 총계정원장에서만 각각 기입이 이루어지는 것이므로 총계정원장의 분면란에 ✔(check mark)표를 함으로써 분개를 하지 않고 기입했음을 표시해야 한다. 이는 분개장의 면(page)이 없다는 것을 의미한다.

지금까지 설명한 영미식 결산법은 자산, 부채, 자본의 각 계정에 대하여 분개절차 없이 직접 총계정원장에서만이 간편하게 이루어지므로 간편법이라고도 하며, 우리나라의 기업실무에서는 이 방법이 널리 이용되고 있다.

앞에서의 한국상사의 자산, 부채 및 자본의 각 계정을 영미식 결산법에 의하여 마감하면 다음과 같다.

총계정원장

현 금 (1)

일	자	적 요	분면	금 액	일	자	적 요	분면	금 액
12	1	자 본 금	1	1,000,000	12	3	비 품	1	30,000
	7	차 입 금	〃	500,000		5	상 품	〃	750,000
	9	제 좌	〃	575,000		17	외상매입금	〃	200,000
	13	수수료수익	〃	15,000		23	제 좌	〃	255,000
	20	외상매출금	〃	325,000		25	급 여	〃	75,000
						30	임 차 료	〃	20,000
						31	차기이월	✓	1,085,000
				2,415,000					2,415,000
1	1	전기이월	✓	1,085,000					

외상매출금 (2)

일 자		적 요	분면	금 액	일 자		적 요	분면	금 액
12	15	제 좌	1	440,000	12	20	현 금	1	325,000
						31	차기이월	✓	115,000
				440,000					440,000
1	1	전기이월	✓	115,000					

상 품 (3)

일 자		적 요	분면	금 액	일 자		적 요	분면	금 액
12	5	현 금	1	750,000	12	9	현 금	1	450,000
	11	외상매입금	〃	300,000		15	외상매출금	〃	350,000
						31	차기이월	✓	250,000
				1,050,000					1,050,000
1	1	전기이월	✓	250,000					

비 품 (4)

일 자		적 요	분면	금 액	일 자		적 요	분면	금 액
12	3	현 금	2	30,000	12	31	차기이월	✓	30,000
1	1	전기이월	✓	30,000					

외상매입금 (5)

일 자		적 요	분면	금 액	일 자		적 요	분면	금 액
12	17	현 금	1	200,000	12	11	상 품	1	300,000
	31	차기이월	✓	100,000					
				300,000					300,000
					1	1	전기이월	✓	100,000

차입금 (6)

일 자		적 요	분면	금 액	일 자		적 요	분면	금 액
12	23	현 금	1	250,000	12	7	현 금	1	500,000
	31	차기이월	✓	250,000					
				500,000					500,000
					1	1	전기이월	✓	250,000

자본금 (7)

일	자	적 요	분면	금 액	일	자	적 요	분면	금 액
12	31	차기이월	✓	1,130,000	12	1	현 금	1	1,000,000
						31	집합손익	2	130,000
				1,130,000					1,130,000
					1	1	전기이월	✓	1,130,000

영미식 결산법에 따라 자산, 부채, 자본에 속하는 계정을 마감한 후, 마감의 정확성 여부를 검증하기 위하여 각 계정의 전기이월액을 집계하여 이월시산표(post-closing trial balance)를 작성하여야 한다.

이월시산표는 자산, 부채, 자본에 속하는 계정을 마감한 후에 전기이월이 기입되어 있는 계정과목을 대상으로 하여 전기이월액이 차변에 기입되어 있으면 그 금액을 이월시산표의 차변에, 전기이월액이 대변에 기입되어 있는 계정은 이월시산표의 대변에 집계하여 이월시산표의 차변과 대변의 합계액이 일치되는지의 여부를 검증한다.

이월시산표에 표시되는 계정과목 중 자산 및 부채과목에서는 재무상태표에 표시되어 있는 금액과 일치하게 되나, 자본금계정은 기말자본에 해당되어 재무상태표에 표시된 자본금의 금액과 일치되지를 않는다.

왜냐하면 재무상태표에서는 기초자본액을 그대로 자본금으로 표시하고, 기초자본을 초과한 부분(기말자본－기초자본)은 당기순이익으로 표시되기 때문이다. 이월시산표는 재무상태표의 작성을 위한 기초자료가 될 수 있다.

앞의 한국상사의 이월시산표를 작성하면 다음과 같다.

이월시산표

20×1년 12월 31일

차 변	원면	계정과목	대 변
1,085,000	1	현 금	
115,000	2	외 상 매 출 금	
250,000	3	상 품	
30,000	4	비 품	
	5	외 상 매 입 금	100,000
	6	차 입 금	250,000
	7	자 본 금	1,130,000
1,480,000			1,480,000

*이월시산표는 결산절차의 하나로서 작성되므로, 날짜는 결산일로 하여야 한다.

영미식 결산법에서는 자산, 부채, 자본에 속하는 각 계정의 이월기입은 분개장을 통하지 않고 직접 총계정원장에서만 수행되기 때문에, 이들 이월금액이 분개장에는 기입되지 않는다.

이 때문에 다음 회계연도말에 있어서의 분개장의 합계금액과 총계정원장의 각 계정을 자료로 작성되는 합계시산표의 합계금액과는 일치하지 않게 된다. 이들을 일치시키기 위하여 이월시산표의 차변과 대변의 합계액을 다음 회계연도의 분개장의 첫째 줄에 다음과 같이 기입해 둔다.

분 개 장 (3)

일	자	적 요	원면	차 변	대 변
1	1	전기이월		1,480,000	1,480,000

4 · 3 기타장부의 마감

결산에 있어서는 총계정원장을 마감할 뿐만 아니라 분개장 및 각종의 보조부도 마감하여야 한다. 분개장은 결산분개(대체분개)를 기입하기 전에 이미 제6장의 기장예시에서 나타낸 바와 같이 차변과 대변의 금액을 합계하여 마감한다.

그리고 앞의 수익과 비용계정의 마감에서 나타낸 바와 같이 결산분개(대체분개)를 기입하고 다시 마감한다. 그밖의 보조부의 마감에 대해서는 제8장 이후의 재무제표 구성요소별 회계처리에서 각 보조부를 개별적으로 마감하는 방법을 학습하기로 한다.

재무상태표와 포괄손익계산서의 작성

총계정원장 및 기타장부의 마감이 끝나면, 당해기업의 한 회계기간의 경영성과를 나타내주는 포괄손익계산서와 결산일 현재의 재무상태를 명백히 하는 재무상태표를 작성한다.

이와 같은 재무상태표와 포괄손익계산서를 결산보고서(회계보고서, 재무보고서) 또는 재무제표라고 한다. K-IFRS에서는 재무상태표, 포괄손익계산서 이외에 현금흐름표 및 자본변동표를 재무제표로서 작성하도록 규정하고 있다.

여기에서는 재무상태표와 포괄손익계산서의 작성만을 간단히 살펴보고 제16장 이후에서 그 외의 재무제표에 관하여도 상세히 설명하기로 한다.

5·1 재무상태표

재무상태표는 총계정원장의 자산, 부채, 자본에 속하는 계정의 이월액을 자료로 하여 작성된다. 또한 재무상태표는 이월시산표가 작성된 경우 이를 토대로 하여 작성해도 좋다. 그런데 대륙식 결산법에서는 자산, 부채, 자본계정에 속하는 계정의 기말잔액은 잔액계정에 집계되어 있으므로 이를 토대로 하여 재무상태표를 작성한다.

이월시산표나 잔액계정을 그대로 재무상태표로 전환한 경우 계정식 재무상태표가 되는데, 보고식 재무상태표를 작성하는 경우에는 표시방법에 유의하여야 한다.

앞의 한국상사의 총계정원장의 자료에 의하여 재무상태표를 계정식으로 작성하면 다음과 같다.

재 무 상 태 표

한국상사 20×1년 12월 31일 현재 (단위 : 원)

자 산	금 액	부채 및 자본	금 액
현 금	1,085,000	외 상 매 입 금	100,000
외 상 매 출 금	115,000	차 입 금	250,000
상 품	250,000	자 본 금	1,000,000
비 품	30,000	당 기 순 이 익	130,000
	1,480,000		1,480,000

5·2 포괄손익계산서

포괄손익계산서는 수익과 비용에 속하는 각 계정의 잔액을 집계한 집합손익계정을 기초자료로 하여 작성된다. 그런데 집합손익계정을 그대로 포괄손익계산서로 전환할 경우 계정식 포괄손익계산서가 되는데, 보고식 포괄손익계산서를 작성하는 경우에는 표시방법에 있어서 주의가 필요하다.

앞의 한국상사 총계정원장의 집합손익계정에 의하여 포괄손익계산서를 보고식으로 작성하면 다음과 같다.

포 괄 손 익 계 산 서

한국상사 20×1년 1월 1일부터 20×1년 12월 31일까지 (단위 : 원)

적 요	금 액	
수 익		230,000
상품매출이익	215,000	
수수료수익	15,000	
비 용		100,000
급 여	75,000	
임 차 료	20,000	
이 자 비 용	5,000	
당기순이익		130,000

보 론 전산회계시스템

1. 전산회계시스템의 의미

지금까지 설명한 회계시스템(회계순환과정: 분개 → 전기 → 시산표 → 재무제표)은 컴퓨터를 이용하지 않은 수작업 시스템(manual data processing)을 전제로 한 것이다. 오늘날 컴퓨터가 발전하여 모든 분야에서 자료처리가 신속해지고 있어서 보다 많은 정보를 산출할 수가 있게 되었다. 마찬가지로 회계실무분야에서도 컴퓨터의 발달로 대량의 회계자료가 신속하게 처리 · 저장되고, 또한 먼 거리에 있는 회계자료에 쉽게 접근할 수 있으며, 회계자료의 분류, 요약이 정확해져 대기업에서부터 컴퓨터가 도입되기 시작하였다. 그리고 미니 컴퓨터, 마이크로 컴퓨터, 개인용 컴퓨터의 보급이 확산되고 소프트웨어의 개발이 활발해지면서부터 중소기업에 이르기까지 컴퓨터의 활용은 일반화되었다. 이러한 환경하에서 많은 기업들은 수작업으로 진행되어 온 회계자료의 처리와 재무보고시스템을 전산화하게 되었다. 이러한 회계시스템을 전산회계시스템(computerized accounting system)이라고 한다.

시스템(system)이란 특정 목적을 달성하기 위하여 다양한 요소들이 유기적으로 결합되어 활동하는 조직체라고 정의된다. 이러한 시스템은 입력(input) → 처리(processing) → 출력(output)의 3요소로 구성되어 있다. 이와 같은 시스템의 개념을 기업의 회계부문에 도입하면, 입력과정에서 회계자료가 수집되고, 처리과정에서는 회계순환과정을 처리하게 되며, 출력과정에서는 회계정보로서 재무제표가 산출되는 결과가 된다.

2. 전산회계시스템의 특징

전산회계시스템하에서는 컴퓨터에 기초하여 회계처리를 함으로써 수작업 시스템에 비하여 다음과 같은 특징을 가진다.

첫째, 전산회계시스템에서는 모든 입력과 처리를 코드(code)에 의하여 처리하게 된다. 코드화의 필요성은 입력시에 한글, 알파벳, 숫자 등을 타이핑하는 것이 번거롭기 때문이다. 또한 프로그램을 설계하고 작성하여 컴퓨터내에서 처리하는 경우에 있어서도 코드화가 편리한 점이 있기 때문이다. 이에 따라 모든 계정과목, 거래처, 적요, 인력, 부서 등이 코드화가 되면 입력시에 키보드에 숫자란만을 사용하여도 된다.

둘째, 메인 프레임과 통신망 그리고 데이터베이스를 이용하면 각 지사(지점)와 공장 및 부서의 자료를 중앙컴퓨터에 집중하여 처리할 수 있기 때문에 집중화된 정보처리가 이루어질 수 있다. 특히 중간관리층이 수행하던 정보전달기능을 컴퓨터가 담당함에 따라 최고경영층과 하위실무층만 남고 중간관리층이 불필요하게 되는 현상을 보이기도 한다.

셋째, 전산회계시스템하에서 테이터베이스를 이용하면 종전에는 상상할 수 없었던 다양한 정보를 출력할 수 있게 된다. 이에 따라 지역별, 제품별, 고객별, 사원별 등의 통제보고서를 다양하게 산출할 수 있기 때문에 관리의 효율화를 기할 수 있다. 그러나 통제가 강화됨에 따라 근무환경의 강도가 강화되는 문제점도 가져오게 된다.

넷째, 전산회계시스템하에서는 수작업 시스템에 의해서는 계산의 복잡성이나 사무처리의 번잡함 때문에 불가능하였던 회계처리방법이 실현가능하게 되는 경우가 많다. 예를 들면, 재고자산의 평가방법에 있어서 이동평균법은 계산이 복잡하고 단순처리의 문제가 있어서 잘 적용되지 않는 방법이었으나 전산회계시스템하에서는 이 방법을 적용하는데는 아무런 문제가 없다.

다섯째, 전산회계시스템하에서는 모든 파일이 눈에 보이지 않는 자기매체에 기록되어 있을 뿐만 아니라 기록된 파일도 추가, 삭제, 수정이 용이하게 이루어지기 때문에 회계감사에 있어서 어려움이 증대된다. 이에 따라 내부통제시스템도 달라져야하며, 감사인도 전산회계에 대한 전문적인 지식이 있어야 한다.

여섯째, 전산회계시스템하에서는 회계담당자의 업무가 변화된다. 즉, 거래에 대한 입력과정을 보면, 구매에 관한 입력은 구매부서가 담당하고, 판매에 관한 입력은 판매부서에서 담당하게 된다. 그리고 입력 후의 처리는 컴퓨터에 의하여 자동적으로 이루어지게 되므로 종전의 수작업 시스템하에서 회계담당자가 처리하던 업무는 대폭 축소된다. 이에 따라 회계담당자는 주로 출력된 정보를 가공, 해석하여 경영자에게 보고하는 업무 및 입력자료와 원시자료를 대조하는 업무 그리고 내부감사와 통제를 하는 업무를 수행하게 된다.

일곱째, 전산회계시스템하에서는 컴퓨터에 미리 프로그래밍을 해두면 필요한 시점에서 자동적으로 거래처리가 가능해진다. 예를 들면, 재고자산의 수량이 일정수준 이하가 되면 컴퓨터가 자동적으로 매입전표를 출력시킨다든지, 매월말에 감가상각비를 자동적으로 분개하여 주는 것 등이 그러한 예이다. 자동분개와 자동처리가 증가하게 되면 회계담당자는 그만큼 일상적인 업무에서 벗어나 보다 전략적이고 창의적인 업무에 전념할 수 있게 된다.

3. 전산회계시스템의 회계처리과정

전통적인 수작업 시스템에 의한 회계처리절차는 거래가 발생하게 되면 이를 토대로 분개전표가 작성되고, 다음에 총계정원장에 전기가 이루어지며, 그리고 결산시에 시산표를 작성하여 오류를 검증한 후, 최종적으로 결산본절차를 거쳐서 재무제표를 작성하게 된다.

수작업 시스템에 의한 회계처리절차

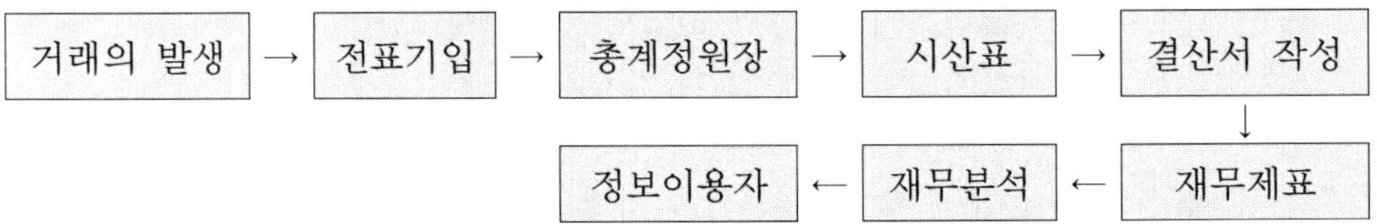

전산회계시스템에 의한 회계처리절차는 단순히 전표입력만으로 회계처리의 모든 과정이 자동으로 이루어진다. 즉, 회계자료를 데이터로서 입력시키면 계정과목의 체계에 의하여 자동으로 분개되고, 이어서 총계정원장, 보조원장이 출력되며, 결산이라는 마감입력만 처리되면 재무제표와 재무분석도 자동으로 출력된다.

전산회계시스템에 의한 회계처리절차

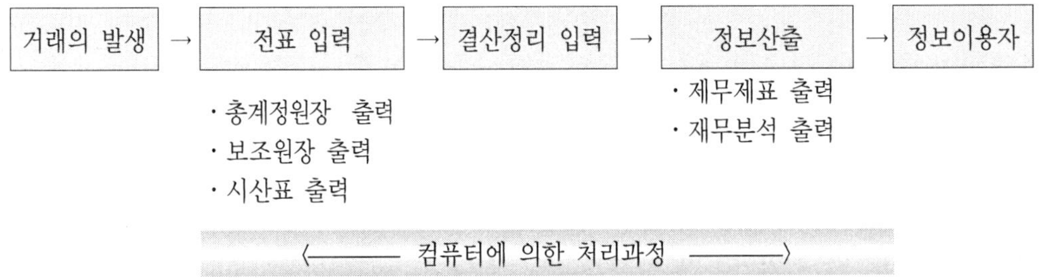

연습문제

7-1 결산절차를 설명하시오.

7-2 시산표의 작성목적을 설명하시오.

7-3 정산표의 작성방법을 설명하시오.

7-4 수익 · 비용계정의 마감과 자산 · 부채 · 자본계정의 마감절차의 차이점을 설명하시오.

7-5 잔액시산표와 이월시산표의 차이점을 설명하시오.

7-6 다음 잔액시산표의 틀린 부분을 고쳐 완성하시오.

잔액시산표

차 변	계정과목	대변
62,000	현 금	
	단 기 투 자 자 산	105,000
69,000	외 상 매 입 금	
167,000	상 품	
50,000	비 품	
	외 상 매 출 금	75,000
	단 기 차 입 금	80,000
	자 본 금	300,000
	상 품 매 출 이 익	46,000
5,000	수 수 료 수 익	
28,000	급 여	
9,000	광 고 선 전 비	
	여 비 교 통 비	4,000
390,000		610,000

7-7 다음 합계잔액시산표를 완성하시오.

합계잔액시산표

차변		계정과목	대변	
잔액	합계		합계	잔액
77,600	( )	현 금	313,800	
422,000	1,372,000	단 기 투 자 자 산	( )	
( )	( )	미 수 금		
( )	293,400	비 품		
	336,000	외 상 매 입 금	446,400	( )
		단 기 차 입 금	200,000	( )
		자 본 금	( )	( )
( )	150,600	급 여		
( )	74,000	임 차 료		
		수 수 료 수 익	376,200	( )
		이 자 수 익	( )	7,800
( )	( )		2,894,300	( )

7-8 총계정원장의 각 계정잔액이 다음과 같다. 이들 자료를 이용하여 잔액시산표를 작성하시오. (단위 : 원)

현 금	300,000	단기투자자산	450,000
외상 매출금	580,000	토 지	200,000
기 계 장 치	700,000	단 기 차 입 금	830,000
미 지 급 금	35,000	수수료 수익	1,006,000
자 본 금	(각자계산)	이 자 수 익	23,000
급 여	(각자계산)	이 자 비 용	47,000
판 매 비	350,000	보 험 료	17,000
차 변 합 계	2,894,000		

*자본금과 급여의 금액은 잔액시산표 작성과정에서 차변합계 2,894,000원에서 추정할 수 있음.

7-9 다음은 수원상사의 잔액시산표이다. 이를 이용하여 6위식 정산표를 작성하시오.

잔액시산표

차 변	계정과목	대변
140,000	현 금	
10,000	외 상 매 출 금	
25,000	상 품	
2,000	비 품	
60,000	건 물	
	단 기 차 입 금	30,000
	자 본 금	200,000
	상 품 매 출 이 익	14,000
	이 자 수 익	500
5,000	급 여	
2,500	잡 비	
244,500		244,500

7-10 다음의 자산 · 부채 및 자본의 여러 계정을 마감하고 이월시산표를 작성하시오.

총계정원장

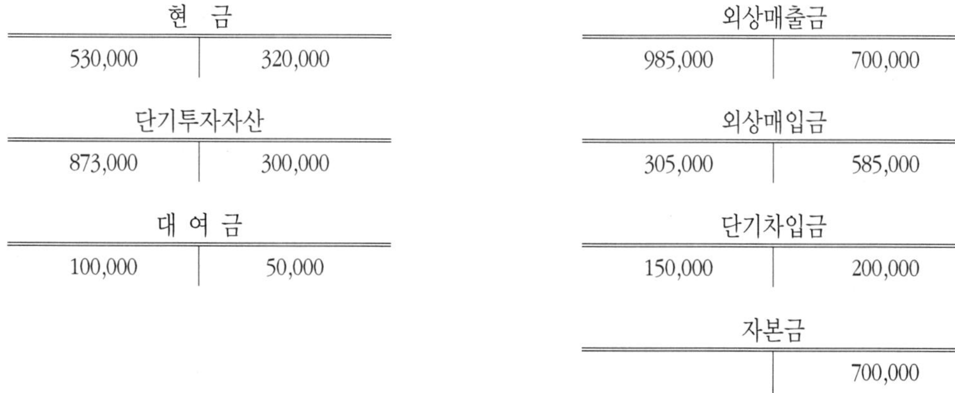

현 금	
530,000	320,000

외상매출금	
985,000	700,000

단기투자자산	
873,000	300,000

외상매입금	
305,000	585,000

대 여 금	
100,000	50,000

단기차입금	
150,000	200,000

자본금	
	700,000
	손익 88,000

7-11 다음에 제시된 수익과 비용의 여러 계정을 손익계정에 대체하고, 순손익을 자본금계정에 대체하는 분개를 한 후 계정을 마감하시오.

총계정원장

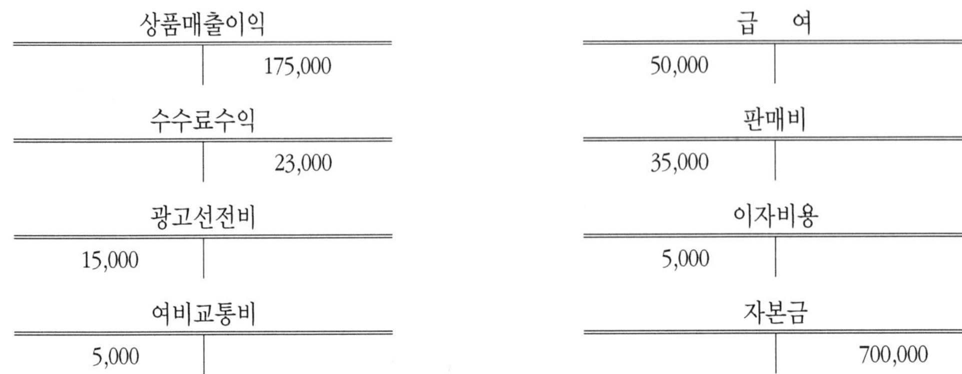

상품매출이익	
	175,000

급 여	
50,000	

수수료수익	
	23,000

판매비	
35,000	

광고선전비	
15,000	

이자비용	
5,000	

여비교통비	
5,000	

자본금	
	700,000

7-12 20×1년 12월 31일 현재 종로상사의 총계정원장 잔액은 다음과 같다. 이 자료를 이용하여 다음의 질문에 답하시오.

(1) 잔액시산표를 작성하시오.

(2) 분개장을 작성하여 결산에 필요한 대체분개를 표시하시오.

(3) 총계정원장의 각 계정을 영미식에 의하여 마감하시오.

(4) 재무상태표와 포괄손익계산서를 작성하시오.

총계정원장

현 금	(1)
71,000	51,000

외상매출금	(2)
187,000	132,000

단 기 대 여 금	(3)
100,000	

상 품	(4)
676,000	490,000

건 물	(5)
500,000	

외상매입금	(6)
138,000	156,000

자 본 금	(7)
	800,000

상품매출이익	(8)
	120,000

이자수익	(9)
	10,000

급 여	(10)
55,000	

소모품비	(11)
20,000	

운반비	(12)
12,000	

제 III 부
재무제표 구성요소별 회계

제8장 현금및현금성자산·당기손익-공정가치측정금융자산

재무상태표 항목 (1)

금융자산의 의의 및 분류

1·1 금융자산의 의의

K-IFRS에서는 금융자산과 금융부채 및 지분상품을 포함하여 새롭게 금융상품이라는 광범위한 자산개념을 도입하고 있다. 금융자산(financial assets)은 현금과 금융상품을 포함하며, 금융상품(financial instruments)은 어떤 거래로 인하여 한쪽 거래당사자에게 금융자산을 발생시키는 동시에 다른 거래상대자에게는 금융부채나 지분상품을 발생시키는 모든 계약을 의미한다. 예를 들면, 은행에서 자금을 차입할 경우 은행측에서는 단(장)기대여금이라는 금융자산이 발생하면 차입자 측에게는 단(장)기차입금이라는 금융부채가 발생한다. 또한 어떤 회사가 다른 회사의 주식을 취득할 경우 금융자산이 발생하고 주식을 발행한 회사는 지분상품(자본)이 발생(증가)한다. 즉, 금융상품은 동전의 양면처럼 계약의 결과에 따라 금융자산과 금융부채의 양면성을 가진다.

1·2 금융자산의 분류

금융자산은 현금과 금융상품으로 분류되며, 실무적으로는 현금, 대여금 및 수취채권, 기타금융자산(보통주·우선주 등의 지분상품, 국·공채나 회사채 등의 채무상품, 양도성예금증서·기업어음·저축성예금 등의 금융기관이 취급하는 금융상품) 등으로 분류된다.

일반적으로 회계상 금융자산은 다음과 같이 분류할 수 있다.

[표 8-1] 금융자산의 분류

금융자산의 분류		정의 및 범위
현금및현금성자산		현금과 취득시 만기가 3개월 이내 도래하는 금융자산
공정가치모형	당기손익-공정가치측정금융자산	상각후원가 측정 금융자산이나 기타포괄손익-공정가치 측정 금융자산으로 분류되지 않는 그 외의 금융자산
	기타포괄손익-공정가치측정금융자산	계약상 현금흐름 특성이 원리금 지급만으로 구성되어 있고, 원리금 수취와 금융자산의 매도 둘 다를 통해 목적을 이루는 사업모형 하에서 보유하는 금융자산
상각후원가모형	상각후원가측정금융자산	계약상 현금흐름 특성이 원리금 지급만으로 구성되어 있고, 원리금을 수취하기 위한 목적의 사업모형 하에서 보유하는 금융자산
	대여금 및 수취채권	영업활동에서 발생한 매출채권과 투자활동이나 재무활동에서 발생한 기타채권(대여금, 미수금)

금융자산의 회계처리에 대한 설명은 제8장, 제9장 및 제11장에서 순차적으로 이루어진다. 즉, 제8장에서 현금및현금성자산, 당기손익-공정가치측정금융자산을 다루게 되며, 제9장에서 대여금 및 수취채권에 대한 설명을 하고, 제11장에서 상각후원가측정금융자산과 기타포괄손익-공정가치측정금융자산에 대하여 설명한다.

현금및현금성자산

2 · 1 현금및현금성자산의 내용

현금및현금성자산은 통상 현금으로 취급되는 통화와 통화대용증권(타인발행수표 등), 은행예금에 해당되는 당좌예금과 보통예금 그리고 현금성자산으로 구성된다. 현금은 모든 거래의 측정과 기록의 기준이 되기 때문에 모든 계정은 현금으로 환산된 금액으로 표시한다. 또한 현금은 기업이 소유하고 있는 자산중에서 가장 중요한 구매와 지급의 수단이 된다.

회계에서 현금으로 취급되는 것은 지폐나 주화와 같은 통화뿐만 아니라 통화와 동일하게 통용될 수 있고, 언제든지 통화와 교환이 가능한 통화대용증권을 모두 포함한다.

통화대용증권에 속하는 것으로는 타인발행 당좌수표, 자기앞수표, 송금환어음, 송금수표, 우편환증서, 전보환권, 대체저금출금증서, 주식배당수령증, 관청의 지급명령서 등이 있다. 그러나 차용증서, 수입인지, 엽서, 우표, 부도수표, 부도어음, 가지급메모 등은 현금에 포함시키지 않는다. 자기발행수표의 수입과 미지급수표도 현금에서 제외하여 당좌예금계정에서 처리한다.

여기에서 자기발행수표의 수입이란 자기가 발행한 수표를 다시 회수하는 경우를 말하며, 미지급수표란 자기가 발행한 수표를 결산일까지 거래처에 인도하지 않은 미인도수표를 말하는 것이다.

현금의 수입과 지출을 처리하는 계정으로 원장에 현금계정을 설정하고, 수입액은 차변에 그리고 지출액은 대변에 각각 기장한다. 따라서 현금은 자산계정이기 때문에 잔액은 항상 차변에 나타나며, 이것은 기업이 현재 소유중인 현금의 시재액을 나타낸다.

은행예금에 해당되는 당좌예금과 보통예금은 기업이 아무 제한없이 인출하며 사용할 수 있는 항목으로서 현금과 차이가 없다.

현금성자산(cash equivalents)은 큰 거래비용없이 현금으로 전환이 간편하고 이자율 변동에 따른 가치 변동의 위험이 적은 유가증권과 단기금융상품으로서 다음과 같은 것을 말한다.

① 취득 당시 만기가 3개월 이내에 도래하는 채권.
② 취득 당시 상환일까지의 기간이 3개월 이내인 상환우선주.
③ 환매채(3개월 이내의 환매조건)

2 · 2 현금출납장

현금거래는 중요하므로 현금계정의 기록과는 별도로 현금의 수입과 지출의 명세를 보조부인 현금출납장(cash book)에 기록한다. 현금출납장의 잔액은 현금의 시재액과 항상 일치하여야 하며, 원장의 현금계정의 잔액과도 일치하여야 한다.

예제 8-1 강동상사의 6월 중 거래를 분개하고, 현금계정과 현금출납장에 기입하시오. 단, 현금계정과 예금계정을 분리하여 설정한다.

6월 1일 현금 5,000,000원을 출자하여 개업하다.
6월 5일 현금 2,000,000원을 상업은행에 예금하다.
6월 10일 상품 2,500,000원을 매입하고, 대금을 현금으로 지급하다.
6월 15일 상업은행에서 예금 700,000원을 현금으로 인출하다.
6월 20일 상품 3,000,000원을 매출하고, 대금은 현금으로 받다.
6월 25일 사무용용지 및 장부를 50,000원에 구입하고, 대금은 현금으로 지급하다.
6월 28일 현금 1,500,000원을 상업은행에 예금하다.
6월 30일 이번달의 영업제비용(잡비) 80,000원을 현금으로 지급하다.

해답

6월 1일	(차)	현 금	5,000,000	(대)	자본금	5,000,000
5일	(차)	예 금	2,000,000	(대)	현 금	2,000,000
10일	(차)	상 품	2,500,000	(대)	현 금	2,500,000
15일	(차)	현 금	700,000	(대)	예 금	700,000
20일	(차)	현 금	3,000,000	(대)	상 품	3,000,000
25일	(차)	소모품비	50,000	(대)	현 금	50,000
28일	(차)	예 금	1,500,000	(대)	현 금	1,500,000

30일 (차) 잡 비 80,000 (대) 현 금 80,000

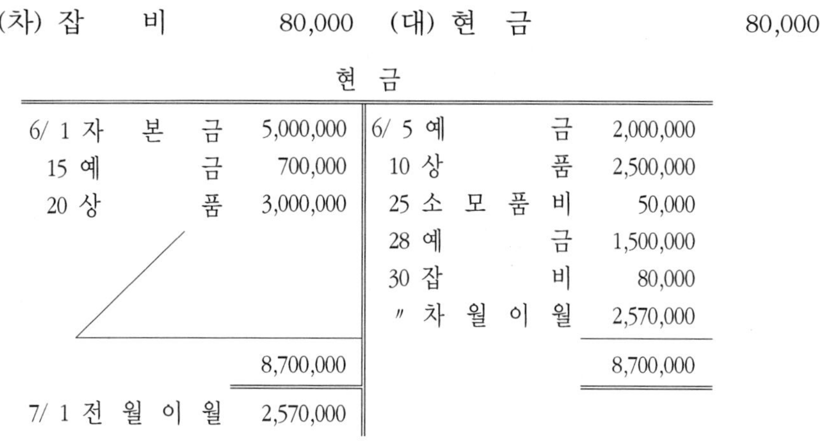

현 금

6/ 1 자 본 금	5,000,000	6/ 5 예 금	2,000,000
15 예 금	700,000	10 상 품	2,500,000
20 상 품	3,000,000	25 소 모 품 비	50,000
		28 예 금	1,500,000
		30 잡 비	80,000
		〃 차 월 이 월	2,570,000
	8,700,000		8,700,000
7/ 1 전 월 이 월	2,570,000		

현금출납장

일	자	적 요	수 입	지 출	잔 액
6	1	출자금으로 입금	5,000,000		5,000,000
	3	상업은행에 예입		2,000,000	3,000,000
	10	상품매입대금		2,500,000	500,000
	15	상업은행에서 예금인출	700,000		1,200,000
	20	상품매출대금	3,000,000		4,200,000
	25	사무용품 및 장부구입대금		50,000	4,150,000
	28	상업은행에 예입		1,500,000	2,650,000
	30	영업제비용 지급		80,000	2,570,000
	〃	차월이월		2,570,000	
			8,700,000	8,700,000	
7	1	전월이월	2,570,000		2,570,000

현금기록에 관한 장부에는 위에 예시한 현금출납장 이외에도 여러 가지 형태가 있을 수 있다. 현금의 수입란만 기록하는 현금수입장(cash receipts journal)과 현금의 지출액만 기록하는 현금지출장(cash disbursement journal)이 있을 수 있고, 뒤에서 설명하는 소액현금출납장 등이 있을 수 있다.

2 · 3 현금의 내부통제

현금출납장의 잔액은 언제든지 금고 속의 현금시재액과 반드시 일치해야 한다. 가치면에서 볼 때 양적·질적으로 현금만큼 부정하게 사용하거나 유용하기 쉬운 자산은 없다. 기업의 모든 거래가 결국에는 현금의 수령이나 지급으로 귀결되기 때문이다. 따라서 현금을 특별하게 통제하는 것은 바람직한 일이다.

현금에 대한 통제방법은 대단히 중요한 사항이므로 실무적으로 항상 검토가 필요하다.

내부통제제도(internal control system)는 기업의 자산을 보호하고 회계자료의 정확성과 신뢰성을 높이기 위하여 채택되는 제도이다. 현금에 대한 적절한 내부통제제도를 확립하기 위해서는 다음과 같은 사항들이 고려되어야 한다.

첫째, 한 사람의 거래집행, 거래기록 및 현금의 관리내용이 다른 사람에 의하여 검토될 수 있도록 현금관련업무를 분화시켜야 한다.

둘째, 현금의 취급담당인원을 가급적 최소화시킨다.

셋째, 모든 현금거래가 정당한 권한이 있는 자의 승인에 의하여 이루어지도록 한다.

넷째, 회사에 입금된 현금은 당일에 예금시키며, 사소한 경우를 제외한 모든 지출은 수표발행에 의하도록 한다.

다섯째, 현금거래 집행단계별로, 또는 기록별로 그것을 뒷받침하는 서류를 작성하도록 함으로써 책임의 소재를 명백히 한다.

여섯째, 눈으로 확인될 수 있는 물리적 수단을 통하여 현금의 회계기록을 보호한다. 예를 들어 거래이행과 기록의 정확성을 기하기 위하여 금전등록기, 전자계산기 등을 사용하면 통제가 적절히 이루어질 수 있다.

일곱째, 현금계정잔액과 현금실제액을 수시로 대조하여 일치여부를 확인한다.

2 · 4 현금과부족

현금은 매일 그 시재를 조사하여 장부잔액과 대조, 확인하여 불일치할 경우 그 원인을 규명하여야 한다. 즉, 원장의 현금계정잔액과 현금출납장의 현금잔액이 회사에 보관중인 현금의 시재액과 항상 일치되는가를 확인해야 하는 것이다. 만일 일치하지 않으면 그 까닭은 계산상의 착오, 기입누락, 도난, 분실 등이 될 것이다.

그러나 현금계정과 현금출납장의 잔액은 현금시재액과 항상 일치해야 하므로 그 원인이 판명될 때까지 일시적으로 임시계정인 현금과부족계정(cash short and over account)을 설정하여 과부족액을 기입한다. 즉, 현금시재액이 현금계정잔액보다 적을 경우에는 현금과부족계정의 차변에, 많을 때는 현금과부족계정의 대변에 기입하였다가 후일에 그 원인이 판명되면 해당계정에 대체한다.

현금과부족

현금시재액이 장부잔액보다 적은 경우 (현금부족액)	현금시재액이 장부잔액보다 많은 경우 (현금초과액)

그러나 만일 결산일까지 과부족의 원인이 밝혀지지 않으면 부족액은 잡손실계정에, 초과액은 잡이익계정에 대체하여 처리한다.

예제 8-2 다음 거래를 분개하시오.

(1) 현금의 시재액을 조사한 바 600,000원이었고, 현금계정의 잔액은 610,000원이었다. 현재로서는 부족액의 원인을 알 수 없다.
(2) (1)의 불일치 원인을 조사해 본 결과 이자비용지출의 기장누락으로 판명되었다.
(3) (1)의 현금부족액의 원인이 결산기말까지 판명되지 않았다.

해답

(1)	(차) 현금과부족	10,000	(대) 현 금	10,000
(2)	(차) 이 자 비 용	10,000	(대) 현금과부족	10,000
(3)	(차) 잡 손 실	10,000	(대) 현금과부족	10,000

예제 8-3 다음 거래를 분개하시오.

(1) 현금의 시재액을 조사한 바 700,000원이었고, 현금출납장의 잔액은 680,000원이었다. 현재로서는 초과액의 원인을 알 수 없다.
(2) (1)의 불일치의 원인을 조사해 본 결과 10,000원은 이자수익의 입금에 대한 기장누락으로 밝혀졌다.
(3) 나머지 초과액의 원인은 결산기말까지 판명되지 않았다.

해답

(1) (차) 현 금	20,000	(대) 현금과부족	20,000
(2) (차) 현금과부족	10,000	(대) 이자 수익	10,000
(3) (차) 현금과부족	10,000	(대) 잡 이 익	10,000

2 · 5 당좌예금과 당좌차월

1. 당좌예금

기업의 관점에서 대표적인 예금은 당좌예금(checking account)으로서 이는 기업이 운영자금을 은행에 예입시켜 놓고, 은행으로 하여금 영업상의 지급을 담당하게 하여 현금거래에서 발생하는 부정이나 오류를 방지할 목적으로 이용하는 무이자예금이다.

은행과 당좌계좌를 개설하고 예입할 때는 당좌예금입금표를, 인출할 때는 수표를 이용한다. 따라서 당좌예금계정은 자산계정으로서 예입하였을 때는 당좌예금계정의 차변에, 그리고 상품매입대금이나 어음대금을 지급하기 위해서 수표를 발행하였을 때는 대변에 기입한다.

그러므로 잔액은 차변에 나타나는데 그것은 당좌예금의 현재액을 표시한다. 당좌예금에 예입할 수 있는 것은 통화와 언제든지 바꿀 수 있는 타인발행 당좌수표, 자기앞수표, 송금수표 등이 포함된다.

당좌예금계정은 결산시 재무상태표에 현금및현금성자산이라는 과목으로 통합하여 표시된다.

당좌예금

(증 가)	(감 소)
	인출(수표의 발행)
예 입	잔 액

그리고 여러 은행과 당좌거래를 하고 있으면 원장에는 당좌예금계정 하나만 두고, 보조원장에 은행별 보조계정을 두게 된다.

예제 8-4 다음 거래를 분개하시오.

(1) 당좌예금의 전월이월액은 3,500,000원이다.

(2) 강원상회에서 상품 1,250,000원을 매입하고, 대금은 서울은행앞 수표를 발행하여 지급하다.

(3) 현금 500,000원과 당사가 보유하고 있는 자기앞수표 300,000원을 서울은행 당좌예금에 입금하다.

(4) 충남상회에 상품 900,000원을 매출하고, 대금은 동점 발행의 수표를 받아 곧 당좌예금에 입금하다.

해답

(1) 분개 없음

	차변	금액	대변	금액
(2)	(차) 상 품	1,250,000	(대) 당좌예금	1,250,000
(3)	(차) 당좌예금	800,000	(대) 현 금	800,000
(4)	(차) 당좌예금	900,000	(대) 상 품	900,000

2. 당좌차월

당좌예금의 인출은 예금잔액의 한도 내에서 가능하므로 만약 이를 초과하여 어음, 수표를 발행한 경우 이는 부도어음·부도수표가 되어 은행에서 지급거절이 된다. 그러나 이러한 경우를 대비하여 기업이 미리 은행과 당좌차월계약을 맺은 경우에는 차월범위내에서 예금잔액을 초과하여 어음, 수표를 발행할 수 있다.

이 경우 당좌차월(bank overdraft)은 은행에서 차입한 금액이므로 부채에 속한다. 당좌차월은 유동부채로서 단기차입금계정에 합산하여 표시한다. 그러나 기업 내부적으로는 원장에 당좌차월계정을 설정하여 기입할 수 있으며, 재무상태표에 표시할 경우에만 단기차입금계정에 통합한다. 당좌차월이 발생하면 그 차월액에 대하여는 이자를 부담하여야 한다.

이와 같이 당좌차월을 당좌예금과 별도로 구분하여 기장하는 방법을 순수법이라고 하고, 당좌차월을 별도로 구분하지 않고 당좌예금과 동시에 기입하는 방법을 혼합법이라고 한다. 이 경우에 당좌예금계정의 차변에 잔액이 남는다면 자산인 예금을 의미하고, 대변에 잔액이 남는다면 부채인 차월을 의미한다.

그런데 당좌차월은 단기차입금에 속하는 유동부채이므로 결산일에 거래 은행에 따라 당좌예금과 당좌차월이 각각 있는 경우 이를 별도로 계산하여야 하며 이를 혼합법으로 서로 상계하여 계산하여서는 안된다.

순수법을 사용할 경우 기말 결산일에 당좌차월계정에 잔액이 있을 경우 단기차입금으로 대체하여야 하며, 혼합법을 사용할 경우 당좌예금계정이 마이너스(−)일 경우 당좌예금계정은 영(0)으로, 상대편 계정은 단기차입금으로 대체한다.

예제 8-5 다음 거래를 순수법과 혼합법으로 분개하시오.

(1) 6월 18일 대전상회에서 상품 2,550,000원을 매입하고, 대금은 수표를 발행하여 지급하다. 수표발행 전 당좌예금잔액은 2,000,000원이고, 서울은행과 당좌차월계약을 맺고 있으며, 차월한도액은 3,000,000원이다.

(2) 6월 20일 서신상회의 외상매출금 1,000,000원을 현금으로 받아 즉시 당좌예입하다.

해답

(1) ① 순수법

(차)	상 품	2,550,000	(대) 당좌예금	2,000,000
			단기차입금 (당좌차월)	550,000

② 혼합법

(차)	상 품	2,550,000	(대) 당좌예금	2,550,000

(2) ① 순수법

(차)	당좌예금	450,000	(대) 매출채권 (외상매출금)	1,000,000
	단기차입금 (당좌차월)	550,000		

② 혼합법

(차)	당좌예금	1,000,000	(대) 매출채권 (외상매출금)	1,000,000

3. 당좌예금출납장

당좌예금의 예입과 인출을 상세히 기입하기 위하여 보조기입장인 당좌예금출납장을 사용한다. 또는 현금출납장에 당좌예금의 출납을 기입하는 난을 설정한 현금당좌예금출납장을 사용하는 경우도 있다.

당좌예금은 수표를 발행하여 인출하는 점이 다른 예금과 다른 점이며, 또한 그 예입과 인출에 대하여 은행에서 통장을 발급하지 않기 때문에 그 거래내용과 잔액을 알기 위하여는 당좌예금출납장을 필요로 한다.

예제 8-6 [예제 8-4]의 거래를 당좌예금출납장에 기입하시오.

해답

당좌예금출납장

월	일	적 요	예입액	인 출 액		잔 액
				수표번호	금 액	
×	×	전월이월	3,500,000			3,500,000
	〃	상품매입(강원상회)			1,250,000	2,250,000
	〃	현금예입(중 자기앞수표 300,000)	800,000			3,050,000
	〃	상품매출(충남상회수표 수입)	900,000			3,950,000

4. 부도수표

당좌예금의 잔액이나 당좌차월한도를 초과하여 발행한 수표는 은행에서 지급이 거절되는데, 이를 부도수표(dishonored check)라고 한다. 소지한 수표가 부도가 되면 당좌예금계정을 감소시키고 외상매출금계정 또는 부도어음계정에 기입한다.

예제 8-7 다음 거래를 분개하시오.

(1) 광주상사에서 상품매출대금으로 받은 동사 발행수표 500,000원을 은행에 예입하다.
(2) (1)의 수표가 부도되어 입금이 취소되었다는 통지를 은행으로부터 받다.
(3) (1)의 발행인인 광주상사에게 부도금액을 청구한 결과 현금으로 받다.

해답

(1) (차)	당좌예금	500,000	(대) 현　　금	500,000
(2) (차)	부도수표 (외상매출금)	500,000	(대) 당좌예금	500,000
(3) (차)	현　　금	500,000	(대) 부도수표 (외상매출금)	500,000

2 · 6 은행계정조정표

기업의 당좌예금계정 잔액은 거래은행의 예금원장상의 당좌예금과 일치되어야 하는 것이 원칙이나 종종 일정 시점에 양자의 잔액은 일치되지 않는 경우가 있다. 그러므로 기업은 월말 또는 결산일에 거래은행으로부터 당좌예금잔액증명서를 교부받아 원장에 설정된 당좌예금계정과 비교하여야 하는데, 이때 불일치되는 경우에는 불일치의 원인을 조사하기 위하여 은행계정조정표(bank reconciliation statement)를 작성한다.

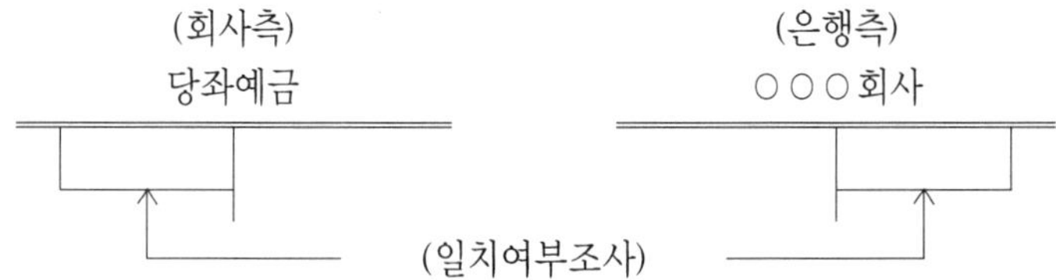

기업의 당좌예금계정 잔액과 은행의 예금원장상의 당좌예금 잔액이 불일치하는 원인으로는 일반적으로 다음과 같은 것을 들 수 있다.

① 기업에서는 수표를 발행하고 출금기장을 하였으나, 은행에서는 수표소지인의 인출청구가 없어서 기장하지 않았을 경우(미인출수표)

② 다른 기업의 발행수표를 예입한 경우에 기업에서는 입금기장을 하였으나 은행에서는 추심되지 않아 기장하지 않았을 경우(미기입예금)

③ 거래처로부터 기업의 당좌예금계정에 대체입금되어 은행에서는 입금기장하였으나 기업에서는 통지를 받지 못해 기장하지 않았을 경우 또는 그 반대의 경우(미통지예금)

④ 예입한 금액에 대하여 기업측 또는 은행측에서 잘못 기입한 경우(기장오류)

⑤ 차월이자의 인출을 은행으로부터 통지를 받지 못해 기업에서 기장하지 않았을 경우(이자비용)

이상과 같은 불일치의 원인을 규명하기 위하여 은행계정조정표를 작성하는데, 은행계정조정표는 거래은행별로 작성하며 그 형식으로는 다음 세 가지 방법을 들 수 있다.

① 은행에서 보내온 당좌예금잔액증명서의 잔액을 기준으로 조정사항금액을 가감표시하여 기업의 당좌예금잔액으로 일치시키는 방법

② 기업의 당좌예금계정잔액을 기준으로 조정사항금액을 가감표시하여 은행의 당좌예금잔액으로 일치시키는 방법

③ 기업의 당좌예금계정잔액과 은행의 당좌예금잔액에 각각 미기입분을 기입하여 조정잔액을 일치시키는 방법

이상의 세 가지 방법 중 일반적으로 ②의 방법은 거의 이용되지 않으며, 주로 ①과 ③의 방법이 이용되는데 특히 ③의 방법이 가장 합리적인 것으로 평가되고 있다.

예제 8-8 12월 31일 현재 서울상사의 당좌예금잔액은 4,010,000원인데, 은행의 당좌예금잔액증명서의 잔액은 6,308,000원이었다. 그 원인을 조사한 결과 다음과 같은 사실이 발견되었다.

(1) 이미 발행한 수표로서 은행측에서 미지급한 것은 다음과 같다.
매입처 : 경기상사에 인도분 800,000원
성남상사에 인도분 680,000원

(2) 12월 31일 예입을 했으나 은행측에서는 입금절차를 취하지 않은 것이 600,000원이 있다.

(3) 부산상사로부터 상품매출의 계약금으로 은행에 입금되었으나, 당사에 통지 미달된 것 1,400,000원이 있었다.

(4) 예입한 수표 174,000원이 장부상에서는 156,000원으로 기장되어 있다.

위의 자료에 의하여 은행계정조정표를 작성하고, 정정에 필요한 분개를 하시오.

해답

(3)	(차) 당좌예금	1,400,000	(대) 선 수 금		1,400,000
(4)	(차) 현 금	156,000	(대) 당좌예금		156,000
	당좌예금	174,000	현 금		174,000
또는	(차) 당좌예금	18,000	(대) 현 금		18,000

① 은행의 당좌예금잔액증명서에서 기업의 당좌예금계정잔액으로 일치시키는 방법

은행계정조정표

20×1년 12월 31일 (단위 : 원)

당좌예금잔액증명서		6,308,000
차감 : ① 기발행수표 미지급액		
매입처 : 경기상사	800,000	
성남상사	680,000	
③ 미통지예금	1,400,000	
④ 기장오류	18,000	(－)2,898,000
		3,410,000
가산 : ② 미기입 예입수표		600,000
당좌예금계정잔액		4,010,000

② 기업의 당좌예금계정잔액에서 은행의 당좌예금잔액으로 일치시키는 경우에는 차감사항은 가산사항으로, 가산사항은 차감사항으로 부호가 바뀌고 내용은 위의 ①과 같다.

③ 기업의 당좌예금계정잔액과 은행의 당좌예금잔액에 각각 미기입분을 기입하여 조정잔액을 일치시키는 방법

은행계정조정표

20×1년 12월 31일 (단위 : 원)

(은행의 당좌예금잔액증명서)		(회사 당좌예금출납장)	
증명서잔액	6,308,000	출납장잔액	4,010,000
차감 : ① 기발행수표 미지급액	(－) 1,480,000	가산 : ③ 미통지예금	1,400,000
매입처 경기상사 800,000		④ 기장오류	18,000
성남상사 680,000			
가산 : ② 미기입 예입수표	600,000		
조정잔액	5,428,000	조정잔액	5,428,000

2·7 소액현금

대부분의 회사에서는 현금의 보관과 수급에 따르는 번잡을 줄이기 위하여, 그리고 현금거래에서 발생하는 부정이나 오류를 방지할 목적으로 보통 현금은 당좌예금으로 은행에 예입하고 모든 지급은 수표를 발행하여 교부하는 방법을 이용하고 있다. 그런데 식대의 지급, 운임의 지급 또는 소모품의 구입 등 소액으로서 빈번히 일어나는 지출에 대해서까지 일일이 수표를 발행하여 지급한다는 것은 도리어 불편하고 대단히 비효율적이다.

또한 수표를 발행하지 않고 현금을 지급하더라도 본사와 멀리 떨어져 있는 특별한 부서, 예를 들면 종업원연수원, 직업훈련원, 특수사업부, 지방 현장 등에서 발생하는 경비에 대해서도 일일이 거래가 발생할 때마다 현금을 지급하는 것은 현실적으로 어려움이 많다. 따라서 소액의 경비를 지급하기 위하여 특별한 부서 등에 용도계 등을 두어, 일정기간(예를 들면, 1개월)의 소액경비에 필요한 예상금액을 회계부서로부터 용도계에 전도(前渡)하여 일정기간의 현금지급에 충당하게 하고 있다.

용도계에 전도한 현금을 전도자금 또는 소액현금이라 하며, 원장에 소액현금계정(petty cash account)을 설정하여 차변에 전도액을 기입하고, 대변에 지급액을 기입한다. 지급액은 소액현금에서 지급될 때마다 이것을 기입하는 것이 아니라, 용도계로부터 보고받은 일정 기간분을 기입한다.

소액현금

차변	대변
전 도 액	지 급 액
보 급 액	

소액현금을 전도하는 방법에는 그 현금을 어떻게 보급하는가에 따라 정액자금전도방법과 부정액자금전도방법으로 나눌 수 있다.

회계부서는 용도계에 소액의 현금을 전도함에 있어서 필요에 따라 수시로 보급하기도 하나, 대부분 일정기간에 필요한 금액을 수표로 전도하고 일정기말(월말)에 용도계로부터 소액현금지급보고서를 받는 동시에 그와 동액의 수표를 발행하여 보급한다.

이와 같은 경우 용도계에는 보관 중인 현금과 지출된 영수증의 합계가 항상 일정액으로 유지되는데, 이런 방법을 정액자금전도법(imprest petty cash system) 또는 정액자금선급법이라고 한다.

예제 8-9 강남회사는 이번 달부터 정액자금전도법에 의한 소액현금제도를 적용하기로 하였다. 이에 관한 다음 거래를 분개하시오.

(1) 8월 1일 소액현금으로 100,000원을 수표로 발행하여 용도계에 지급하다.

(2) 8월 31일 다음과 같은 소액현금지급보고서를 용도계로부터 받다.

소액현금지급보고서

정액 100,000원 20×1년 8월분

과 목	금 액
소모품비	4,500
접 대 비	6,000
통 신 비	9,000
여비교통비	1,000
수도광열비	12,000
수 선 비	45,000
보 관 료	20,000
합 계	97,500

용도계 (인)

(3) 8월 31일 위의 보고를 받고 곧 동액의 수표를 발행하여 보급을 하다.

해답

(1) 8월 1일 (차) 소액현금 100,000 (대) 당좌예금 100,000

(2) 8월 31일 (차) 소모품비 4,500 (대) 소액현금 97,500
접대비 6,000
통신비 9,000
여비교통비 1,000
수도광열비 12,000
수선비 45,000
보관료 20,000

(3) 8월 31일 (차) 소액현금 97,500 (대) 당좌예금 97,500

(보급 후의 소액현금잔액은 100,000원으로 최초 전도액과 일치한다.)

한편, 전도액을 확정하지 않고 필요에 따라 소액현금자금을 수시로 보급해 주는 방법을 부정액자금전도법 또는 단순자금선급법이라고 한다. 소액현금계정을 사용하고 정기적으로 지출보고를 하는 것 등은 정액자금전도법과 같으나, 기초에 소액현금을 일정한 금액수준으로 유지할 수 없다는 점이 다르다.

예제 8-10 위의 예제에서 (1)과 (2)는 같고, 마지막 (3)만 다음과 같다.

(3) 8월 31일 소액현금을 좀더 넉넉하게 보유할 수 있도록 당월 지출액보다 많은 200,000원을 수표를 발행하여 보급해 주었다.

해답

8월 31일 (차) 소액현금 200,000 (대) 당좌예금 200,000
(보급 후의 소액현금잔액은 202,500원이다.)

그리고 위의 어느 경우든지 결산시 소액현금계정의 잔액은 현금계정으로 대체시켜야 한다. 용도계에서는 소액현금의 출납을 명백히 하기 위하여 보조기입장인 소액현금출납장(petty cash book)에 그 내역을 기장하고 월말에 회계부서에 보고한다.

3절 당기손익-공정가치측정금융자산(지분증권)

3·1 당기손익-공정가치측정금융자산의 의의

다른 기업이 발행한 주식을 단기매매차익을 얻기 위한 목적으로 보유한다면 외부정보이용자들은 보유하고 있는 지분상품으로 인하여 미래의 현금유입액이 얼마나 될 것인지를 예측하는 데 도움이 될 수 있다.

K-IFRS에서는 지분상품을 단기매매목적으로 보유한다면 당기손익-공정가치측정금융자산으로 분류하도록 규정하고 있다.

당기손익-공정가치측정금융자산은 당기 지분상품의 공정가치 변동으로 발생한 평가손익을 당기손익으로 반영하여 당기순이익 계산에 포함시키라는 것이다.

다만, 취득 목적이 단기매매가 아닌 지분증권은 기타포괄손익-공정가치측정금융자산으로 선택할 수 있다.

3·2 당기손익-공정가치측정금융자산의 취득과 처분시 회계

당기손익-공정가치측정금융자산은 최초 인식 시점에 공정가치(fair value)로 인식하고 취득과 직접 관련된 거래원가는 당기비용(수수료비용)으로 처리한다.

당기손익-공정가치측정금융자산은 평가손익을 모두 당기손익에 포함시켜 표시하기 때문에 취득시 취득과 관련된 거래원가를 당기비용으로 처리하든지 아니면 취득원가에 가산하든지 기간별 손익에 아무런 영향을 미치지 않는다.

당기손익-공정가치측정금융자산을 처분할 경우에는 처분가액과 장부가액의 차액을 금융자산처분손익으로 당기손익에 반영한다.

예제 8-11 다음은 수정회사의 20x1년 중의 당기손익-공정가치측정금융자산에 대한 거래이다. 각 거래에 따른 필요한 분개를 하시오.

(1) 20x1년 4월 2일 단기매매차익을 얻을 목적으로 복정증권회사를 통하여 경기전자(주)의 주식 500주를 1주당 10,000원(액면가액 5,000원)에, 그리고 서울전자(주)의 주식 1,000주를 1주당 15,000원(액면가액 5,000원)에 취득하고, 증권회사에 대금과 함께 매입수수료 200,000원을 현금으로 지급하다.

(2) 20x1년 5월 6일 보유하고 있는 주식 중 경기전자(주)의 주식과 서울전자(주)의 주식을 각각 1/2 씩을 1주당 각각 12,000원과 17,000원에 처분하고 대금은 현금으로 받다.

해답

(1) (차)	당기손익-공정가치측정금융자산	20,000,000	(대) 현금	20,200,000
	수수료비용	200,000		
(2) (차)	현금	11,500,000	(대) 당기손익-공정가치측정금융자산	10,000,000
			금융자산처분이익(당기손익)	1,500,000*

* 250주 × (12,000 − 10,000) + 500주 × (17,000 − 15,000) = 1,500,000

---

3 · 3 당기손익-공정가치측정금융자산의 배당금과 이자에 대한 회계

회사가 보통주나 우선주 등의 주식을 소유하게 되면 발행회사로부터 회계연도 중 획득한 이익에 대한 배당금을 수령하게 된다. 주식을 소유한 회사는 발행회사로부터 배당금을 받게 되면 배당금수익계정에 기입한다.

또한 다른 회사가 발행한 회사채를 취득하거나 국가 및 공공기관이 발행한 국채 및 공채를 취득하여 보유하게 되면 이자지급일에 이자를 받게 된다. 이러한 채권을 소유한 회사는 채권발행회사 등으로부터 이자를 받게 되면 이자수익계정에 기입한다.

예제 8-12 다음의 거래를 분개하시오.

(1) 경원물산(주)는 원경(주)의 주식 1,000주(액면 5,000원)를 보유하고 있다. 원경(주)는 20x1년도 주주총회 후 1주당 500원의 주식배당을 실시하였으며, 경원물산(주)는 이를 현금으로 수령하였다.

(2) 경원물산(주)는 원경(주)가 발행한 회사채 10,000,00원을 보유하고 있다. 경원물산(주)는 이 회사채의 이자지급일인 20x1년 6월 30일에 10%의 이자를 현금으로 수령하다.

해답

(1) (차)	현 금	500,000	(대) 배당금수익	500,000
(2) (차)	현 금	1,000,000	(대) 이자수익	1,000,000

3 · 4 당기손익-공정가치측정금융자산의 기말 평가시 회계

당기손익–공정가치측정금융자산은 취득 후 공정가치가 수시로 변동하게 마련이다. 회사는 기말 결산시 재무상태표를 작성할 때 당기손익–공정가치측정금융자산의 장부가치 대신에 기말 현재의 공정가치를 재무상태표에 표시하여야 한다.

이와 같이 기말 결산시에 재무상태표에 표시할 당기손익–공정가치측정금융자산의 가액을 결정하는 것을 당기손익–공정가치측정금융자산의 평가라고 한다. 결산일 현재의 공정가치란 증권시장에서 결산일에 마지막으로 이루어진 매매가격 즉, 종가를 의미하는데, 만일 결산일에 증권시장이 열린 상태가 아니라면 직전 거래일의 종가로 한다.

당기손익-공정가치측정금융자산의 공정가치가 장부가치를 초과하게 되면, 초과액을 당기손익-공정가치측정금융자산의 장부가치에 가산함과 동시에 금융자산평가이익(당기손익)계정에 기입한다. 그 반대의 경우에는 하락액을 당기손익-공정가치측정금융자산의 장부가치에서 감액함과 동시에 금융자산평가손실(당기손익)계정에 기입한다.

K-IFRS에서는 보유주식의 종류가 여러 개 있을 경우 당해 금융자산의 장부가치 총계와 공정가치 총계를 비교하여 평가손익을 계산하는 방식인 총계기준 평가방법에 의해 순액으로 보고하도록 규정하고 있다.

예제 8-13 20x1년 12월 31일 서울회사가 보유하고 있는 당기손익-공정가치측정금융자산의 내역은 다음과 같다. 결산일에 필요한 수정분개를 하시오.

당기손익-공정가치측정금융자산	주식수	취득원가
경기회사주식	1,000주	7,000,000원
인천회사주식	500주	4,000,000원
강원회사주식	300주	2,700,000원

보유주식에 대한 결산일 현재의 1주당 공정가치(종가)는 다음과 같다.
경기회사주식 8,000원 인천회사주식 7,000원 강원회사주식 10,000원

해답

(1) 당기손익-공정가치측정금융자산의 평가손익 계산

당기손익-공정가치측정금융자산	주식수	취득원가	공정가치	평가손익
경기회사주식	1,000주	7,000,000원	8,000,000원	1,000,000원
인천회사주식	500주	4,000,000원	3,500,000원	(500,000원)
강원회사주식	300주	2,700,000원	3,000,000원	300,000원
합 계		13,700,000원	14,100,000원	800,000원

(2) 결산시 수정분개

(차) 당기손익-공정가치측정금융자산 800,000 (대) 금융자산평가이익(당기손익) 800,000

4절 당기손익-공정가치측정금융자산(채무증권)

4·1 당기손익-공정가치측정금융자산의 의의

다른 기업의 채무상품을 취득한 경우 상각후원가 측정 금융자산 또는 기타포괄손익-공정가치 측정 금융자산의 분류기준을 충족하지 못한 금융자산은 당기손익-공정가치측정금융자산으로 분류한다.

즉, 원리금을 수취하는 금융상품을 원리금 수취 목적이나 원리금 수취와 매도 둘 다 목적인 사업모형에서 보유하지 않는 경우에는 당기손익-공정가치측정금융자산으로 분류한다.

예를 들어 매도를 통해 현금흐름을 실현할 목적의 금융상품은 당기손익-공정가치측정금융자산으로 분류한다. 따라서 당기손익-공정가치측정금융자산의 경우에는 원리금 수취가 필수적인 것이 아니라 부수적인 것으로 본다.

한편, 위 분류기준에도 불구하고 채무증권 중 상각후원가측정금융자산과 기타포괄손익-공정가치측정금융자산은 회계불일치를 제거하거나 유의적으로 줄이는 경우 최초 인식시점에 당기손익-공정가치측정금융자산으로 지정할 수 있다.

4·2 당기손익-공정가치측정금융자산의 취득과 처분시 회계

당기손익-공정가치측정금융자산의 최초인식은 다른 금융자산과 마찬가지로 공정가치로 측정한다. 다만, 당기손익-공정가치측정금융자산의 취득과 직접 관련되는 거래원가는 공정가치에 가감하지 않고 비용처리한다.

최초 인식 후 당기손익-공정가치 측정 금융자산은 기말에 공정가치 변동에 따른 평가손익을 계산하여 당기손익으로 인식한다. 하지만 당기손익-공정가치측정금융자산은 매도를 통해 현금흐름을 실현할 목적으로 보유하는 금융자산이므로 기말에 상각후원가로 측정하지 않고 공정가치로 평가한다.

예제 8-14 수정회사는 20x1년 1월 1일 한국상사의 사채(액면가액 100,000원)를 95,197원에 취득하고 당기손익-공정가치측정금융자산으로 분류하였다. 수정회사는 해당 사채를 취득하면서 거래수수료 100원을 지출하였다. 사채 관련 지출과 매각대금은 모두 현금으로 처리하였다.

20x1년 12월 31일과 20x2년 12월 31일 사채의 공정가액은 각각 96,800원과 98,000원이다. 수정회사는 해당 사채를 20x3년 1월 1일에 98,500원에 처분하였다. 사채의 만기는 3년, 표시이자율은 10%, 이자지급일은 매년 말일이며, 이 사채의 취득과 관련된 유효이자율은 12%이다. 각 거래에 따른 필요한 분개를 하시오.

(1) 사채 취득시점과 매연도말에 필요한 분개를 하시오.

(2) 사채의 처분시점에 필요한 분개를 하시오.

해답

(1) 20x1년 1월 1일 사채취득시점

(차) 당기손익-공정가치측정금융자산 95,197 (대) 현금 95,297
수수료비용 100

20x1년 12월 31일

(차) 현금 10,000 (대) 이자수익 10,000
당기손익-공정가치측정금융자산 1,603* 금융자산처분이익(당기손익) 1,603

* 96,800-95,197=1,603

20x2년 12월 31일

(차) 현금 10,000 (대) 이자수익 10,000
당기손익-공정가치측정금융자산 1,200** 금융자산처분이익(당기손익)) 1,200

* 98,000-96,800=1,200

(2) 20x3년 1월 1일 사채처분시점

(차) 현금 98,500 (대) 당기손익-공정가치측정금융자산 98,000
금융자산처분이익(당기손익) 500

〈상각표〉

일자	유효이자 (12%)	표시이자 (10%)	상각액	장부가액	공정가치
20X1. 1. 1				95,197	
20X1.12.31	11,424	10,000	1,424	96,621	96,800
20X2.12.31	11,595	10,000	1,595	98,216	98,000
20X3.12.31	11,784	10,000	1784	100,000	

연습문제

8-1 다음 중 현금계정에 기입되는 것을 골라 ○표 하시오.

(1) 통화 ( ) (2) 우편환증서 ( ) (3) 차용증서 ( )
(4) 화물상환증 ( ) (5) 송금수표 ( ) (6) 송품장 ( )
(7) 환어음 ( ) (8)타인발행당좌수표() (9) 자기앞수표 ( )
(10) 소지하고 있는 부도수표 ( ) (11) 매출계산서 ( )
(12) 주식배당권 ( ) (13) 부도어음 ( ) (14) 창고증서 ( )
(15) 만기공사채이자표 ( ) (16) 선일자수표 ( )
(17) 달러화 등 외국통화 ( ) (18) 여행자수표 ( )
(19) 언제든지 즉시 회수할 수 있는 회사 임원에 대한 대여금 ( )

8-2 다음 거래를 분개하시오.

(1) 개성상회의 외상매출금 1,300,000원을 우편환증서로 받다.
(2) 현금실제액이 장부잔액보다 13,000원 부족함을 발견하다.
(3) (2)의 부족액 중 10,000원은 통신비지급의 기장누락임이 판명되다.
(4) (2)의 부족액 중 잔액 3,000원은 결산일에 원인불명으로 잡손실로 처리하다.
(5) 경원상회에서 상품 870,000원을 매입하고, 대금은 수표를 발행하여 지급하다. 단, 당좌차월계약을 맺고 있으며 한도액은 1,000,000원이고 당좌예금잔액은 500,000원이다.
(6) 경원상회의 외상매출금 600,000원을 송금수표로 받아 곧 당좌예금하다. 단, 당좌차월잔액 370,000원이 있다.
(7) 용도계로부터 당월분 소액현금지급을 통신비 25,000원, 교통비 50,000원, 소모품비 25,000원, 보관료 10,000원, 잡비 15,000원으로 보고받고, 동액의 수표를 발행하여 보급하다.

8-3 회사가 소액현금계정을 설정하고 다음과 같은 거래가 있었다. 소액현금으로 지출한 모든 내역을 영업비로 보고 다음 거래를 분개하시오.

8월 12일 용도담당자에게 200,000원의 수표를 발행하여 소액지출에 사용하도록 하였다.

8월 22일 오늘까지 용도담당자가 지출한 내역은 통신비 55,000원, 사무용품비 20,000원, 신문잡지구독료 24,000원, 비품수선비 54,000원, 사무실용커피 13,000원, 기타잡비 14,000원 등이다. 이 지출액에 대하여 전액을 수표를 발행하여 보충하였다.

8월 31일 오늘까지 용도담당자가 지출한 내역은 통신비 12,000원, 사무용품비 19,000원, 신문구독료 6,000원, 비품수선비 22,000원, 기타잡비 16,000원 등이다.

8-4 12월 31일 현재 서울상사의 당좌예금계정 잔액은 2,400,000원이나 은행의 당좌예금잔액증명서는 2,210,000원이었다. 그 원인을 조사한 바 다음과 같은 사실이 판명되었다. 아래 자료에 의하여 은행계정조정표를 작성하고 오류 정정에 필요한 분개를 표시하시오.

(1) 발행한 수표 중 그 수표소지인의 지급제시가 없어 아직 은행에서 미지급인 것이 2건이다.

매입처 인천상사에 지급한 수표 250,000원

매입처 수원상사에 지급한 수표 300,000원

(2) 12월 31일 오후 6시에 거래처로부터 받은 수표 650,000원을 곧 예입으로 기장하였으나, 은행에서는 다음날 아침에 입금된 것으로 처리되어 있다.

(3) 거래처로부터 받아 당좌예금에 입금한 수표 230,000원이 장부에는 320,000원으로 기록되어 있다.

8-5 경기상사의 20×1년 5월 31일의 당좌예금계정잔액은 53,965원이었으나 은행에 청구하여 받은 당좌예금 원장사본 잔액은 55,000원으로 밝혀졌다. 불일치의 원인은 다음과 같다.

(1) 미기입예금, 즉 회사가 입금하였으나 아직 은행에서 입금절차를 밟지 않은 금액 4,000원이 있다.

(2) 미지급수표, 즉 회사에서 수표를 발행하여 거래처에 교부하였으나 아직 은행에서 지급되지 않은 것의 내역은 다음과 같다.

#305 1,000원 #308 2,500원 #310 3,000원

(3) 회사가 수표 #301 3,416원을 발행하였다. 이 수표는 은행에서 제대로 지급이 이루어졌다. 그러나 회사의 장부에는 3,461원으로 잘못 기록되었다.

(4) 회사의 장부에는 부도되어 되돌아온 수표 3,000원과 은행수수료 10원이 기록되지 않았다.

(5) 거래처로부터 받을어음 1,450원과 그에 대한 이자 75원이 은행에 입금이 되었으나 아직 회사측에는 통지되지 않았다. 은행은 받을어음의 회수에 대한 대가로 수수료 25원을 부담시켰다.

위의 자료를 이용하여 은행계정조정표를 작성하고 경기상사측의 수정분개를 하시오.

8-6 기호상사의 20×1년 12월 31일 현재 당좌예금의 장부잔액은 69,080원이며, 은행잔액증명서상의 잔액은 106,480원이다. 이러한 차이의 원인을 조사한 결과 다음과 같은 사실들이 밝혀졌다. 즉, 12월 31일의 입금액 64,000원은 은행에서 다음연도 1월 3일에 기입하였으며, 또한 12월중에 발생한 은행수수료는 4,540원으로 밝혀졌다. 그리고 회사가 은행측에 대금의 회수를 의뢰한 받을어음 40,000원이 이자 2,000원과 함께 수금되었다. 12월 30일 비품의 구입을 위하여 발행한 수표 86,580원을 회사측에서는 79,780원으로 잘못 기재하였다. 그리고 더 이상의 오류는 없다고 한다. 이상의 자료를 이용하여 기발행 미지급수표의 금액을 계산하시오.

8-7 다음은 기호상사의 당기손익-공정가치측정금융자산에 대한 거래이다. 각 거래에 대한 적절한 분개를 하시오.

(1) 20×1년 2월 5일 단기매매목적으로 서울회사 주식 100주(@₩5,000), 부산회사 주식 200주(@₩4,500) 및 광주회사 주식 300주(@₩4,000)을 취득하고 증권회사에 수수료 15,000원과 함께 현금으로 지급하다.

(2) 20×1년 5월 2일 기호상사는 현금이 필요하여 서울회사 주식 100주를 @₩6,000에 처분하고 수수료 3,000원을 차감한 대금의 전액을 현금으로 받다.

(3) 20×1년 6월 10일 단기매매목적으로 대전회사 주식 300주를 @₩10,000에 매입하고 대금은 증권회사에 수수료 10,000원을 포함하여 현금으로 지급하다.

(4) 20×1년 10월 5일 부산회사의 주식 200주를 @₩6,000에 처분하고 수수료 10,000원을 제외한 대금은 현금으로 받다.

(5) 20×1년 12월 31일 기호상사가 보유하고 있는 당기손익-공정가치측정금융자산의 공정가액은 다음과 같다.
광주회사 주식 @₩6,000 대전회사 주식 @₩9,000

제9장 수취채권과 지급채무

재무상태표 항목 (2)

수취채권과 지급채무의 의의

1·1 수취채권의 의의

수취채권(receivable)은 기업이 거래처에 재화를 판매하거나, 용역을 제공하거나, 자금을 대여해 주고 미래에 확정된 금액을 받기로 한 권리를 말한다. 수취채권은 일반적 상거래인 주된 영업활동으로부터 발생하는 매출채권과 기타의 경영활동에서 발생하는 기타채권으로 구분된다.

매출채권은 기업이 상품, 제품을 판매하거나, 서비스를 제공하고 대금을 나중에 회수하기로 함으로써 발생한 채권을 말한다. 매출채권에는 외상매출금과 받을어음이 있다.

외상매출금(account receivable)은 상품, 제품을 외상으로 판매하거나 서비스를 외상으로 제공하고 그 대금을 일정기간 후에 회수하기로 약속함으로써 발생한 채권이다. 결과적으로 외상기간동안 고객에게 무이자로 신용을 제공한 것과 같다.

받을어음(note receivable)은 상품, 원재료를 매입한 거래처에 어음을 발행하여 대금을 미래 특정한 날짜에 지급하겠다는 약속을 함으로써 발생한 채권이다.

기업 실무에서는 외상매출금계정과 받을어음계정이 총계정원장에 별도로 설정되어 외상거래와 어음거래가 각각의 계정에 기록되지만 결산시 재무상태표를 작성할 때에는 매출채권계정에 통합하여 표시하여야 한다.

기타채권은 상품의 매출 이외의 활동으로 인하여 발생하며, 대여금, 미수금, 선급금, 선급비용, 미수수익 등의 채권이 기타 채권에 속한다.

1·2 지급채무의 의의

지급채무(payable)는 기업이 거래처로부터 재화나 용역을 매입하거나 자금을 차입하고 후일에 확정된 금액을 지급하기로 한 의무를 말한다. 한 회사의 수취채권은 거래회사의 지급채무에 해당한다. 지급채무는 일반적 상거래, 즉 기업의 주된 영업활동에서 발생한 매입채무(외상매입금, 지급어음)외 영업활동에서 발생하는 기타채무(미지급금, 차입금 등)으로 구분된다.

매입채무는 기업이 상품, 원재료를 매입하거나 서비스를 제공받고 그 대금을 나중에 지급하기로 함으로써 발생한 채무이다. 매입채무에는 외상매입금과 지급어음이 있다.

외상매입금(account payable)은 상품, 원재료를 외상으로 매입하거나 서비스를 외상으로 제공받고 그 대금을 일정기간 후에 지급하기로 약속함으로써 발생한 채무이다.

지급어음(note payable)은 상품, 원재료를 매입하거나 서비스를 제공받고 상품대금을 특정한 날짜에 지급하겠다고 약속하는 어음을 발행함으로써 발생한 채무이다.

회계실무상으로는 외상매입금계정과 지급어음계정을 총계정원장에 별도로 설정하여 각각 외상거래와 어음거래를 기입할 수 있으나, 재무상태표에 보고시에는 통합하여야 할 것이다.

기타채무는 상품, 원재료 매입 이외의 활동으로부터 발생하는 채무로서 차입금, 미지급금, 선수금, 선수수익, 미지급비용이 이에 속한다.

외상매출금과 외상매입금

2·1 외상매출금

1. 외상매출거래의 기록

상품을 외상으로 매출하는 경우에 발생하는 매출채권을 기장하기 위하여 외상매출금계정을 설정한다. 상품을 외상매출함으로써 매출채권이 발생하면 이를 차변에 기입하고, 그 대금을 회수하였을 때에는 대변에 기입한다. 따라서 외상매출금계정의 잔액은 차변에 생겨서 외상매출금의 미회수액을 나타낸다.

외상매출금

차변	대변
외상매출시	외상매출금 회수시
	잔액(미회수액)

외상매출처가 많은 경우에는 총계정원장에 외상매출금계정을 설정하고 여러 매출처의 거래를 모두 기록하게 되면 거래처별로 미회수액이 얼마가 있는지 알 수 없다. 그러므로 이러한 경우에는 보조부로서 매출처원장을 두어 매출처별로 외상매출금의 증감을 기록하여야 한다.

매출처원장에는 경기상사, 강원상사 등과 같은 회사이름이나 상대방의 이름을 계정과목으로 설정하게 되는데 이를 인명계정(personal account)이라고 한다.
이와 같이 하나의 계정이 보조원장을 가지며 여기에 설정되는 많은 인명계정을 통제하는 구실을 하는 계정을 통제계정(control account)이라고 한다.

보조원장과 통제계정은 결산시에는 물론이고 수시로 대조함으로써 일치하는지를 확인할 필요가 있다.

외상매출에 관한 거래를 외상매출금계정(통제계정)과 보조원장에 기입한 예를 다음의 예제를 통하여 살펴보기로 한다.

예제 9-1 다음의 거래를 분개하고 총계정원장과 매출처원장에 전기하시오.

(1) 9/5 강동상사에 상품 700,000원을 매출하고, 대금 중 200,000원은 현금으로 받고 잔액으로 외상으로 하다.

(2) 9/12 9/5의 외상매출금 중 100,000원을 현금으로 회수하다.

(3) 9/15 송파상사에 상품 500,000원을 외상으로 매출하다.

(4) 9/20 강동상사의 외상매출금 중 200,000원은 현금으로 받고, 100,000원은 강동상사 발행 수표로 받다.

(5) 9/21 강동상사의 외상매출금 중 50,000원을 회수하여 당좌예금에 예입하다.

(6) 9/26 송파상사의 외상매출금 200,000원을 현금으로 회수하다.

해답

〈분개〉

		차변	금액		대변	금액
(1) 9/5	(차)	현 금	200,000	(대)	상 품	700,000
		외상매출금 (강동상사)	500,000			
(2) 9/12	(차)	현 금	100,000	(대)	외상매출금 (강동상사)	100,000
(3) 9/15	(차)	외상매출금 (송파상사)	500,000	(대)	상 품	500,000
(4) 9/20	(차)	현 금	300,000	(대)	외상매출금 (강동상사)	300,000
(5) 9/21	(차)	당좌예금	50,000	(대)	외상매출금 (강동상사)	50,000
(6) 9/26	(차)	현 금	200,000	(대)	외상매출금 (송파상사)	200,000

〈총계정원장〉

외상매출금

날 짜	적 요	차 변	대 변	차 또는 대	잔 액
9/ 5	상 품	500,000		차	500,000
9/12	현 금		100,000	차	400,000
9/15	상 품	500,000		차	900,000
9/20	현 금		300,000	차	600,000
9/21	당좌예금		50,000	차	550,000
9/26	현 금		200,000	차	350,000
	합 계	1,000,000	650,000		

〈매출처원장〉

강동상사

날 짜	적 요	차 변	대 변	차 또는 대	잔 액
9/ 5	상품매출	500,000		차	500,000
9/12	현금입금		100,000	차	400,000
9/20	현금입금		300,000	차	100,000
9/21	당좌예입		50,000	차	50,000
	합 계	500,000	450,000		

송파상사

날 짜	적 요	차 변	대 변	차 또는 대	잔 액
9/ 5	상품매출	500,000		차	500,000
9/26	현금입금		200,000	차	300,000
	합 계	500,000	200,000		

2. 외상매출금의 양도

외상매출금은 환금성이 높은 자산이기는 하나 외상매출금을 너무 많이 보유하게 되면 기업의 현금지급능력에 상당한 압박을 받는다. 이러한 경우 외상매출금을 빠른 시일 내에 현금화하기 위한 방법으로 팩토링(factoring)이라는 금융수단을 이용하기도 한다.

외상매출금의 팩토링이란 기업이 상품을 외상으로 판매한 후 그 외상매출금을 은행 등의 금융기관에 양도하고 일정한 수수료를 차감한 잔액을 현금으로 회수하는 방법을 말한다.

외상매출금을 인수하는 금융기관을 팩터(factor)라고 하며 팩터는 외상매출금을 양도받아 외상매출처로부터 외상매출금을 직접 회수한다.

K-IFRS에서는 외상매출금 양도를 매각거래로 처리하는 조건으로 다음과 같이 제시하고 있다.

① 양도자가 외상매출금(금융자산)의 소유에 따르는 위험과 보상의 대부분을 양수자에게 이전하는 경우

② 양도자가 양도된 외상매출금을 통제하지 못하는 경우 즉, 양수자가 추가적인 제약없이 제3자에게 양도자산(외상매출금)을 매도할 수 있는 실질적인 능력을 행사할 수 있는 경우.

③ 양도자가 양도자산에 대하여 지속적인 관여(continuing involverrent)가 이루어지지 않는 경우 예를 들면, 양도자가 양도자산에 대한 보증을 제공하는 경우는 지속적 관여가 이루어지는 경우이다.

위의 조건 중의 일부라도 충족하는 경우에는 양도자산(외상매출금)을 타인에게 양도하는 경우 외상매출금의 매각거래로 보아 그 금액을 외상매출금에서 차감하고, 그 이외의 경우에는 외상매출금을 담보제공하고 자금을 차입한 것으로 보아 그 금액을 외상매출금에서 차감하지 아니하고 차입금을 계상하도록 하고 있다.

팩토링의 구조를 그림으로 표시하면 [그림 9-1]과 같다.

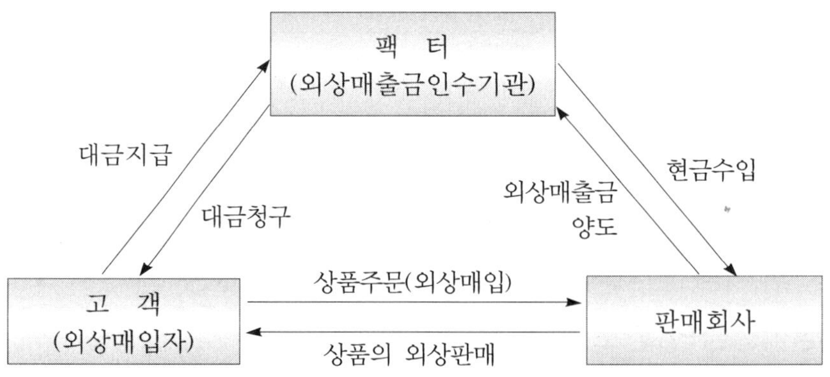

[그림 9-1] 팩토링의 구조

예제 9-2 회사는 외상매출금 ₩500,000을 경원종합금융에 양도하고 이자상당액 및 팩토링수수료 ₩15,000을 제외한 ₩485,000을 현금으로 받았다. 외상매출금의 매각으로 보는 경우와 차입으로 보는 경우로 나누어 각각에 대하여 회계처리하시오.

해답

(1) 외상매출금의 매각거래로 보는 경우

① 외상매출금의 양도시 :

(차)	현 금	485,000	(대) 외상매출금	500,000
	매출채권처분손실	15,000		

② 외상매출금 회수시 : 분개 없음

(2) 외상매출금의 담보제공에 의한 차입거래로 보는 경우

① 외상매출금의 양도시 :

(차)	현 금	485,000	(대) 단기차입금	500,000
	이자비용	15,000		

② 외상매출금 회수시 :

(차)	단기차입금	500,000	(대) 외상매출금	500,000

2 · 2 외상매입금

상품을 외상으로 매입하는 경우에 발생하는 매입채무를 기장하기 위하여 외상매입금계정을 설정한다. 상품을 외상매입함으로써 매입채무가 발생하면 외상매입금계정의 대변에 기입하고, 외상매입금을 지급하게 되면, 차변에 기입하여 감액시킴으로써 외상매입금의 잔액은 대변에 나타난다. 대변잔액은 외상매입금의 미지급액을 의미한다.

외상매입금

외상매입금지급시	외상매입시
잔액(미지급액)	

매입처가 많은 경우에는 매입처원장을 두고 매입처별 외상매입금의 명세를 기록한다.

예제 9-3 다음의 거래를 분개하고 총계정원장과 매입처원장에 기입하시오.

10월 1일 성북상사로부터 상품 700,000원을 외상으로 매입하다.
10월 10일 성북상사의 외상대금 400,000원을 현금으로 지급하다.
10월 15일 강북상사로부터 상품 500,000원을 외상으로 매입하다.
10월 25일 전일 강북상사의 외상대금 200,000원을 수표 발행하여 지급하다.

해답

10월 1일	(차) 상 품	700,000	(대) 외상매입금 (성북상사)	700,000
10월 10일	(차) 외상매입금 (성북상사)	400,000	(대) 현금	400,000
10월 15일	(차) 상 품	500,000	(대) 외상매입금 (강북상사)	500,000
10월 25일	(차) 외상매입금 (강북상사)	200,000	(대) 당좌예금	200,000

총계정원장

외상매입금

날 짜	적 요	차 변	대 변	차 또는 대	잔 액
10/ 1	상 품		700,000	대	700,000
10/10	현 금	400,000		대	300,000
10/15	상 품		500,000	대	800,000
10/25	당좌예금	200,000		대	600,000

매입처원장

성북상사

날 짜	적 요	차 변	대 변	차 또는 대	잔 액
10/ 1	상 품		700,000	대	700,000
10/10	현 금	400,000		대	300,000

강북상사

날 짜	적 요	차 변	대 변	차 또는 대	잔 액
10/15	상 품		500,000	대	500,000
10/25	당좌예금	200,000		대	300,000

받을어음과 지급어음

3·1 어음거래의 기입방법

기업의 상품의 판매대금으로 어음을 받게 되면 받을어음계정의 차변에 기입한다. 상품판매의 대가로 어음을 소지하게 됨으로써 어음상의 채권자가 되기 때문이다.

어음은 상품을 판매하고 그 대금으로 받는 경우도 있고, 상품을 외상으로 판매한 후 그 외상매출금의 회수로 어음을 받는 경우도 있다. 어음대금을 회수하거나 어음을 타인에게 양도한 경우에는 어음상의 채권이 소멸되므로 받을어음계정의 대변에 기입한다.

받을어음

어음의 소지시	어음대금의 회수시 어음의 양도 및 할인시
	잔액(미회수액)

예제 9-4 다음의 거래를 분개하시오.

(1) 7월 1일 대성상사에 상품을 매출하고, 대금 3,000,000원을 대성상사발행의 약속어음(발행일 7월 1일, 만기일 8월 1일, 지급장소: 제일은행 강동지점)으로 받다.

(2) 8월 1일 대성상사 발행의 약속어음이 만기가 되어 3,000,000원을 현금으로 회수하다.

해답

	차변	금액	대변	금액
(1)	(차) 받을어음	3,000,000	(대) 상 품	3,000,000
(2)	(차) 현 금	3,000,000	(대) 받을어음	3,000,000

기업이 상품을 매입하고 어음을 발행하여 지급하게 되면 지급어음계정의 대변에 기입한다. 이 때는 상품매입의 대가로서 어음을 발행하게 되어 어음상의 채무자가 되기 때문이다.

어음은 상품을 매입하고 그 대가로서 발행하는 경우도 있고, 상품을 외상으로 매입한 후 그 외상매입금의 지급을 위하여 어음을 발행하는 경우도 있다. 지급어음계정에 기입하는 거래를 정리하면 다음과 같다.

지급어음

차변	대변
어음대금의 지급시	어음의 발행시
잔액(미지급액)	

예제 9-5 [예제 9-4]의 거래를 대성상사의 입장에서 분개하시오.

해답

(1) (차) 상 품	3,000,000	(대) 지급어음	3,000,000
(2) (차) 지급어음	3,000,000	(대) 현 금	3,000,000

3 · 2 어음의 양도

어음의 소지인은 어음의 만기일이 도래하기 전에 어음상의 권리(채권)를 자유롭게 타인에게 양도할 수 있다. 어음을 양도할 때에는 어음의 뒷면에 양도의 의사를 표시하고 기명날인하여 교부하여야 하는데, 이러한 절차를 어음의 배서(endorsement)라고 한다.

흔히 일상생활에서는 이서(裏書)라는 말로 사용되고 있기도 한다. 이때 어음상의 권리를 양도하는 사람을 양도인 또는 배서인(endorser)이라고 하고, 어음상의 권리를 양수받는 사람을 양수인 또는 피배서인(endorsee)이라고 한다.

어음의 배서에는 그 목적에 따라 배서양도와 어음할인으로 분류된다.

1. 배서양도

배서양도란 어음상의 권리를 제3자에게 양도할 목적으로 어음의 뒷면에 양도의 의사를 표시하고 기명날인하는 것을 말한다. 상품대금이나 외상매입금을 지급하기 위하여 타인에게 어음을 배서양도하면 어음상의 권리를 상실하므로 받을어음계정의 대변에 기입하고, 타인으로부터 배서양수하면 그 차변에 기입한다.

그러나 만일 받을어음을 배서양도한 경우에 만기일이 되어도 지급인이 어음대금의 지급을 거절하는 때에는 배서인은 그 어음의 소지인(피배서인)에게 어음대금을 상환할 의무를 부담하며, 동시에 당초의 어음발행인에게 상환청구를 할 수 있다. 그러므로 배서인은 만기일이 도래하여 무사히 어음금액이 결제될 때까지 우발부채(contingent liability)를 부담하게 된다.

우발부채는 현재로서의 채무가 아니라 장래의 사정 여하에 따라 실제상의 채무로 될 수 있는 일종의 잠재적인 채무(potential liability)이다.

어음을 배서양도하였을 때는 결산시에 재무상태표의 여백이나 별첨서류로서 양도의 사실을 설명하여야 한다. 즉, 재무상태표에 주석사항으로 설명하여야 한다.

예제 9-6 다음의 거래를 분개하시오.

(1) 서울상사에 상품 1,000,000원을 매출하고, 대금은 서울상사발행의 약속어음으로 받다.

(2) 경기상사에서 상품 1,000,000원을 매입하고, 대금은 (1)의 서울상사에서 받은 약속어음을 배서양도하다.

해답

(1)	(차) 받을어음	1,000,000	(대) 상 품	1,000,000
(2)	(차) 상 품	1,000,000	(대) 받을어음	1,000,000

---

2. 어음할인

어음의 소지인은 현금사정이 좋지 않을 경우에 어음을 만기일 전에 현금으로 교환하기 위하여 은행 등의 금융기관에 양도하면 어음의 만기일까지의 이자 및 수수료를 차감한 잔액을 받게 된다. 이 경우 차감되는 이자 및 수수료를 할인료라고 하며, 어음대금에서 할인료를 공제한 잔액은 실수금이라 한다.

이와 같이 현금사정을 이유로 소지어음을 은행에서 할인받은 경우에도 만기일에 어음대금이 지급되지 않은 때에는 상환의무가 생긴다. 즉, 어음할인의 경우에도 배서양도의 경우와 마찬가지로 우발부채가 발생하게 된다.

그리고 배서양도의 경우와 마찬가지로 어음할인의 내용은 결산시에 재무상태표에 주석으로 설명하여야 한다.

받을어음의 할인에 대한 회계처리도 다음에서 보는 바와 같이 외상매출금의 양도시 회계처리와 동일하다.

첫째, 받을어음에 대한 상환청구권조건이 없는 경우에는 받을어음이 양수인(금융기관 등)에게 매각된 것으로 간주하여 다음과 같이 회계처리한다.[1)]

① 어음의 할인시

(차)	현 금	×××(*)	(대) 받을어음	×××
	매출채권처분손실	×××(*)		

* 매출채권처분손실의 계산

- 어음의 만기금액 ; 액면금액 + 만기일까지의 이자
- 할인액 ; 어음의 만기금액 × 할인율 × 할인일수 / 365
- 현금수취액 ; 어음의 만기금액 - 할인액
- 매출채권처분손실 ; 어음의 액면금액 - 현금수취액

② 어음이 만기일에 결제시

분개없음

둘째, 그 이외의 경우, 즉 받을어음에 대한 상환청구권 조건이 있는 경우에는 받을어음이 실질적으로 매각되지 않은 거래로 보아 받을어음을 담보로 제공하고 현금을 차입한 것으로 간주하여 다음과 같이 회계처리한다.

① 어음의 할인시

(차)	현 금	×××(*)	(대) 단기차입금	×××
	이자비용	×××(*)		

* 매출채권처분손실과 같은 방법으로 계산

② 어음이 만기일에 결제시

(차)	단기차입금	×××	(대) 받을어음	×××

1) 기업실무에서 이루어지는 어음할인은 모두 매각거래로 간주된다. 외상매출금의 양도에서 설명한 바와 같이 양수인이 어음에 대한 실질적인 처분권한을 가지며, 어음의 양도인은 양도후에 권리를 행사할 수 없고 효율적인 통제권을 행사할 수 없기 때문이다(기업회계기준 등에 관한 해석 52-14 참조).

예제 9-7 분당상사는 거래처로부터 받아 소지하고 있는 약속어음(액면 1,000,000원, 연이자율 12%, 만기 90일)을 발행일로부터 30일 경과후에 현금화하기 위하여 거래은행에서 연 20%로 할인하고 할인료를 차감한 잔액을 수령하다. 할인받은 어음은 만기일에 지급인에 의하여 무사히 결제되었다고 한다.
위의 거래를 받을어음에 대한 권리와 의무가 포괄적으로 이전될 경우와 그렇지 않은 경우로 나누어 각각 분개하시오.

해답

(1) 권리와 의무가 포괄적으로 이전된 경우

① 어음의 할인시

(차)	현 금	995,740	(대) 받을어음	1,000,000
	매출채권처분손실	4,260*		

* 매출채권처분손실의 계산
- 어음의 만기금액 = 1,000,000원 + 1,000,000원 × 12% × 90 / 365 = 1,029,590원
- 할인액 = 1,029,590원 × 20% × 60 / 365 = 33,850
- 현금수취액 = 1,029,590원 - 33,850원 = 995,740원
- 이자비용 = 1,000,000원 - 995,740원 = 4,260원

② 어음이 무사히 결제시

분개없음

(2) 권리와 의무가 포괄적으로 이전되지 않은 경우

① 어음의 할인시

(차)	현 금	995,740	(대) 단기차입금	1,000,000
	이자비용	4,260		

② 어음이 무사히 결제시

(차)	단기차입금	1,000,000	(대) 받을어음	1,000,000

3 · 3 어음의 부도

받을어음이 만기일에 지급이 거절되는 경우가 있는데 이를 어음의 부도라고 한다. 부도가 발생한 경우에는 받을어음계정의 대변에 기입하여 받을어음을 감소시키고 동

시에 부도어음계정 또는 외상매출금계정의 차변에 기입한다.

어음의 부도가 확정되면 어음 소지인은 그 어음의 발행인이나 배서인에게 지급을 청구하게 되는데 이 때는 공증인에게 의뢰하여 지급거절증서를 작성하여 받고, 지급거절작성비용과 만기일 이후의 법정이자까지 청구할 수 있다.

따라서 어음이 부도가 된 경우에는 부도된 어음의 금액과 지급거절증서작성비용 등의 여러 비용을 부도어음계정 또는 외상매출금계정의 차변에 기입한다. 그 후 어음상의 채무자에게 청구한 대금이 회수되면 부도어음계정 또는 외상매출금계정의 대변에 기입하고, 또한 어음의 만기일(부도일)로부터 회수일까지의 법정이자수령액은 이자수익계정에 기입한다.

예제 9-8 다음의 거래를 분개하시오.

(1) 거래처로부터 받았던 약속어음 100,000원이 금일 만기가 되었으나 부도되어 배서인(양도인)에게 상환청구하다. 아울러 지급거절증서작성비용으로 현금 1,000원을 지출하다.

(2) 상환청구하였던 부도어음에 대하여 청구대금과 법정이자 2,000원을 현금으로 받다.

(3) 전일 받을어음 500,000원을 배서양도하였는데, 오늘 그 어음이 부도되었다는 피배서인(양수인)의 통지를 받고, 즉시 당좌수표를 발행하여 지급하고 동시에 그 어음의 발행인에게 상환청구하다.

해답

	차변	금액		대변	금액
(1)	(차) 부도어음 (외상매출금)	101,000	(대)	받을어음	100,000
				현금	1,000
(2)	(차) 현 금	103,000	(대)	부도어음 (외상매출금)	101,000
				이자수익	2,000
(3)	(차) 부도어음 (외상매출금)	500,000*	(대)	당좌예금	500,000**

* 어음의 발행인에 대한 상환청구권을 의미

**양수인에게 어음대금의 지급을 의미

3·4 어음의 기입장

어음거래에 대한 명세는 보조기입장인 어음기입장에 기입한다. 어음기입장은 다음과 같이 구분된다.

1. 받을어음기입장

받을어음에 관한 거래의 명세는 보조기입장으로서 받을어음기입장(notes receivable book)에 기장된다. 받을어음에 대한 거래의 받을어음기입장 기입을 예시하면 다음과 같다.

받을어음기입장

<table>
<tr><th colspan="2" rowspan="2">20x1년</th><th rowspan="2">적 요</th><th rowspan="2">금 액</th><th rowspan="2">어음종류</th><th rowspan="2">어음번호</th><th rowspan="2">지급인</th><th rowspan="2">발행인 또는 배서인</th><th colspan="2" rowspan="2">발행일</th><th colspan="2" rowspan="2">만기일</th><th rowspan="2">지급장소</th><th colspan="3">전 말</th></tr>
<tr><th colspan="2">월일</th><th>적요</th></tr>
<tr><td>7</td><td>1</td><td>상품매출</td><td>3,000,000</td><td>약</td><td>3</td><td>대성상사</td><td>대성상사</td><td>7</td><td>1</td><td>8</td><td>1</td><td>제일은행 강동지점</td><td>8</td><td>1</td><td>입금</td></tr>
</table>

2. 지급어음기입장

지급어음에 관한 거래의 명세는 보조기입장으로서 지급어음기입장(notes payable book)에 기장된다. 지급어음에 대한 거래의 지급어음기입장 기입을 예시하면 다음과 같다.

지급어음기입장

<table>
<tr><th colspan="2" rowspan="2">20x1년</th><th rowspan="2">적 요</th><th rowspan="2">금 액</th><th rowspan="2">어음종류</th><th rowspan="2">어음번호</th><th rowspan="2">지급인</th><th rowspan="2">발행인 또는 배서인</th><th colspan="2" rowspan="2">발행일</th><th colspan="2" rowspan="2">만기일</th><th rowspan="2">지급장소</th><th colspan="3">전 말</th></tr>
<tr><th colspan="2">월일</th><th>적요</th></tr>
<tr><td>7</td><td>6</td><td>상품매입</td><td>1,000,000</td><td>약</td><td>1</td><td>평화상사</td><td>당 사</td><td>7</td><td>6</td><td>8</td><td>6</td><td>조흥은행 성남지점</td><td>8</td><td>6</td><td>지급</td></tr>
</table>

3·5 상품매매 이외의 어음거래기입

상품매매와 관련해서 발행되는 어음을 상업어음(commercial bill) 또는 진성어음이라고 하며, 이와 관련된 거래를 받을어음(매출채권)계정 또는 지급어음(매입채무)계정에서 기입한다. 그러나 어음을 상품매매 이외에 금전의 대여 또는 차입의 목적으로 자금의 차용 또는 대여증서로서 발행되는 경우가 있다.

이와 같이 현금을 대여하거나 차입하는 경우에 있어서 현금대차의 각서인 차용증서 대신에 어음을 이용하는 경우에는 그러한 거래를 대여금계정 또는 차입금계정에 기장한다.

또한 상품 이외의 자산으로서 비품·토지 등을 처분하고 어음을 받은 경우에는 받을어음계정이 아닌 미수금계정의 차변에 기입하며, 상품 이외의 자산을 취득하고 어음을 발행한 경우에도 지급어음계정이 아닌 미지급금계정의 대변에 기입한다.

미수금계정과 미지급금계정에 대하여는 제4절에서 설명한다.

예제 9-9 다음의 거래를 분개하시오.

(1) 경남상사에 현금 1,000,000원을 대여하고 경남상사 발행의 약속어음(액면 1,000,000원, 만기 6개월)을 받다.

(2) (1)의 약속어음이 만기가 되어 어음을 제시하고 이자 60,000원과 함께 어음대금으로 현금 1,000,000원을 회수하다.

(3) 현금 500,000원을 차입하고 약속어음(액면 500,000원, 만기 3개월)을 발행하여 주다.

해답

	차변	금액	대변	금액
(1)	(차) 단기대여금	1,000,000	(대) 현 금	1,000,000
(2)	(차) 현 금	1,060,000	(대) 단기대여금	1,000,000
			이자수익	60,000
(3)	(차) 현 금	500,000	(대) 단기차입금	500,000

기타채권과 기타채무

상품의 외상매매에서 발생하는 매출채권과 매입채무 이외에서 발생하는 채권·채무거래를 기장하기 위해서는 다음에서 설명하는 계정들의 설정을 필요로 한다.
이들에 대한 회계처리를 설명하면 다음과 같다. 다음에서 설명하는 채권항목은 유동자산 중 당좌자산에 속하며, 채무항목들은 유동부채에 속한다.

4·1 미수금과 미지급금

상품 이외의 자산을 처분하고 대금은 후일에 받기로 했을 때, 이러한 일반적 상거래 이외의 원인으로 발생한 채권은 미수금계정(account receivable-other)을 설정하여 기장한다. 반대로 상품 이외의 자산을 취득하고 대금은 추후에 지급하기로 한 경우에는 미지급금계정(account payable-other)을 설정하여 기장한다.

미수금	
(증 가) 상품 이외의 자산 처분시	(감 소) 상품 이외의 자산처분대금의 회수시

미지급금	
(감 소) 상품 이외 자산 취득자금의 지급시	(증 가) 상품 이외 자산의 취득시

이러한 채권, 채무는 기업고유의 영업활동에서 발생하는 외상매출금이나 외상매입금과는 다르다. 예를 들어, 기업이 사용할 목적으로 소유하는 건물, 비품, 차량 등의 유형자산과 유가증권 등의 거래에서 발생하는 채권, 채무는 미수금계정과 미지급금계정에서 처리한다.

예제 9-10 다음의 거래를 분개하시오.

(1) 영업용 건물을 1,000,000원에 취득하고, 700,000원은 수표를 발행하여 지급하고 잔액은 10일 후에 지급하기로 하다.

(2) 영업용 토지 500,000원을 장부가액으로 처분하고, 대금은 추후에 받기로 하다.

해답

(1) (차) 건물	1,000,000	(대)	당좌예금	700,000
			미지급금	300,000
(2) (차) 미수금	500,000	(대)	토 지	500,000

상품 이외의 자산을 처분하고 어음을 받은 경우에도 그 거래금액을 미수금계정에 기입하며, 상품 이외의 자산을 취득하고 어음을 발행하여 교부한 경우에도 미지급금계정에 기입한다.

4·2 대여금[2)]과 차입금

일반적인 상거래 이외에 차용증서(I.O.U; I owe you)를 받고 현금을 대여했을 때는 원장에 대여금계정(loan receivable account)을 설정하여 기장하고, 반대로 차용증서를 써주고 현금을 차입했을 때는 차입금계정(loan payable account)을 설정하여 기장한다. 대여금계정의 잔액은 차변에 남게 되어 대여금의 미회수액을 표시하며, 차입금계정의 잔액은 대변에 남게 되어 미상환액인 부채를 표시한다.

대여금	
(증 가) 자금의 대여시	(감 소) 대여자금의 회수시

차입금	
(감 소) 차입자금의 상환시	(증 가) 자금의 차입시

대여금과 차입금은 그 상환기간에 따라 1년을 기준(one year rule)으로 하여 단기대여금과 장기대여금, 단기차입금과 장기차입금으로 구분된다. 그리고 대여금과 차입금에서 발생하는 이자는 이자수익계정 또는 이자비용계정에 기입한다.

차용증서 대신에 어음을 받고 현금을 대여하거나 어음을 발행하여 주고 현금을 차입하는 경우 역시 대여금계정과 차입금계정에서 기입한다.

2) 대여금은 회수기간내 따라 단기대여금과 장기대여금으로 구분되는데, 단기대여금은 유동자산 중 금융자산에 포함되며, 장기대여금은 투자자산 중 금융자산으로 분류된다.

예제 9-11 다음 거래를 분개하시오.

(1) 매화상점에 현금 1,000,000원을 대여하고, 5개월 후에 회수하기로 약정하다.
(2) (1)의 대여금을 이자 100,000원과 함께 현금으로 받다.
(3) 상안상회에 차용증서를 써주고 현금 5,000,000원을 6개월간 차입하다.

해답

(1)	(차) 단기대여금	1,000,000	(대)	현 금	1,000,000
(2)	(차) 현 금	1,100,000	(대)	단기대여금	1,000,000
				이자수익	100,000
(3)	(차) 현 금	5,000,000	(대)	단기차입금	5,000,000

4·3 선급금과 선수금

상품의 인도나 인수 전에 상품대금의 일부 또는 전부를 계약금의 명목으로 주고받는 경우가 있다. 상품을 인수하기 전에 상품대금의 일부 또는 전부를 매입처에 지급하였을 때 원장에 선급금계정(prepayment account)을 설정하여 기장한다.

반대로 상품을 인도하기 전에 상품대금의 일부 또는 전부를 받았을 때는 선수금계정(advances received account)을 설정하여 기장한다. 선급금계정은 자산이며, 선수금계정은 부채다.

선급금		선수금	
(증 가) 계약금 지급시	(감 소) 상품 인수시	(감 소) 상품 인도시	(증 가) 계약금 수령시

예제 9-12 다음의 거래를 분개하시오.

(1) 상품 5,000,000원을 대전상사에 주문하고, 대금 중 500,000원을 계약금으로 수표를 발행하여 지급하다.
(2) (1)의 상품을 인수하다. 계약금을 제외한 나머지 금액은 한 달 후 지급하기로 하다.

(3) 강원상사에 상품 1,000,000원을 매출하기로 하고 계약금 300,000원을 현금으로 받다.
(4) (3)의 상품을 인도하고 잔액은 강원상사발행의 3개월 후 만기약속어음으로 받다.

해답

(1) (차)	선급금	500,000	(대)	당좌예금	500,000
(2) (차)	상 품	5,000,000	(대)	선급금	500,000
				매입채무(외상매입금)	4,500,000
(3) (차)	현 금	300,000	(대)	선수금	300,000
(4) (차)	선수금	300,000	(대)	상 품	1,000,000
	받을어음	700,000			

4 · 4 상품권선수금

기업이 상품권(coupon, ticket)을 발행하면 후일에 그것에 해당하는 상품을 인도하여야 할 채무가 발생한다. 이러한 부채계정에 대해서는 원장에 상품권선수금계정(coupon for goods account)을 설정하여 기입한다. 즉, 현금을 받고 상품권을 발행하였을 때에는 상품권선수금계정의 대변에 기입한다.

후일에 상품권과 교환으로 상품을 인도하게 되는데, 이때 상품권선수금계정의 차변과 상품계정의 대변에 기입한다. 상품권선수금계정을 설정하는 대신에 위에서 설명한 선수금계정에서 처리하기도 한다.

상품권선수금

(감 소)	(증 가)
상품 인도시	상품권 발행시

예제 9-13 다음의 거래를 분개하시오.

(1) 상품권 100,000원권 1매를 발행하고 현금으로 받다.
(2) 상품 150,000원을 매출하고, 상품권 100,000원과 현금 50,000원을 받다.

해답

(1) (차)	현 금	100,000	(대) 상품권선수금	100,000
(2) (차)	상품권선수금	100,000	(대) 상 품	150,000
	현 금	50,000		

4 · 5 예수금

종업원이나 임원에게 급여에서 공제한다는 조건으로 금전을 일시적으로 대여하거나 가불하여 주었을 때에는 앞에서 설명한 대여금계정에 기장한다. 또한 종업원이나 임원의 급여에서 공제하여 일시적으로 맡아두는 소득세, 지방소득세 등의 원천징수세액과 건강보험료, 국민연금 등의 종업원부담액은 원장에 예수금계정(deposit received account)을 설정하여 기입한다.

대여금		예수금	
(증 가) 종업원 등에게 대여시 또는 가불금지급시	(감 소) 급여에서 공제시	(감 소) 세무서, 건강보험공단 등에 납부시	(증 가) 급여에서 원천징수 또는 공재시

예수금은 그 종류에 따라 소득세예수금 또는 보험료예수금 등과 같이 개별적으로 계정을 설정하여 회계처리하기도 한다.

예제 9-14 다음 연속된 거래를 분개하시오.

(1) 종업원 5인에게 급여에서 공제한다는 조건으로 현금 100,000원을 가불해 주다.
(2) 종업원 5인에게 당월분 급여 600,000원을 지급하면서 위의 가불금과 소득세, 지방소득세, 건강보험료, 국민연금 등 154,300원을 공제하고 나머지를 현금으로 지급하다.
(3) 소득세 55,000원, 지방소득세 5,500원, 건강보험료 47,000원, 국민연금 46,800원을 납부하다. 건강보험료와 국민연금은 회사부담분과 종업원부담분의 비율이 5:5이며, 회사부담분은 복리후생비로 처리한다.

해답

	차변	금액		대변	금액
(1)	(차) 단기대여금	100,000	(대)	현 금	100,000
(2)	(차) 급 여	600,000	(대)	단기대여금	100,000
				예수금	154,300
				현 금	345,700

(3)

① 소득세 납부

(차) 예수금	55,000	(대) 현 금	55,000

② 지방소득세 납부

(차) 예수금	5,500	(대) 현 금	5,500

③ 건강보험료 납부

(차) 예수금	47,000	(대) 현 금	94,000
복리후생비	47,000		

④ 국민연금 납부

(차) 예수금	46,800	(대) 현 금	93,600
복리후생비	46,800		

4·6 가지급금과 가수금

현금거래가 발생하였으나 이를 처리할 계정과목이 명확하지 않은 경우 또는 계정과목은 확실하나 거래금액이 확정되지 않은 경우에는 임시적으로 가지급금계정(suspense payments account)과 가수금계정(suspense receipt account)을 설정하여 회계처리한다. 따라서 이들 계정은 거래내용이 밝혀져서 계정과목이나 금액이 확정되면 그와 동시에 해당계정에 대체하여야 한다. 가지급금계정은 자산계정이며, 가수금계정은 부채계정이다.

이와 같은 내용이 불분명한 가계정은 가급적 사용하지 않는 것이 바람직하나, 부득이 사용할 경우에도 결산시에는 반드시 거래내용을 밝혀 적절한 과목으로 표시하여야 한다.

즉, 가지급금계정이나 가수금계정은 그 내용이 불명료하기 때문에 회계조작의 위험 등이 있으므로 재무상태표에 기재할 수 없기 때문에 그 성질을 나타내는 적절한 과목으로 표시하여야 하는 것이다.

가지급금		가수금	
(증 가)	(감 소)	(감 소)	(증 가)
① 사원출장비의 전도 ② 매매계약금, 청약 보증금의 지급 ③ 내용이 불분명한 지급	거래내용의 규명시	거래내용의 규명시	① 매매계약금, 청약 보증금의 수입 ② 내용이 불분명한 수입

예제 9-15 다음의 거래를 분개하시오.

(1) 종업원 전세환을 대구에 출장보내기로 하고, 현금 100,000원을 여비명목으로 지급하다.

(2) 출장 중인 전세환으로부터 현금 500,000원이 송금되어 오다. 그 내역은 알 수가 없다.

(3) 전세환이 귀사하여 여비 중에서 10,000원은 현금으로 반환하다. 출장 중 송금액은 거래처에서 외상매출금을 받은 것으로 밝혀지다.

해답

(1) (차)	가지급금	100,000	(대) 현 금	100,000
(2) (차)	현 금	500,000	(대) 가수금	500,000
(3) (차)	여비교통비	90,000	(대) 가지급금	100,000
	현금	10,000		
(차)	가수금	500,000	(대) 매출채권(외상매출금)	500,000

회수불능채권에 대한 회계처리

5 · 1 대손의 의의와 처리

상품의 매출과 관련해서 발생하는 매출채권(외상매출금, 받을어음)은 상대방 채무자의 파산, 폐업, 행방불명 등의 원인으로 그 회수가 불가능하게 되는 경우가 있는데, 이와 같이 채권의 회수불능상태를 대손(bad debts)이라고 한다.

대손은 기타채권인 대여금, 선급금, 미수금 등에서도 발생한다.

대손이 발생하면 매출채권 등의 회수가 불가능하게 됨으로써 자산의 감소가 발생되는 것이다. 이에 따라 자산의 감소로써 대손이 발생한 채권계정의 대변에 기입하고, 동시에 그 금액만큼을 비용으로 처리하게 된다. 이 때의 비용계정으로는 매출채권(외상매출금, 받을어음)의 대손에는 대손상각비계정이 사용되는 계정이며, 미수금, 선급금 등의 기타채권이 대손되었을 때는 기타의 대손상각비(other bad debts expense)계정을 사용한다.

예제 9-17 다음 거래를 분개하시오.

(1) 외상매출처인 중앙상사의 파산으로 외상매출금 300,000원을 대손처리하다.

(2) 한동상사의 파산으로 그 회사에 대한 단기대여금 500,000원을 대손처리하다.

해답

(1) (차) 대손상각비	300,000	(대) 외상매출금	300,000
(2) (차) 기타의 대손상각비	500,000	(대) 단기대여금	500,000

5 · 2 대손충당금의 설정

대손상각비는 상품의 외상매매거래에 수반하여 나타나는 일종의 경비라고 생각할 수 있기 때문에 대손이 실제로 발생한 회계기간에 비용으로 계상하는 것보다 당해 외상매출채권이 발생한 회계기간, 즉 외상매출이 일어난 기간에 비용으로 계상하는 것이 타당하다. 이렇게 함으로써 수익, 비용의 적절한 대응이 이루어지고 각 회계기간의 이익을 정확히 측정하는 데 보다 합리적이다.

따라서 기말 결산시의 외상매출금잔액에 대해 그 회수가능성을 검토하여 다음 회계연도 중에 회수되지 않을 것으로 예상되는 금액을 객관적이고 합리적인 기준에 따라 추산하여 이를 대손상각비로 계상한다. 그리고 이 대손추산액은 실제 대손이 발생한 것은 아니므로 외상매출금계정에서 직접 차감하지 않고 대손충당금이라는 별도의 계정을 설정하여 이 계정의 대변에 기입한다.

대손충당금은 외상매출금의 궁극적인 회수가능액을 나타내기 위하여 외상매출금에서 차감하는 계정인데 이러한 계정을 평가계정이라고 한다.

외상매출금 등과 같은 매출채권에서 대손충당금을 차감하여 표시함으로써 매출채권을 회수가능한 금액으로 나타낼 수 있다. 이러한 경우의 매출채권의 금액은 실제가치를 나타내는 것이며, 이를 순실현가치라고 한다.

그 후 차기에 가서 실제로 대손이 발생하면 대손충당금과 외상매출금을 상계하여 처리하고, 만약 대손충당금 계정의 잔액이 부족한 경우에는 그 부족부분을 추가로 대손상각비로 처리한다.

예제 9-18 다음 연속된 거래를 분개하시오.

(1) 20x1년 12월 31일 기말 외상매출금 잔액 75,000,000원에 대하여 대손충당금 1%를 설정하다.

(2) 20x2년 6월 30일 전년도 발생한 외상매출금 900,000원이 회수불능으로 확정되었다.

해답

(1) 20x1년 12월 31일

(차)	대손상각비	750,000	(대) 대손충당금(외상매출금)	750,000

(2) 20x2년 6월 30일

(차)	대손충당금	750,000	(대) 매출채권(외상매출금)	900,000
	대손상각비	150,000		

재무상태표상에서 대손충당금은 각각의 채권과목 잔액에서 직접 차감하는 형식으로 기재하거나, 또는 대손충당금의 합계를 유동자산 및 투자자산의 합계액에서 각각 차감하는 형식으로 기재할 수 있다.

매출채권과 대손충당금의 표시방법을 예시하면 다음과 같다.

재무상태표

유동자산		
현금 및 현금성 자산		xxx
매 출 채 권	xxx	
대 손 충 당 금	(-) xx	xxx

재무상태표

유동자산		
현금 및 현금성 자산		xxx
외 상 매 출 금	xxx	
대 손 충 당 금	(-)xxxx	xxx
받 을 어 음	x	
대 손 충 당 금	(-)xx	xxx
단 기 대 여 금	xxx	
대 손 충 당 금	(-)xx	xxx

재무상태표에서 매출채권 등에 대하여 대손충당금을 차감하는 형식(총액)으로 표시한 경우 재무상태표가 지나치게 복잡하게 될 수 있다. 따라서 K-IFRS에서는 대손충당금을 차감한 금액(순액)으로 매출채권계정을 표시할 수도 있다고 규정하고 있다.

결산기에 이르러 대손충당금을 설정하고자 할 때 전기말에 설정된 대손충당금의 잔액이 있다면, 그 잔액을 차감한 금액만을 당기의 대손충당금으로 계상한다. 그러나 대손충당금의 잔액이 설정하고자 하는 금액보다도 초과되는 경우에는 초과액을 환입하여 영업외수익으로 계상한다.

결산시 기말채권에 대하여 그 회수가능성을 검토할 경우에 먼저 회수불가능한 채권이 있는지를 검토하고, 만약 회수 불가능한 채권이 발견되면 이를 우선 대손충당금과 상계하고 대손충당금이 부족한 경우에는 그 부족액을 대손상각비로 계상하여야 한다.

예제 9-19 다음의 거래를 분개하시오.

(1) 결산일에 외상매출금 잔액 20,100,000원에 대한 회수가능성을 검토해본 결과 100,000원은 회수가 불가능한 것으로 조사되어 대손처리하기로 하고, 나머지 잔액 20,000,000원에 대하여는 1%의 대손을 추정하고 대손충당금을 설정하기로 하였다. 단, 결산일 직전 외상매출금의 대손충당금 잔액 150,000원이다.

(2) (1)에서 결산일 직전 외상매출금의 대손충당금 잔액이 350,000원일 때 분개하시오.

해답

	차변	금액		대변	금액
(1) (차)	대손충당금	100,000*	(대)	매출채권(외상매출금)	100,000*
	대손상각비	150,000**		대손충당금	150,000**

*회수불가능한 채권을 우선 상계

** 20,000,000원 × 1% = 200,000원

전기말 잔액 (－) 50,000원

추가계상 150,000원

	차변	금액		대변	금액
(2) (차)	대손충당금	100,000	(대)	매출채권(외상매출금)	100,000
	대손충당금	50,000***		대손충당금환입	50,000***

*** 20,000,000원 × 1% = 200,000원

전기말 잔액 (－)250,000원

환입계상 50,000원

전기이전에 대손으로 확정되어 이미 대손처리한 채권이 당기에 회수되었을 때에는 대손충당금계정의 대변에 기입하며 대손충당금계정을 증액시킨다.

그러나 당기에 대손처리한 채권이 회수되었을 때에는 즉시 당기의 대손처리를 정정(대손충당금계정 또는 대손상각비계정의 대변에 기입)하여야 한다.

예제 9-20 다음의 거래를 분개하시오.

(1) 전기에 대손처리한 잠실상사의 외상매출금 1,000,000원이 현금으로 회수하다.

(2) 당기에 대손처리한 오륜상사의 외상매출금 1,000,000원이 현금으로 회수되다. 다음 세가지 경우에 대해 각각 분개하시오. ① 전액 대손충당금으로 처리, ② 전액 대손상각비로 처리, ③ 대손충당금 600,000원과 대손상각비 400,000원으로 처리.

해답

(1) (차) 현 금 1,000,000 (대) 대손충당금 1,000,000

(2) ① 대손충당금계정에서 상계처리했을 경우

(차) 현 금 1,000,000 (대) 대손충당금 1,000,000

② 대손상각비계정에서 처리했을 경우

(차) 현 금 1,000,000 (대) 대손상각비 1,000,000

③ 대손충당금 600,000원과 대손상각비 400,000원으로 처리했을 경우

(차) 현 금	1,000,000	(대)	대손충당금	600,000
			대손상각비	400,000

연습문제

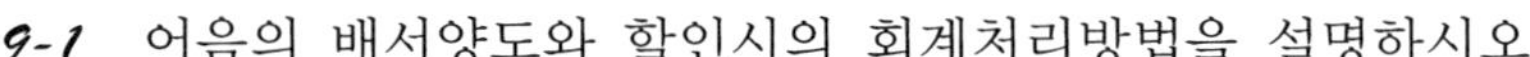

9-1 어음의 배서양도와 할인시의 회계처리방법을 설명하시오.

9-2 대손충당금을 설정하는 이유를 설명하시오.

9-3 외상매출금과 미수금의 차이를 설명하시오.

9-4 다음 거래를 분개하시오.

(1) 서울상사로부터 상품 200,000원을 매입하고 대금은 약속어음을 발행하여 지급하다.

(2) 거래처 대구상사에 상품을 매출하고 대금 100,000원은 동사 발행의 약속어음으로 받다.

(3) 비품을 500,000원에 매입하고, 대금은 약속어음을 발행하여 지급하다.

(4) 대구상사로부터 받은 약속어음 100,000원을 은행에서 할인하고 할인료 2,000원을 차감한 실수금은 당좌예입하다(매각).

(5) 상품을 매입하고 서울상사에 발행한 약속어음 200,000원이 만기가 되어 수표를 발행하여 지급하다.

(6) 한양상사로부터 상품 120,000원을 매입하고 50,000원은 중앙상사로부터 받은 약속어음을 배서양도하고 나머지는 수표를 발행하여 지급하다.

(7) 상품을 매출하고 대전상사로부터 받은 약속어음 300,000원이 부도 확인되다.

9-5 아래의 분개를 보고 해당 거래를 추정하시오.

	차변	금액		대변	금액
(1)	(차) 부도어음	205,000	(대)	받을어음	200,000
				현금	5,000
(2)	(차) 현 금	401,200	(대)	부도어음	400,500
				이자수익	700
(3)	(차) 부도어음	200,000	(대)	당좌예금	200,000
(4)	(차) 상 품 502,000		(대)	지급어음	500,000
				현금	2,000

9-6 은행에서 할인받은 어음의 부도에 관한 회계처리를 하시오.

(1) 거래은행에서 할인받은 명덕상사의 약속어음 500,000원이 부도 처리되어 은행으로부터 상환청구를 받다. 이에 청구제비용 3,000원을 포함한 503,000원을 수표를 발행하여 지급하고 즉시 명덕상사에 상환청구하다.

(2) (1)에서 상환청구한 부도어음대금과 법정이자 2,000원을 현금으로 회수하다.

9-7 다음 분개에 대한 거래의 차이를 설명하시오.

(1)	①	(차) 상 품	100,000	(대)	매출채권(외상매출금)	100,000
	②	(차) 비 품	100,000	(대)	미지급금	100,000
(2)	①	(차) 대손상각비	50,000	(대)	매출채권(외상매출금)	50,000
	②	(차) 대손충당금	50,000	(대)	매출채권(외상매출금)	50,000

9-8 다음 거래를 분개하시오.

(1) 영업부 직원의 출장비 개산액 100,000원을 현금으로 지급하다.

(2) (1)의 영업부 직원이 출장을 마친 후 여비정산 내역을 보고받고, 현금 15,000원을 초과지급하다.

(3) 급여 2,600,000원 중 소득세 등 350,000원을 차감한 잔액을 보통예금에서 이체하여 지급하다.

(4) 상품 3,500,000원을 외상으로 매출하고, 운임 70,000원은 현금으로 지급하다. 이 거래와 관련하여 미리 받은 계약금 500,000원이 있었다.

(5) 상품 7,000,000원을 동박상사에 주문하고, 계약금 2,000,000원을 수표를 발행하여 지급하다.

(6) (5)의 동박상사에 주문한 상품 7,000,000원을 외상으로 매입하다. 매입시 발생한 운임 20,000원은 현금으로 지급하였다.

(7) 전일 출장사원으로부터 송금되었던 800,000원의 가수금은 외상매출금 500,000원과 단기대여금 300,000원의 회수임이 판명되었다.

9-9 다음의 대손에 관한 거래를 분개하시오.

〈제1기〉

7월 26일 당기에 발생한 서울상사의 외상매출금 75,000원이 대손되다.

12월 31일 외상매출금 잔액 3,000,000원에 대하여 2%의 대손충당금을 설정하다.

〈제2기〉

8월 27일 전기에서 이월된 외상매출금 40,000원이 대손되다.

12월 31일 외상매출금 잔액 2,000,000원에 대하여 3%의 대손충당금을 설정하다.

〈제3기〉

1월 23일 전기 외상매출금 50,000원이 대손되다.

2월 19일 전기 외상매출금 40,000원이 대손되다.

5월 13일 전기에 대손처리한 단국상사의 외상매출금 15,000원을 현금으로 회수하다.

12월 31일 외상매출금 잔액 2,500,000원에 대하여 1%의 대손충당금을 설정하다.

9-10 다음 거래를 분개하시오.

(1) 전기에서 이월된 외상매출금 70,000원과 당기중에 발생한 외상매출금 30,000원이 대손되다. 단, 대손처리전 장부상 대손충당금 잔액은 80,000원이다.

(2) 결산일에 외상매출금 잔액 10,000,000원에 대하여 1%의 대손을 추정하다. 단, 결산전 장부상 대손충당금 잔액은 120,000원이다.

제10장 상 품

재무상태표 항목 (3)

상품매매기업의 특징

제1장에서 설명한 바와 같이 기업은 그 업종에 따라 상품매매기업, 서비스기업, 제조기업 등으로 구분할 수 있다. 서비스기업(service company)은 회계법인, 세무법인, 항공회사, 운송회사, 호텔, 보험회사, 병원, 스포츠구단 등과 같이 고객에게 서비스를 제공함으로써 수익을 창출하는 기업이다.

제조기업(manufacturing company)은 기업 외부에서 원재료, 노동력, 생산설비 등을 취득하여 이들을 적절히 결합함으로써 생산된 제품을 외부에 판매함으로써 수익을 창출하는 기업이다.

이들 형태의 기업과는 달리 도매업과 소매업으로 구분되는 상품매매기업(merchandising company)은 기업 외부에서 상품을 구입하여 외부에 판매함으로써 수익을 창출하는 기업이다.

상품(merchandise)은 기업이 고객에게 재판매할 목적으로 취득한 재화라고 정의된다. 즉, 상품은 일반적인 상거래에서 매매의 대상이 되는 일체의 재화이다.

상품의 범위에는 판매를 목적으로 기업의 창고에 보관중인 것은 물론이고 창고에 보관하고 있지는 않지만 소유권이 기업에 귀속되는 특수상품들 즉, 미착상품, 적송품, 시송품, 할부상품 등은 모두 상품에 포함시켜야 한다.

상품매매는 상품매매기업에 있어서 가장 중요한 거래이다. 상품은 재무상태표상에서 유동자산으로 분류되어 기재된다. 그 이유는 몇몇 상품을 제외한 대부분 상품은 영업순환주기가 6개월 이내에 해당하기 때문이다. 여기에서 영업순환주기란 상품의 매입에서부터 매출 후 대금을 회수하는 데까지의 기간을 말한다.

상품의 판매는 매출액(sales)이라는 상품매매기업의 주된 수익의 창출과 함께 주된 비용으로서 매출원가(cost of goods sold)라는 비용의 발생을 수반하게 되는데, 매출액과 매출원가는 상품매매기업에서 중요한 수익과 비용이기 때문에 포괄손익계산서에서 다른 수익, 비용과는 분리하여 보고한다.

예를 들어 경기물산주식회사가 원가 700,000원의 상품을 1,000,000원에 판매하였고, 인건비와 판매비 등의 영업비용이 200,000원 발생하였다면 경기물산주식회사의 포괄손익계산서는 다음과 같이 표시된다.

포괄손익계산서

경기물산주식회사	20×1. 1. 1 ~ 12. 31	(단위 : 원)
매 출 액		1,000,000
매 출 원 가		700,000
매출총이익		300,000
판매비와관리비		200,000
당기순이익		100,000

서비스기업의 경우에는 매출액과 매출원가항목이 없고, 수익항목으로서 수수료수익(용역수익)과 비용항목으로서 인건비, 임차료, 보험료 등이 포괄손익계산서를 구성하게 된다.

예를 들어, 서울회계법인의 20×1년도의 회계감사, 경영진단, 세무서비스제공 등으로 인한 수익이 1,000,000원이고, 급료, 임차료, 보험료 등의 판매비와 관리비가 800,000원 발생하였다면 포괄손익계산서는 다음과 같이 표시된다.

포괄손익계산서

서울회계법인	20×1. 1. 1 ~ 12. 31	(단위 : 원)
수수료수익		1,000,000
판매비와관리비		800,000
당기순이익		200,000

제조기업의 경우에는 매출원가 계산에서 차이가 나타날 뿐 상품매매기업의 포괄손익계산서와 유사하다.

그러면 상품매매기업을 중심으로 한 기장방법과 매출이익의 계산 등 회계처리 방법을 설명하기로 한다.

2절 상품매매의 기장방법

상품계정(merchandise account)은 상품의 매매거래를 기입하는 계정이다. 즉, 상품의 매입, 매입환출, 매출, 매출환입 등으로 인하여 발생하는 상품의 증감변화를 기록하는 계정을 상품계정이라 한다.

상품의 매매거래로 인한 증감변화를 기록하는 방법에는 단일상품계정으로 기장하는 방법과 상품계정을 분할해서 기장하는 방법의 두 가지가 있는데, 전자는 다시 순수상품계정으로 기장하는 방법과 혼합상품계정으로 기장하는 방법으로 나누어진다.

2·1 단일상품계정으로 기장하는 방법

이 방법에 의하면 상품매매에 관한 거래를 원장에 상품계정 하나만을 설정하여 기입하는데, 그 기장방법은 또 다음에서 설명하는 바와 같이 2가지로 구분된다.

1. 순수상품계정으로 기장하는 방법(분기법)

순수상품계정(분기법)은 순수한 자산으로서 상품의 증가 및 감소만을 표시하는 것이며, 상품의 매출에서 발생하는 상품매출이익(손실)은 상품계정에서 분리하여 기장하는 방법이다.

상품을 매입할 때에는 인수운임 등의 매입제비용을 포함한 매입원가를 상품계정의 차변에 기입(자산의 증가)하고, 매출한 때에도 매입원가로 상품계정의 대변에 기입(자산의 감소)한다. 그리고 이때 발생하는 상품매출이익(손실), 즉 매출액과 매입원가의 차액은 상품계정과는 별도로 상품매출이익(손실)계정을 설정하여 그 대변(차변)

에 기입한다.

따라서 상품계정은 순수한 자산계정이기 때문에 잔액은 항상 차변에 나타나서 상품의 현재액을 표시하게 된다. 기말의 상품계정의 잔액은 판매되지 않고 재고로 남아 있는 기말상품재고액이 된다.

이와 같이 상품을 매출할 때 발생하는 상품매출이익(손실)을 분리하여 기장하고, 상품계정은 순수한 자산계정으로 취급하는 방법을 분기법이라고 한다.

상 품

전기이월상품 매입액(원가)	매출상품(원가)
	상품현재액

상품매출이익

	매출이익

예제 10-1 다음의 거래를 분기법에 의하여 분개하고 원장에 전기하시오. 단, 상품의 전기이월액은 100,000원이다.

5월 10일 상품 300,000원을 매입하고, 대금은 약속어음을 발행하여 지급하다. 운반비 30,000원은 현금으로 지급하다.

5월 15일 5월 10일 매입한 상품 중 250,000원(매입원가 220,000원)을 외상으로 판매하다.

해답

5월 10일	(차) 상 품	330,000	(대)	매입채무(지급어음)	300,000
				현 금	30,000
5월 15일	(차) 매출채권(외상매출금)	250,000	(대)	상 품	220,000
				상품매출이익	30,000

상 품

5/ 1 전기이월	100,000	5/15 매출채권(외상매출금)	220,000
5/10 제 좌	330,000		

상품매출이익

	5/15 매출채권(외상매출금) 30,000

현금

	5/10 상품 30,000

매출채권(외상매출금)

5/15 제 좌 250,000	

매입채무(지급어음)

	5/10 상품 300,000

분기법은 언제라도 원장을 보면 상품의 현재액과 상품매출이익을 알 수 있기 때문에 이상적인 방법이라고 할 수 있다.

그러나 상품의 종류가 많고 매매가 빈번해지면 상품을 매출할때마다 일일이 매입원가와 상품매출이익을 구분하여 기입하는 것은 어렵다. 그러므로 실용성 측면에서 부동산매매업, 귀금속 등과 같은 고가의 물품을 취급하는 기업에 한하여 적용한다.

2. 혼합상품계정으로 기장하는 방법(총기법)

혼합상품계정(총기법)은 분기법의 결점을 보완하기 위하여 상품을 판매했을 때 이익을 포함한 판매가로 상품계정의 대변에 기입하고, 상품매출이익(손실)은 기말결산 시에 기말상품재고액을 조사한 후 일괄적으로 계산하는 방법이다.

상품계정의 차변은 원가로, 대변은 매가(원가+이익)로 기입되어 있기 때문에 상품계정이 순수한 자산만을 표시하는 계정이라고는 볼 수 없다. 이 방법은 상품계정의 잔액은 순수상품계정(분기법)에서처럼 상품의 현재액을 나타내 주지 못한다.

총기법에서는 회계기간 중에는 상품매출이익을 파악할 수 없고, 기말 결산 시에 기말재고액을 대변에 기입하여 상품계정을 마감한 후 계산한다(제16장 참조). 즉, 상품계정의 대변은 매가에 의해 기장되고 차변은 원가에 의하여 기장되므로 상품계정의 대변합계에서 차변합계를 차감하면 상품매출이익이 된다.

상 품

전기이월상품 매입액(원가)	매출액(매가) 차기이월상품
잔액(상품매출이익)	

예제 10-2 [예제 10-1]의 거래를 총기법으로 분개하고 전기하시오. 또한 상품계정을 마감하여 상품매출이익을 계산하시오.

단, 상품의 기말재고액은 210,000원이다.

해답

5월 10일	(차) 상 품	330,000	(대)	매입채무(지급어음)	300,000
				현 금	30,000
5월 15일	(차) 매출채권(외상매출금)	250,000	(대)	상 품	250,000

상 품

5/ 1 전기이월	100,000	5/15 매출채권(외상매출금)	250,000
5/10 제 좌	330,000	5/31 차기이월	210,000
5/31 상품매출이익	30,000		
	460,000		460,000

현금

		5/10 상품	30,000

매출채권(외상매출금)

5/15 제 좌	250,000		

매입채무(지급어음)

		5/10 상품	300,000

2·2 분할상품계정으로 기장하는 방법

1. 혼합상품계정의 결점

위에서 설명한 혼합상품계정을 설정하여 기장하는 방법은 앞에서 설명한 순수상품계정으로 기장하는 방법의 불편을 덜어주지만 다음과 같은 결점이 있기 때문에 사업이 소규모적인 기업에서나 적용할 만한 방법이다.

첫째, 총액주의 원칙이 완전하게 실현되지 않는다. 혼합상품계정에서 매가(대변합계)와 원가(차변합계)가 서로 상계되어 상품매출이익(손실)이 순액으로 계산된다. 따라서 포괄손익계산서에는 매출액과 매출원가가 총액으로 표시되지 않고 상계 후의 순액으로만 표시된다.

둘째, 순매입액과 순매출액을 알 수 없다. 혼합상품계정의 차변은 매입액 외에 기초상품재고액, 매출환입, 매출에누리액 등이 기입되므로 그 합계액은 순매입액을 나타내지 못한다. 그리고 대변에도 매출액 외에 매입환출, 매입에누리액이 기입되므로 그 합계액은 순매출액을 표시하지 못한다.

셋째, 혼합상품계정의 결정적인 단점은 상품계정의 기입내용과 기입방법이 복잡하여 다른 방법의 상품계정에 비하여 너무나 비대해진다는 것이다.

이상과 같은 결점을 보완하기 위해 혼합상품계정을 그 기능에 따라 여러 개의 계정으로 분할하여 기장하는 방법이 모색되었다.

상품계정
- ① 2분법 : 매입·매출
- ② 3분법 : 이월상품·매입·매출
- ③ 4분법 : 이월상품·매입·매출·매출원가
- ④ 5분법 : 이월상품·매입·매출·매입에누리와 환출·매출에누리와 환입
- ⑤ 7분법 : 이월상품·매입·매출·매입환출·매입에누리·매출환입·매출에누리
- ⑥ 8분법 : 이월상품·매입·매출·매입환출·매입에누리·매출환입·매출에누리·매입제비용
- ⑦ 9분법 : 이월상품·매입·매출·매입환출·매입에누리·매출환입·매출에 누리·매입제비용·매출원가

위의 여러 가지 방법 중 3분법이 일반적으로 많이 사용되고 있다. 그래서 분할상품계정이라고 하면 3분법을 말할 정도로 널리 알려진 방법이다.

2. 3분법

3분법은 혼합상품계정을 이월상품계정·매입계정·매출계정으로 나누어 상품매매를 기장하는 방법이다.

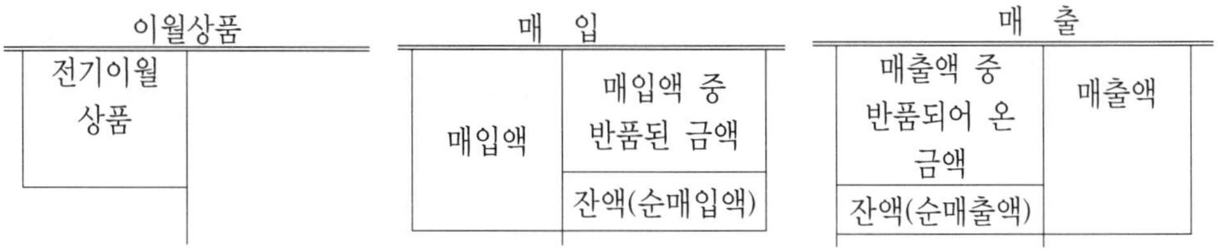

이월상품	
전기이월 상품	

매 입	
매입액	매입액 중 반품된 금액
	잔액(순매입액)

매 출	
매출액 중 반품되어 온 금액	매출액
잔액(순매출액)	

3분법에서 이월상품계정의 잔액은 기초상품재고액으로서 자산을 표시하며, 매입계정의 잔액은 차변에 표시되어 순매입액을 나타내며, 매출계정의 잔액은 대변에 표시되어 순매출액을 나타낸다.

예제 10-3 다음 거래를 3분법에 의하여 분개하고, 계정에 기입하시오.

7월 1일 전기이월상품은 다음과 같다.

연필	100타	@₩1,000	100,000
공책	200권	@₩300	60,000

6일 대성상사에 다음과 같이 상품을 매출하고, 대금은 외상으로 하다.

공책	150권	@₩350	52,500

10일 송산상사에서 다음과 같이 상품을 매입하고, 대금 중 50,000은 현금으로 지급하고, 잔액은 외상으로 하다.

연필	60타	@₩1,500	90,000
공책	300권	@₩350	105,000

18일 임벗상사에 다음과 같이 상품을 매출하고, 대금 중 반액은 동사발행의 수표를 받아 당좌예입하고, 잔액은 외상으로 하다. 발송운임 1,700을 현금으로 지급하다.

연필	80타	@₩1,400	112,000
공책	250권	@₩400	100,000

20일 대전상사에서 다음과 같이 상품을 매입하고, 대금은 외상으로 하다.

연필	120타	@₩1,200	144,000

25일 송산상사에서 다음 상품을 매입하고, 대금은 수표를 발행하여 지급하다.

공책	100권	@₩500	50,000

28일 경일상사에 다음과 같이 상품을 매출하고, 대금은 외상으로 하다.

연필	20타	@₩1,300	26,000

31일 기말상품재고액은 다음과 같다.

연필	180타	@₩1,200	216,000
공책	80권	@₩350	28,000
공책	100권	@₩500	50,000

해답

일자		차변	금액		대변	금액
7/ 6	(차)	매출채권(외상매출금)	52,500	(대)	매 출	52,500
7/10	(차)	매 입	195,000	(대)	현 금	50,000
					매입채무(외상매입금)	145,000
7/18	(차)	당좌예금	106,000	(대)	매 출	212,000
		매출채권(외상매출금)	106,000		현 금	1,700
		운반비	1,700			
7/20	(차)	매 입	144,000	(대)	매입채무(외상매입금)	144,000
7/25	(차)	매 입	50,000	(대)	당좌예금	50,000
7/28	(차)	매출채권(외상매출금)	26,000	(대)	매 출	26,000

이월상품

차변	금액	대변	금액
7/1 전기이월	160,000		

매 입

차변	금액	대변	금액
7/10 제좌	195,000		
7/20 매입채무(외상매입금)	144,000		
7/25 당좌예금	50,000		

매 출

차변	금액	대변	금액
		7/ 6 매출채권(외상매출금)	52,500
		7/18 제좌	212,000
		7/28 매출채권(외상매출금)	26,000

현금

		7/10 매입	50,000
		7/18 제좌	1,700

당좌예금

7/18 제좌	106,000	7/25 매입	50,000

매출채권(외상매출금)

7/6 매출	52,500		
7/18 제좌	106,000		
7/28 매출	26,000		

매입채무(외상매입금)

		7/10 매입	145,000
		7/20 매입	144,000

한편 3분법에 의하여 기장되는 경우, 상품매출이익을 기말결산시에 이월상품계정·매입계정 및 매출계정을 마감하여 일괄적으로 계산한다. 이에 대한 자세한 설명은 제16장의 결산정리에서 다루기로 한다.

3절 상품매매의 수정

3·1 매입관련비용과 매출관련비용

1. 매입관련비용

상품을 매입할때 합리적으로 발생하는 모든 비용을 매입관련비용(매입부대비용, 매입제비용)이라고 한다. 상품을 매입처에서 매입하여 판매할 수 있는 장소(상태)까지 발생하는 일체의 비용을 말하는데, 이 비용은 상품의 매입원가에 포함되어야 한다. 대표적인 매입관련비용은 인수운임, 매입수수료, 수입관세, 창고료, 하역비 등이다.

그런데 상대방(매출자)이 대신 지급한 매입자부담의 인수운임 등은 채무로서 매입채무(외상매입금)계정에서 처리한다. 또한 매입한 상품을 반품하는 경우(매입환출)의 운임은 상품의 매입원가를 구성하는 것이 아니므로 매입자부담의 경우는 운반비계정에 기장하며, 상대방(매출자)이 부담하기로 약속한 것은 외상매입금의 감소로서 매입채무(외상매입금)계정 차변에 기장한다.

예제 10-4 서울상회로부터 상품 200,000원을 외상으로 매입하고, 인수운임 2,000원은 현금으로 지급하다.

(차) 매 입	202,000	(대)	매입채무(외상매입금)	200,000
			현 금	2,000

---

2. 매출관련비용

상품을 매출하는 과정에서 발생하는 모든 비용으로서 매출자가 부담한 운반비는 운반비계정에 기장하며, 상대방(매입자)이 부담해야 하는 운반비 등을 매출자가 대신 지급한 것은 매출채권(외상매출금)계정에 기장한다.

매출한 상품 중 반품되어 오는 경우(매출환입)의 운임은 매출자가 부담하면 운반비계정에 기장하며, 상대방(매입자)이 부담한 것은 매출채권(외상매출금)의 감소로 기장한다.

예제 10-5 다음 거래를 분개하시오.

(1) 광평상사에 상품 200,000원을 외상으로 매출하고, 운임 2,000원은 현금으로 지급하다.

(2) 광평상사에서 불량품 50,000원이 반송되어, 반송운임 800원을 대급했다는 통지를 받다.

해답

(1) (차)	매출채권(외상매출금)	200,000	(대)	매 출	200,000
	운반비	2,000		현 금	2,000
(2) (차)	매출	50,000	(대)	매출채권(외상매출금)	50,800
	운반비	800			

3 · 2 매입에누리와 환출

매입한 상품 중에는 품질이나 규격에 이상이 있거나(불량) 당초 주문한 것과 모양이 다른 것이 있어 매입처에 상품을 반품하는 것을 매입환출(purchase returns)이라 하며, 반품하는 대신에 매입처와 합의하여 금액을 깎는 것을 매입에누리(purchase allowance)라고 한다.

매입에누리와 환출은 매입의 취소로 볼 수 있다. 따라서 매입에누리와 환출은 총매입액에서 차감하여야 한다.

> 순매입액 = 총매입액 − 매입에누리와 환출

매입에누리와 환출이 발생하면 단일상품계정의 설정시는 상품계정의 대변에, 3분법인 경우는 매입계정의 대변에 기입하여 매입액을 차감시키든가 아니면 매입에누리와 환출계정을 별도로 설정하여 이 계정의 대변에 기입할 수도 있다.

이에 대한 구체적인 회계처리를 요약하면 다음과 같다.

(1) 상품의 매입시

① 순수법 :	(차) 상 품	×××	(대)	매입채무(외상매입금)	×××
② 혼합법 :	(차) 상 품	×××	(대)	매입채무(외상매입금)	×××
③ 3분법 :	(차) 매 입	×××	(대)	매입채무(외상매입금)	×××

(2) 에누리와 환출발생시

① 순수법 :	(차) 매입채무(외상매입금)	×××	(대)	상 품	×××
② 혼합법 :	(차) 매입채무(외상매입금)	×××	(대)	상 품	×××
③ 3분법 :	(차) 매입채무(외상매입금)	×××	(대)	매 입	×××

예제 10-6 수원상사로부터 외상으로 매입한 A상품 500개(@₩80) 중 100개는 견본과 달라 반품하고, 나머지 400개에 대해서는 1,500원의 에누리를 받다.

해답

① 순수법

(차) 매입채무(외상매입금)	9,500	(대) 상 품	9,500

② 혼합법

(차) 매입채무(외상매입금)	9,500	(대) 상 품	9,500

③ 3분법

(차) 매입채무(외상매입금)	9,500	(대) 매 입	9,500

3 · 3 매출에누리와 환입

매출한 상품 중에 규격이나 품질에 이상이 있거나 당초의 견본과 다르다고 하여 고객(매입자)으로부터 반품되어 왔을 때 이를 매출환입(sales returns)이라고 하며, 반품을 받는 대신에 값을 깎아 주는 것을 매출에누리(sales allowance)라고 한다. 매출에누리와 환입은 매출에 대한 취소항목으로서, 총매출액에서 차감하여야 한다.

순매출액 = 총매출액 − 매출에누리와 환입

매출에누리 또는 환입이 발생하면 3분법으로 기장하는 경우는 매출계정의 차변에 기입하거나 또는 매출에누리와 환입계정을 별도로 설정하여 기장할 수도 있다. 그러나 단일상품계정 설정시는 다음에서 보는 바와 같이 순수상품계정인 경우와 혼합상품계정을 설정하는 경우 각각 다르게 기장된다.

(1) 상품매출

① 순수법 :	(차) 매출채권(외상매출금) ×××	(대)	상 품	×××
			상품매출이익	×××
② 혼합법 :	(차) 매출채권(외상매출금) ×××	(대)	상 품	×××
③ 3분법 :	(차) 매출채권(외상매출금) ×××	(대)	매 출	×××

(2) 매출환입발생시

① 순수법 : (차) { 상 품 ××× / 상품매출이익 ××× } (대) 매출채권(외상매출금) ×××
② 혼합법 : (차) 상 품 ××× (대) 매출채권(외상매출금) ×××
③ 3분 법 : (차) 매 출 ××× (대) 매출채권(외상매출금) ×××

(3) 매출에누리발생시

① 순수법 : (차) 상품매출이익 ××× (대) 매출채권(외상매출금) ×××
② 혼합법 : (차) 상 품 ××× (대) 매출채권(외상매출금) ×××
③ 3분 법 : (차) 매 출 ××× (대) 매출채권(외상매출금) ×××

예제 10-7 다음의 거래를 분개하시오.

(1) 성남상사에 외상으로 매출한 B상품 200개, @150원, 30,000원(원가 @120원) 중 50개가 품질불량의 이유로 반품되어 오다.

① 순수법

(차) 상 품	6,000	(대) 매출채권(외상매출금) (매출환입)	7,500
상품매출이익	1,500		

② 혼합법

(차) 상 품	7,500	(대) 매출채권(외상매출금) (매출환입)	7,500

③ 3분법

(차) 매 출	7,500	(대) 매출채권(외상매출금) (매출환입)	7,500

(2) (1)의 거래에서 성남상사에 1,500원의 에누리를 해주다.

① 순수법

(차) 상품매출이익	1,500	(대) 매출채권(외상매출금) (매출에누리)	1,500

② 혼합법

(차) 상 품	1,500	(대) 매출채권(외상매출금) (매출에누리)	1,500

③ 3분법

(차) 매 출 1,500 (대) 매출채권(외상매출금) 1,500
(매출에누리)

3 · 4 매입할인과 매출할인

1. 매입할인

상품을 외상으로 매입하였거나 약속어음을 발행하여 지급하였을 경우에 매입채무(외상매입금, 지급어음)를 약정된 할인기일(매출자와 매입자 간의 약속) 전에 지급함으로써 대금의 일부를 감액받게 되는데, 이를 매입할인(purchase discount)이라고 한다. 매입할인은 총매입액에서 차감한다.

순매입액 = 총매입액 – 매입할인

예제 10-8 대전상사에 대한 외상매입금 1,000,000원을 기일 전에 지급함으로써 5%의 할인을 받고, 잔액은 현금으로 지급하다.

(차) 매입채무(외상매입금) 1,000,000 (대) { 현 금 950,000
매 입 50,000
(매입할인) }

2. 매출할인

상품을 외상으로 매출하였거나 약속어음으로 받은 경우에 매출채권(외상매출금, 받을어음)을 약정된 할인기일(매출자와 매입자 간의 약속) 전에 회수함으로써 외상매출금 중의 일부를 깎아주는 것을 매출할인(sales discount)이라고 한다. 매출할인은 매출액에서 차감한다.

순매출액 = 총매출액 – 매출할인

예제 10-9 송산상사로부터 외상매출금 500,000원을 약속기일 전에 회수함으로써 5%를 할인해 주고, 잔액은 현금으로 받다.

(차)	현금	475,000	(대)	매출채권(외상매출금)	500,000
	매출 (매출할인)	25,000			

기말재고상품의 평가

4 · 1 평가의 중요성

상품매출이익은 매출액에서 매출원가를 차감하여 계산하고, 매출원가는 기초상품재고+당기순매입액−기말상품재고의 식으로 계산한다.

상품매출이익을 계산하기 위해서는 기말상품재고액을 계산해야 한다. 기말상품재고액은 매출원가와 밀접한 관계가 있다. 또한 기말상품재고액은 차기로 이월되어 차기의 기초상품재고액이 되므로 역시 차기의 매출원가를 구성하게 된다.

따라서 기말상품재고액을 정확히 계산하지 못하면 당기순손익에 영향을 미치는 것은 물론 차기순손익에도 영향을 미치게 된다. 또한 기말결산결과가 반영되어 작성되는 재무상태표도 기업의 재무상태를 정확하게 반영하지 못하게 된다.

4 · 2 평가방법

기말상품재고의 계산은 기말에 남은 재고수량과 이 수량에 적용할 가격(단가)을 결정함으로써 이루어진다.

기말재고상품평가액 = 기말재고수량 × 단가

기말재고수량을 계산(파악)하는 방법을 먼저 설명하고, 다음에 단가를 결정하는 방법을 설명한다.

1. 기말재고수량의 평가방법

기말재고수량을 계산하는 방법은 실지재고조사법과 계속기록법이 있다.

(1) 실지재고조사법

실지재고조사법(physical inventory method)은 상품의 출고시마다 그 출고량을 계속 기록하지 않고 기말에 실제로 창고에 남아 있는 재고수량을 조사하여 그것을 기말재고수량으로 결정하는 방법이다.

그리고 결정된 기말재고수량을 기초상품재고수량과 당기순매입수량의 합계에서 차감함으로써 당기순매출수량을 간접적으로 파악하는 방법이다.

다음과 같은 등식을 통하여 당기순매출수량이 계산된다.

(기초상품재고수량 + 당기순매입수량) − 기말상품재고수량 = 당기순매출수량

이 방법에 의하여 기말재고수량을 결정하면 기중에 발생한 도난, 파손, 분실로 인한 수량 감소도 기중에 모두 매출한 것으로 계산되어 매출원가가 과대계상되는 단점이 있다.

이 방법은 상품의 종류와 수량이 많고 단가가 상대적으로 중요하지 않으며, 입고와 출고가 빈번하게 발생하는 기업에서 계속 기록하는 번잡성을 피하기 위해 사용된다. 또한 기말의 장부(상품재고장)상 재고수량과 실지재고수량과의 차이를 비교하기 위해서 사용되기도 한다.

(2) 계속기록법(장부재고조사법)

계속기록법(perpetual inventory method)은 상품의 입고와 출고시마다 일일이 장부(상품재고장)에 기록함으로써 항상 장부(상품재고장)상으로 매출수량과 재고수량을 파악할 수 있는 방법이다.

이 방법은 다음과 같은 등식으로 표시된다.

(기초상품재고수량 + 당기순매입수량) − 당기순매출수량 = 기말재고수량

그러나 이 방법에 의하면 기중에 있었던 파손, 도난, 분실로 인하여 상품재고장에 있어야 하는 재고가 장부(상품재고장)상 재고와 반드시 일치하지 않을 수 있다는 단점이 있다. 그러므로 계속기록법을 적용한다 할지라도 주기적으로 실지재고조사를 하여 파손 도난 분실로 인한 매출액, 매출원가, 매출이익이 과대계상 또는 과소계상되지 않도록 하는 것이 바람직하다. 만일, 주기적인 파악이 어렵다면 적어도 기말 결산전에는 실지재고조사를 하여 파손, 도난, 분실로 인한 재고수량의 감소가 장부에 반영될 수 있도록 한다.

(3) 재고관리의 전산화

계속기록법을 적용함으로써 재고관리가 잘 이루어질 수 있다는 장점이 있으나 모든 상품의 매매(수불)상황을 상품재고장에 기록하여야 하므로 회계업무량이 증가한다. 그러나 현대에는 정보기술(IT)의 발달로 다량의 상품을 취급하는 백화점이나 할인매장 등에서도 쉽게 계속기록법을 적용할 수 있다.

컴퓨터를 이용할 경우 다량의 상품을 빈번하게 매매할지라도 출고수량을 쉽게 파악할 수 있다. 판매나 출고되는 시점에서 상품재고수량의 파악은 물론 주문시기, 주문수량, 안전재고수량 등의 파악으로 재고관리를 효율적으로 할 수 있다. 이와 같이 컴퓨터를 이용하여 판매나 출고시점에서 종합적으로 재고관리를 실시하는 시스템을 판매시점관리시스템(point of sale system, POS system)이라고 한다. POS시스템이 운용되기 위해서는 상품마다 이를 식별할 수 있는 바코드(bar code) 등이 부착되어 있어야 하며, 이를 읽을 수 있는 입력장치를 갖추어야 한다. 이에 따라 오늘날 백화점, 할인매장 및 편의점 등과 같이 도소매업을 영위하는 유통회사에서 POS시스템이 도입되어 이용되고 있다.

2. 단가의 결정방법

상품을 매입하면 매입가격으로 기록한다. 상품의 매입가격이 매입시기에 관계없이 일정하다면 매출된 상품의 원가(매출원가)와 기말재고상품의 원가를 계산하는 것이 문제되지 않는다. 그러나 상품의 매입가격은 매입거래가 이루어질 때마다 변하는 것이 일반적이다.

상품을 판매할 때에는 얼마의 단가로 매입한 것이 판매되었나를 결정해야 매출원가를 계산할 수 있다.

창고에는 서로 다른 시점에서 매입한 상품들이 혼합되어 있기 때문에 기업에서 상품을 판매할 때마다 일일이 얼마짜리의 상품이 판매되었나를 확인한다는 것은 거의 불가능하다.

따라서 상품의 실제 출고 단가에 관계없이 상품의 출고시 가정하여 매출원가와 기말재고의 원가를 계산하기 위하여 적용할 단가를 구하게 된다. 이러한 상품 입고와 출고흐름의 가정에는 개별법, 선입선출법, 후입선출법, 이동평균법, 총평균법이 있다.

(1) 개별법

개별법(specific identification method)이란 상품을 매입할 때마다 금액을 개별적으로 식별하여 두었다가 판매할 때마다 판매상품의 매입원가가 얼마인가를 확인하여 그 금액을 출고단가로 하는 방법이다.

이 방법은 상품의 개별성이 강하고, 비교적 고가인 귀금속 등에 적용될 수 있는 방법이다.

개별법은 실제의 입고·출고에 적용되는 원가가 일치하여 이상적이라는 장점이 있다. 그러나, 상품의 종류, 수량이 많고, 매매거래가 빈번하게 일어나는 경우에는 개별적으로 원가를 파악하는 것이 번거로우며, 때로는 경영자가 매출이익을 조작하는데 악용될 소지도 있다는 단점이 있다.

(2) 선입선출법

선입선출법(first-in first-out method; FIFO)은 먼저 매입한 상품이 먼저 판매되는 것으로 가정하여 매출상품의 출고단가를 계산하는 방법이다. 먼저 매입된 것부터 순차적으로 출고된다고 가정하기 때문에 매입순법이라고도 한다.

이 방법은 실제의 물량흐름에 따라 재고자산의 가격을 결정하므로 개별법과 비슷한 면을 갖고 있으나 상품을 개별적으로 식별하지 않는다는 점에서 다르다.

이 방법에 의하면 기말상품재고액은 최근에 구입한 상품의 매입원가로 표시되고 상품판매시의 매출액에 대응되는 매출원가는 오래전에 구입한 상품의 매입원가로 표시된다.

상품의 단가가 지속적으로 상승하는 인플레이션 시기에는 선입선출법을 사용하면 기말상품재고액은 최근의 매입가액으로 표시되어 재무상태표상의 상품가액이 그 자산의 실제시가를 반영하게 된다. 반면, 포괄손익계산서상에서 매출원가는 오래전에 매입한 상품의 원가로 표시되므로 낮은 매출원가가 반영되어 이익이 과대표시된다.

이처럼 인플레이션으로 인한 가공이익이 매출총이익에 포함되는 것이 단점이라 할 수 있다.

(3) 후입선출법

후입선출법(last-in first-out method; LIFO)은 선입선출법과 반대로 나중에 매입한 상품이 먼저 판매되는 것으로 가정하여 매출상품의 출고단가를 계산하는 방법이다. 나중에 매입한 것부터 순차적으로 출고된다고 가정하기 때문에 매입역순법이라고도 한다. 이 방법에 의하면 기말상품재고액은 오래 전의 매입원가로 표시되고 매출원가는 최근의 매입원가로 표시된다.

상품의 가격이 계속 상승하는 인플레이션 시기에는 상품의 물량흐름을 후입선출법을 가정하게 되면 기말상품재고액이 오래 전에 매입한 원가로 표시되므로 재무상태표에 계상된 상품가액이 그 자산의 실제 시가보다 현저하게 낮게 표시되는 단점이 있으나, 반면 포괄손익계산서에 표시되는 매출원가가 최근에 매입한 높은 단가에 의하여 계산되기 때문에 인플레이션에 의한 가공이익이 매출총이익에 포함되지 아니하므로 매출이익이 과대계상되지 않도록 하는 장점이 있다.

K-IFRS은 후입선출법을 인정하지 않는다.

(4) 총평균법

총평균법(weighted average method)은 일정기간 동안의 상품에 대한 총원가를 평균하여 단가를 구하는 방법이다. 상품의 출고시에는 매출수량만을 기록하여 두었다가 일정기간 말에 가서 전기이월액과 당기매입액의 합계액을 전기이월수량과 당기매입수량의 합계액으로 나누어 평균단가를 구하고, 이 평균단가를 일정기간 동안 매출한 상품의 출고단가로 하는 방법이다.

이 방법은 일정기간 동안의 상품 출고단가가 균일하지만 그 단가가 일정기간 말이 되어야 비로소 확정되는 단점이 있다.

총평균법의 평균단가는 다음의 식에 의하여 계산된다.

$$\text{단가} = \frac{\text{일정기간의 총매입금액}}{\text{일정기간의 총매입수량}}$$

(5) 이동평균법

이동평균법(moving average method)은 상품을 매입할 때마다 그 수량과 금액을 매입직전 보유상품의 수량과 금액에 가산하여 새로운 가중평균단가를 산출하고 이 단가를 매출하는 상품의 출고단가로 하는 방법이다.

이 방법은 상품이 입고될 때마다 평균단가가 신속하게 계산되므로 이익조작의 여지는 적으나, 평균단가의 계산과정에서 단수가 생기고 계산이 복잡하다는 단점이 있다. 최근에는 정보기술(IT)의 발달로 전산화된 시스템으로 계산이 복잡하다는 단점을 극복할 수 있으므로 이동평균법의 적용이 증가하고 있다.

이동평균법의 평균단가는 다음의 계산식에 의하여 구해진다.

$$\text{단가} = \frac{\text{상품매입시점의 총매입금액}}{\text{상품매입시점의 총매입수량}}$$

상품재고장

5·1 의 의

상품재고장(stock ledger)이란 상품의 입고·출고를 상품의 종류별로 기록하여 각 상품의 증감변동 및 잔액을 표시하는 보조원장이다. 상품재고장이 있으면 언제든지 상품의 재고를 파악할 수 있을 뿐만 아니라, 창고에 보관 중인 실제의 재고수량을 상품재고장의 수량과 대조함으로써 재고관리를 할 수 있다.

상품재고장의 양식을 보면 다음과 같다.

상품재고장

일 자		적 요	입고			출고			잔액		
			수량	단가	금액	수량	단가	금액	수량	단가	금액

5·2 작성시 유의사항

상품재고장을 작성하는 경우, 수량의 증감과 금액을 같이 기입할 때 다음과 같은 점들을 고려하여야 한다.

① 매입원가로 기입하여야 한다.

② 매입제비용은 입고에 기입하여야 한다.

③ 매입에누리와환출은 출고에 기입하거나 또는 수입란에서 붉은색 필기도구로 기입, 즉 차감표시를 한다.

④ 매출환입은 수입란에 기입하거나 또는 입고에 붉은색 필기도구로 기입(차감표시)한다.

⑤ 매출에누리의 경우는 상품재고장에 기입하지 않는다. 상품재고장은 매입원가로 기입하여야 하는데, 매출에누리는 매출이익에 대한 차감항목이다. 따라서, 매출이익은 상품재고장에 기입하지 않으므로 매출에누리도 기입하지 않는다.

상품재고장은 상품별로 작성되며, 입고·출고·잔액란을 두고 각각 다시 수량, 단가, 금액란으로 세분한다. 입고란에는 전기이월액과 당기매입액을 기입하고 출고에는 판매한 상품의 원가를 기록하며, 잔액란에는 남아 있는 상품의 잔액을 기입된다. 상품재고장의 입고, 출고, 잔액란은 모두 매입원가로 기입한다.

일정기간의 입고란의 합계액은 전기이월액을 제외하면 당기상품매입액이고, 출고란의 합계액은 매출원가, 잔액란의 마지막 금액은 기말상품재고액이 된다.

예제 10-10 다음 갑상품의 6월 중 매매거래를 선입선출법, 후입선출법, 총평균법, 이동평균법에 의하여 상품재고장에 기입하시오.

6월 1일 전월이월 200개 @₩200 ₩40,000
6월 5일 매 입 200개 @₩220 ₩44,000
6월 10일 매 출 200개 @₩250 ₩50,000
6월 15일 매 입 100개 @₩240 ₩24,000

해답

(1) 선입선출법에 의한 상품재고장

상품재고장 (선입선출법)

날짜	적 요	입 고			출 고			잔 액		
		수량	단가	금액	수량	단가	금액	수량	단가	금액
6/ 1	전월이월	200	200	40,000				200	200	40,000
6/ 5	매 입	200	220	44,000				┌200	200	40,000
								└200	220	44,000
6/10	매 출				200	200	40,000	200	220	44,000
6/15	매 입	100	240	24,000				┌200	220	44,000
								└100	240	24,000
6/30	차월이월				┌200	220	44,000			
					└100	240	24,000			
		500		108,000	500		108,000			
7/1	전월이월	┌200	220	44,000				┌200	220	44,000
		└100	240	24,000				└100	240	24,000

(2) 후입선출법에 의한 상품재고장

상품재고장 (후입선출법)

날짜	적 요	입 고			출 고			잔 액		
		수량	단가	금액	수량	단가	금액	수량	단가	금액
6/1	전월이월	200	200	40,000				200	200	40,000
6/5	매 입	200	220	44,000				┌200	200	40,000
								└200	220	44,000
6/10	매 출				200	220	44,000	200	200	40,000
6/15	매 입	100	240	24,000				┌200	200	40,000
								└100	240	24,000
6/30	차월이월				┌200	200	40,000			
					└100	240	24,000			
		500		108,000	500		108,000			
7/1	전월이월	┌200	200	40,000				┌200	200	40,000
		└100	240	24,000				└100	240	24,000

(3) 총평균법에 의한 상품재고장

상품재고장 (총평균법)

날짜	적 요	입 고			출 고			잔 액		
		수량	단가	금액	수량	단가	금액	수량	단가	금액
6/1	전월이월	200	200	40,000				200	200	40,000
6/5	매 입	200	220	44,000				400	216	86,400
6/10	매 출				200	216	43,200	200	216	43,200
6/15	매 입	100	240	24,000				300	216	64,800
6/30	차월이월				300	216	64,800			
		500		108,000	500		108,000			
7/1	전월이월	300	216	64,800				300	216	64,800

(4) 이동평균법에 의한 상품재고장

상품재고장 (이동평균법)

날짜	적요	입 고			출 고			잔 액		
		수량	단가	금액	수량	단가	금액	수량	단가	금액
6/ 1	전월이월	200	200	40,000				200	200	40,000
6/ 5	매 입	200	220	44,000				400	210	84,000
6/10	매 출				200	210	42,000	200	210	42,000
6/15	매 입	100	240	24,000				300	220	66,000
6/30	차월이월				300	220	66,000			
		500		108,000	500		108,000			
7/1	전월이월	300	220	66,000				300	220	66,000

위의 네 가지 방법에 의한 계산의 결과를 비교하면 매출원가와 기말상품재고액은 다음과 같이 각각 다른 결과를 나타낸다.

단가결정방법	매출원가(200개)	기말상품재고액(300개)
선 입 선 출 법	40,000원	68,000원
후 입 선 출 법	44,000원	64,000원
총 평 균 법	43,200원	64,800원
이 동 평 균 법	42,000원	66,000원

위에서 보는 바와 같이 상품의 단가가 계속 오르는 경우에 각 방법에 의한 매출원가와 기말재고상품의 금액을 비교하면 매출원가는 후입선출법 > 총평균법 ≥ 이동평균법 > 선입선출법의 순서로 나타나고, 기말재고는 반대로 선입선출법 > 이동평균법 ≥ 총평균법 > 후입선출법의 순서로 나타난다. 따라서 상품의 입고와 출고 흐름을 어떻게 가정하느냐에 따라 기말상품재고액과 매출원가가 다르며, 결과적으로 당기순이익에 미치는 영향이 다르게 된다.

이동평균법과 총평균법은 기초재고수량과 기말재고수량에 따라서 우선순위가 달라질 수 있다.

6절 상품보관중의 손실

6·1 상품의 감모손실

상품을 보관하는 과정에서 발생하는 파손, 도난, 증발 등으로 인하여 실제 상품재고수량이 상품재고장의 재고수량보다 부족한 경우에 그 차액을 재고손실 또는 감모손실이라 한다.

K-IFRS에서는 상품감모손실(재고자산감모손실)이 기업의 정상적인 영업활동과정에서 발생한 것이면 매출원가에 가산하여 매출총이익에 반영하도록 규정하고 있다. 반면, 비정상적으로 발생한 경우에는 원가성을 인정할 수 없으므로 영업외비용으로 처리하도록 규정하고 있다.

6·2 상품의 평가손실

상품의 보관중 가격 하락 또는 품질 저하로 인하여 재고상품의 시가가 원가보다 하락하는 경우가 있다.

시가가 원가보다 하락한 경우에는 원가 대신 시가를 적용하여 평가하고, 시가가 원가보다 높은 경우에는 원가 그대로 평가하는데, 이를 저가법(lower of cost or market basis)이라고 한다.

저가법의 적용으로 재고상품의 시가와 원가의 차액이 발생하는데, 이를 평가손실이라고 한다.

K-IFRS에서는 재고상품의 평가에 있어서 시가를 순실현가능가액[1]으로 생각하여 순실현가능가액이 원가보다 낮아질 경우 순실현가능가액으로 평가하도록 규정하고 있다. 이로써 순실현가능가액이 원가보다 낮으면 재고상품의 평가손실이 발생한다.

재고상품의 평가손실은 재고자산의 차감계정으로 표시하고 매출원가에 가산한다. 이후 순실현가능가액이 장부가액보다 상승한 경우에는 최초의 장부가액(취득원가)을 초과하지 않는 범위내에서 평가손실을 환입하고 매출원가에서 차감한다.

6 · 3 감모손실과 평가손실의 계산법

상품의 보관중에 재고손실과 평가손실이 동시에 발생한 경우, 발생액을 구체적으로 계산하는 방법은 다음과 같다.

① 장부수량×원가=장부재고액(원가)
② 실제수량×원가=실제재고액(원가)
③ 실제수량×시가=실제재고액(시가)

①~② } 수량부족 : 감모손실
②~③ } 가격하락 : 평가손실

예제 10-11 다음은 두남상사의 상품재고에 관한 자료이다.

장부재고수량 1,000개 원가 @₩20
실제재고수량 900개 시가 @₩18

물음

위의 자료를 이용하여 다음 사항에 답하시오.

(1) 감모손실액과 평가손실액을 계산하시오.
(2) 감모손실이 정상적인 경우와 비정상적인 경우의 분개를 하시오.
(3) 평가손실의 처리에 관한 분개를 하시오.

---

1) 순실현가능가액(net realizable value)이란 일종의 시가로서 정상적인 영업활동과정에서 예상되는 상품의 판매가액에서 예상되는 판매비용을 차감한 금액을 말한다.

해답

(1) 감모손실액과 평가손실액의 계산

① 1,000×@₩20 = 20,000	2,000원(감모손실)	
② 900×@₩20 = 18,000		
③ 900×@₩18 = 16,200	1,800원(평가손실)	

(2) 감모손실의 처리에 관한 분개

① 정상적으로 발생한 경우

(차) 매출원가	2,000	(대) 재고자산	2,000

② 비정상적으로 발생한 경우

(차) 재고자산감모손실	2,000	(대) 재고자산	2,000

(3) 평가손실의 처리에 관한 분개

(차) 매출원가	1,800	(대) 재고자산평가충당금	1,800

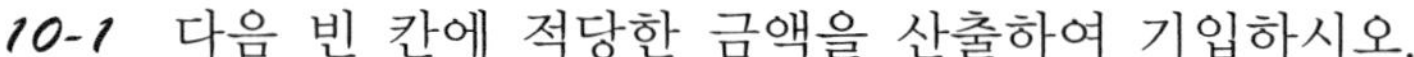

연습문제

10-1 다음 빈 칸에 적당한 금액을 산출하여 기입하시오.

	기초재고액	당기매입액	매출원가	기말재고액	당기매출액	매출이익
(1)	120,000	350,000	( )	85,000	400,000	( )
(2)	70,000	200,000	( )	( )	300,000	95,000
(3)	40,000	( )	( )	185,000	500,000	110,000
(4)	( )	120,000	( )	65,000	200,000	75,000
(5)	10,000	80,000	( )	15,000	( )	25,000

10-2 다음 상품매매에 관한 거래를 순수법, 혼합법, 3분법으로 각각 분개하시오.

(1) 7월 10일 상품 200,000원을 매입하고 대금 중 반액은 수표를 발행하여 지급하고, 잔액은 외상으로 하다. 그리고 인수비용 15,000원은 현금으로 지급하다.

(2) 7월 15일 상품을 450,000원(원가 300,000원)에 외상으로 매출하고 발송운임 8,000원은 현금지급하다. 외상매출금의 기한은 60일, 10일 이내에 입금하는 경우는 입금액의 2%를 할인하기로 약속하다.

(3) 7월 24일 7월 15일에 외상매출했던 상품대금 중 반액을 현금으로 회수하다.

(4) 7월 25일 전일 외상매출했던 상품(매가 70,000원, 원가 50,000원)이 품질불량으로 금일 환입되다.

(5) 7월 26일 전일 외상매입했던 상품에 대하여 교섭한 결과 2,000원의 에누리를 받다.

10-3 다음 거래를 3분법에 의해 분개하라.

8월 1일 전월 이월상품은 20,000원이다.
상품 100,000원을 서울상회로부터 외상매입하다.

8월 5일 상경상회에 상품 121,000원을 외상매출하다.

8월 8일 동대상회로부터 상품 160,000원을 외상매입하고, 인수운임 4,000원을 현금으로 지급하다.

8월 13일 8월 8일 동대상회로부터 구입한 상품 중 10,000원을 품질불량으로 반품하다.

8월 18일 8월 8일 동대상회로부터 구입한 상품 중 일부가 파손되어 상품대금 중에서 10,000원을 할인받다.

8월 21일 한양상회에 상품 141,000원을 외상매출하다.

8월 27일 8월 21일 한양상회에 판매한 상품 중 일부가 파손되어 2,000원을 에누리하다.

8월 30일 상품의 월말재고액은 50,000원이다.

10-4 아래의 갑상품에 대한 매매거래를 상품재고장에 선입선출법, 후입선출법, 총평균법, 이동평균법으로 기입하시오. 이동평균법의 단가는 소수첫째자리(소수둘째자리에서 반올림)로 계산하시오.

4월 1일	전월이월	100개	@₩100	₩10,000
4월 10일	매 입	200	120	24,000
4월 20일	매 출	250	150	37,500
4월 30일	매 입	200	130	26,000

10-5 다음은 중부상사의 10월중 을상품 매매거래에 관한 자료이다. 선입선출법, 후입선출법, 이동평균법, 총평균법에 의하여 각각 매출원가와 기말재고액을 계산하시오.

10월 1일	전월이월	100개	@₩360	₩36,000
10월 10일	매 출	50	440	22,000
10월 15일	매 입	150	400	60,000
10월 30일	매 출	80	500	40,000

10-6 다음 상품매매에 관한 거래를 3분법에 의하여 분개하시오.

(1) 강원상점에서 상품 200,000원을 매입하고, 대금은 월말에 지급하기로 하다. 인수운임 500원은 당점이 부담하기로 하고, 우선 동점에서 대신 지급하였다.

(2) 대구상회에 전일 주문받은 상품 80,000원을 금일 발송하다. 발송운임 700원은 대구상점이 부담하기로 하고, 우선 당점이 대신 현금으로 지급하였으며, 상품대금은 15일 후 받기로 하다.

10-7 다음은 경기상사의 재고자산에 관한 자료이다.

장부재고수량 700개, 취득원가 @₩1,000

실제재고수량 690개, 순실현가능가치 @₩900

위의 자료를 이용하여 경기상사의 재고자산감모손실 금액과 재고자산평가손실 금액을 계산하고, 적절한 분개를 하시오. 단, 감모손실은 모두 정상적인 감모에 해당한다.

제11장 투자자산(기타금융자산)

재무상태표 항목 (4)

투자자산의 의의 및 종류

1·1 투자자산의 의의

투자자산(investments)이란 기업이 정상적인 영업활동 이외의 다른 곳에 자금을 투자하여 보유하고 있는 자산을 말한다. 즉, 기업이 다른 회사를 지배·통제할 목적으로 보유하는 주식 또는 여유 자금 증식을 목적으로 장기투자하는 유가증권, 부동산 등이 이에 속한다.

투자자산은 장기간의 투자목적으로 보유하는 장기성자산이라는 점에서 유동자산에 해당되는 단기매매차익 목적의 시장성 있는 당기손익-공정가치측정금융자산과 구별된다. 또, 주된 영업활동에 직접적으로 이용되지 않는 자산이라는 점에서 유형자산과도 구별된다.

1·2 투자자산의 종류

1. 투자부동산

투자의 목적 또는 비영업용으로 소유하는 토지, 건물, 기타의 부동산이다. 비영업용 부동산은 투자부동산에 해당한다.

2. 장기투자증권

유동자산에 속하지 않는 금융상품으로서 투자목적으로 소유하는 매도가능 금융자산과 만기보유금융자산 등이다.

3. 관계기업투자주식

다른 회사에 영향력을 행사하기 위하여 그 회사의 발행주식총수 중 20% 이상을 보유하게 된 경우 이를 관계기업투자주식으로 계상한다.

4. 장기대여금

유동자산에 속하지 않는 장기의 대여금으로서 결산일로부터 1년 이후에 회수 가능한 대여금이다.

5. 기타

장기금융상품은 유동자산에 속하지 않는 금융상품으로서 장기성예금과 특정현금과예금, 임차보증금 등이 포함된다.

장기성예금은 재무상태표일로부터 1년 후에 만기가 도래하는 정기예금, 정기적금 등의 저축성예금을 말하며, 특정현금과예금은 사용이 제한된 당좌개설보증금, 감채기금예금, 종업원연금기금 등을 말한다. 임차보증금은 건물, 비품, 차량운반구, 기계장치 등에 대한 임대차계약을 맺고 임차인이 임대인에게 지급하는 보증금을 말한다.

따라서 장기성예금과 특정현금과예금 중에서 만기가 1년 내에 도래하는 예금은 유동자산의 단기투자자산으로 대체하여야 한다. 1년 이상 담보 등으로 사용이 제한되어 있는 경우에는 투자자산으로 분류하고, 그 내용을 주석으로 기재한다.

기타금융자산의 의의와 분류

2·1 기타금융자산의 의의

1. 유가증권의 의의와 분류

법률상 유가증권은 재산권(재산적 가치)을 나타내는 증권으로서 권리의 이전, 행사에 증권의 소지를 요하는 것을 말한다. 법률상 유가증권은 다음과 같이 분류된다.

유가증권
- 물품증권 : 화물상환증, 선하증권 등
- 화폐증권 : 어음, 수표 등
- 증거증권 : 차용증서, 보험증서 등
- 자본증권 : 주식, 국·공채, 지방채, 회사채 등

그러나 회계학상 금융상품으로 취급되는 유가증권은 이자, 배당, 매매차익을 획득할 목적이거나 경영권 확보를 목적으로 투자의 대상이 되는 자본증권만을 의미한다. 따라서, 회계에서 유가증권이란 회사가 일시적 자금의 증식이나 특별한 목적으로 다른 회사의 주식이나 사채 등을 취득하여 보유하고 있는 지분상품과 채무상품을 의미한다.

2. 기타금융자산의 의의와 분류

기타금융자산은 지분상품과 채무상품 등의 유가증권(증권상품)과 금융기관이 취급하는 금융상품을 의미하며 다음과 같이 분류된다.

(1) 지분상품(equity securities, 지분증권)

① 회사 등의 순자산에 대한 소유지분을 나타내는 유가증권 – 보통주, 우선주 등
② 일정금액으로 소유지분을 취득할 수 있는 권리 – 신주인수권 등

(2) 채무상품(debt securities, 채무증권)

발행자에 대하여 금전을 청구할 수 있는 권리를 표시하는 유가증권으로서 국채, 공채, 회사채, 자산유동화증권 등을 말한다.

(3) 금융기관이 취급하는 금융상품

금융기관이 취급하는 예금 및 정형화된 상품으로서 양도성예금증서(CD), 어음관리구좌(CMA), 기업어음(CP), 저축성예금, 환매조건부채권(RP), 주식형 수익증권 등을 말한다.

2 · 2 기타금융자산의 회계처리상 분류

K-IFRS에서는 지분증권과 채무증권을 계약상 현금흐름 특성과 사업모형에 근거하여 당기손익-공정가치측정금융자산, 기타포괄손익-공정가치측정금융자산, 상각후원가측정금융자산 중의 하나로 분류하고 있다. 지분증권과 채무증권의 당기손익-공정가치측정금융자산에 대해서는 제8장에서 설명하였으므로 여기에서는 기타포괄손익-공정가치측정금융자산, 상각후원가측정금융자산에 대해서 설명한다.

(1) 기타포괄손익-공정가치측정금융자산(지분증권)

투자목적으로 취득한 지분증권으로 단기매매목적으로 취득한 금융자산은 당기손익-공정가치측정금융자산으로 처리하는 반면, 단기매매목적이 아닌 투자목적의 지분증권 취득은 기타포괄손익-공정가치측정금융자산으로 처리한다. 이러한 선택은 주식별로 할 수 있으며, 최초 인식시점에서만 선택할 수 있고 한번 선택하면 이를 취소할 수 없다.

(2) 기타포괄손익-공정가치측정금융자산(채무증권)

만기가 확정된 채무증권으로서 상환금액이 확정되었거나 확정이 가능한 채무증권의 취득은 기타포괄손익-공정가치측정금융자산으로 처리한다.

기타포괄손익-공정가치측정금융자산(채무증권)으로 분류하려면 다음 두 가지 조건을 모두 충족해야한다.

① 금융자산의 계약조건에 따라서 특정일에 원리금 지급만으로 구성되어 있는 현금흐름이 발생한다.

② 계약상 현금흐름(원리금)의 수취와 금융자산의 매도 둘 다를 통해 목적을 이루는 사업모형 하에서 금융자산을 보유한다.

(3) 상각후원가측정금융자산(채무증권)

만기가 확정된 회사채 등의 채무증권을 장·단기적 시세차익이 아닌 만기까지 보유하려는 경우에만 상각후원가금융자산으로 분류한다.

상각후원가측정금융자산(채무증권)으로 분류하려면 다음 두 가지 조건을 모두 충족해야한다.

① 금융자산의 계약조건에 따라서 특정일에 원리금 지급만으로 구성되어 있는 현금흐름이 발생한다.

② 계약상 현금흐름(원리금)을 수취하기 위해 보유하는 것이 목적인 사업모형 하에서 금융자산을 보유한다.

기타포괄손익-공정가치측정금융자산의 회계처리

3·1 기타포괄손익-공정가치측정금융자산(지분증권)의 취득시 회계

투자목적으로 취득한 지분증권은 원칙적으로 당기손익-공정가치측정금융자산으로 분류하지만 단기매매목적이 아닌 경우에는 기타포괄손익-공정가치측정금융자산으로 선택할 수 있다. 이러한 선택은 상품별(주식별)로 할 수 있으며, 최초 인식시점에서만 선택할 수 있고 한번 선택하면 이를 취소할 수 없다.

기타포괄손익-공정가치측정금융자산은 취득시 거래원가를 가감한 공정가치로 측정하여 기록한다. 최초 인식 후 기타포괄손익-공정가치측정금융자산은 기말에 공정가치로 측정하고, 금융자산의 장부가액과 공정가치의 차액을 기타포괄손익으로 인식한다.

기타포괄손익-공정가치측정금융자산을 취득하면 매입대금에 수수료 등의 부대비용을 가산한 금액으로 기타포괄손익-공정가치측정금융자산계정의 차변에 기입한다. 당기손익-공정가치측정금융자산의 경우에는 매입수수료를 취득원가에 포함시키지 않고 비용으로 처리하였으나, 기타포괄손익-공정가치측정금융자산의 경우에는 취득원가에 포함시킨다.

기타포괄손익-공정가치측정금융자산을 보유하는 동안 배당금을 받은 경우에는 배당금수익계정의 대변에 기입한다.

3·2 기타포괄손익-공정가치측정금융자산(지분증권)의 기말 평가시 회계

기타포괄손익-공정가치측정금융자산은 기말 결산시에 공정가치로 평가한 금액을 재무상태표에 표시한다. 기타포괄손익-공정가치측정금융자산을 공정가치로 평가하는 경우에 장부금액과의 차액은 금융자산평가손익으로 처리하며, 금융자산평가손익은 재무상태표에 자본항목(기타포괄손익누계액)으로 표시한다.

기타포괄손익-공정가치측정금융자산을 공정가치로 평가하는 경우 평가전 이미 존재하는 금융자산평가손익(기타포괄손익누계액) 잔액을 고려하여 회계처리하여야 한다. 즉, 금융자산평가이익(손실)이 발생할 경우 이미 존재하는 금융자산평가손실(이익)과 상계한 잔액을 금융자산평가이익(손실)으로 계상한다.

3·3 기타포괄손익-공정가치측정금융자산(지분증권)의 처분시 회계

기타포괄손익-공정가치측정금융자산(채무증권)을 처분할 때는 금융자산평가이익(손실)(기타포괄손익)에 반영된 금액을 당기손익으로 재분류하지만, 기타포괄손익-공정가치측정금융자산을 처분하는 경우에는 처분시점의 공정가치 변동분을 기타포괄손익으로 먼저 인식하고, 해당 금융자산의 기타포괄손익누계액을 이익잉여금으로 대체할 수 있다.

예제 11-1 다음은 강남물산의 주식과 관련된 거래이다. 필요한 분개를 하시오.

(1) 20x1년 2월 5일 강남물산은 투자목적(단기투자목적 아님)으로 상장회사인 강북물산의 발행주식 1,000주(액면 5,000원)를 주당 8,000원씩에 취득하고 수수료 80,000원과 함께 현금으로 지급하다.

(2) 20x1년 12월 31일 결산일 현재 강북물산의 주가는 1주당 9,000원이다.
(3) 20x2년 4월 7일 강북물산으로부터 배당금 250,000원을 현금으로 수령하다.
(4) 20x2년 12월 31일 결산일 현재 강북물산의 주가는 1주당 7,500원이다.
(5) 20x3년 7월 10일 강북물산의 주식 모두를 1주당 8,500원에 처분하다.

해답

(1)	(차) 기타포괄손익-공정가치측정금융자산	8,080,000	(대)	현금	8,080,000
(2)	(차) 기타포괄손익-공정가치측정금융자산	1,000,000	(대)	금융자산평가이익 (기타포괄손익)	1,000,000
(3)	(차) 현 금	250,000	(대)	배당금수익	250,000
(4)	(차) 금융자산평가이익 (기타포괄손익)	1,000,000	(대)	기타포괄손익-공정가치측정금융자산	1,500,000
	금융자산평가손실 (기타포괄손익)	500,000			
(5)	(차) 기타포괄손익-공정가치측정금융자산	1,000,000	(대)	금융자산평가손실 (기타포괄손익)	500,000
	(차) 현금	8,500,000	(대)	기타포괄손익-공정가치측정금융자산	8,500,000
	금융자산평가이익 (기타포괄손익누계액)	500,000			

3·4 기타포괄손익-공정가치측정금융자산(채무증권)의 취득시 회계

다음 두 가지 조건을 모두 충족한 경우, 기타포괄손익-공정가치측정금융자산(채무증권)으로 분류한다.

① 금융자산의 계약조건에 따라서 특정일에 원리금 지급만으로 구성되어 있는 현금흐름이 발생한다.

② 계약상 현금흐름(원리금)의 수취와 금융자산의 매도 둘 다를 통해 목적을 이루는 사업모형 하에서 금융자산을 보유한다.

기타포괄손익-공정가치측정금융자산(채무증권) 역시 최초인식시점에 공정가치로 측정하고 해당 금융자산의 취득과 직접 관련되는 거래원가는 공정가치에 가감하여 기록한다.

기타포괄손익–공정가치측정금융자산(채무증권)을 보유하는 동안 이자를 받은 경우에는 이자수익계정의 대변에 기입한다.

3 · 5 기타포괄손익-공정가치측정금융자산(채무증권)의 기말 평가시 회계

기타포괄손익–공정가치측정금융자산(채무증권)은 기말 결산시에 상각후원가로 측정한 것처럼 당기손익에 정보를 인식함과 동시에 공정가치로 평가한 금액을 재무상태표에 표시한다. 기타포괄손익–공정가치측정금융자산(채무증권)은 원리금 수취 뿐 아니라 금융자산의 매도 둘 다의 목적을 가진 금융자산이기 때문이다.

기타포괄손익–공정가치측정금융자산(채무증권)은 최초인식금액과 만기금액의 차이를 상환기간에 걸쳐 유효이자율법을 적용한 상각후원가를 산출하고, 상각후원가와 공정가치 차이를 평가손익(기타포괄손익)으로 인식한다.

3 · 6 기타포괄손익-공정가치측정금융자산(채무증권)의 처분시 회계

기타포괄손익–공정가치측정금융자산(채무증권)을 처분할 때는 금융자산평가이익(손실)(기타포괄손익)에 반영된 금액을 당기손익으로 재분류한다.

4절 상각후원가측정금융자산의 회계처리

1. 상각후원가측정금융자산의 취득원가 및 기말 평가액

다음 두 가지 조건을 모두 충족한 경우, 상각후원가측정금융자산으로 분류한다.

① 금융자산의 계약조건에 따라서 특정일에 원리금 지급만으로 구성되어 있는 현금흐름이 발생한다.

② 계약상 현금흐름(원리금)을 수취하기 위해 보유하는 것이 목적인 사업모형 하

에서 금융자산을 보유한다.

상각후원가측정금융자산은 최초인식시점에 공정가치로 측정하고 해당 금융자산의 취득과 직접 관련되는 거래원가를 공정가치에 가감한다.

채무증권의 경우 취득시점의 공정가치는 당해 채무증권의 표시이자율(stated interest rate)과 당해 채무증권을 발행한 기업의 신용도와 시장상황이 반영된 시장이자율(market rate of interest)과의 관계에 의하여 결정된다.

예를 들어 회사채의 표시이자율과 시장이 자율이 동일한 경우에는 취득대가와 당해 회사채의 만기액면가액이 동일하지만, 표시이자율과 시장이자율이 서로 다른 경우가 발생한다. 만기 액면가액보다 낮은 가액으로 취득하는 것을 할인취득이라 하고, 높은 가액으로 취득하는 것을 할증취득이라 한다. 할인취득일 경우 할인차금, 할증취득일 경우 할증차금이 발생한다.

액면가액과 다른 가액으로 회사채를 취득한 경우에도 만기에 액면가액으로 상환받기 때문에 시간의 경과에 따라 일정한 방법으로 할인차금 또는 할증차금을 상각해야 한다.

2. 상각후원가측정금융자산의 상각후 취득원가의 계산 – 할인액 또는 할증액의 상각방법

상각후원가측정금융자산의 상각후 취득원가는 기초의 장부가액에 할인액 상각액을 가산하거나 할증액 상각액을 차감하여 계산한다. K-IFRS에서는 할인액이나 할증액의 상각을 유효이자율법의 적용을 규정하고 있다.

유효이자율법에서는 채무증권의 기초장부가액에 유효이자율을 곱한 금액만큼 이자수익을 인식하고, 이러한 이자수익에서 실제로 수취한 표시이자(액면가액×표시이자율)를 차감한 잔액을 할인차금 또는 할증차금으로 처리한다.

> 유효이자 = 채무상품의 기초장부가액 × 유효이자율
> 표시이자 = 채무상품의 액면가액 × 표시이자율
> 상 각 액 = 유효이자 - 표시이자

유효이자율법에 의하는 경우 이자수익은 매기 다르게 계상되지만 장부가액에 대한 투자수익률은 매기 동일하게 된다.

예제 11-2 경원상사는 20×1년 1월 1일 한국상사의 사채(액면가액 100,000원)를 취득부대비용을 포함하여 95,197원에 취득하였다. 사채의 만기는 3년, 표시이자율은 10%, 이자지급일은 매년 말일이며, 이 사채의 취득과 관련된 유효이자율은 12%이다. 경원상사는 이 사채를 원리금 수취 목적으로 취득한 것이다.

(1) 유효이자율법에 의하여 할인차금(할인액)상각표를 작성하시오.

(2) ① 20×1년 1월 1일, ② 20×1년 12월 31일, ③ 20×2년 12월 31일에 필요한 분개를 하시오.

(3) 20×3년 12월 31일에 만기일이 되어 현금으로 회수하였을 때 필요한 분개를 하시오.

해답

(1) 할인차금(할인액)상각표의 작성

일 자	유효이자 (전기④×12%)	표시이자 (100,000×10%)	상각액 (①-②)	장부가액④ (③+전기④)
20×1. 1. 1				95,197
20×1. 12. 31	11,424	10,000	1,424	96,621
20×2. 12. 31	11,594	10,000	1,594	98,215
20×3. 12. 31	11,786	10,000	1,786	100,000

(2) ① 20×1년 1월 1일, ②20×1년 12월 31일, ③20×2년 12월 31일의 분개

	차변	금액	대변	금액
①(차)	상각후원가측정금융자산	95,197	(대) 현 금	95,197
②(차)	현 금	10,000	(대) 이 자 수 익	11,424
	상각후원가측정금융자산	1,424		
③(차)	현 금	10,000	(대) 이 자 수 익	11,594
	상각후원가측정금융자산	1,594		

(3) 20×3년 12월 31일의 분개

	차변	금액	대변	금액
①(차)	현 금	10,000	(대) 이 자 수 익	11,786
	상각후원가측정금융자산	1,786		
②(차)	현 금	100,000	(대) 상각후원가측정금융자산	100,000

위의 [예제 11-2]에서 보는 바와 같이 채무을 할인취득한 경우에는 기간의 경과와 함께 상각후원가측정금융자산의 장부가액이 증가하고, 따라서 이자수익도 증가하며, 할인차금의 상각액도 증가함을 알 수 있다.

예제 11-3 한국상사는 20×1년 1월 1일 북경상사의 사채(액면가액 100,000원)를 취득부대비용을 포함하여 105,154원에 취득하였다. 사채의 만기는 3년, 표시이자율은 10%, 이자지급일는 매년 말일이며, 이 사채의 취득과 관련된 유효이자율은 8%이다. 한국상사는 이 사채를 원리금 수취 목적으로 취득한 것이다.

(1) 유효이자율법에 의하여 할증차금(할증액)상각표를 작성하시오.

(2) ① 20×1년 1월 1일, ② 20×1년 12월 31일, ③ 20×2년 12월 31일에 필요한 분개를 하시오.

(3) 20×3년 12월 31일에 만기일이 되어 현금으로 회수하였을 때 필요한 분개를 하시오.

해답

(1) 할증차금(할증액)상각표의 작성

일 자	표시이자① (100,000×10%)	유효이자② (전기④×8%)	상각액③ (①-②)	장부가액④ (③+전기④)
20×1. 1. 1				105,154
20×1. 12. 31	10,000	8,412	1,588	103,566
20×2. 12. 31	10,000	8,285	1,715	101,851
20×3. 12. 31	10,000	8,149	1,851	100,000

(2) ① 20×1년 1월 1일, ②20×1년 12월 31일, ③20×2년 12월 31일

①	(차) 상각후원가측정금융자산	105,154	(대)	현 금	105,154
②	(차) 현 금	10,000	(대)	이 자 수 익	8,412
				상각후원가측정금융자산	1,588
③	(차) 현 금	10,000	(대)	이 자 수 익	8,285
				상각후원가측정금융자산	1,715

(3) 20×3년 12월 31일의 분개

①	(차) 현 금	10,000	(대)	이 자 수 익	8,149
				상각후원가측정금융자산	1,851
②	(차) 현 금	100,000	(대)	상각후원가측정금융자산	100,000

위의 [예제 11-3]에서 보는 바와 같이 채무증권을 할증취득한 경우에는 기간의 경과와 함께 상각후원가측정금융자산의 장부가액이 감소하고, 이자수익도 감소한다. 다만, 할증차금의 상각액은 증가함을 알 수 있다.

기타의 투자자산

주식이나 채권 등의 금융자산(기타포괄손익-공정가치측정금융자산, 상각후원가측정금융자산) 이외의 투자자산으로는 장기금융자산, 장기대여금, 투자부동산 등이 있다. 이 중 장기대여금과 장기금융자산(장기매출채권)은 단기대여금이나 매출채권과 동일하게 회계처리 되므로 이들 투자자산에서 발생하는 이자를 이자수익계정에 기입한다.

투자부동산은 투자의 목적 또는 비영업용으로 소유하는 토지, 건물, 기타의 부동산이다. 투자부동산을 취득하게 되면 매입대금과 매입관련비용을 합산한 금액을 취득원가로 기록한다. 취득 이후에는 원가모형과 공정가치모형 중 하나를 선택하여 적용한다.

원가모형을 선택한 경우 유형자산과 마찬가지로 감가상각비와 손상차손을 당기손익에 반영하고 재무상태표에는 감가상각누계액과 손상차손누계액을 차감한 금액으로 표시한다. 또한 공정가치모형을 선택한 경우 투자부동산의 공정가치 변동으로 발생하는 평가손익은 발생한 기간의 당기순손익에 포함시킨다.

투자부동산에 대하여 공정가치모형을 적용하여 평가하는 경우에는 감가상각하지 않는다.

예제 11-4 다음은 분당회사의 20×1년도에 발생한 거래이다. 필요한 분개를 하시오. 분당회사는 건물의 취득후 공정가치모형을 적용하였다.

(1) 20×1년 2월 5일 투자목적으로 건물 5,000,000원을 구입하고 취득세와 등록세 100,000원과 중개수수료 50,000원과 함께 모두 현금으로 지급하다.

(2) 20×1년 12월 31일 결산시 위의 건물의 공정가치가 6,000,000원으로 평가되다.

(3) 20×2년 12월 31일 결산시 위의 건물의 공정가치가 5,500,000원으로 평가되다.

(4) 20×3년 5월 10일 위의 토지를 6,500,000원에 처분하고 대금은 현금으로 받다.

해답

(1)	(차) 투자부동산	5,150,000	(대)	현 금	5,150,000
(2)	(차) 투자부동산	1,000,000	(대)	투자부동산평가이익	1,000,000
(3)	(차) 투자부동산평가손실	500,000	(대)	투자부동산	500,000
(4)	(차) 현 금	6,500,000	(대)	투자부동산	5,500,000
				투자부동산처분이익	1,000,000

연습문제

11-1 다음을 설명하시오.

(1) 채무상품과 지분상품은 어떤 점에서 차이가 있는가?

(2) 기타금융자산으로서 증권상품의 취득원가의 결정방법

(3) 유가증권의 분류

(4) 재무상태표에 보고되는 기타금융자산의 가액은 어떻게 결정되는가?

(5) 기타금융자산으로서 금융기관이 취급하는 금융상품을 설명하시오.

11-2 다음은 혜동(주)는 20×1년 1월 1일 투자목적으로 회사채(액면가액 100,000원, 만기 5년, 표시이자율 9%, 매년말 이자지급)를 92,608원에 매입하였다. 이 투자로 해동(주)는 11%의 수익률을 달성할 수 있다.

(1) 할인차금상각표를 작성하시오.

(2) 위의 사채 취득 목적이 원리금 수취라고 가정하고 20×1년 12월 31일, 20×2년 12월 31일, 20×3년 12월 31일, 20×4년 12월 31일, 20×5년 12월 31일 이자수익 인식에 대한 분개와 20×5년 12월 31일 원금회수에 필요한 분개를 하시오.

11-3 다음 거래를 분개하시오

(1) 8월 31일 국채 액면 2,000,000원을 액면 @₩10,000에 대하여 단기매매목적으로 @₩8,000으로 매입하고, 대금은 현금으로 지급하였다. 당기손익-공정가치측정금융자산(채무증권)으로 분류하였다.

(2) 9월 15일 복정회사의 주식 500주(액면 @₩5,000)를 @₩5,500씩 매입하고, 대금 중 750,000원은 수표로 발행하여 지급하고 잔액은 현금으로 지급하였다. 그리고 매입수수료 27,500원은 현금으로 별도 지급하였다. 당기손익-공정가치측정금융자산(지분증권)으로 분류하였다.

(3) 11월 20일 위의 복정회사 주식 중 300주를 @₩6,000씩 처분하고, 대금 중 1,000,000원은 수표를 받아 즉시 당좌예금구좌에 입금하고 잔액은 현금으로 받았다.

(4) 12월 31일 위 복정회사 주식의 결산일 종가는 @₩4,000이다. 결산일에 필요한 분개를 하시오.

11-4 다음 거래를 분개하시오

(1) 4월 10일 일시적 투자를 위하여 성남회사의 사채 액면 7,000,000원(표시이자율 연 20%, 이자지급일 6월 30일 과 12월 31일)을 매입하고, 경과이자 379,720원과 함께 수표를 발행하여 지급하였다. 당기손익-공정가치측정금융자산(채무증권)으로 분류하였다고 가정하고 분개하시오.

(2) 6월 30일 위의 사채에 대한 이자를 받았다.

11-5 서울회사가 단기매매목적으로 취득한 유가증권과 관련된 거래에 대해서 분개를 하시오.

(1) 20x1년 7월 1일 : 종로회사주식 150,000원을 수표를 발행하여 매입하였다. 매입수수료 1,500원은 현금으로 지급하였다.

(2) 20x1년 7월 1일 : 을지회사주식 95,000원을 현금으로 구입하였다.

(3) 20x1년 8월 2일 : 종로회사로부터 현금배당 10,000원을 받다.

(4) 20x1년 12월 31일 : 유가증권의 취득가액과 시가는 다음과 같다.

종 목	원 가	시 가
종로회사 주식	150,000원	140,000원
을지회사 주식	95,000원	90,000원
	245,000원	230,000원

(5) 20x2년 1월 5일 : 종로회사주식 취득가액 150,000원, 20x1년 12월 31일 장부가액 140,000원을 160,000원에 매각하였다. 매각수수료 1,000원을 공제한 159,000원을 현금으로 받다.

11-6 삼산㈜는 20×1년 12월 31일 A사 주식 300주를 3,600,000원에 취득하고 현금으로 지급하였다. 20×2년 4월 25일 주당 500원의 배당금을 현금으로 수령하였으며, 20×2년 12월 31일 A사 주식의 종가는 주당 13,000원이었다. 삼산㈜는 동 주식의 50%를 다음 해인 20×3년 12월 31일 2,100,000원에 매각하였다.

삼산㈜가 동 주식을 단기매매차익 목적으로 취득하였기에 당기손익-공정가치측정금융자산(지분증권)으로 분류하였다. 20×1년 12월 31일 주식 취득시, 20×2년 4월 25일 배당금 수령시, 20×2년 12월 31일 주식의 기말평가시, 20×3년 12월 31일 매각시에 필요한 분개를 하시오.

제12장 비유동자산

재무상태표 항목 (5)

유형자산

1·1 유형자산의 의의와 특징

유형자산(tangible assets)은 기업이 1년 이상 사용목적으로 보유하는 구체적 형태를 가진 재화로서 토지, 건물, 기계, 비품 등이 유형자산의 대표적인 항목이다. 자연자원인 광산이나 유전도 유형자산에 속한다.

유형자산은 재고자산과 함께 기업의 자산 중 가장 금액이 크고 중요한 자산이다. 왜냐하면 유형자산은 영업활동을 하기 위한 기본적인 토대가 되는 자산이기 때문이다.

유형자산의 특징은 다음과 같다.

첫째, 유형자산은 물리적인 실체를 가진다. 물리적인 실체가 있다는 점에서 유형자산은 산업재산권, 광업권 등의 무형자산과 구별된다.

둘째, 유형자산은 영업활동에 사용하기 위한 자산이며 판매를 목적으로 하지 않는다. 이 점에서 판매목적으로 보유하는 상품 등의 재고자산과 구별된다.

셋째, 유형자산은 1년 이상의 기간에 걸쳐서 사용하는 장기성자산이며, 일반적으로 취득원가를 감가상각을 통하여 사용기간동안 비용으로 배분하게 된다. 즉, 유형자산은 여러 기간에 걸쳐서 사용되므로 시간의 경과와 사용에 따른 가치의 감소분을 감가상각비라는 비용으로 처리한다.

유형자산은 시간의 경과나 사용에 따라 가치의 감소가 발생되는지의 여부에 따라, 즉 감가상각 여부에 따라 감가상각대상자산인 건물, 기계장치, 차량운반구 등과 비상각자산인 토지, 건설중인자산, 선박, 구축물 등으로 나눌 수 있다.

구축물은 토목설비 또는 공작물로서 교량, 저수지, 갱도, 굴뚝, 정원설비 등이 이에 해당된다. 구축물은 토지에 포함되기도 하고 건물에 포함되기도 한다. 토지에 포함될 경우에는 감가상각을 하지 않지만 건물에 포함될 때는 감가상각 해야 한다. 건설중인자산은 건설중에 있는 유형자산을 기록하는 계정이다. 건설이 완료되면 건물계정 또는 기계장치계정으로 대체된다. 건설중인자산은 건설중이므로 감가상각 하지 않는다.

1 · 2 유형자산의 취득원가

유형자산을 취득하면 취득원가(historical cost)로 기록한다. 유형자산의 취득원가는 자산을 취득하여 의도된 용도에 따라 그 자산을 사용할 장소에 설치하고 사용할 수 있는 상태까지 발생한 금액을 말한다. 그러므로 취득원가에는 당해 유형자산의 매입대금뿐만 아니라 수수료, 등기료, 운송비, 설치비용 등 당해자산을 본래 목적에 사용할 수 있을 때까지 소요된 일체의 비용이 포함된다.

유형자산 중 토지와 건물은 재산세를 매년 내게 되는데 이러한 세금은 취득원가에 포함시키지 않고 비용계정인 세금과공과금계정으로 처리한다.

취득세나 등록세는 토지, 건물 등을 취득할 때 한번만 내는 것이므로 유형자산의 취득에 관련된 부대비용으로 보아 취득원가에 포함시키지만 매년 납부하는 재산세는 유형자산의 사용과 관련된 세금이므로 비용으로 처리하는 것이다.

유형자산을 취득하는 방법으로는 구입에 의한 취득, 자가건설에 의한 취득, 교환에 의한 취득 등 여러 가지 경우가 있을 수 있으며, 각각의 경우마다 취득원가를 구성하는 요인들이 다를 수 있다.

1. 구입에 의한 취득

유형자산을 외부에서 구입하여 취득한 경우에는 매입대금 이외에 매입수수료, 운송비, 하역비 등 매입을 위하여 지출된 부대비용뿐만 아니라 정지비, 설치비, 시운전비 등 그 자산을 본래의 목적에 사용할 수 있게 되기까지의 일체의 비용이 취득원가에 포함된다.

예제 12-1 유형자산의 취득에 관한 다음의 거래에 대하여 분개를 하시오.

(1) 공장용 토지를 구입하고 구입대금 50,000,000원을 수표발행하여 지급하다. 중개수수료 150,000원, 등기비용 200,000원, 정지비용 1,200,000원, 취득세 270,000원을 현금으로 지급하다.

(2) 기계장치를 구입하고 구입대금 5,000,000원과 운송비 100,000원, 설치비 30,000원, 시운전비 280,000원을 수표발행하여 지급하다.

해답

(1) (차)	토 지	51,820,000	(대)	당좌예금	50,000,000
				현 금	1,820,000
(2) (차)	기계장치	5,410,000	(대)	당좌예금	5,410,000

2. 자가건설에 의한 취득

기업이 필요한 유형자산을 자체 내에서 건설하거나 제작하는 경우에는 당해 유형자산의 건설 및 제작에 소요된 재료비, 노무비 그리고 이에 관련된 여러 경비가 그 자산의 취득원가를 구성하게 된다.

건설기간 중에 소요되는 모든 지출금액은 건설중인자산계정(construction in progress)을 설정하여 집계하고, 그 자산이 완성되면 해당되는 유형자산계정의 차변으로 대체시키게 된다. 건설중인자산계정은 건설이나 제작을 하는 과정에 있어서 아직 완성되지 않은 유형자산의 원가를 집계하는 계정이다.

회사는 은행으로부터의 자금차입이나 사채(bonds) 발행 등을 통해 외부로부터 자금을 조달하여 회사의 운영자금으로 사용하기도 하고 설비투자에 사용하기도 한다. 이때 외부로부터 자금을 조달하여 유형자산의 제작이나 건설에 사용하는 경우 건설기간중의 외부차입금에 대한 이자비용은 그 기간의 비용으로 처리하지 아니하고, 당해 유형자산의 취득원가에 포함시킨다. 이를 건설자금이자라고 한다.

예제 12-2 다음의 거래를 분개하시오.

(1) 부산회사가 공장을 증설하기로 하다. 공장건물의 건설에 설계비 200,000원, 자재비 5,000,000원, 노무비 3,000,000원, 경비 1,500,000원이 소요되고, 기계의 제작비 8,500,000원을 지급하다.

(2) 위의 공장의 건물이 완공되고 기계의 설치를 완료하다.

(3) 서경회사는 본사 건물을 신축하고 신축비 50,000,000원을 현금으로 지급하였다. 건물신축을 위하여 은행으로부터 30,000,000원을 차입하였으며, 건설기간 중에 차입금에 대한 이자 4,000,000원이 발생하여 현금으로 지급하다.

해답

(1)	(차) 건설중인자산	18,200,000	(대) 현 금	18,200,000
(2)	(차) 건 물	9,700,000	(대) 건설중인자산	18,200,000
	기계장치	8,500,000		
(3)	(차) 건 물	54,000,000	(대) 현 금	54,000,000

3. 교환에 의한 취득

유형자산을 자신이 소유하고 있는 투자자산이나 유형자산과 교환하여 취득하는 경우가 있을 수 있다. 자신이 소유하고 있는 유형자산과 교환으로 다른 종류의 유형자산을 취득하는 경우에는 교환으로 제공한 자산의 공정한 평가액 또는 새로 취득하는 자산의 공정한 평가액을 취득원가로 한다.

그러나 교환거래에 상업적 실질[2]이 결여되거나, 취득한 자산과 제공한 자산 모두의 공정가치를 신뢰성있게 측정할 수 없는 경우에는 교환으로 제공하는 유형자산의 장부가액을 새로 취득하는 자산의 취득원가로 한다.

소유하고 있는 주식이나 사채 등과 유형자산을 교환취득하는 경우에는 그 유가증권의 시가 또는 공정가액을 취득원가로 한다.

일반적으로 정상적인 상황에서 교환이 이루어지는 경우에는 제공하는 자산과 취득하는 자산의 공정가액은 일치하게 된다.

2) 상업적 실질(commercial substance)은 미래 현금흐름의 변동을 초래하는 사건 및 거래를 의미한다.

예제 12-3 다음의 교환거래를 분개하시오.

남촌회사는 보유하고 있는 토지(장부가액 1,000,000원, 공정가액 1,500,000원)와 현금 200,000원을 지급하고 기계를 구입하였다. 기계의 공정가치는 1,700,000원이다.

해답

(차) 기 계	1,700,000	(대)	토 지	1,000,000
			유형자산처분이익	500,000
			현 금	200,000

1 · 3 유형자산 취득 후의 지출

유형자산을 취득한 후에도 그 자산과 관련하여 지출이 발생하는 경우가 많다. 이때 발생하는 지출을 유형자산의 취득원가에 가산할 것인지 또는 당기의 비용으로 처리할 것인가에 따라 기업의 당기순이익에 미치는 영향이 크다.

유형자산 취득 후의 지출유형을 다음과 같이 2가지로 분류하여 설명한다.

1. 자본적 지출

자본적 지출(capital expenditure)이란 지출의 효과가 당기 이후의 장기에 걸쳐 발생하여 유형자산의 가치를 실질적으로 증가시키거나 내용연수를 증가시키는 지출을 말한다.

이러한 예로는 유형자산의 증설, 구입을 위한 지출 또는 기존의 유형자산을 개량하거나 확장, 대치하기 위한 지출을 들 수 있다.

다음과 같은 경우의 지출은 자본적 지출로서 당해 유형자산의 장부가액을 증액시킨다.

① 유형자산의 원가를 구성하는 지출
② 사용기간동안 소유자산의 원가를 증대시키는 지출
③ 자산의 내용년수를 연장시키는 지출
④ 수익력과 생산성을 증진시키는 지출
⑤ 당해 지출의 효과가 당기는 물론 미래까지 미치는 지출
⑥ 지출금액이 상대적으로 중요한 지출

예제 12-4 건물에 대하여 증축을 하고, 그 비용으로서 현금 5,000,000원을 지급하다. 또한, 새롭게 냉난방장치와 엘리베이터시설을 하고 그 비용으로서 2,000,000원이 소요되었으나 1개월 후에 지급하기로 하다.

해답

(차) 건 물	7,000,000	(대)	현 금	5,000,000
			미지급금	2,000,000

2. 수익적 지출

수익적 지출(revenue expenditure)이란 유형자산의 원상을 회복시키거나 능률유지를 위한 지출로서 그 지출의 효과가 당기에 끝나기 때문에 당기의 비용으로 계상되는 지출을 말한다. 예를 들면, 유형자산을 관리하는 데 필요한 수선비, 유지비 등이 이에 해당되며, 당기의 비용으로 계상한다.

다음과 같은 경우의 지출은 수익적 지출로서 지출시점에서 비용으로 계상하여야 한다.

① 유형자산을 원상으로 회복시키기 위한 지출
② 원래의 능력만을 유지하기 위한 수선비
③ 지출의 효과가 한 회계연도 내에 소멸되는 경우
④ 경상적이고 주기적으로 발생하는 지출

예제 12-5 건물의 일부가 파손되어 이를 수선하고, 그 비용으로서 500,000원을 현금으로 지급하다. 동시에 정기적인 수선을 행하고 수선비용으로서 300,000원을 현금으로 지급하다.

해답

(차) 수선비	800,000원	(대) 현금	800,000원

1·4 유형자산의 감가상각

1. 감가상각의 의의

토지를 제외한 유형자산은 장기간에 걸쳐 영업활동에 활용되며 또한 시간의 경과 및 사용으로 인하여 서서히 가치가 감소되어 결국 그 수명이 끝난 후에는 폐기처분된다.

유형자산의 사용이나 시간의 경과로 인한 가치의 감소를 감가라 하며, 유형자산의 취득원가를 그 자산의 사용으로 효익을 제공하는 기간(내용연수)에 걸쳐 합리적이고 체계적인 절차에 따라 배분하여 비용으로 처리하는 절차를 감가상각(depreciation)이라 한다.

유형자산의 취득원가는 배분을 통하여 매 회계기간마다 비용인 감가상각비로 계상하고, 회계기간마다 감가상각비로 계상한 만큼 자산의 장부가액이 감소된다.
감가상각은 다음과 같은 경제적 기능을 갖는다.

첫째, 감가상각은 기업의 회계기간별 이익을 정확하게 계산할 수 있도록 한다. 기업은 유형자산을 사용하여 수익을 얻게 되는데 그 수익에 대하여 유형자산 취득원가의 배분액인 감가상각비를 비용으로 대응시킴으로써 회계기간의 이익을 합리적으로 계산할 수 있게 된다.

둘째, 감가상각을 통하여 유형자산에 투하된 자금을 회수하게 한다. 감가상각비는 수익에 대응되어 차감되는 비용이지만 현금지출이 수반되지 않기 때문에 당해 유형자산의 대체를 위한 자금이 사내에 유보되는 효과를 갖는다.

2. 감가상각비의 계산요소

유형자산의 취득원가를 각 회계기간별로 배분하는 절차, 즉 감가상각비를 계산하기 위해서는 감가상각대상금액, 내용연수, 감가상각방법이 결정되어야 한다.
감가상각대상금액(depreciation base)이란 자산의 내용연수 동안 감가상각비로 배분될 금액으로 자산의 취득원가에서 잔존가액을 차감한 금액이 된다.

잔존가액(salvage value)이란 유형자산의 사용기간이 모두 경과되어 매각처분함으로써 회수될 추정금액이다. 유형자산의 잔존가액은 기업이 합리적으로 추정하는 것이 원칙이나, 실무에서는 법인세법에 따라 0원으로 하며 감가상각방법을 정률법을 적용하는 경우에는 자산 취득원가의 5%로 하고 있다.

과거에는 일률적으로 유형자산 취득원가의 10%를 잔존가액으로 하였으나 기술발전속도가 빨라 점점 고성능의 우수한 설비가 개발됨에 따라 내용연수 종료 후 잔존가치가 회수되지 않는 경우가 대부분이기 때문에 현재는 0으로 한다.

내용연수(useful life)란 유형자산을 취득하여 폐기할 때까지의 추정사용기간으로, 보통 기간단위로 측정하며 때로는 산출량단위로 측정하기도 한다. 내용연수도 잔존가액과 마찬가지로 기업이 합리적으로 경제적인 사용가능기간을 추정하는 것이 원칙이나 실무에서는 법인세법이 정한 각 유형자산의 내용연수를 사용하고 있다.

감가상각방법(depreciation method)이란 감가상각대상금액을 내용연수 동안 배분하는 방법으로 보통 정액법, 정률법, 생산량비례법 등이 많이 사용된다.

3. 감가상각방법

감가상각방법은 여러 가지가 있으나 정액법, 정률법, 생산량비례법이 많이 사용되는 방법이다.

(1) 정액법(straight line method)

정액법은 감가상각대상금액을 내용연수 동안 균등하게 배분하는 방법으로 직선법이라고도 한다. 이 방법은 내용연수 동안 매 회계연도마다 동일한 금액을 감가상각비로 계상하며, 쉽고 간단하기 때문에 많이 이용한다. 매 회계연도의 감가상각비는 다음의 산식에 의하여 계산된다.

$$\text{감가상각비} = \frac{\text{감가상각대상금액}}{\text{내용연수}} = \frac{\text{취득원가} - \text{잔존가액}}{\text{내용연수}}$$

예제 12-6 경북상사는 다음과 같은 감가상각자산을 보유하고 있다. 이들 자료를 이용하여 정액법에 의한 각 회계연도의 감가상각비를 계산하시오.

감가상각자산에 관한 자료 ; 취득원가 100,000원,
잔존가액 5,000원(취득원가의 5%) 내용연수 5년

해답

$$감가상각비 = \frac{100,000원 - 5,000원}{5년} = 19,000원/년$$

따라서 정액법에 의한 각 회계연도의 감가상각비는 19,000원씩 균등하게 계상된다.

정액법은 위에서 예시한 바와 같이 계산방법이 간편하고 이해하기 쉽다는 점에서 많이 이용되고 있으나 감가가 매년 일정하게 발생한다고 하는 가정은 유형자산의 일반적인 속성으로 보아 타당치 못한 것이 된다.

즉, 새로운 기계를 취득하였을 때 그 사용초기에는 기계성능이 좋기 때문에 기업의 수익창출능력에 더 큰 기여를 하며, 내용연수가 경과하게 되면 자연히 기계의 성능이 저하되며 그에 따라 기업의 수익창출에 기여하는 능력 역시 감소하게 된다.

그러므로 정액법은 자산의 원가배분의 합리성에 비추어볼 때 다음에 설명하게 될 정률법보다 바람직하지 못한 감가상각방법이다.

(2) **정률법**(declining balance method)

정률법은 유형자산의 회계기간초의 장부가액(미상각잔액)에 일정한 상각률(정률)을 곱하여 각 회계연도의 감각상각비를 계산하는 방법이다. 즉, 취득원가에서 감가상각누계액을 차감한 잔액에 대해 정률을 곱하여 당해연도의 감가상각비를 계산하는 방법이다.

정률법은 취득 초기에 감가상각비가 많이 계상되고, 내용연수의 후기로 갈수록 감가상각비가 점차로 적게 계상된다. 우리나라에서는 법인세법시행규칙 별표에 정률이 나와 있어 많은 회사들이 편리하게 이를 이용하고 있다. 매 연도의 감가상각비는 다음 산식에 의해 계산된다.

감가상각비 = 미상각잔액(취득원가 − 감가상각누계액) × 정률

$$정률 = 1 - \sqrt[n]{잔존가액/취득원가} \quad (n : 내용연수)$$

위의 정률은 아래의 과정에 의해 도출된다.

연도	연도말의 장부가액
1	$C - Cr = C(1-r)$
2	$C(1-r) - C(1-r)r = C(1-r)^2$
⋮	⋮

$n \qquad C(1-r)^{n-1} - C(1-r)n - 1r = C(1-r)n = S$

따라서 $(1-r)^n = \frac{S}{C}$

$$(1-r) = \sqrt[n]{\frac{S}{C}}$$

$$\therefore r = 1 - \sqrt[n]{\frac{S}{C}}$$

(C : 취득원가, S : 잔존가액, n : 내용년수)

예제 12-7 위의 [예제 12-6]에서 제시된 자료를 이용하여 정률법에 의한 각 회계연도의 감가상각비를 계산하시오. 그리고 정액법과 정률법에 의한 감가상각비 비교표를 작성하시오.

해답

① 정률 $= 1 - \sqrt[5]{\frac{5,000}{100,000}} = 0.451$

② 각 회계연도의 감가상각비

제1차년도 (100,000 − 0) × 0.451 = 45,100원

제2차년도 (100,000 − 45,100) × 0.451 = 24,760원

제3차년도 (100,000 − 69,860) × 0.451 = 13,593원

제4차년도 (100,000 − 83,453) × 0.451 = 7,463원

제5차년도 (100,000 − 90,916) × 0.451 = 4,084원

③ 정액법과 정률법의 비교

방법 / 연도	정 액 법			정 률 법		
	감가상각비	상각누계액	미상각잔액	감가상각비	상각누계액	미상각잔액
1차년도	₩19,000	₩19,000	₩81,000	₩45,100	₩45,100	₩54,900
2차년도	19,000	38,000	62,000	24,760	69,860	30,140
3차년도	19,000	57,000	43,000	13,593	83,453	16,547
4차년도	19,000	76,000	24,000	7,463	90,916	9,084
5차년도	19,000	95,000	5,000	4,084	95,000	5,000

어떤 감가상각방법을 적용하느냐에 따라 매 회계연도의 순이익에 미치는 영향이 다르다.

위의 예제에서 보는 바와 같이 내용연수 초기에는 정률법이 정액법보다 많은 감가상각비를 계상하므로 순이익이 적게 계상되고, 후기에는 반대로 정률법이 정액법보다 감가상각비를 적게 계상하므로 순이익이 많이 계상된다.

또, 어떤 감가상각방법을 적용하느냐에 따라 감가상각기간 동안 유형자산의 장부가액에 미치는 영향도 다르다. 정액법의 경우에는 매 회계기간 동일한 금액이 감가상각되기 때문에 자산의 장부가액은 감가상각기간 동안 일정한 비율로 감소하게 된다. 반면, 정률법의 경우에는 초기에 감가상각비가 상대적으로 많이 계상되어 장부가액은 초기에는 급격히 감소하다가 후기에는 감가상각비가 적어지므로 장부가액은 완만하게 감소하는 형태를 나타낸다.

정액법과 정률법에 의한 감가상각의 차이를 보면 다음의 [그림 13-1]과 [그림 13-2]와 같다.

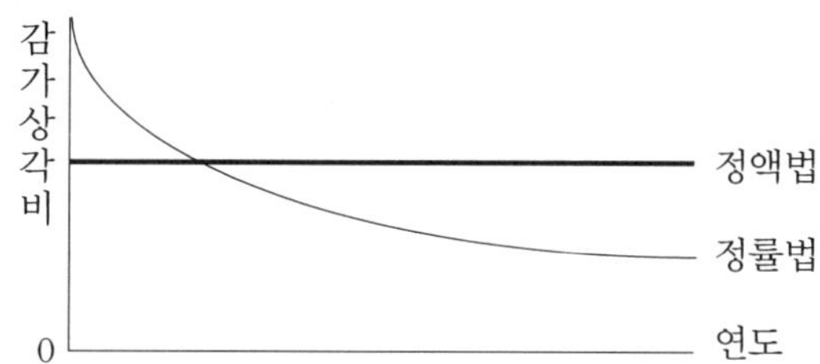

[그림 13-1] 정액법과 정률법의 감가상각비 비교

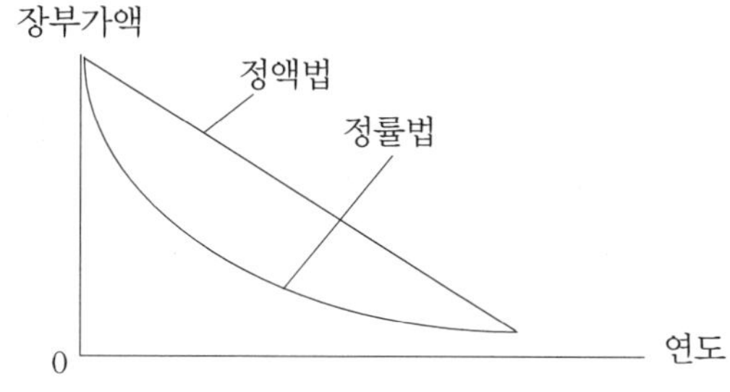

[그림 13-2] 정액법과 정률법의 유형자산 장부가액 비교

(3) 생산량비례법과 작업시간비례법(use or production method)

생산량비례법은 재화의 생산량 또는 서비스의 제공단위를 기준으로 계산하는 방법이다. 보통 자연자원인 광산, 유전, 삼림 등 감모성 자산의 상각액을 계산할 때 적합한 방법이다.

이 방법은 유형자산이 생산물의 양이나 용역의 제공에 비례해서 이용된 것으로 보고 내용연수 대신에 그 회계연도의 생산량을 기준으로 감가상각비를 계산한다.

생산량비례법을 사용하기 위해서는 예정 총생산량을 추정할 수 있어야 한다. 매기간에 계산되는 상각액은 총예정생산량과 실제생산량의 비례에 의해 산출되기 때문이다.

$$\text{감가상각비} = (\text{취득원가} - \text{잔존가치}) \times \frac{\text{매기의 실제생산량}}{\text{예정 총생산량}}$$

K-IFRS에서는 무형자산의 상각에 대하여 생산량비례법을 적용할 수 있다고 규정하고 있다.

생산량비례법과 유사한 계산방법으로 작업시간비례법이 있다. 작업 시간비례법은 예정 총작업시간 또는 예정 총가동시간에 대한 매기의 실제작업시간 또는 실제가동시간의 비율에 의해 감가상각비를 계산하는 방법이다.

$$\text{감가상각비} = (\text{취득원가} - \text{잔존가치}) \times \frac{\text{매기의 실제작업시간}}{\text{예정 총작업시간}}$$

예제 12-8 경남상사는 탄광용 기계장치(취득원가 500,000원, 잔존가치 50, 000원)를 매입하여 채굴작업에 사용하고 있다. 그리고 광산의 예정 총매장량을 5천톤으로 추정하였다. 경남상사의 당기 석탄 총생산량은 1,000톤이다. 경남상사가 당기에 계상해야 할 감가상각비는 생산량비례법에 의한다.

해답

$$\text{감가상각비} = (500{,}000\text{원} - 50{,}000\text{원}) \times \frac{1{,}000\text{톤}}{5{,}000\text{톤}} = 90{,}000\text{원}$$

---

4. 감가상각비의 기장과 공시

(1) 기장방법

① **직접법**(direct method) —— 감가상각액을 당해 유형자산계정의 대변에 기입하여 직접 유형자산의 가액을 감액시키는 방법인데 다음과 같이 기장한다.

(차) 감가상각비	×××	(대) 유형자산	×××

이 방법은 당해 유형자산의 현재가액은 알 수 있으나, 취득원가나 감가상각누계액을 알 수 없는 단점이 있다.

② **간접법**(indirect method) —— 감가상각액을 유형자산에서 직접 차감하지 않고 감가상각누계액계정을 별도로 원장에 설정하여 그 대변에 기입하는 방법이다.

(차) 감가상각비	×××	(대) 감가상각누계액	×××

이 방법에 의하면 유형자산계정은 항상 취득원가로 표시되며, 감가상각누계액계정은 감가상각누계액으로 표시한다. 따라서 간접법은 유형자산의 취득원가와 감가상각누계액을 알 수 있는 장점이 있다.

예제 12-9 다음의 자료를 이용하여 감가상각비를 정액법에 의해 계산한 후, 이를 직접법과 간접법에 의해 분개하시오.

건물의 취득원가 1,000,000원	잔존가액 50,000원	내용년수 10년

해답

(1) 감가상각비 $= \dfrac{1{,}000{,}000\text{원} - 50{,}000\text{원}}{10\text{년}} = 95{,}000\text{원}$

(2) 분개

직접법 :	(차) 감가상각비	95,000	(대) 건 물	95,000
간접법 :	(차) 감가상각비	95,000	(대) 감가상각누계액(건물)	95,000

(2) 재무제표상의 표시

K-IFRS에서는 유형자산의 감가상각은 간접법에 의하여 계상하는 것을 원칙으로 하고 있다. 이는 재무제표에 유형자산의 취득가액과 감가상각누계액을 모두 표시하는 것이 이들을 차감한 잔액만큼을 표시하는 직접법보다 정보이용자들에게 보다 나은 정보를 제공할 수 있기 때문이다.

① **포괄손익계산서상의 표시** —— 감가상각비는 판매비와관리비로 하여 표시된다. 다만 제조원가성질의 감가상각비는 제조경비로 한다.

② **재무상태표상의 표시** —— 유형자산에 대한 감가상각누계액은 그 자산과목에서 차감하는 형식으로 표시하여야 한다. 감가상각누계액은 그 계정잔액이 대변에 생기지만 재무상태표에 부채로 표시하지 않는다.

감가상각누계액은 유형자산의 현재액을 나타내기 위하여 유형자산의 취득원가에서 차감한다는 의미에서 평가계정이라고 한다. 유형자산의 재무상태표 표시를 나타내면 다음과 같다.

재무상태표

II. 비유동자산		
(2) 유형자산		
건 물		×××
감가상각누계액	(−)×××	×××
비 품		×××
감가상각누계액	(−)×××	×××

한편, 예외적으로 재무상태표를 요약식으로 작성할 경우에 있어서는 직접법을 채택할 수 있다. 이는 요약재무상태표 자체가 그 내용을 되도록 간단히 표시한다는 목적을 갖고 있기 때문이다.

1 · 5 유형자산의 처분

사용중인 유형자산을 처분한 경우에는 유형자산계정의 대변에 취득원가로 기입하고, 동시에 그 유형자산에 해당되는 감가상각누계액계정의 차변에 기입하여 감가상각누계액을 소멸시킨다. 그리고 처분가액과 장부가액(취득원가−감가상각누계액)의 차액을 유형자산처분이익(손실)으로 기장하다.

예제 12-10 업무에 사용하던 트럭(운반구) 1대를 3,000,000원(취득가액 4,500,000원, 감가상각누계액 2,000,000원)에 매각하고, 대금은 현금으로 받다.

(차)	감가상각누계액	2,000,000	(대)	차량운반구	4,500,000
	현 금	3,000,000		유형자산처분이익	500,000

1·6 유형자산의 재평가 및 손상차손

1. 유형자산의 재평가

지금까지 유형자산의 평가는 취득원가(원가모형)로 하는 것이 원칙이었다. K-IFRS의 적용으로 원가모형이나 재평가모형 중 하나를 선택하여 건물, 토지, 기계장치 등의 유형자산의 종류별로 적용하여야 하며, 유형자산의 같은 종류 내에서 개별자산별(예: 건물1, 건물2)로 원가모형과 재평가모형을 선택하여 적용할 수는 없다.[3)]

재평가모형은 공정가치를 적용하여 유형자산을 평가하는 방법이다. 공정가치(fair value)는 시장에서 합리적인 판단력과 거래의사가 있는 독립된 당사자간의 거래에서 교환되는 가액을 말하는데, 일반적으로 시가를 의미한다.

유형자산을 재평가모형으로 평가하면 재평가이익(공정가치〉장부금액) 또는 재평가손실(공정가치〈장부금액)이 발생한다. 재평가모형의 적용절차를 구체적으로 설명하면 다음과 같다.

첫째, 재평가이익이 발생할 경우 차액을 해당 유형자산의 장부금액에 가산함과 동시에 이를 재평가잉여금으로 기록한다[4)].

(차)	유형자산	xxx	(대)	재평가잉여금	xxx

3) 예를 들어 토지를 재평가모형을 적용하여 평가한 경우에는 그 기업 소유의 모든 토지를 재평가모형을 적용하여야 한다. 또한 일단 재평가모형을 적용한 이후에는 원칙적으로 원가모형으로 평가방법을 변경할 수 없다.

4) 재평가잉여금은 재무상태표의 자본항목 중 기타포괄손익누계액으로 처리한다. 또한 재평가이익은 미실현이익으로서 당기순손익에 포함시키지 않고 기타포괄손익으로 하여 포괄손익계산서의 포괄손익으로 표시한다.

둘째, 재평가손실이 발생할 경우 차액을 유형자산의 장부금액에서 차감함과 동시에 이를 재평가손실로 기록한다[5].

(차) 재평가손실	xxx	(대) 유형자산	xxx

예제 12-11 다음의 거래를 분개하시오.

(1) 서울회사는 장부금액 1,000,000원인 토지를 감정평가회사에 의뢰하여 재평가한 결과 1,200,000원으로 공정가치가 상승한 것으로 보고를 받았다.

(2) 부산회사는 장부금액 1,500,000원인 토지를 감정평가회사에 의뢰하여 재평가한 결과 공정가치가 1,200,000원이라고 보고를 해왔다.

해답

(1)	(차) 토 지	200,000	(대) 재평가잉여금 (재평가이익)	200,000
(2)	(차) 재평가손실	300,000	(대) 토 지	300,000

2. 유형자산의 손상차손

유형자산을 원가모형으로 평가할 경우 유형자산의 회수가능액[6]과 장부금액의 차이를 손상차손이라고 한다. 유형자산의 손상차손을 인식하고, 장부금액을 회수가능액으로 수정하는 것은 일종의 저가법에 해당한다.

유형자산의 손상차손에 대한 회계처리를 구체적으로 요약하면 다음과 같다.

첫째, 유형자산의 손상차손이 발생하면 유형자산손상차손이라는 당기비용으로 처리함과 동시에 손상차손누계액계정의 대변에 기록한다. 손상차손누계액은 감가상각누계액과 마찬가지로 해당 유형자산에서 차감하는 형식으로 표시한다.

(차) 유형자산손상차손	xxx	(대) 손상차손누계액	xxx

둘째, 유형자산손상차손을 계상한 후, 유형자산의 회수가능액이 회복된 경우에는 그 금액만큼 손상차손누계액을 감액시킴과 동시에 손상차손환입이라는 당기수익으

5) 재평가손실은 당기비용(영업외비용)으로 인식한다.
6) 회수가능액은 순공정가치와 사용가치 중 큰 금액이다.

로 계상한다.

(차) 손상차손누계액	xxx	(대) 손상차손환입	xxx

예제 12-12 다음의 거래를 분개하시오.

(1) 20x1년 중에 강원물산은 토지를 2,000,000원에 취득하였으나 결산시에 유형자산의 회수가능액을 조사하였던 바 1,500,000원인 것으로 밝혀졌다.

(2) 20x2년 결산시 위의 토지의 회사가능액은 1,700,000원으로 회복되었다.

해답

(1)	(차) 유형자산손상차손	500,000	(대) 손상차손누계액	500,000
(2)	(차) 손상차손누계액	200,000	(대) 손상차손환입	200,000

무형자산

2 · 1 무형자산의 개념

1. 무형자산의 의의

무형자산(intangible assets)은 구체적인 형체가 없으나 유형자산과 마찬가지로 영업활동에 장기간 이용되어 수익창출에 기여할 것으로 기대하여 보유하는 비유동자산이다.

무형자산은 구체적인 형체가 없으므로 그 존재 유무를 확인하기 어렵고, 가치측정이 곤란하며, 내용연수의 합리적 추정이 어려운 경우가 많다.

기업회계기준서 제3호에서는 무형자산에 대하여 다음과 같이 설명하고 있다.

"무형자산은 재화의 생산이나 용역의 제공, 타인에 대한 임대 또는 관리에 사용할 목적으로 기업이 보유하고 있으며, 물리적 형체가 없지만 식별가능하고, 기업이 통제하고 있으며, 미래 경제적 효익이 있는 비화폐성자산을 말한다. 무형자산에는 산업재산권, 라이선스와 프랜차이즈, 저작권, 컴퓨터소프트웨어, 개발비, 임차권리금, 광업권 및 어업권 등이 포함된다."

한편 사업결합으로 취득하는 영업권은 K-IFRS 제1103호에서 규정하고 있기 때문에 무형자산이라 함은 매수기업결합에서 발생하는 영업권을 제외한 무형자산을 말한다. 또한, 매수기업결합에서 발생하는 영업권은 식별 가능하지 않기 때문에 K-IFRS 제1038호에서 말하는 무형자산의 정의를 충족하지 못한다.

2. 무형자산의 요건

K-IFRS 제1038호에서는 무형자산으로 정의되기 위한 3가지 요건으로서 다음에서 보는 바와 같이 식별가능성, 자원에 대한 통제 및 미래 경제적 효익의 존재 등을 들고 있다.

첫째, 무형자산이 식별 가능성을 갖는다는 것은 그 자산이 기업이나 다른 자산으로부터 분리될 수 있거나 법적 권리를 창출할 수 있는 경우를 의미한다.

둘째, 자원에 대한 통제란 그 자원으로부터 미래 경제적 효익을 획득할 수 있고 그 효익에 대하여 제3자의 접근을 제한할 수 있는 경우를 말한다. 즉, 무형자산의 미래 경제적 효익을 확보할 수 있고 제3자의 접근을 제한할 수 있다면 자산을 통제하고 있는 것이다.

셋째, 무형자산은 미래 경제적 효익이 기업에 유입될 가능성이 높고, 취득원가를 신뢰성 있게 측정할 수 있는 경우에 한하여 자산으로 인식한다. 무형자산의 미래 경제적 효익은 재화의 매출이나 용역수익, 원가절감, 또는 자산의 사용에 따른 기타 효익의 형태로 발생한다.

2·2 무형자산의 취득원가 결정

1. 개별 취득의 경우

무형자산을 개별적으로 취득하는 경우에는 취득원가를 신뢰성 있게 측정할 수 있다. 특히 현금 또는 기타 화폐성자산으로 구입대가를 지급하는 경우에는 보다 신뢰성 있게 취득원가를 측정할 수 있다.

(1) 일반적인 취득

무형자산의 취득원가는 구입원가와 자산을 사용할 수 있도록 준비하는 데 직접 관련되는 지출로 구성된다. 매입할인 등이 있는 경우 이를 차감하여 취득원가를 산출한다.

취득원가 = 구입원가 + 구입관련지출금액 - 매입할인

무형자산에 대한 대금지급기간이 일반적인 신용기간보다 긴 경우에는 무형자산의 구입원가는 현금구입상당액이 된다. 현금구입상당액과 실제 총지급액과의 차액은 다른 기업회계기준에 따라 자본화하지 않는 한 신용기간에 걸쳐 이자비용으로 인식한다.

(2) 현물출자에 의한 취득

기업이 발행한 지분증권(주식)과 교환하여 취득한 무형자산의 취득원가는 그 지분증권의 공정가액으로 한다.

(3) 일괄 취득

무형자산과 기타의 자산을 일괄 취득한 경우에는, 총취득원가를 무형자산과 기타 자산의 공정가액에 비례하여 배분한 금액을 각각 무형자산과 기타 자산의 취득원가로 한다.

2. 정부보조금 등에 의한 취득

정부보조 등에 의해 무형자산을 무상 또는 공정가액보다 낮은 대가로 취득한 경우에는 그 무형자산의 취득원가는 취득일의 공정가액으로 한다. 정부보조금 등은 취득원가에서 차감하는 형식으로 표시하고 그 자산의 내용연수에 걸쳐 상각금액과 상계하며, 그 자산을 처분하는 경우에는 그 잔액을 처분손익에 반영한다.[7)]

다만, 무형자산의 공정가액을 알 수 없는 경우에는 그 무형자산의 취득원가는 구입원가와 자산을 사용할 수 있도록 준비하는 데 직접 관련되는 지출을 합한 금액으로 한다.

---

7) 정부보조금 등에 의한 유형자산의 취득시에도 동일한 회계방법으로 처리한다.

3. 자산교환에 의한 취득

다른 종류의 무형자산이나 다른 자산과의 교환으로 무형자산을 취득하는 경우 무형자산의 취득원가는 유형자산의 경우와 동일하다. 즉, 이 경우 무형자산의 취득원가는 교환으로 제공한 자산의 공정가액으로 측정한다.

다만, 교환거래에 상업적 실질이 결여된 경우 및 교환으로 제공한 자산의 공정가액이 불확실한 경우에는 교환으로 취득한 자산의 공정가액을 취득원가로 할 수 있다. 자산의 교환에 현금수수액이 있는 경우에는 현금수수액을 반영하여 취득원가를 결정한다.

4. 내부적으로 창출된 무형자산

(1) 내부적으로 창출된 무형자산의 자산성 여부

내부적으로 창출된 무형자산이 자산의 인식기준에 부합하는지를 평가하기는 쉽지 않다.

미래 경제적 효익을 창출할 무형자산의 존재 여부와 인식시점을 식별하기 어렵고, 그러한 자산의 원가를 신뢰성 있게 측정하기 어렵기 때문이다.

내부적으로 창출된 무형자산이 인식기준에 부합하는지를 평가하기 위하여 무형자산의 창출과정을 연구단계와 개발단계로 구분한다. 연구단계와 개발단계라는 용어는 연구와 개발의 정의보다 더 넓은 의미를 갖는다. 그런데 무형자산을 창출하기 위한 내부 프로젝트를 연구단계와 개발단계로 구분할 수 없는 경우에는 그 프로젝트에서 발생한 지출은 모두 연구단계에서 발생한 것으로 본다.

① 연구단계

프로젝트의 연구단계에서는 미래 경제적 효익을 창출할 무형자산이 존재한다는 것을 입증할 수 없기 때문에 연구단계에서 발생한 지출은 무형자산으로 인식할 수 없고 발생한 기간의 비용으로 인식한다.

② 개발단계

개발단계에서 발생한 지출은 조건을 모두 충족하는 경우에만 무형자산으로 인식하고, 그 외의 경우에는 경상개발비의 과목으로 하여 발생한 기간의 비용으로 인식한다.

개발단계는 연구단계보다 훨씬 더 진전되어 있는 상태이기 때문에 프로젝트의 개발단계에서는 무형자산을 식별할 수 있으며, 그 무형자산이 미래 경제적 효익을 창출할 것임을 입증할 수 있다.

(2) 내부적으로 창출된 무형자산의 취득원가 결정

내부적으로 창출된 무형자산의 취득원가는 무형자산의 인식기준이 모두 충족한 이후에 발생한 지출금액만을 포함하도록 하였다. 따라서 과거 회계연도의 재무제표나 중간재무제표에서 무형자산의 인식기준을 충족하지 못하여 비용으로 인식한 지출은 그 후의 기간에 무형자산의 취득원가의 일부로 인식할 수 없다.

예를 들어, 새로운 생산공정을 개발 중인 기업이 이와 관련하여 지출한 금액이 1,000원이고 그 중에서 새로운 생산공정이 무형자산의 인식기준을 충족한 시점인 20×5년 12월 1일 이후에 발생한 금액이 100원이라고 한다면, 그 전에 발생한 지출금액 900원은 이미 중간재무제표 및 과거 회계연도의 재무제표에서 비용으로 인식되었기 때문에 20×5년 연간재무제표에서 자산으로 인식할 수 없다.

2 · 3 무형자산의 상각

K-IFRS에서는 무형자산의 내용연수가 유한인 경우에는 상각을 하고, 비한정인 경우에는 상각하지 않도록 규정하고 있다. 즉, 무형자산의 내용연수가 유한한지 또는 비한정인지를 평가하고, 만약 내용연수가 유한하다면 자산의 내용연수 기간이나 내용연수를 구성하는 생산량이나 이와 유사한 단위를 평가한다. 관련된 모든 요소의 분석에 근거하여, 그 자산이 순현금유입을 창출할 것으로 기대되는 기간에 대하여 예측가능한 제한이 없을 경우, 무형자산의 내용연수가 비한정인 것으로 본다.

무형자산의 상각기간(내용연수)을 결정하기 위해서 다음과 같은 요인을 포함하여 종합적으로 고려한다.

① 기업이 예상하는 자산의 사용방식과 자산이 다른 경영진에 의하여 효율적으로 관리될 수 있는지 여부

② 자산의 일반적인 제품수명주기와 유사한 방식으로 사용되는 유사한 자산들의내용연수 추정치에 관한 공개된 정보

③ 기술적, 공학적, 상업적 또는 기타 유형의 진부화

④ 자산이 운용되는 산업의 안정성과 자산으로부터 산출되는 제품이나 용역의 시장수요 변화

⑤ 기존 또는 잠재적인 경쟁자의 예상 전략

⑥ 예상되는 미래경제적효익의 획득에 필요한 자산 유지비용의 수준과 그 수준의 비용을 부담할 수 있는 능력과 의도

⑦ 자산의 통제가능 기간과 자산사용에 대한 법적 또는 이와 유사한 제한(예: 관련된 리스의 만기일)

⑧ 자산의 내용연수가 다른 자산의 내용연수에 의해 결정되는지의 여부

1. 상각방법

무형자산의 상각방법은 자산의 경제적 효익이 소비되는 행태를 반영한 합리적인 방법이어야 한다.

무형자산의 감가상각대상금액을 내용연수 동안 합리적으로 배분하기 위해 다양한 방법을 사용할 수 있다. 무형자산의 상각방법은 자산의 경제적 효익이 소비되는 형태를 반영한 방법이어야 한다. 다만, 소비되는 형태를 신뢰성 있게 결정할 수 없는 경우에는 정액법을 사용한다.

무형자산의 상각이 다른 자산의 제조와 관련된 경우에는 관련 자산의 제조원가로, 그 밖의 경우에는 판매비와 관리비로 계상한다. 예를 들면, 제조공정에서 사용된 무형자산의 상각비는 재고자산의 원가를 구성한다.

2. 잔존가치

내용연수가 유한한 무형자산의 잔존가치는 다음의 ①과 ② 중 하나에 해당하는 경우를 제외하고는 0(영)으로 본다.

① 내용연수 종료 시점에 제3자가 자산을 구입하기로 한 약정이 있다.

② 무형자산의 활성시장이 있고, 잔존가치를 그 활성시장에 기초하여 결정할 수 있으며, 그러한 활성시장이 내용연수 종료 시점에 존재할 가능성이 높다.

내용연수가 유한한 자산의 상각대상금액은 잔존가치를 차감하여 결정한다. 0(영)이 아닌 잔존가치는 경제적 내용연수 종료 시점 이전에 그 자산을 처분할 것이라는 기대를 나타낸다. 무형자산의 잔존가치는 처분으로 회수가능한 금액을 근거로 하여 추정하는데, 그 자산이 사용될 조건과 유사한 조건에서 운용되었고 내용연수가 종료된 유사한 자산에 대해 추정일 현재 일반적으로 형성된 매각 가격을 사용한다. 잔존가치는 적어도 매 회계기간 말에는 검토한다.

무형자산의 잔존가치는 해당 자산의 장부금액과 같거나 큰 금액으로 증가할 수도

있다. 이 경우에는 자산의 잔존가치가 이후에 장부금액보다 작은 금액으로 감소될 때까지는 무형자산의 상각액은 0(영)이 된다.

2·4 무형자산의 재평가 및 손상차손

1. 무형자산의 재평가

무형자산도 유형자산과 동일하게 취득후 원가모형과 재평가모형을 적용하여 평가하여야 한다. 즉, 무형자산의 활성시장이 존재한다면 공정가치가 존재하기 때문에 재평가모형을 적용할 수 있다.

그러나 무형자산의 활성시장이 존재하는 경우가 드물기 때문에 원가모형을 적용하는 경우가 많을 수밖에 없다.

원가모형을 적용하는 경우 최초 인식 후에 무형자산은 원가에서 상각누계액과 손상차손누계액을 차감한 금액을 장부금액으로 한다. 또한 재평가모형을 적용하는 경우 최초 인식 후에 무형자산은 재평가일의 공정가치에서 이후의 상각누계액과 손상차손누계액을 차감한 재평가금액을 장부금액으로 한다.

재평가 목적상 공정가치는 활성시장을 기초로 하여 결정하며, 보고기간말에 자산의 장부금액이 공정가치와 중요하게 차이가 나지 않도록 주기적으로 재평가를 실시한다.

2. 무형자산의 손상차손

무형자산의 손상차손에 대한 회계처리도 유형자산의 경우와 동일하다. K-IFRS에서는 무형자산 중 내용연수가 비한정 무형자산 또는 아직 사용할 수 없는 무형자산에 대해서는 손상징후의 여부와 관계없이 매년 손상검사를 하도록 규정하고 있다. 이들 무형자산의 경우 진부화가 항상 명확히 파악되는 것이 아니기 때문이다.

2·5 무형자산별 회계

1. 산업재산권

산업재산권은 법률에 의하여 일정기간 독점적 배타적으로 이용할 수 있는 권리로서 특허권, 실용신안권, 의장권 및 상표권 등을 포함한다.

(1) 특허권

특허권(patents)은 특정 발명이 특허법에 의하여 등록되어 일정기간 독점적 · 배타적으로 이용할 수 있는 법적 권리를 획득한 경우 당해 권리를 화폐금액으로 평가하여 무형자산으로 계상한 것이다.

특허권의 취득원가는 타인으로부터 매입한 경우 매입가액에 부대비용을 가산한 금액으로 하며, 부대비용으로는 특허권출원비용, 법률비용 등이 있다. 그리고 자체개발에 의한 특허권의 취득원가는 개발비의 미상각잔액에 특허권출원비용 등의 부대비용을 가산하여 결정한다.

특허권의 내용연수는 특허법에서는 12년으로 규정되어 있으나 법인세법시행규칙에는 10년으로 규정되어 있어서 특허권은 일반적으로 10년간 정액법으로 상각한다.

특허권의 침해에 대한 소송비용은 승소했을 때는 이를 특허권의 원가에 가산하고 만약 패소하여 특허권이 무가치한 것으로 판명되었을 때는 소송비용과 특허권잔액을 상각한다.

(2) 실용신안권

실용신안권(utility model rights)은 실용적 고안을 하고 이 고안을 실용신안법에 의해 등록하여 일정기간 독점적·배타적으로 이용할 수 있는 권리이다.

실용신안권에 대한 상각은 특허권의 경우와 유사하여 정액법으로 상각한다. 실용신안권의 내용연수는 실용신안법에는 5년, 법인세법시행규칙에도 5년으로 규정되어 있다.

(3) 의장권

의장권(design rights)은 고안, 설계된 디자인이 의장법에 의하여 등록되어 일정기간 독점적·배타적으로 이용할 수 있는 권리이다.

의장권의 회계처리도 특허권의 경우와 유사하여 정액법으로 상각한다. 의장권의 내용연수는 의장법에는 8년, 법인세법시행규칙에는 7년으로 규정되어 있다.

(4) 상표권

상표권(trade marks)은 상표를 상표법에 의하여 등록하여 이를 일정기간 독점적·배타적으로 이용할 수 있는 권리이다.

상표권에 대한 회계처리도 역시 특허권의 경우와 유사하여 정액법으로 상각한다. 상표권의 내용연수는 상표법에 의하여 10년으로 되어 있고 10년마다 갱신할 수 있으며, 법인세법시행규칙에는 10년으로 되어 있다.

2. 라이선스와 프랜차이즈

프랜차이즈(franchises)는 특정 지역에서 제품이나 서비스의 판매권 및 상표나 상호명의 사용권을 가지고 독점적·배타적으로 사업을 영위할 수 있는 권리로서 정부기관과 기업사이 또는 기업 상호간 계약에 의하여 설정되는 특수한 권리이다. 롯데리아, 맥도날드, 버거킹, KFC, 피자헛, BBQ 등의 패스트 푸드 산업이 프랜차이즈의 대표적인 사례이다.

프랜차이즈계약 중 정부기관이 기업이나 개인에게 허가의 형태로 부여하는 면허를 라이선스(licences)라고 한다.

예를 들면, 정부기관인 정보통신부가 민간기업에 부여한 이동통신사업(KT, SKT, LGT)이나 전화사업(KT, 데이콤, 온세통신) 등의 면허형 프랜차이즈는 라이선스라는 무형자산이다. 또한 일정한 철도나 도로 또는 해로를 이용할 수 있는 권리인 육상운송노선권, 해송운송노선권 등도 라이선스에 속한다.

그리고 법인세법이 규정하고 있는 수리권, 전용측선 이용권, 공업용 수도시설이용권, 가스공급시설이용권, 수도시설 이용권, 열공급시설 이용권, 댐사용권, 유료도로관리권, 수도시설관리권, 하수종말처리장 시설관리권 등도 라이선스에 해당된다.

리이선스와 프랜차이즈가 자산으로 인정될 수 있는 경우는 권리의 대가로 계약액을 일시불로 지급하고 그 금액을 반환받지 못하는 조건의 경우에 성립된다.

이 경우 권리의 대가로 지급한 계약액을 무형자산으로서 라이선스 또는 프랜차이즈계정에 계상하고 계약에서 규정한 기간에 따라 정액법이나 생산량비례법에 따라 상각한다. 그리고 라이선스나 프랜차이즈를 취득한 이후 계속적인 서비스제공에 대한 대가로 지급하는 정기적인 수수료는 발생한 기간에 비용으로 처리한다.

3. 저작권

저작권(copyrights)은 특정 학술, 문학, 예술 등의 저술, 저작, 공연이 저작권법(우리나라의 저작권법에 해당하는 외국의 법률 포함)에 의하여 등록되어 일정기간 독점적·배타적으로 행사할 수 있는 권리이다. 즉, 저작권은 저작자, 저술자 및 공연자의 권리와 이에 인접하는 권리를 보호하고 저작물, 저술물, 공연물의 공정한 이용을 도모함으로써 문화의 향상·발전에 기여하는 것을 목적으로 하는 권리이다.

저작권은 음반, 공연, 영화, 컴퓨터프로그램, 전자망, 방송, 유선방송, 기술개발촉진 등에 대한 권리이다.

4. 컴퓨터소프트웨어

소프트웨어의 개발과 관련된 비용은 자산인식요건을 충족시키면 개발비라는 무형자산으로 계상하며, 그렇지 않은 것은 경상개발비라는 당기비용으로 처리한다.

소프트웨어의 구입과 관련하여 발생한 비용은 자산인식요건을 충족시키므로 컴퓨터소프트웨어라는 무형자산으로 계상한다. 무형자산으로 계상된 컴퓨터소프트웨어는 20년 이내에서 합리적 기간에 걸쳐 균등액을 상각한다.

컴퓨터소프트웨어계정에는 다음과 같은 사항들이 포함된다(기업회계기준 등에 관한 해석 82-20 참조).

(1) 소프트웨어의 업그레이드 또는 유지보수를 위한 비용

개발완료 후 운영과정에서 발생한 소프트웨어에 대한 지출은 시스템 및 관련 소프트웨어의 내용연수를 연장시키거나 가치를 실질적으로 증가시킬 경우에 컴퓨터소프트웨어계정에 포함된다. 그러나 원상회복이나 능률유지를 위한 경우에는 당기비용으로 처리한다.

(2) 특정 업무수행을 위한 패키지 및 업무지원용 상용소프트웨어 구입비용

업무지원용 상용소프트웨어 구입비용은 금액적 중요성을 고려하여 컴퓨터소프트웨어라는 무형자산으로 계상할 수 있다. 왜냐하면 업무지원용 상용 소프트웨어의 경우 소프트웨어의 종류에 따라 금액적 차이가 크므로 구입금액의 중요성을 고려하여 무형자산으로 계상하는 것이 타당하기 때문이다.

5. 개발비

개발비(development costs)는 신제품, 신기술 등의 개발과 관련하여 발생한 비용(소프트웨어의 개발과 관련된 비용 포함)으로서 개별적으로 식별이 가능하고 미래의 경제적 효익을 확실하게 기대할 수 있는 것으로 한다. 신제품 또는 신기술이란 당해 회사로서는 신규로 채택하는 제품이나 기술을 말하며, 제품 또는 기술에는 용역, 원재료, 공정, 장비 등을 포함한다.

개발단계에서 발생한 지출 중 다음의 요건을 모두 충족할 수 있는 경우에는 개발비라는 무형자산의 과목으로 인식하고, 다음의 요건을 충족하지 못하는 경우에는 경상개발비의 과목으로 하여 발생한 기간의 비용(제조원가, 판매비와 관리비)으로 처리한다.

① 무형자산을 사용 또는 판매하기 위해 그 자산을 완성시킬 수 있는 기술적 실현가능성을 제시할 수 있다.

② 무형자산을 완성해 그것을 사용하거나 판매하려는 기업의 의도가 있다.

③ 완성된 무형자산을 사용하거나 판매할 수 있는 기업의 능력을 제시할 수 있다.

④ 무형자산이 어떻게 미래 경제적 효익을 창출할 것인가를 보여줄 수 있다. 예를 들면, 무형자산의 산출물, 그 무형자산에 대한 시장의 존재 또는 무형자산이 내부적으로 사용될 것이라면 그 유용성을 제시하여야 한다.

⑤ 무형자산의 개발을 완료하고 그것을 판매 또는 사용하는 데 필요한 기술적, 금전적 자원을 충분히 확보하고 있다는 사실을 제시할 수 있다.

⑥ 개발단계에서 발생한 무형자산 관련 지출을 신뢰성 있게 구분하여 측정할 수 있다.

개발비는 상각대상금액을 합리적인 방법에 의하여 관련 제품 등의 판매 또는 사용이 가능한 시점부터 20년 이내의 합리적 기간동안 상각한다. 상각방법으로는 정액법, 체감잔액법(정률법 등), 연수합계법, 생산량비례법 등이 있으나 합리적인 상각방법을 정할 수 없는 경우에는 정액법을 사용한다.

개발비상각이 제조와 관련이 있는 경우에는 관련 제품의 제조원가로 처리하고, 그 이외의 경우에는 판매비와 관리비로 처리한다.

6. 임차권리금

임차권리금은 건물이나 기타 부동산의 임차시에 임차보증금 이외에 별도로 권리금을 지급한 것을 말한다. 임차권리금이 발생하는 것은 임차한 건물이나 기타 부동산이 다른 건물이나 부동산에 비하여 입지조건, 고객관계 등이 우수하여 그 대가를 인정하여 지급하기 때문이다.

현실적으로 임차시에 임차보증금에 대해서는 일부 법적인 보호를 받을 수 있으나 권리금으로 지급하여 발생한 임차권리금에 대해서는 법적인 보호를 받을 수 없다. 이에 따라 임차권리금에 대한 내용연수는 임차계약기간으로 보아야 한다.

7. 광업권과 어업권

(1) 광업권

광업권(mining rights)은 광업법에 의하여 등록되어 일정한 지역에서 일정한 기간동안 독점적·배타적으로 채굴할 수 있는 권리로서 일정한 광구에서 광물과 부존하는 기타의 광물을 채굴하여 취득할 수 있는 권리까지 포함한다.

K-IFRS 제1038호는 광업권을 무형자산의 범위에서 제외하고 있다. 광업권을 무형자산의 범위에서 제외한 이유는 그 활동이 전문화되어 추출산업의 탐사·개발 등에 대하여 별도의 회계기준으로 규정할 필요가 있기 때문이다. 그러나 우리 나라의 경우에는 추출산업의 비중이 낮으므로 광업권을 무형자산에 포함시키고 있다.

광업권의 상각은 종전의 기업회계기준서 제3호의 규정에 따라 정액법, 정률법, 연수합계법 또는 생산량비례법을 적용하여 실시한다.

광업권의 내용연수는 광업법에 25년, 법인세법에는 20년으로 규정되어 있다.

(2) 어업권

어업권(fishing rights)은 수산업법에 의하여 일정한 해역에서 어업을 경영할 수 있는 권리이다. 어업권에는 입어권이 포함되어 있으며, 그 유효기간(내용연수)에 걸쳐 정액법 또는 생산량비례법에 따라 상각한다. 내용연수는 법인세법시행규칙에 10년으로 규정되어 있다.

3절 기타비유동자산

3·1 기타비유동자산의 의의

기타비유동자산은 유형자산과 무형자산 이외의 비유동자산 항목이다. 기타비유동자산은 임차보증금, 이연법인세자산(유동자산으로 분류되는 부분 제외), 장기매출채권 및 장기미수금 등 투자자산, 유형자산, 무형자산에 속하지 않는 비유동자산을 말한다.

이연법인세자산이나 임차보증금 등의 기타비유동자산은 투자수익을 얻을 목적으로 보유하는 것이 아닌데 과거에는 투자자산에 포함시킴으로써 회계정보이용자들을 오도할 수 있다는 문제가 제기되어 왔다. 이에 따라 이들 항목들을 기타 비유동자산에 포함하여 분류하도록 한 것이다.

3 · 2 기타비유동자산의 분류

1. 이연법인세자산

이연법인세자산은 차감할 일시적 차이 등으로 인하여 미래에 경감될 법인세 부담액으로서 미래의 현금흐름을 예측하는데 유용한 정보를 제공할 것으로 기대된다. 구체적으로 이연법인세자산은 일시적 차이로 법인세 비용(손익계산서상의 법인세 비용차감전 순이익×법인세율)을 초과하는 경우 그 초과하는 금액과 이월결손금 등에서 발생한 법인세 효과를 의미한다.

2. 기타

기타는 임차보증금, 장기선급비용, 장기선급금, 장기미수금 등을 포함한다. 이들 자산은 투자수익이 없고 다른 자산으로 분류하기 어려워 기타로 통합하여 분류한다. 다만, 이들 항목이 중요한 경우에는 별도 표시한다.

연습문제

12-1 투자자산과 유형자산의 차이점을 설명하시오.

12-2 유형자산의 취득방법에 따른 취득원가의 결정방법을 설명하시오.

12-3 자본적 지출과 수익적 지출을 설명하시오.

12-4 무형자산의 의미를 설명하고 그 취득원가결정방법을 설명하시오.

12-5 개발비의 의미를 설명하고 그 상각방법을 설명하시오.

12-6 다음 거래를 분개하시오.

(1) 건물을 400,000원(취득원가 1,000,000원, 감가상각누계액 640,000원)에 매각하고, 대금 중 300,000원은 수표로 받고, 잔액은 월말에 받기로 하다.

(2) 건물을 개조 및 수리하고 그 비용 400,000원을 수표로 발행하여 지급하다. 단, 400,000원 중 340,000원은 자본적 지출로, 잔액 60,000원은 수익적 지출로 처리하다.

(3) 폭풍우로 파손된 회사건물을 수리하고, 수리비용 100,000원을 현금으로 지급하다.

(4) 한국통신(KT)에서 전화를 개설하고, 그 비용으로 500,000원을 수표로 발행하여 지급하다.

12-7 취득원가 3,000,000원, 내용년수 8년, 잔존가액은 취득원가의 10%인 건물에 대하여 정액법과 정률법으로 감가상각계산을 하여 다음 표에 필요한 기입을 하시오. 단 정률은 0.25이다.

연도별	정액법			정률법		
	당해연도분 상 각 액	상 각 누계액	미상각 잔 액	당해연도분 상 각 액	상 각 누계액	미상각 잔 액
1						
2						
3						
4						
5						
6						
7						
8						

12-8 참고사항에 의하여 다음 거래에 해당하는 분개를 아래 표에 기입하시오.

〈거래〉

잠실상사는 20x1년 7월 1일 비품 3,000,000원을 현금 구입하였다. 잠실상사는 이 비품을 20x2년 6월 30일에 2,500,000원에 매각하고, 대금은 추후에 받기로 하다.

〈참고사항〉

① 비품의 잔존가액은 취득가액의 10%이고, 내용연수는 10년이며, 감가상각은 정액법, 간접법으로 기장한다.

② 감가상각비는 월할 계산한다.

③ 결산일은 12월 31일이고, 연 1회 결산한다.

일 자	분 개
20x1. 7. 1	(차) (대)
20x1.12. 31	(차) (대)
20x2. 6. 30	(차) (대)

12-9 다음 거래를 분개하시오.

(1) 건물의 내부구조를 변경하고 그 공사비 200,000원을 수표로 발행하여 지급하다. 단, 200,000원 중 50,000원은 경상적 수선비이다.

(2) 업무용으로 사용중인 트럭(운반구) 1대를 3,000,000원(취득가액 4,500,000원, 감가상각누계액 2,000,000원)에 매각하고, 대금은 현금으로 받다. 부가가치세는 고려하지 않는다.

(3) 업무용으로 사용중인 승용차 1대(취득원가 10,000,000원, 감가상각누계액 3,600,000원)을 신차(가격 9,000,000원)와 교환하고, 차액 4,000,000원은 수표를 발행하여 지급하다. 상업적 실질이 있는 거래이며, 부가가치세는 고려하지 않는다.

12-10 다음 광업권에 대한 거래를 분개하시오.

20×1년 1월 1일 추정매장량 1,500,000톤의 광구를 4,500,000원으로 구입하고, 대금은 수표를 발행하여 지급하다.

20×1년 12월 31일 20×1년 중 300,000톤을 채탄하다.

12-11 다음 거래를 분개하시오.

(1) 신제품의 개발을 위하여 2,000,000원을 수표를 발행하여 지급하다.

(2) 결산에 있어 위의 금액 중 5분의 1을 상각하다.

(3) 신제품의 개발에 성공하여 특허권을 획득하고, 특허출원에 관련 비용 700,000원을 현금으로 지급하다. 이 제품의 개발에 소요된 비용으로 20,000,000원이 지출되었다.

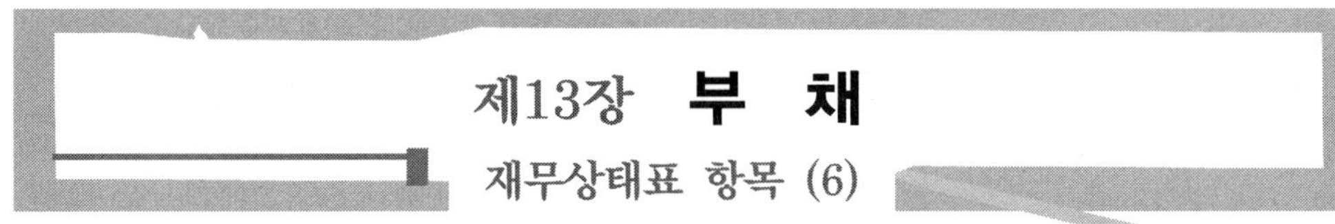

제13장 부 채

재무상태표 항목 (6)

유동부채

1·1 유동부채의 의의

유동부채(current liabilities)란 1년 이내 또는 기업의 정상적인 영업주기가 1년보다 긴 경우에는 정상적인 영업주기 내에 상환해야 할 의무가 있는 단기채무이다. 유동부채는 주로 다음과 같은 항목으로 구성되어 있다.

① 기업의 정상적인 영업활동과정에서 일반적 상거래의 대상이 되는 재화와 용역을 취득함으로써 발생하는 매입채무(외상매입금, 지급어음)

② 금융기관으로부터의 당좌차월액과 1년내에 상환될 차입금(단기차입금)

③ 일반적 상거래 이외에서 발생한 미지급비용을 제외한 채무(미지급금)

④ 당해 기간중에 비용으로서 발생은 되었으나, 재무상태표일 현재 지급이 이루어지지 않은 미지급비용(미지급급여, 미지급이자, 미지급법인세 등)

⑤ 당해 기간의 영업활동과 관련이 있고 1년내에 지출이 발생할 가능성이 매우 큰 부채성충당부채(제품보증충당부채 등)

⑥ 고객으로부터 수취한 선수금 및 선수수익(선수이자수익, 선수수수료수익, 선수임대료 등)

⑦ 비유동부채 중 1년 이내에 상환되어야 하는 부분(유동성장기부채)

재무상태표에 보고되는 유동부채의 금액은 재무제표 이용자들에게는 매우 중요한 정보이다. 유동부채는 대부분의 기업에 있어서 중요한 자금조달원천이 된다. 외상매입금, 미지급금(미지급비용) 등과 같은 유동부채는 기업의 영업활동으로부터 거의 일정하게 발생된다.

그 밖의 다른 유동부채는 당해 기업의 확장국면이나 활황시점에서 지급을 필요로 하는 경우에 경영자의 의사결정에 따라 발생한다.

재무분석가들은 유동부채의 규모, 유동부채에 대한 유동자산의 관계, 현금잔액과 유동부채간의 관계 등을 면밀하게 검토하는데, 이러한 관계들은 기업에 있어서 재무적 안전성이나 지급능력의 중요한 지표가 된다.

1·2 유동부채의 종류[8)]

1. 매입채무

매입채무란 일반적인 상거래(상품, 재료 매입)에서 외상으로 매입한 경우와 약속어음을 발행하여 지급한 경우의 채무를 말한다.

과거에는 매입채무를 외상매입금과 지급어음으로 구별하여 재무상태표에 보고하였다. 원재료나 상품 등 재고자산(저장품 제외)의 매입대금에 대하여 약속어음을 발행하여 지급한 경우 지급어음계정으로 보고하고, 매입대금에 대하여 구두나 장부상으로 외상을 하는 경우 외상매입금계정으로 보고하였으나, 현재에는 이를 구분하지 아니하고 통합하여 매입채무라는 과목으로 재무상태표에 보고하도록 하고 있다. 물론, 기업의 총계정원장을 비롯한 관리용 장부에는 분리하여 기장하는 경우가 많다.

매입채무에는 상품, 원재료 등의 매입대금에 대한 미지급액 뿐만 아니라 영업 본래의 목적에 필요한 용역 및 가공료의 미지급액도 포함된다.

예를 들어 해운업에 있어서 용선료(傭船料)를 미지급하였다면 이를 매입채무계정에 계상할 수 있다.

---

8) K-IFRS에 의하면 유동부채는 금융부채와 비금융부채로 분류된다. 금융부채(financial liabilities)는 금융자산으로 상환해야 하는 계약상의 의무로서 매입채무, 차입금, 미지급비용 등이 포함된다. 비금융부채(non-financial liabilities)는 상환금액이 확정되지 않은 충당부채, 계약상 의무가 아닌 법률상 의무로서 미지급법인세, 금융자산이 아닌 재화나 용역의 제공의무를 나타내는 선수금과 선수수익이 있다.

2. 단기차입금

재무상태표일로부터 1년 내 또는 정상영업주기 내에 상환될 모든 차입금을 말한다. 이에는 금융기관으로부터의 당좌차월액이 포함된다.

단기차입금은 상환기간이 1년 이내 또는 정상영업주기 내에 도래하는 차입채무를 말하는데 차입형식이 차용증서에 의한 차입이든 어음발행에 의한 차입이든지 또한 담보를 제공하였든지 제공하지 않았든지, 대여자가 누구이든 상관없이 1년 이내 또는 정상영업주기 내의 차입금은 모두 이에 포함된다.

당좌차월이란 기업이 거래은행과 당좌거래를 함에 있어 당좌거래계약시 일반적으로 차월한도를 설정하는데 그 차월한도까지 예금잔액을 초과하여 수표를 발행함으로써 발생된다. 제8장 현금및현금성자산·당기손익-공정가치측정금융자산의 당좌예금에서 자세히 설명하였다.

3. 미지급금

미지급금은 매입채무란 일반적인 상거래(상품, (원)재료 매입)를 제외한 투자자산, 기계장치, 토지 등 유형자산 등을 외상으로 매입한 경우와 약속어음을 발행하여 지급한 경우의 채무를 말한다.

구두에 의한 채무이거나 어음발행에 의한 채무이거나 구분하지 않고 모두 미지급금계정에 기록한다.

4. 선수금

선수금은 일반적인 상거래(상품매출, 제품매출)에서 거래의 이행을 보다 확실히 하기 위해 매매대상 물품을 인도하기 이전 거래대금의 일부 또는 전부를 계약금 형식으로 미리 받았을 때 기입하는 계정이다. 선수금계정에 기록된 금액은 해당 상품을 인도할 때 부채의 감소로 처리한다.

5. 예수금

예수금은 일반적 상거래 이외의 거래에서 타인으로부터 일시적인 자금을 받아 보관한 것으로서, 곧 다시 해당기관 또는 당사자에게 지급해야 할 금액을 말한다. 예를 들어 종업원의 급여에서 소득세, 지방소득세, 4대 보험의 종업원부담금 등을 원천징수하여 일시적으로 보관하는 금액을 예수금계정에 기입한다.

예수금은 일괄하여 한 과목으로 표시할 수도 있으나 자세히 구분하여 소득세예수금, 부가가치세예수금, 신원보증예수금, 건강보험예수금, 국민연금예수금 등으로 구분하여 기입할 수도 있다.

6. 미지급비용

기간경과에 따라 이미 비용으로서 발생하였으나 지급은 이루어지지 않은 금액을 기입하기 위한 계정이다. 이는 발생주의의 원칙에 입각하여 당기순손익을 계산함에 있어서 비용을 그 발생한 기간에 정확히 계상하기 위한 목적에서 설정되는 계정이다.

예를 들어, 급여, 이자비용, 지대 등은 후지급이 관습인데 결산일에 지급기일은 되지 않았으나 이미 기간이 경과한 금액에 대하여 당기순손익 계산의 정확성을 기하기 위하여 비용발생액을 해당 비용계정에 기입하고 동시에 그 미지급액을 미지급비용계정에 기입하여 부채로 계상한다. 미지급비용에 대해서는 제16장에서 자세히 설명한다.

예제 13-1 결산일에 이번 회계기간에 발생되었으나 아직 지급이 이루어지지 않은 이자 미지급액 50,000원을 계상하다.

해답

(차) 이자비용	50,000	(대) 미지급비용	50,000

7. 미지급법인세

기업 이익에 대한 법인세, 지방소득세 등은 연말에 확정되나 실제 납부는 다음 회계연도에 이루어진다. 결산일에 산정한 법인세 납부의무액을 실제 납부시까지 국가에 대한 단기채무임을 표시하는 미지급법인세계정에 기입하여 재무상태표상 유동부채로 보고한다.

8. 선수수익

선수수익은 당기에 수익으로 이미 받은 금액 중 차기 이후의 수익에 속하는 금액을 말한다. 즉, 기간 미경과분에 해당하는 수익을 미리 받았을 때 미리 받은 수익 을 부채로 계상하는 것을 의미하는 것으로, 선수임대료, 선수이자, 선수수수료 등이 해당한다.

선수수익은 당기의 수익이 아니므로 결산일에 당기의 수익에서 제외시켜야 한다. 따라서 선수수익은 해당수익에서 차감하고, 동시에 이를 부채로 계상하여 차기로 이연시킨다. 선수수익에 대하여는 제16장에서 자세히 설명한다.

9. 유동성장기부채

비유동부채도 기간이 경과함에 따라 특정 결산일에 그 금액의 일부 또는 전부의 상환기한이 1년 이내 또는 정상영업주기내에 도래하게 된다. 비유동부채였다고 할지라도 상환기한이 1년 이내에 도래하기 때문에 이를 유동성장기부채계정에 대체하여 유동부채로 표시하여야 한다.

즉, 유동성장기부채는 사채, 장기차입금, 기타의 비유동부채 중 상환기한이 1년 이내 또는 정상영업주기에 도래하는 금액을 기입하는 계정이다.

비유동부채

비유동부채(non-current liabilities)는 지급의무의 이행이 결산일로부터 1년 또는 정상영업주기 후에 이루어지는 부채로서 사채, 장기차입금, 부채성충당부채 등을 말한다.

비유동부채는 자기자본과 더불어 장기자금조달의 원천이 된다. 따라서 비유동부채는 유형자산 투자를 위한 유력한 자금의 공급원이 되는 동시에 재무안전성을 확보하는 데 큰 기여를 한다.

비유동부채의 평가 즉, 재무상태표에 표시되는 금액은 장래 부채를 상환하는 데 필요한 현금지급액(만기금액)의 현재가치로 한다.

2·1 사 채

1. 사채의 의의

사채(bond)란 주식회사가 회사의 확정채무임을 표시하는 증권을 발행하여 약정된 이자를 지급함과 동시에 일정한 기일에는 원금을 상환할 것을 약정하고, 일반대중으로부터 장기간 거액의 자금을 차입하였을 때 발생하는 채무를 말한다.

사채는 이사회의 결의에 의해 발행되는 유가증권으로 자기자본과 더불어 회사의 장기자금조달의 중요한 수단이 된다.

사채는 유가증권의 형태를 취하고 원칙적으로 일반대중으로부터 자금을 조달한다는 점에서는 주식과 유사하하지만, 회사가 일정기간 내에 상환해야 할 채무라는 점에서 주식과 다르다.

사채는 보통 시설확장, 신기계 도입 또는 기존 부채의 상환 등의 목적으로 발행한다.

회사가 신주발행으로 거액의 자금을 확보한다면 자기자본의 증가로 회사조직이 비대해지는 결과를 가져오므로 일정기간 후에 상환할 수 있는 자금의 조달방법으로는 부적당하다. 또 일반적인 차입은 장기간 그리고 거액의 자금조달에는 부적당하다. 따라서, 회사조직을 비대해지게 하지 않으면서 비교적 용이하게 장기간 거액의 자금을 조달하는 수단으로서 사채를 이용한다.

2. 사채의 발행

(1) 발행한도

2011년 개정전 상법 제470조에서는 사채의 발행한도를 규정하고 있었다. 이에 따르면 주식회사의 사채발행총액은 자본과 준비금의 2배를 초과할 수 없으며, 또한 최종 재무상태표일 현재의 순재산액이 자본과 준비금의 총액에 달하지 못할 때에는 사채발행총액은 그 순재산액의 2배를 초과하지 못하도록 규정되어 있었다.

여기에서 자본은 자본금을 의미하며 준비금은 자본준비금(자본잉여금)과 이익준비금을 의미한다. 또한, 사채의 증서로서의 사채권은 1권당 10,000원 이상 균일하여야 한다고 규정한 바 있었으나 모두 폐지되었다.

따라서, 현행 상법에는 사채의 발행한도에 대한 규정은 없다.

(2) 발행방법

사채는 발행시의 여건에 따라 액면발행·할인발행·할증발행으로 발행할 수 있으나, 어느 경우에도 만기일의 상환금액은 액면가액에 의한다.

우리나라는 액면미달 발행이 많으며, 액면이상 발행은 거의 없다.

① **액면발행** (at par issue)

사채를 액면가액으로 발행하는 것으로서 사채의 표시이자율과 시장이자율이 동일한 경우에 발생된다. 액면발행의 경우에는 사채할인발행차금이나 사채할증발행차금이 발생하지 않기 때문에 회계 처리가 단순하고, 사채의 발행가격결정절차도 불필요하다.

예제 13-2 20×1년 1월 1일 액면 10,000원의 사채 1,000,000원을 다음과 같은 조건으로 발행하고, 대금은 모두 당좌예입하다.

① 발행가액 : 액면가액

② 이 자 율 : 연 10%

해답

(차) 당좌예금	1,000,000	(대) 사 채	1,000,000

---

② **할인발행** (at discount issue)

사채를 액면가액 미만의 가격으로 발행하는 것으로서 사채의 표시이자율이 시장이자율보다 낮은 경우에 발생된다. 할인발행시에는 액면금액과 발행가액의 차액인 사채할인발행차금이 나타나는데, 이 경우에는 사채할인발행차금의 상각이라는 회계처리문제가 발생된다.

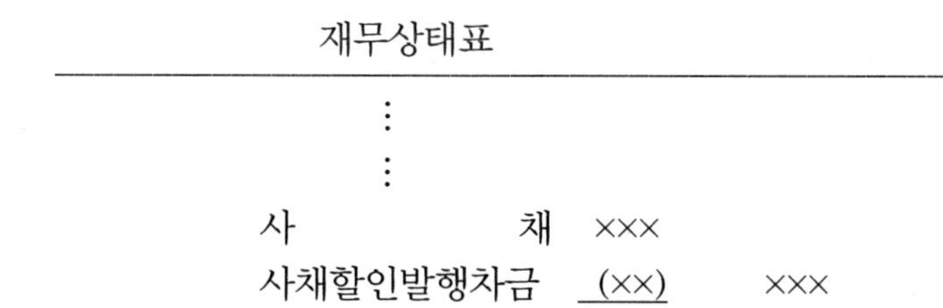

예제 13-3 20×1년 1월 1일 액면 10,000원의 사채 1,000,000원을 다음과 같은 조건으로 발행하고, 사채대금은 당좌예금하다.

① 발행가액 : 9,600원

② 이 자 율 : 연 8%

해답

(차)	당좌예금	960,000	(대) 사채	1,000,000
	사채할인발행차금	40,000		

③ **할증발행**(at premium issue)

액면금액을 초과한 가격으로 발행하는 것으로서 사채의 표시이자율이 시장이자율보다 높은 경우에 발생된다. 할증발행시에는 액면금액과 발행가액의 차액인 사채할증발행차금이 나타나는데, 이 경우에는 사채할증발행차금의 환입이라는 회계문제가 발생된다.

즉, 사채할증발행차금은 사채상환기간의 매 이자지급시에 사채이자에서 차감되도록 처리한다.

또한 사채할증발행차금의 재무상태표의 표시는 사채금액에 직접 가산하는 형식으로 표시한다.

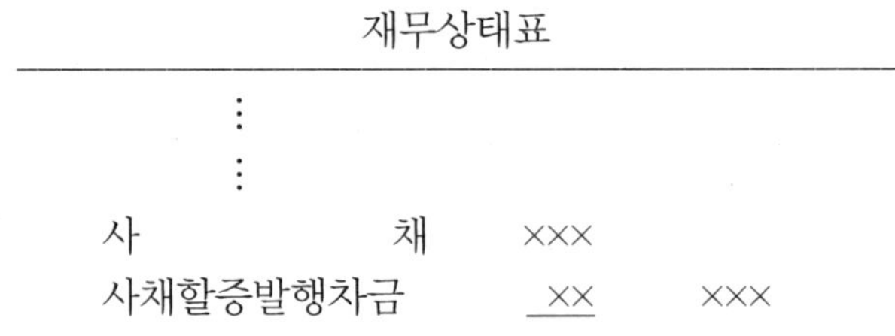

재무상태표

⋮		
⋮		
사　　　　채	×××	
사채할증발행차금	××	×××

예제 13-4 20×1년 1월 1일 액면 10,000원의 사채 1,000,000원을 다음과 같은 조건으로 발행하고 사채대금은 당좌예금하다.

① 발행가액 : 10,400원

② 이 자 율 : 연 12%

(해답)

(차) 당좌예금	1,040,000	(대)	사 채	1,000,000
			사채할증발행차금	40,000

3. 사채발행비와 사채이자

사채를 발행할 때 공인회계사·변호사·기타 전문가에게 지급하는 수수료, 사채권인쇄비, 사채발행공모비 등 사채 발행과 직접 관련있는 사채발행비가 발생한다. 또, 상환 시까지 기간경과에 따라 사채권에 약정된 이자(표시이자)를 지급한다.

K-IFRS에는 사채는 최초 인식시 공정가치로 측정하고 사채의 발행과 직접 관련되는 거래원가는 공정가치에 가감하도록 규정하여 사채발행비를 사채할인발행차금에 가산하거나 사채할증발행차금에서 차감하도록 규정하고 있다.

사채에 대한 이자는 액면가액에 표시이자율을 곱하여 계산하는데, 그 지급액은 이자비용계정에 기입한다.

결산일에 사채의 이자 미지급액을 파악하여 이자비용계정의 차변에 기입함과 동시에 미지급비용계정의 대변에 기입하여 회계기간 중의 비용발생액을 정확히 집계하여야 한다.

4. 사채할인발행차금

사채할인발행차금(discount on bonds)은 사채의 액면금액에서 발행가격을 차감한 잔액을 별도의 계정으로 설정한 것을 말한다. 사채할인발행차금은 사채에 대한 차감계정이므로 재무상태표에 사채의 액면금액에서 차감하는 형식으로 표시한다.

그런데, 사채할인발행차금은 시장이자율보다 표시이자율이 낮기 때문에 사채를 인수한 투자자(사채권자)들에게 시장이자율에 비하여 상대적으로 낮은 이자수익을 보충해 주기 위해서 사채를 액면금액 미만으로 발행함으로써 발생된 것이다.

사채할인발행차금은 사채상환기간동안 상각하여 사채이자에 가산해야 한다. 사채의 장부가액(액면금액－사채할인발행차금)은 결산일 또는 사채이자를 지급할때마다 사채할인발행차금이 상각되고, 상각액이 점점 증가하여 상환시점에서는 액면금액과 일치하게 된다.

사채이자(유효이자) = (액면가액 − 사채할인발행차금)×유효이자율 사채할인발행차금상각액 = 사채이자(유효이자) − 현금지급이자(액면가액×표시이자율)

예제 13-5 20×1년 1월 1일 서울주식회사는 액면가액 100,000원, 만기 3년, 표시이자율 10%인 사채를 95,197원에 할인발행하고 대금은 전액 당좌예금하였다. 이자는 매년 12월 31일(결산일)에 지급하기로 약정되어 있다고 할 때 다음 물음에 답하시오. 단, 사채할인발행차금상각은 유효이자율법에 의하며, 유효이자율은 12%이다.

(1) 사채발행시(20×1. 1. 1)의 분개를 하시오.

(2) 사채할인발행차금상각표를 작성하시오.

(3) 이자지급일(20×1. 12. 31, 20×2. 12. 31, 20×3. 12. 31)의 분개를 하시오.

해답

(1) 사채발행시

(차)	당좌예금	95,197	(대) 사 채	100,000
	사채할인발행차금	4,803		

(2) 사채할인발행차금 상각표의 작성

연도말	유효이자 (이자비용)(a) [(e)×12%]	현 금 지급이자(b)	할인발행차금 상각액(c) [(a) − (b)]	할인발행차금 미상각잔액(d)	사채의 기말 장부가액(e)
발행시				₩4,803	₩95,197
1	11,424	₩10,000	₩1,424	₩3,379	96,621
2	11,594	10,000	1,594	1,785	98,215
3	11,785	10,000	1,785	0	100,000

(3) 사채이자 지급일의 분개

20×1. 12. 31

(차) 이자비용	11,424	(대)	현 금	10,000
			사채할인발행차금	1,424

20×2. 12. 31

(차) 이자비용	11,594	(대) 현 금	10,000
		사채할인발행차금	1,594

20×3. 12. 31

(차) 이자비용	11,785	(대) 현 금	10,000
		사채할인발행차금	1,785

5. 사채의 상환

사채발행에 의하여 조달한 자금을 사채권자에게 반환하는 것을 사채의 상환(retirement or redemption of bonds)이라 한다. 사채의 상환은 다음의 두 가지 방법이 대표적이다.

(1) 만기상환

만기상환은 사채의 만기일에 액면금액대로 지급하여 상환하는 방법이다.

사채할인(할증)발행차금은 만기일까지 모두 상각(환입)되어 잔액이 0이 되므로 사채의 장부가액(액면금액－사채할인발행차금 또는 액면금액＋사채할증발행차금)은 액면금액과 일치하게 된다. 따라서 사채발행회사는 발행형태에 관계없이 액면금액대로 상환하기 때문에 사채상환손익은 발생하지 않는다.

예제 13-6 3년 전 발행한 사채 500,000원이 만기가 되어 수표를 발행하여 상환하다.

(차) 사 채	500,000	(대) 당좌예금	500,000

(2) 조기상환

조기상환은 사채의 만기일이 도래하기 전에 상환하는 방법이다.

기업이 여유자금이 생긴 경우, 시장이자율이 하락한 경우, 시가가 하락한 경우에는 만기일 이전이라도 사채를 상환하는 것이 유리하다.

사채의 조기상환시에는 사채의 상환가액(재취득가액)과 상환일의 장부가액의 차이가 발생하는데, 이 차액을 사채상환이익(손실)으로 계상한다.

예제 13-7 [예제 13-5]에서 할인발행한 사채를 다음과 같이 상환하는 경우 필요한 분개를 하시오. 단, 사채할인발행차금은 유효이자율법에 의하여 상각하였다.

(1) 만기일에 상환하는 경우

(2) 2차연도말에 사채 전액을 ₩98,500에 상환하는 경우

해답

(1) 만기일에 상환하는 경우

(차)	사 채	100,000	(대) 현 금	100,000

(2) 2차연도말에 상환하는 경우

(차)	사 채	100,000	(대) 현 금	98,500
	사채상환손실	285*	사채할인발행차금	1,785**

* 사채상환손실 = 장부가액 - 상환금액 = 98,215 - 98,500 = 285

**2차연도말 사채할인발행차금 미상각잔액

---

6. 전환사채

전환사채(convertible bonds)는 사채를 발행한 뒤 일정기간이 지난 후 보통주로 전환이 가능한 사채를 말한다.

일반적으로 전환사채의 표시이자율은 일반사채의 표시이자율보다 훨씬 낮은 것이 보통인데, 이는 일정기간 후 일정의 전환가격에 의해 사채발행회사의 주식으로 전환할 수 있는 권리를 부여함에 따른 권리금이 포함된 것으로 간주되기 때문이다.

또한 만기일까지 주식으로 전환하지 않은 경우에는 전환사채의 상환시에 보상금으로서 할증금을 추가로 지급하는 것이 보통이다.

7. 신주인수권부사채

신주인수권부사채(bonds with stock warrants)는 사채에 신주인수권이 첨부 되어 발행된 사채를 말한다. 신주인수권이 행사되면 보통주가 발행되기 때문에 주당순이익이 희석된다는 점에서 전환사채와 유사하다.

전환사채는 사채가 자본으로 전환될 때 주금의 추가납입이 없어 추가로 현금 등을 수취하지 않으나, 신주인수권부사채는 신주인수권을 행사하더라도 사채는 그대로 남아 있으며 신주인수권 행사 시 발행하는 주식에 대해 주금을 추가로 납입받아 현금 등을 수취한다는 점이 다르다.

2 · 2 장기차입금

장기차입금은 재무상태표일로부터 1년후 또는 정상영업주기후에 지급기한이 도래하는 차입금을 말한다. 부동산이나 유가증권을 담보로 한 차입금이나 어음에 의한 차입금도 이에 포함된다.

장기차입금은 분할상환할 수도 있고, 만기에 일시상환할 수도 있다. 기업은 장기차입금에 대한 차입처별 차입액, 차입용도, 이자율, 상환방법 등을 주석으로 기재하여 공시해야 한다.

장기차입금 중에서 결산일로부터 지급일이 1년 이내에 도래하는 금액은 단기차입금과 동일한 것이므로 장기차입금계정에서 유동성장기부채계정으로 대체하여 유동부채로 기입하여야 한다.

예제 13-8 서신기업은 20×1년 1월 1일 회사건물 자가건설에 필요한 자금 중 50,000,000원을 은행으로부터 3년간 차입하였다. 차입이자율은 연 12%이다. 이자는 매년 12월 31일 현금으로 지급하며, 20×3년 12월 31일 현금으로 모두 상환하였다. (1) 20×1년 1월 1일, (2) 20×1년 12월 31일, (3) 20×2년 12월 31일, (4) 20×3년 12월 31일의 분개를 하시오.

해답

(1) 20×1년 1월 1일

(차)	현 금	50,000,000	(대) 장기차입금	50,000,000

(2) 20×1년 12월 31일

(차)	이자비용	6,000,000	(대) 현 금	6,000,000

(3) 20×2년 12월 31일

(차)	이자비용	6,000,000	(대) 현 금	6,000,000
	장기차입금	50,000,000	유동성장기부채	50,000,000

(4) 20×3년 12월 31일

(차)	이자비용	6,000,000	(대) 현 금	56,000,000
	유동성장기부채	50,000,000		

2 · 3 제품보증충당부채

제품보증충당부채(allowance for quality and servics guaranties)는 제품 또는 상품을 일정기간의 품질보증부로 판매하였을 경우 미래에 발생할 무상수리를 위한 비용예상액을 판매시점의 비용으로 계상하기 위하여 설정하는 충당부채이다.

제품 또는 상품의 결함으로 고객이 요구하면 기업으로서는 수리 또는 대체라는 의무를 부담하게 된다. 판매시점에는 존재하지 않는 채무이지만 미래 기업의 입장에서는 확정채무가 발생된 것이다. 제품 또는 상품의 판매로 미래에 지급할 금액, 지급시기 및 지급대상자가 불확실하여 오직 추정에 의존해야 한다.

제품보증충당부채의 설정시에는 그 계정의 대변에 기입하고, 무상수리를 위한 비용이 실제로 발생한 경우에 그 수리비용금액을 그 차변에 기입한다.

예제 13-9 다음의 거래를 분개하시오.

(1) 20×1년 7월 1일 상품 1,000,000원을 1년 보증으로 판매하였는데, 과거의 경험에 비추어 판매액의 5%의 판매보증비가 발생될 것으로 추정하다.

(2) 20×2년 1월 15일 실제 보증수리비용으로 40,000원을 지출하다.

해답

(1)	(차) 제품보증비	50,000	(대) 제품보증충당부채	50,000
(2)	(차) 제품보증충당부채	40,000	(대) 현 금	40,000

2 · 4 이연법인세부채

이연법인세부채는 과거의 거래나 사건의 결과로 현재 기업실체가 부담하고 있고 미래에 자원의 유출 또는 사용이 예상되는 의무를 말한다. 이연법인세회계는 회계이익과 과세소득의 차이 때문에 발행한다.

가산할 일시적 차이로 인하여 법인세부담액이 법인세비용에 미달하게 되고, 미달하는 금액만큼 이연법인세부채로 계상한다. 당기에는 회계이익과 과세소득의 차이로 법인세부담액이 줄어들지만, 그 줄어든 금액이 당기 이후에 추가적인 법인세부담을 발생시키게 된다.

연습문제

13-1 유동부채와 비유동부채의 구별기준을 설명하시오.

13-2 사채할인발행차금의 의의와 상각방법을 설명하시오.

13-3 사채상환시의 회계처리방법을 설명하시오.

13-4 전환사채와 신주인수권부사채를 비교·설명하시오.

제14장 자 본

재무상태표 항목 (7)

기업의 분류

1·1 기업의 형태

기업은 출자자로부터 자본을 조달하는 방법에 따라 다음과 같은 형태로 분류된다.

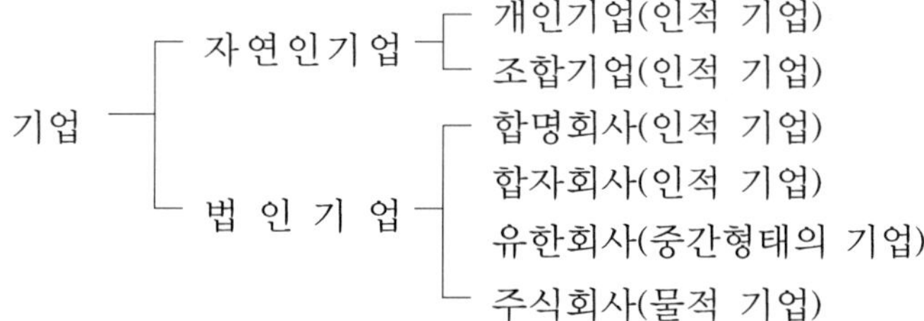

1·2 자연인기업과 법인기업의 차이

자연인기업은 대체로 대표자 개인 중심으로 운영되는 소규모 기업이 많지만 법인기업은 자연인기업에 비하여 비교적 규모가 크며 많은 이해관계자를 가지고 있다.

따라서, 법인기업은 사회적인 중요성에 비추어 회계처리상의 제한이 있으며, 상법 등에서 특별한 규정을 많이 두고 있다.

자연인기업과 법인기업은 다음과 같이 두 가지 측면에서 차이점이 있다.

1. 자본금의 증감

자연인기업은 자본금의 증감에 아무런 제한이 없다. 따라서 수시로 자본금의 증감이 발생하며, 기말 결산결과 산출된 당기순손익을 자본금계정에 대체하여 자본금을 증감시키기도 한다.

그러나 법인기업은 법률이 정한 규정과 절차에 따라 자본금을 증감시킬 수 있으며, 기말 결산결과 산출된 당기순손익을 자본금계정과는 별도로 잉여금계정에서 관리한다.

2. 순이익(손실)의 처분

자연인기업은 순이익(손실)의 처분에 아무런 제한이 없다. 그러나 법인기업은 순이익(손실)의 처분은 사원총회 또는 주주총회를 통해서만 가능하다.

결산시 순손익을 미처분이익잉여금계정 또는 미처리결손금계정에 대체시킨 후 사원총회 또는 주주총회에서 처분을 결정한다.

이상과 같이 자연인기업과 법인기업 간에는 회계처리 측면에서 차이가 있다. 자연인기업의 대표적 형태인 개인기업과 법인기업의 대표적 형태인 주식회사의 자본에 대하여 설명하기로 한다.

개인기업의 자본

2 · 1 개인기업의 의의

개인기업은 1인의 개인이 소요자본의 전부 또는 대부분 출자하여 기업을 설립하고 운영하는 기업을 말한다. 따라서 자본운영에 관한 책임은 전적으로 출자자인 개인에게 있다.

기업주는 기업의 전자산에 대한 소유권을 가지는 동시에 부채에 대한 무한책임을 부담한다. 기업활동결과 발생하는 이익의 전액을 소유하지만, 반대로 기업운영상 발생하는 위험도 혼자 부담하여야 한다.

초기에는 개인기업으로 출발하더라도 기업이 성장하면서 법인기업으로 전환하는 것이 일반적이다.

2 · 2 개인기업의 자본금과 인출금 계정

개인기업의 자본금은 어떠한 법적인 규제도 받지 않으므로 모든 자본거래는 자본금계정에 기입된다. 즉, 기업설립시의 출자액과 당기순이익은 자본금계정의 대변에 기입되며, 당기순손실은 자본금계정의 차변에 기입된다.

또한 기업주로부터의 추가출자액이 있을 때는 자본금계정의 대변에 기입하고, 기업주가 현금 등을 기업주 개인용도로 인출하거나 사용하였을 때는 자본금계정의 차변에 기입한다.

그러나, 기업주에 의한 자본 인출이 자주 발생한다면 회계기간 중 잦은 자본금 변동으로 자본금계정이 복잡해진다. 이런 복잡성을 피하기 위하여 인출금계정(drawing account)을 설정하여 회계기간 중 기업주로 인한 자본의 변동은 인출금계정(자본)으로 회계처리한 후 결산일에 인출금계정(자본) 잔액을 자본금(자본)으로 대체하여 기입한다.

자 본 금

인 출 액	xxx	출 자 액	xxx
순 손 실	xxx	추가출자액	xxx
		순 이 익	xxx

예제 14-1 다음 20x1년도 개인기업의 연속거래를 분개하시오.

(1) 현금 300,000원과 건물 500,000원을 출자하여 개업하다.

(2) 자본주가 현금 10,000원을 인출하다.

(3) 자본주 자녀의 학자금 200,000원을 현금으로 지급하다.

(4) 자본주가 현금 700,000원을 추가출자하다.

(5) 인출금 계정 잔액과 당기순이익 95,000원을 자본금에 대체하다.

해답

	차변	금액	대변	금액
(1)	(차) 현 금	300,000	(대) 자본금	800,000
	건 물	500,000		
(2)	(차) 인출금	10,000	(대) 현 금	10,000
(3)	(차) 인출금	200,000	(대) 현 금	10,000
(4)	(차) 현 금	700,000	(대) 인출금	700,000
(5)	(차) 인출금	490,000	(대) 자본금	585,000
	손 익	95,000		

예제 14-2 다음의 거래를 분개하시오.

(1) 자본주가 개인용으로 현금 5,000,000원을 인출하다.

(2) 원가 500,000원(시가 600,000원)의 상품을 자본주가 개인용으로 사용한다.

(3) 기말에 인출금계정의 차변 잔액 5,500,000원을 자본금계정에 대체하다.

해답

(1)	(차) 인출금	5,000,000	(대) 현 금	5,000,000
(2)	(차) 인출금	500,000	(대) 매 입	500,000
(3)	(차) 자본금	5,500,000	(대) 인출금	5,500,000

주식회사의 설립과 자본금

주식회사는 자본을 중심으로 한 물적회사로서 오늘날 자본주의 경제사회에서 가장 대표적인 기업형태이다. 주식회사는 상법의 규정에 따라 1인 이상의 발기인이 정관을 작성하여 법원에 설립등기를 마침으로써 설립된다.

3·1 정관의 작성

주식회사의 정관을 작성할 때에 기재되는 사항은 상법에 상세하게 규정되어 있지만, 특히 자본과 관계있는 내용을 요약하면 다음과 같다.

① 회사가 발행할 주식의 총수(수권주식)
② 주식 1주당의 금액(액면)
③ 회사의 설립시에 발행되는 주식의 총수(발행주식)
* 자본금 = 액면 × 발행주식수

이와 같은 정관기재사항으로 자본금총액을 알 수 있듯이 주식회사는 설립시에 회사가 발행할 수 있는 주식의 총수를 정관에 규정해 놓고 설립시에 일부만을 발행하여 자본을 조달한다. 그리고 나머지 주식은 회사설립 후에 이사회의 결의에 의해 필요시 분할하여 발행함으로써 자본을 추가로 조달할 수 있다.

이와 같은 자본조달방법을 수권자본제도(authorized capital system)라 한다. 그리고 주식을 발행하여 자본을 조달했을 때 '액면 × 발행주식수'로 계산하여 자본금계정의 대변에 기입한다. 따라서 수권주식과 미발행주식은 기록의 대상이 되지 않는다.

3·2 설립방법

1. 발기설립

발기인이 발행주식을 모두 인수하여 회사가 설립되는 경우를 말하며, 상법 규정에 의한 발기설립의 절차는 ① 정관의 작성, ② 발기인의 주식인수, ③ 출자의 이행, ④ 이사와 감사의 선임, ⑤ 법원이 선임한 검사인에 의한 설립경과 조사, ⑥ 설립등기 등으로 되어 있다.

예제 14-3 주식회사 설립에 있어서, 주식 1,000주(1주당 액면 5,000원)를 액면금액으로 발행하고, 전부를 발기인이 인수하여 전액을 현금으로 납입하다. 회계처리하시오.

해답

(차) 현 금	5,000,000	(대) 자본금	5,000,000

*보통주 외에 우선주를 발행하는 경우에는 자본금계정을 보통주자본금과 우선주자본금으로 구별한다.

---

2. 모집설립

발기인이 발행주식의 일부만을 인수하고, 잔여분은 주주를 모집하여 이를 인수하도록 함으로써 회사가 설립되는 방법이다. 상법 규정에 의한 모집설립의 절차는 ① 정관의 작성, ② 발기인의 주식인수, ③ 주주의 모집, ④ 주식인수의 청약, ⑤ 주식의 배정, ⑥ 출자의 이행, ⑦ 설립등기 등으로 되어 있다.

모집설립시의 회계처리는 다음과 같이 행하여진다.

① 주식인수의 청약완료시

(차) 별단예금*	×××	(대) 신주청약증거금**	×××

* 회사설립 때까지 사용하지 못함.

** 신주납입금으로 충당될 금액은 자본조정항목으로 기재

② 주식배정시

(대) 신주청약증거금	×××	(차) 자본금	×××
별단예금*	×××		

* 발기인이 납입한 금액

③ 별단예금을 당좌예금에 대체시

(차) 당좌예금 ××× (대) 별단예금 ×××

예제 14-4 다음의 거래를 분개하시오.

(1) 동명주식회사(수권주식수 4,000주, 설립시에 발행하는 주식수 1,000주, 1주당 액면 5,000원)를 설립하기 위하여 발기인이 200주를 인수하고, 나머지 800주는 모집하되 1주에 대하여 5,000원의 청약증거금을 받기로 하다. 그런데 거래은행으로부터 주식청약서에 의한 청약주식수가 900주였다는 통지를 받다.

(2) 발기인과 주식인수청약자에게 주식을 배정하고, 배정주에 대해서 납입을 시키되 청약증거금으로서 납입금에 충당하게 하여 주식을 발행하다. 또 배정을 받지못한 주식인수청약자에게는 청약증거금을 반환하다.

(3) 창립총회를 개최하고 설립등기를 마침으로써 회사가 설립되어 별단예금을 당좌예금으로 대체하다.

해답

(1)	(차) 별단예금	4,500,000	(대) 신주청약증거금	4,500,000
(2)	(차) 신주청약증거금	4,000,000	(대) 자본금	5,000,000
	별단예금	1,000,000		
	(차) 신주청약증거금	500,000	(대) 별단예금	500,000
(3)	(차) 당좌예금	5,000,000	(대) 별단예금	5,000,000

3·3 주식의 발행

주식회사가 설립등기를 마치거나 영업을 개시하고 증자를 하는 경우에 주식을 발행한다.

주식의 발행은 다음 3가지 방법에 의한다.

1. 액면발행

주식을 액면가대로 발행하여 자본을 조달하는 방법이다.

(차) 당좌예금	×××	(대) 자본금	×××

예제 14-5 송산주식회사의 주식발행과 관련된 다음 거래를 분개하시오.

(1) 액면 5,000원의 주식 1,000주를 액면발행하고 납입액을 전액 당좌예입하다.

(2) 액면 5,000원의 주식 1,000주를 액면발행하고 신주발행관련 비용 300,000원을 제외한 나머지 금액은 전액 당좌예입하다.

해답

(1)(차)	당좌예금	5,000,000	(대) 자본금	5,000,000
(2)(차)	당좌예금	4,700,000	(대) 자본금	5,000,000
	주식할인발행차금	300,000*		

*주식발행 관련 수수료는 수수료(비용)계정으로 처리하는 것이 아니라 주식할인발행차금 또는 주식발행초과금으로 회계처리한다.

2. 할인발행

주식을 액면가액보다 낮은 가격으로 발행하여 자본을 조달하는 방법이다. 주식의 할인발행은 결과적으로 자본의 잠식을 가져오기 때문에 상법은 원칙적으로 할인발행을 금지하고 있다. 예외적으로 불가피하게 주식을 할인발행할 경우에는 다음의 조건이 충족되어야 한다(상법 제330조, 제417조).

① 회사설립 후 2년이 경과해야 한다.
② 주주총회의 특별결의를 통과해야 한다.
③ 법원의 인가를 얻어야 한다.

(차)	당좌예금	×××	(대) 자본금	×××
	주식할인발행차금	×××		

주식의 할인발행시에 나타나는 주식할인발행차금(액면가액과 발행가액의 차액)은 재무상태표상에서 자본조정항목으로 표시한다.

예제 14-6 경원주식회사의 주식발행과 관련된 다음 거래를 분개하시오.

(1) 액면 5,000원의 주식 1,000주를 주당 4,400원씩 발행하고 납입액은 전액 당좌예입하다.

(2) 액면 5,000원의 주식 1,000주를 주당 4,400원씩 발행하고 신주발행관련 비용 300,000원을 제외한 나머지 금액은 전액 당좌예입하다.

해답

(1) (차)	당좌예금	4,400,000	(대) 자본금	5,000,000
	주식할인발행차금	600,000		
(2) (차)	당좌예금	4,100,000	(대) 자본금	5,000,000
	주식할인발행차금	900,000*		

*주식발행관련 수수료는 수수료(비용)계정으로 처리하는 것이 아니라 주식할인발행차금 또는 주식발행초과금으로 회계처리한다.

---

3. 할증발행

주식을 액면가액 이상으로 발행하여 자본을 조달하는 방법이다. 할증발행은 기업의 장래성이 유망하거나 영업성적이 좋은 경우에 나타날 수 있다.

(차) 당좌예금	×××	(대) 자본금	×××
		주식발행초과금	×××

주식의 할증발행시에 발생하는 주식발행초과금(액면가액과 발행가액의 차액)은 기업의 정상적인 영업활동과정에서 발생한 이익이 아니고, 주주가 자본의 일부로서 납입한 것이므로 자본잉여금으로 처리한다.

예제 14-7 경상주식회사의 주식발행과 관련된 다음 거래를 분개하시오.

(1) 액면 5,000원의 주식 1,000주를 주당 5,500원씩 발행하고 납입액은 전액 당좌예입하다.

(2) 액면 5,000원의 주식 1,000주를 주당 5,500원씩 발행하고 신주발행 관련 비용 300,000원을 제외한 나머지 금액은 전액 당좌예입하다.

해답

(1) (차) 당좌예금	5,500,000	(대)	자본금	5,000,000
			주식발행초과금	500,000
(2) (차) 당좌예금	5,200,000	(대)	자본금	5,000,000
			주식발행초과금*	200,000

*주식발행관련 수수료는 수수료(비용)계정으로 처리하는 것이 아니라 주식할인발행차금 또는 주식발행초과금으로 회계처리한다.

3·4 자본금의 표시

주식회사의 자본금은 재무상태표에서 보통주자본금과 우선주자본금으로 구분하여 표시한다. 보통주와 우선주는 의결권, 배당금지급, 청산소득 분배 등 권리가 다르기 때문에 자본금을 구분하여 표시한다.

4절 자본잉여금과 이익잉여금

4·1 잉여금의 의의

잉여금(surplus)이란 일정시점에 있어 법정자본금(액면×발행주식수)을 초과하는 자기자본의 일부분이다.

주식회사는 자본불변의 원칙에 의하여 법정의 절차를 밟지 않는 한 함부로 자본금을 증감시킬 수 없다. 따라서 영업결과 발생하는 순이익 중 회사내부에 유보된 금액이라든지, 주주에 의해 액면가액을 초과하여 불입된 주식발행초과금 등은 자본금계정에 기입하지 않고 별도로 계정을 설정하여 기입해야 한다. 이때 별도로 설정되는 자본계정을 잉여금이라 한다.

물론 개인기업의 경우는 자본금액의 증감에 제약이 없기 때문에 잉여금계정으로 따로 처리할 필요없이 자본에 관한 모든 거래를 자본금계정에서 처리한다.

잉여금은 발생원인에 따라 자본잉여금과 이익잉여금으로 구분한다.

자산 − 부채 = 자본
- 개인기업 : 자본금계정
- 주식회사
  - 자본금계정 : 액면×발행주식수
  - 잉여금계정 : 자본금 이외의 금액
    - 자본잉여금
    - 이익잉여금

4 · 2 자본잉여금

자본잉여금(capital surplus)은 주식의 발행, 증자·감자와 같은 주주와의 자본거래에서 발생한 잉여금이다.

자본잉여금은 배당이 불가능한 잉여금이며, 결손보전이나 자본전입 외에는 사용이 금지된다.

자본잉여금을 분류하면 다음과 같다.

자본잉여금
- 주식발행초과금
- 기타자본잉여금

1. 주식발행초과금

주식발행초과금은 주식의 할증발행으로 발생하는데, 액면가액을 초과한 금액을 말한다. 일반적으로 주식회사가 유상증자를 실시할 경우에는 주식발행초과금이 발생된다. 그러므로 자본금의 증가와 함께 발생하는 주식발행초과금은 가장 전형적인 자본잉여금이다.

주식발행은 할증발행만 있는 것이 아니라 할인발행도 있으므로 주식발행초과금은 주식할인발행차금이 있는 경우 주식할인발행차금과 우선 상계하고 나머지를 주식발행초과금으로 기입한다.

2. 기타자본잉여금

기타자본잉여금은 감자차익과 자기주식처분이익이 있다.

감자차익은 자본의 감소에 수반되어 발생한다. 유상감자인 경우에는 자본금 감소액을 주식의 매입소각액이나 주식대금 반환에 소요된 금액과 비교하여 전자가 후자를 초과하는 경우 감자차익이 된다. 반면, 무상감자의 경우에는 자본금 감소액과 결손에 충당할 금액(이월결손금)을 비교하여 전자가 후자를 초과하는 경우 그 금액이 감자차익이 된다.

감자차익은 감자차손이 있는 경우 감자차손과 우선 상계하고 나머지를 감자차익으로 기입한다. 감자차손은 감자차익이 있는 경우에 감자차익에서 우선적으로 상계하고 나머지 감자차손은 결손금처리순서에 준하여 이익잉여금과 자본잉여금의 처분으로 상각 처리한다. 그래도 잔액이 남을 경우 자본조정 항목으로 자본에서 차감 표시한다.

자기주식처분이익은 취득하여 보유하고 있는 자기주식을 취득원가 이상으로 처분함으로써 발생한다. 자기주식(treasury stock)이란 회사가 여러 가지 목적에 의하여 자사의 발행주식을 구입하여 보유하고 있는 주식을 말한다.

자기주식은 자본조정항목으로 재무상태표에 표시하며, 재발행(처분)할 경우에 취득원가 이상으로 재발행(처분)하였다면 그 차액은 자기주식처분이익이 되고, 그 반대의 경우라면 자기주식처분손실로 기입한다.

자기주식처분이익은 자기주식처분손실이 있는 경우 자기주식처분손실과 우선 상계하고 나머지를 자기주식처분이익으로 기입한다. 자기주식처분손실은 자기주식처분이익이 있는 경우에 자기주식처분이익에서 우선적으로 상계하고 나머지 자기주식처분손실은 미처분이익잉여금에서 보전한다. 그래도 잔액이 남을 경우 결손금처리순서에 따르며, 이후에도 잔액이 있다면 자본조정 항목으로 처리한다.

예제 14-8 다음의 독립된 거래를 분개하시오.

(1) 액면 @₩5,000의 주식 1,000주를 액면발행하고 신주발행 관련 비용 300,000원을 제외한 나머지 금액은 전액 당좌예입하다. 발행전 장부조회 결과 주식발행초과금 잔액은 140,000원이다.

(2) 액면 @₩5,000의 주식 1,000주를 @₩4,400에 발행하고 신주발행 관련 비용 300,000원을 제외한 나머지 금액은 전액 당좌예입하다. 발행전 장부조회 결과 주식발행초과금 잔액은 140,000원이다.

(3) @₩6,000(액면 @₩5,000)에 취득한 자사주식 100주를 @₩7,000에 처분하다. 처분금액은 전액 당좌예입하다. 처분전 장부조회 결과 자기주식처분이익, 자기주식처분손실계정 잔액은 0원이다.

(4) @₩6,000(액면 @₩5,000)에 취득한 자사주식 100주를 @₩7,000에 처분하다. 처분금액은 전액 당좌예입하다. 처분전 장부조회 결과 자기주식처분손실계정 잔액은 72,000원이다.

(5) @₩6,000(액면 @₩5,000)에 취득한 자사주식 100주를 @₩4,800에 처분하다. 처분금액은 전액 당좌예입하다. 처분전 자기주식처분이익계정 잔액은 70,000원이다.

(6) @₩6,000(액면 @₩5,000)에 취득한 자사주식 100주를 @₩4,800에 처분하다. 처분금액은 전액 당좌예입하다. 처분전 자기주식처분손실계정 잔액은 70,000원이다.

해답

	차변	금액		대변	금액
(1) (차)	당좌예금	4,700,000	(대)	자본금	5,000,000
	주식발행초과금	140,000			
	주식할인발행차금	160,000			
(2) (차)	당좌예금	4,100,000	(대)	자본금	5,000,000
	주식발행초과금	140,000			
	주식할인발행차금	760,000			
(3) (차)	현 금	700,000	(대)	자기주식	600,000
				자기주식처분이익	100,000
(4) (차)	현 금	700,000	(대)	자기주식	600,000
				자기주식처분손실	72,000
				자기주식처분이익	28,000
(5) (차)	현 금	480,000	(대)	자기주식	600,000
	자기주식처분이익	70,000			
	자기주식처분손실	50,000			

(6) (차) { 현 금 480,000 (대) 자기주식 600,000
자기주식처분손실 120,000

4 · 3 이익잉여금

이익잉여금(earned surplus, retained earnings)이란 기업의 정상적인 영업활동, 유형자산의 처분, 그 밖의 자산 처분 및 기타 임시적인 손익거래에서 발생한 잉여금을 말한다.

이익잉여금은 손익거래의 결과 매기에 얻어진 이익이 회사내부에 유보·축적되어서 생기는 것으로서 가장 일반적인 잉여금 형태이다.

이익잉여금은 다음과 같이 분류된다.

- 이익잉여금
  - 법정적립금 : 이익준비금
  - 임의적립금
    - 사업확장적립금·감채적립금·배당평균적립금·결손전보적립금·별도적립금
  - 미처분이익잉여금
    - 전기이월이익잉여금
    - 당기순이익

1. 법정적립금

상법 제458조에 자본금의 1/2에 도달할 때까지 매 결산일에 현금배당액의 10분의 1 이상의 금액을 이익준비금으로 적립하도록 규정하고 있다.

상법에서 이익준비금을 적립하도록 규정한 취지는 자본충실의 원칙을 지키고자 하는 것으로 투자자본을 충실히 유지함으로써 기업의 재무구조를 견실하게 하고자 하는 것이다.

이러한 이익준비금은 법정준비금으로서 결손보전과 자본전입 이외에는 처리할 수가 없다. 이익준비금이 자본금의 2분의 1에 달한 경우에는 그 이상을 적립할 수가 없으며, 초과액이 있다면 그것은 임의적립금으로 본다.

2. 임의적립금

임의적립금(voluntary reserve)이란 법적 강제력에 의해 적립하는 것이 아니라 기업의 정관, 주주총회의 결의 또는 계약이 정하는 바에 따라 기업 임의로 적립하는 것을 말한다. 임의적립금은 적극적 적립금과 소극적 적립금으로 분류된다.

(1) 적극적 적립금(active reserve)

적극적 적립금은 배당을 제한하여 목적하는 기간동안 사업확장이나 사채상환 등에 이용할 내부자금을 조성하기 위한 것으로, 사업확장적립금, 감채적립금 등이 이에 속한다.

적립금 자체가 이용목적이 아니므로 사업확장이나 사채상환이 이루어진 후에는 주주총회의 결의에 의하여 처분전이익잉여금으로 환입된다.

(2) 소극적 적립금(negative reserve)

소극적 적립금은 향후 이익잉여금 처분목적에 사용하기 위하여 설정하는 적립금을 말한다. 그러므로 목적에 사용될 때 적립금이 소멸되며, 배당평균적립금, 결손보전적립금, 별도적립금 등이 있다. 또한 적극적 적립금 또는 소극적 적립금은 아니지만 법인세 등을 이연할 목적으로 적립하여 일정기간이 경과한 후 환입될 준비금도 임의적립금으로 분류한다.

순손익의 처분

5 · 1 순이익의 처분

개인기업은 기말결산시 순이익을 자본금계정에 직접 대체한다. 그러나, 법인기업은 자본금액이 확정되어 있으므로 기말결산시 순이익을 바로 자본금계정에 대체할 수가 없고, 기말결산시 집합손익계정에서 산출되는 순이익을 미처분이익잉여금계정에 대체하여 주주총회를 통하여 처분한다.

미처분이익잉여금계정에 대체되는 것으로는 전기이월이익잉여금익, 당기순이이 있다. 미처분이익잉여금은 상법 또는 정관 등의 규정에 따라 이사회에서 그 처분안이 확정되어 이익준비금, 배당금(현금배당과 주식배당), 임의적립금 등으로 구분되어 각각의 해당계정의 대변에 기입된다. 처분후 잔여분이 있으면 이월이익잉여금계정에 기입하여 차기로 이월시킨다.

이를 요약하면 [그림 14-1]과 같다.

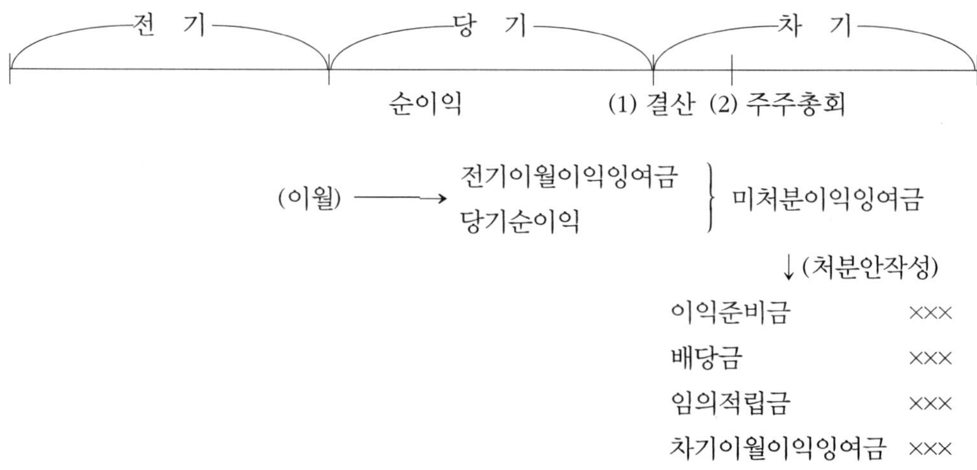

[그림 14-1] 순이익의 처분흐름

(1) 결산시의 회계처리

차변	금액	대변	금액
(차) 이월이익잉여금	×××	(대) 미처분이익잉여금	×××
집합손익	×××		

(2) 주주총회의 처분안 결의 후 회계처리

차변	금액	대변	금액
(차) 미처분이익잉여금	×××	(대) 이익준비금	×××
		미지급배당금	×××
		임의적립금	×××
		이월이익잉여금	×××

예제 14-9 다음의 거래를 분개하시오.

(1) 인천주식회사는 제3기의 순이익이 20,000,000원이며, 전기이월이익잉여금은 500,000원이다.

(2) 주주총회에서 미처분이익잉여금을 다음과 같이 처분하기로 의결하다.

이익준비금	1,000,000원	사업확장적립금	2,500,000원
현금배당액	12,500,000원	배당평균적립금	2,000,000원
주식배당액	1,000,000원	별도적립금	1,000,000원
		차기이월이익잉여금	잔 액

해답

(1)

(차)	전기이월이익잉여금	500,000	(대)	미처분이익잉여금	20,500,000
	집합손익	20,000,000			

(2)

(차)	미처분이익잉여금	20,500,000	(대)	이익준비금	1,000,000
				사업확장적립금	2,500,000
				미지급배당금	12,500,000
				미교부주식배당금	1,000,000
				배당평균적립금	2,000,000
				별도적립금	1,000,000
				차기이월이익잉여금	500,000

5 · 2 순손실의 처리

주식회사의 결산결과 집합손익계정의 잔액이 차변에 생기면 당기순손실인데, 이를 일단 미처리결손금계정의 차변에 대체한다. 그런데 미처리결손금에는 전기이월이익잉여금 또는 전기이월결손금도 차변에 대체된다.

미처리결손금은 주주총회의 결의에 의해 처리안이 작성되어야 하는데, 이의 보전하는 순서는 다음과 같이 이루어진다.

① 임의적립금이입액
② 법정적립금이입액
③ 자본잉여금이입액
④ 차기이월결손금

이를 요약하면 [그림 14-2]와 같다.

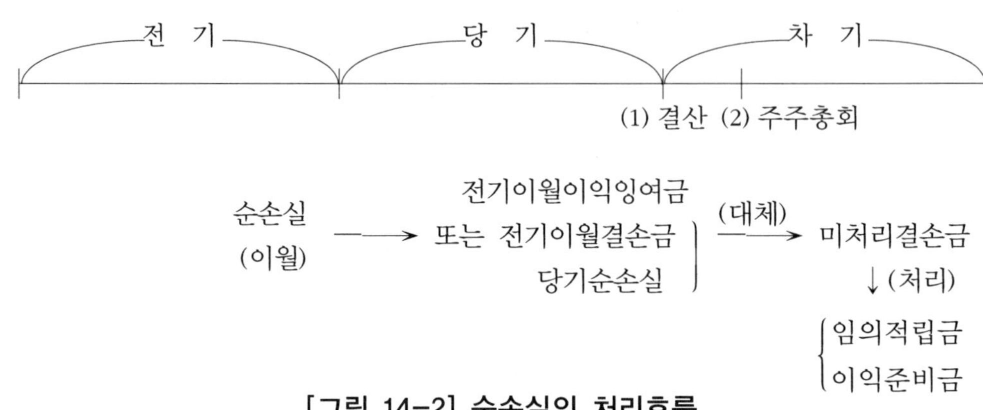

[그림 14-2] 순손실의 처리흐름

(1) 결산시의 회계처리

(차)	미처리결손금	×××	(대)	이월결손금	×××
				집합손익	×××

(2) 주주총회의 처리안 결의후 회계처리(미처리결손금의 보전)

(차)	임의적립금	×××	(대)	미처리결손금	×××
	이익준비금	×××			
	이월결손금	×××			

예제 14-10 다음의 거래를 분개하시오.

(1) 결산의 결과 순손실이 600,000원 발생하였다. 그리고 전기이월결손금이 150,000원 있었다.

(2) 주주총회의 결의에 의하여 (1)의 결손금을 별도적립금 500,000원, 이익준비금 150,000원으로 보전하고, 잔액은 차기에 이월하기로 의결하다.

해답

(1)

(차)	미처리결손금	750,000	(대)	집합손익	600,000
				이월결손금	150,000

(2)

(차)	별도적립금	500,000		
	이익준비금	150,000	(대) 미처리결손금	750,000
	차기이월결손금	100,000		

5·3 배 당

배당(dividends)이란 주주의 주식소유비율에 따라 회사가 영업활동을 수행하여 획득한 이익을 주주의 자본출자에 대한 보상의 형식으로 주주에게 분배하는 것으로 이익잉여금의 범위내에서 이루어지는 것이 보통이다. 상법에서는 배당가능이익을 다음과 같이 규정하고 있다.

> 재무상태표상의 순재산액 - 자본액과 그 결산기까지 적립된 자본준비금과 이익준비금의 합계액 - 그 결산기에 적립해야 할 이익준비금 - 미실현이익 = 배당가능이익

1. 현금배당

일반적으로 배당은 현금배당의 형태로 이루어진다. 현금배당은 회사의 운전자본에 압박을 주게 되므로 현재 보유하고 있는 현금의 수준과 미래의 현금흐름을 예측하여 결정하여야 한다. 현금배당과 관련된 회계처리는 다음과 같다.

〈주주총회시-배당선언〉

(차) 미처분이익잉여금 ××× (대) 미지급배당금 ×××

〈지급일〉

(차) 미지급배당금 ××× (대) 현 금 ×××

예제 14-11 서울상사주식회사는 20×1년 12월 31일 결산후 이사회에서 10%의 배당을 결의하였다. 그리고 20×2년 2월 20일 주주총회에서 배당이 확정되었다. 이에 따라 주주명부에 기재된 주주에게 20×2년 3월 30일 주당 500원씩 배당금으로 지급하였

다. 동회사의 자본금이 500,000,000원(액면 @5,000원, 발행주식 100,000주)이라고 할 때 각 날짜에 따른 분개를 하시오.

(해답)

① 20×1년 12월 31일(결산 후 이사회결의일)
분개 없음.

② 20×2년 2월 20일(주주총회일)

(차) 미처분이익잉여금	50,000,000	(대) 미지급배당금	50,000,000

③ 20×2년 3월 30일(지급일)

(차) 미지급배당금	50,000,000	(대) 현 금	50,000,000

2. 주식배당

주식배당이란 주주들에게 배당을 실시함에 있어서 현금 대신 주식을 나누어 주는 것을 말한다. 주식배당은 이익잉여금은 감소하고 자본금은 증가하지만 자기자본에는 변동이 없으며, 현금배당과 달리 회사의 자산과 부채에 변동을 가져오지 않는다.

즉, 주식배당으로 인하여 어떤 형태의 자산도 주주에게 분배되어 기업외부로 유출되지 않으며, 주주들은 추가적인 주식을 소유주식수에 비례하여 받을 뿐이다. 따라서 주주들은 주식배당에 관계없이 회사에 대하여 전과 동일한 비율, 동일한 규모의 지분을 소유하게 된다.

우리나라에서의 상법(제462조의 2)에서는 주식에 의한 배당은 이익배당 총액의 2분의 1에 상당하는 금액을 초과하지 못하도록 규정하고 있다. 또, 주식배당은 액면발행하도록 하고 있다. 상법규정에 따른 주식배당에 관한 회계처리는 다음과 같이 한다.

〈주주총회시-배당선언〉

(차) 미처분이익잉여금	×××	(대) 미교부주식배당금	×××

〈주식발행일〉

(차) 미교부주식배당금	×××	(대) 자본금	×××

미교부주식배당금은 재무상태표상의 자본조정항목으로 표시된다.

예제 14-12 동경물산주식회사는 20×1년 12월 31일에 대한 결산후 이사회에서 주당 액면가액 @₩5,000의 주식 10,000주를 배당하기로 결의하고, 20×2년 2월 15일 주주총회에서 배당을 확정하였으며, 20×2년 3월 10일에 주식을 교부하였다. 각 날짜에 따른 분개를 하시오.

해답

① 20×1년 12월 31일(결산후 이사회결의일)
분개없음.

② 20×2년 2월 15일(주주총회일)

(차) 미처분이익잉여금	50,000,000	(대) 미교부주식배당금	50,000,000

③ 20×2년 3월 10일(주식발행일)

(차) 미교부주식배당금	50,000,000	(대) 자본금	50,000,000

제6절 증자와 감자

6·1 증 자

증자(increase of legal capital)란 자본금을 증액시키는 것을 말한다. 앞에서 설명한 바와 같이 자본금은 1주당 액면금액에 발행주식수를 곱하여 계산되므로 증자는 결국 주식수의 증가 즉, 주식의 추가 발행을 의미한다. 증자는 다음과 같이 실질적 증자(유상증자)와 형식적 증자(무상증자)로 구분된다.

1. 실질적 증자

주식회사는 경영자금의 필요성 또는 차입금이나 사채를 상환할 목적으로 수권주식의 범위내에서 이사회 의결만으로 주식을 추가발행하여 자본을 조달하는 경우가 있다.

이와 같이 신주발행에 의한 현금납입의 방법으로 기업자본을 실질적으로 증가시키는 경우를 실질적 증자 또는 유상증자라고 한다. 신주발행에 소요되는 여러 가지 비용은 주식발행가액에서 차감한다. 즉, 주식발행비는 주식발행초과금에서 차감 또는 주식할인발행차금에 가산한다.

예제 14-13 다음의 거래를 분개하시오.

(1) 경기상사주식회사는 사업확장을 위하여 신주 20,000주를 발행하다. 액면 @₩5,000의 주식을 @₩5,500으로 발행하여 납입금은 전액 현금으로 받다. 그리고 신주발행에 따른 비용 500,000원을 현금으로 지급하다.

(2) 서울상사주식회사는 법원의 인가를 받아 신주 10,000주를 @₩4,400(액면 @₩5,000)에 발행하고, 전액을 현금으로 받다. 그리고 신주발행에 따른 비용 300,000원을 현금으로 지급하다.

해답

(1)

	차변	금액		대변	금액
(차)	현 금	109,500,000	(대)	자본금	100,000,000
				주식발행초과금	9,500,000

(2)

	차변	금액		대변	금액
(차)	현 금	43,700,000	(대)	자본금	50,000,000
	주식할인발행차금	6,300,000			

2. 형식적 증자

장부상의 잉여금을 자본금에 대체(자본전입)하는 것으로 회사의 자기자본의 총액은 변함이 없다. 이때 자본금이 증가함으로써 발행되는 주식은 주주에게 무상으로 교부하여야 한다. 형식적인 증자 또는 무상증자는 다음과 같은 여러 가지 방법으로 이루어진다.

(1) 자본잉여금을 자본금에 전입하는 경우

(차) 자본잉여금 ××× (대) 자본금 ×××

(2) 이익준비금을 자본금에 전입하는 경우

(차) 이익준비금 ××× (대) 자본금 ×××

예제 14-14 경동주식회사는 주주총회의 결의에 의하여 이익준비금 1,000,000원, 주식발행초과금 3,000,000원을 자본금에 전입하기로 하고, 액면 @₩5,000의 신주 800주를 발행하여 주주에게 무상으로 교부하다.

해답

(차)	이익준비금	1,000,000	(대) 자본금	4,000,000
	주식발행초과금	3,000,000		

6 · 2 감 자

감자(reduction of legal capital)란 주식회사의 자본금액을 감소시키는 것을 말한다. 주식회사에 있어서 감자는 이해관계자들에게 미치는 영향이 크기 때문에 상법(제438조, 제439조)은 정관변경의 특별결의를 거쳐야만 감자가 가능하도록 규정하고, 그 방법과 절차를 엄격히 규정하고 있다. 감자는 증자의 경우와 같이 실질적 감자(유상감자)와 형식적 감자(무상감자)로 구분된다.

1. 실질적 감자

회사의 영업규모가 비대한 경우에 영업규모를 축소시킴으로써 과잉자본을 주주들에게 환급하는 것을 실질적 감자 또는 유상감자라고 한다. 따라서 실질적 감자에 의해서 회사의 순자산액은 그만큼 감소하게 된다. 실질적 감자는 다음과 같이 이루어진다.

(1) 주식금액을 주주에게 환급하는 방법

이미 납입한 주식금액의 일부를 주주에게 환급하는 방법으로서 실제로 이 방법에 의한 감자는 거의 없다.

(차)	자본금	×××	(대) 현 금	×××

예제 14-15 다음의 거래를 분개하시오.

(1) 광평화학주식회사는 자본금이 과대하여 감자하기로 하고, 주금 5,000,000원을 주주에게 현금으로 환급하다.

(2) 액면 5,000원의 주식을 발행하고 있는 서신회사는 감자의 절차를 거쳐 1,000주를 1주당 5,000원에 매입 소각하다.

(3) 위에서 만일 1주당 4,500원에 매입, 소각하였다고 하면, 다음과 같이 감자차익이 나타난다.

해답

	차변	금액	대변	금액
(1)	(차) 자본금	5,000,000	(대) 현 금	5,000,000
(2)	(차) 자본금	5,000,000	(대) 현 금	5,000,000
(3)	(차) 자본금	5,000,000	(대) 현 금	4,500,000
			감자차익	500,000

(2) 주식을 매입하여 소각하는 방법

이미 발행한 주식을 증권시장을 통하여 매입하여 소각하는 방법이다. 주식을 매입·소각하는 경우에 액면금액보다 낮은 가격으로 매입하게 되면 감자차익(reduction surplus)이 발생한다.

감자차익이란 감자에 의해 감소한 자본금액이 전기이월결손금과 주식매입대금을 초과한 금액이다. 감자차익은 주주에 의해서 납입된 자본의 일부이기 때문에 자본준비금에 포함시킨다.

차변	금액	대변	금액
(차) 자본금	×××	(대) 현금	×××
		이월결손금	×××
		감자차익	×××

예제 14-16 발행주식수 1,000주, 액면 @₩5,000, 주당발행액 @₩5,000의 송산회사에서 결손금 100,000원을 보전할 목적으로 자사주식 200주를 @₩4,000으로 매입한 후, 곧 소각하다. 자기주식의 취득시와 소각시의 분개를 하시오.

(1) 자기주식의 취득시

(2) 자기주식의 소각시

해답

(1) (차) 자기주식 800,000 (대) 현 금 800,000

(2)

(차) 자본금	1,000,000	(대)	자기주식	800,000
			이월결손금	100,000
			감자차익	100,000

2. 형식적 감자

주식회사에서는 결손이 발생하면 잉여금에서 보전된다. 그러나 계속적으로 결손이 누적되고 장래에 영업성적이 호전될 전망이 없는 경우 불가피하게 자본금을 감소시켜서 보전하는 수밖에 없다.

이와 같이 감자를 통하여 결손금을 보전하고 자본금액과 실제 순재산액을 일치시키는 방법을 형식적 감자 또는 무상감자라고 한다.

형식적 감자의 방법에는 다음과 같은 방법이 있다.

(1) 주식의 액면을 줄이는 방법(주금의 절사)

주식의 액면을 절사함으로써 감자를 하는 방법이다.

(2) 발행주식수를 줄이는 방법(주식의 병합)

동일주주가 소유하는 몇 개의 주식을 합쳐서 그보다 적은 수의 새로운 주식으로 변경하는 방법이다.

예제 14-17 다음의 거래를 분개하시오.

주식회사 남양은 제7기의 결산을 마치고 다음과 같은 조건으로 감자하기로 결의하다.

(1) 3 : 2의 비율로서 주식을 병합하여 2,000,000원으로 감자한다.

(2) 주식의 병합에 의해서 발생하는 감자차익은 결손금을 보전하기로 한다.

(3) 제7기 결산결과 재무상태표는 다음과 같다.

재 무 상 태 표

자 산	금 액	과 목	금 액
제 자 산	4,200,000	제 부 채	1,800,000
이월결손금	600,000	자 본 금	3,000,000
	4,800,000		4,800,000

해답

(차) 자본금	1,000,000	(대) 이월결손금	600,000
		감자차익	400,000

7절 자본조정 및 기타포괄손익누계액

7 · 1 자본조정

자본조정(capital adjustments)은 자본금, 자본잉여금, 이익잉여금과 함께 자본항목을 구성하는 것으로서 자본금과 자본잉여금에 가산 또는 차감되는 항목으로 재무상태표에 표시된다. 자본조정은 자본거래의 결과에 발생한 손익 등을 임시적으로 처리하는 계정이다.

자본조정항목으로는 다음과 같은 것들이 있다.

(1) 자기주식
(2) 주식매수선택권
(3) 출자전환채무
(4) 미교부주식배당금
(5) 청약기일이 경과된 신주청약증거금 중 신주납입금으로 충당된 금액
(6) 감자차손
(7) 자기주식처분손실

위의 항목 중 자기주식 및 미교부주식배당금에 대하여는 앞에서 자세히 설명한 바 있다. 주식할인발행차금과 배당건설이자에 대하여 과거 상법에서는 회계처리방법에 대하여 설명한 바 있으나 개정된 현행 상법에서는 두 항목 모두 삭제되었다.

7·2 기타포괄손익누계액

포괄손익은 일정기간 동안 소유주와의 자본거래를 제외한 모든 거래나 사건에서 인식한 자본의 변동액을 말한다. 당기순이익에 기타포괄손익을 가감하여 산출한 총포괄손익의 내용을 주석으로 기재한다.

포괄손익 중 당기순손익에 포함되지 않는 부분을 기타포괄손익이라 하고, 이 기타포괄손익은 재무상태표 자본의 별도항목으로 기재된다. 손익계산서 당기순손익은 이익잉여금으로 대체되지만, 기타포괄손익은 이익잉여금으로 대체되지 않고 재무상태표에 별도 항목으로 계속 남아있게 된다.

기타포괄손익누계액(accumulated other comprehensive income)은 기타포괄손익이 이익잉여금으로 대체되지 않고 재무상태표의 자본에 별도 항목으로 계속 남아있게 되는데, 이 변동누계액을 말한다.

기타포괄손익누계액으로 표시되는 항목은 기타포괄손익-공정가치측정금융자산평가손익, 해외사업장외화환산손익, 현금흐름위험회피파생상품평가손익, 재평가잉여금이 있다.

자본변동표

8·1 자본변동표의 도입과정

K-IFRS에서는 자본의 변동내용에 대한 포괄적인 정보를 나타내는 재무제표를 기본 재무제표로 작성할 것을 요구하고 있다. 우리나라의 경우에는 그 동안 이익잉여금처분계산서를 기본 재무제표의 하나로 사용해 왔다.

이익잉여금처분계산서는 자본의 일부인 이익잉여금의 구성항목 중 미처분이익잉여금의 변동내용만을 나타낼 뿐 자본을 구성하는 모든 항목의 변동내용을 포괄적이고 체계적으로 제시하지 못하고 있다. 따라서 회계기준의 국제적 정합성 제고 및 자본 구성항목의 모든 변동내용에 대한 포괄적인 정보제공을 위하여 자본변동표의 도입이 필요하게 되었다.

8·2 자본변동표의 유용성

자본변동표는 자본의 변동내용에 대한 포괄적인 정보를 제공한다. 종전에는 재무제표를 재무상태표, 포괄손익계산서, 이익잉여금처분계산서(또는 결손금처리계산서), 현금흐름표, 주기와 주석으로 하고 있었다.

이익잉여금처분계산서는 주주지분의 구성항목 중 이익잉여금의 변동 내용만이 나타나게 되어 이익잉여금을 제외한 자본 구성항목의 변동내용을 파악하기 위해서는 다른 재무제표, 주석 또는 부속명세서 등을 참고해야만 한다. 이에 반하여 자본변동표는 재무상태표에 표시되어 있는 자본의 변동내용을 설명하는 재무보고서로서, 자본을 구성하고 있는 모든 항목의 변동내용에 대한 정보를 제공하게 된다.

자본변동표는 재무제표간의 연계성을 제고시키며 재무제표의 이해가능성을 높인다. 재무상태표에 표시되어 있는 자본의 기초잔액과 기말잔액을 모두 제시함으로써 재무상태표와 연결할 수 있고, 자본의 변동내용은 포괄손익계산서와 현금흐름표에 나타난 정보와 연결할 수 있어 정보이용자들이 더욱 명확히 재무제표간의 관계를 파악할 수 있게 된다.

자본변동표는 포괄손익계산서를 거치지 않고 재무상태표의 자본에 직접 가감되는 항목에 대한 정보를 제공한다. 이러한 항목에는 매도가능금융자산평가손익이나 해외사업환산손익 등과 같은 미실현손익이 포함되는데, 자본변동표는 이러한 미실현손익의 변동내용을 나타냄으로써 포괄손익계산서로는 전부 나타낼 수 없는 포괄적인 경영성과에 대한 정보를 직접적 또는 간접적으로 제공하게 된다.

자본변동표에서 비교표시되는 회계연도의 이익잉여금에 대하여 전기에 이미 보고된 금액을 별도로 표시하고, 회계정책 변경 및 중대한 오류수정의 회계처리가 매 회계연도에 미치는 영향을 가감한 수정후 기초 이익잉여금을 다시 공시하는 것이 정보제공 측면에서 유용하다.

8 · 3 자본변동표의 기본구조

자본변동표에는 자본금, 자본잉여금, 자본조정, 기타포괄손익누계액, 이익잉여금(또는 결손금)의 각 항목별로 기초잔액, 변동사항, 기말잔액을 표시한다.

1. 자본금의 변동 표시

자본금의 변동은 유상증자(감자), 무상증자(감자)와 주식배당 등에 의하여 발생하며, 자본금은 보통주자본금과 우선주자본금으로 구분하여 표시한다.

2. 자본잉여금의 변동 표시

자본잉여금의 변동은 유상증자(감자), 무상증자(감자), 결손금처리 등에 의하여 발생하며, 주식발행초과금과 기타자본잉여금으로 구분하여 표시한다.

3. 자본조정의 변동 표시

자본조정의 변동은 다음과 같은 항목으로 구분하여 표시한다.

(1) 자기주식

(2) 주식매수선택권

(3) 출자전환채무

(4) 청약기일이 경과된 신주청약증거금 중 신주납입금으로 충당될 금액

(5) 감자차손

⑹ 자기주식처분손실
⑺ 기타: ⑴ 내지 ⑹ 외의 원인으로 당기에 발생한 자본조정의 변동으로 하되, 그 금액이 중요한 경우에는 적절히 구분하여 표시한다.

4. 기타포괄손익누계액의 변동 표시

기타포괄손익누계액의 변동은 다음과 같은 항목으로 구분하여 표시한다.
⑴ 기타포괄손익-공정가치측정금융자산평가손익
⑵ 해외사업환산손익
⑶ 현금흐름위험회피 파생상품평가손익
⑷ 기타 : ⑴ 내지 ⑶ 외의 원인으로 당기에 발생한 기타포괄손익누계액의 변동으로 하되, 그 금액이 중요한 경우에는 적절히 구분하여 표시한다.

5. 이익잉여금의 변동 표시

이익잉여금의 변동은 다음과 같은 항목으로 구분하여 표시한다.
⑴ 회계정책의 변경으로 인한 누적효과
⑵ 중대한 전기오류수정손익
⑶ 연차배당(당기 중에 주주총회에서 승인된 배당금액으로 하되 현금배당과 주식배당으로 구분하여 기재한다)과 기타 전기말 미처분이익잉여금의 처분
⑷ 중간배당(당기 중에 이사회에서 승인된 배당금액)
⑸ 당기순손익
⑹ 기타 : ⑴ 내지 ⑸ 외의 원인으로 당기에 발생한 이익잉여금의 변동으로 하되, 그 금액이 중요한 경우에는 적절히 구분하여 표시한다.

자본의 분류요약

자본은 발생원천 및 법적 관점에 따라 다양하게 분류된다. 자본의 분류를 요약하면 다음의 [표 14-1]과 같다.[9]

[표 14-1] 자본의 분류

<table>
<tr><th>2구분</th><th>3구분</th><th>5구분</th><th>종 류</th><th>3구분(K-IFRS)</th></tr>
<tr><td>자본금</td><td>자본금</td><td>자본금</td><td>보통주자본금, 우선주자본금</td><td rowspan="2">납입자본</td></tr>
<tr><td rowspan="4">잉여금</td><td rowspan="2">자본
잉여금</td><td>자본잉여금</td><td>주식발행초과금, 감자차익, 자기주식처분이익</td></tr>
<tr><td>자본조정</td><td>자기주식, 감자차손, 자기주식처분손실,
미교부주식배당금</td><td rowspan="2">기 타
자본요소</td></tr>
<tr><td rowspan="2">이 익
잉여금</td><td>기타포괄손익누계액</td><td>금융자산평가손익, 재평가잉여금</td></tr>
<tr><td>이익잉여금</td><td>법정적립금, 임의적립금, 미처분이익잉여금</td><td>이익잉여금</td></tr>
</table>

9) 송충석·송동섭·성용운, 「IFRS 회계원리」 세학사, 2018.

보 론 이익잉여금처분계산서와 결손금처리계산서

[1] 이익잉여금처분계산서

1. 이익잉여금처분계산서의 의의

이익잉여금처분계산서(surplus appropriation statement)란 전기이월이익잉여금에 당기순이익을 가산한 금액에 대하여 주주총회에서 어떻게 처분하였는가 하는 내역을 보고하는 재무보고서를 말한다. 이익잉여금처분계산서는 전기분과 비교하는 형식으로 작성한다. 종전 「기업회계기준서」에 따라 기본재무제표로서 작성되었으나 현재는 「중소기업회계기준」에서만 기본재무제표로 규정되어 있다. 이익잉여금처분계산서의 양식은 〈부록〉에 첨부되어 있다.

2. 이익잉여금처분계산서의 내용

이익잉여금처분계산서는 미처분이익잉여금, 임의적립금 등의 이입액, 이익잉여금처분액, 차기이월미처분이익잉여금의 과목을 그 내용으로 한다.

(1) 미처분이익잉여금

미처분이익잉여금의 구성은 전기이월미처분이익잉여금에 회계변경의 누적효과, 전기오류수정 및 중간배당액을 반영한 후 다시 당기순이익을 가산하여 계산한다.

(2) 임의적립금 등의 이입액

임의적립금(voluntary reserves) 등의 이입액이란 당기순이익만으로는 그 필요로 하는 처분액에 부족한 경우, 임의적립금 중 당기이익잉여금에 충당할 수 있는 금액을 말한다. 당기의 이익잉여금에 충당할 수 있는 임의적립금에는 배당평균적립금, 별도적립금 등이 있다.

임의적립금 등을 이입하여 당기의 이익잉여금처분에 충당하는 경우에는 그 금액을 미처분이익잉여금에 가산하여 계산한다.

(3) 이익잉여금처분액

미처분이익잉여금에 임의적립금을 가산한 당기처분가능이익잉여금은 다음 순서에 의하여 처분한다.

① **법정적립금** —— 당기에 설정할 이익준비금은 자본금이 2분의 1에 도달할 때까지 매 결산기마다 현금배당액의 10분의 1 이상을 적립하여야 한다.
② **배당금** —— 당기배당금으로 지급할 금액이다. 이는 금전에 의한 배당과 주식에 의한 배당으로 구분한다.
③ **임의적립금** —— 적립금의 설정목적, 비율, 처분 등이 어떠한 법률에 의한 강제가 아니고, 기업임의에 의하여 설정되고 처분되는 적립금을 말한다. 이에는 사업확장적립금, 배당평균적립금 등이 있다.
④ **기타처분** —— 당기처분가능이익잉여금 중 이익준비금, 기타법정적립금, 배당금, 임의적립금 이외로 처분되는 금액을 말한다.

(4) 차기이월이익잉여금

차기이월이익잉여금은 미처분이익잉여금에서 임의적립금 등의 이입액을 가산하고, 이익잉여금의 처분액을 차감한 금액이다.

예제 14-18 서신산업주식회사(자본금 10,000,000원)의 제3기 20×1년 1월 1일부터 20×1년 12월 31일까지의 순이익은 8,650,000원이다. 또한 전기이월미처분이익잉여금의 잔액은 350,000원이고 배당평균적립금이입액은 300,000원이다. 20×2년 3월 15일 주주총회에서 다음과 같이 처분하기로 의결하였다. 이에 따른 분개와 이익잉여금처분계산서를 작성하시오.

이익준비금	100,000원	배 당 금	연 10%
임원상여금	780,000원	신축적립금	3,500,000원
별도적립금	1,450,000원	감채적립금	1,800,000원
차기이월이익잉여금	( )		

해답

	차변	금액	대변	금액
①	(차) 집합손익	8,650,000	(대) 미처분이익잉여금	9,000,000
	이월이익잉여금	350,000		

② (차)			(대)	
미처분이익잉여금	9,000,000		이익준비금	100,000
배당평균적립금	300,000		미지급배당금	1,000,000
			임원상여금	780,000
			신축적립금	3,500,000
			감채적립금	1,800,000
			별도적립금	1,450,000
			차기이월이익잉여금	670,000

이익잉여금처분계산서

제3기 20×1년 1월 1일부터 20×1년 12월 31일까지

서신산업주식회사 처분확정일 20×2년 3월 15일 (단위 : 원)

과 목	금 액	
Ⅰ. 미처분이익잉여금		
1. 전기이월이익잉여금	350,000	
2. 당기순이익	8,650,000	9,000,000
Ⅱ. 임의적립금 등의 이입액		
1. 배당평균적립금	300,000	300,000
합계		
Ⅲ. 이익잉여금처분액		9,300,000
1. 이익준비금	100,000	8,630,000
2. 주주배당금	1,000,000	
3. 임원상여금	780,000	
4. 신축적립금	3,500,000	
5. 감채적립금	1,800,000	
6. 별도적립금	1,450,000	
Ⅳ. 차기이월이익잉여금		670,000

[2] 결손금처리계산서

1. 결손금처리계산서의 의의

결손금처리계산서(statement of deposition of deficit)는 미처리결손금이 있을 경우, 즉 미처분이익잉여금이 부수(−)인 경우에 이의 처리내용을 명백히 하는 재무

보고서이다. 그러므로 이 보고서는 이사회의 결손금에 대한 처리안이나 주주총회의 확정안에 의하여 작성된다.

결손금처리계산서도 전기분과 당기분을 비교하는 형식으로 작성한다.

「기업회계기준서」에서 규정하고 있는 결손금처리계산서의 양식은 〈부록〉에 첨부되어 있다.

2. 결손금처리계산서의 내용

결손금처리계산서는 미처리결손금, 결손금처리액 및 차기이월미처리결손금의 과목을 그 내용으로 한다.

(1) 미처리결손금

미처리결손금의 구성은 전기이월미처리결손금(또는 전기이월미처분이익잉여금)에 당기순손실(또는 당기순이익)을 가산하여 계산한다.

(2) 결손금처리액

미처리결손금은 ① 임의적립금이입액, ② 법정적립금이입액, ③ 이익준비금이입액, ④ 자본잉여금과 이입액의 순서에 의하여 보전한다.

(3) 차기이월결손금

미처리결손금에서 결손금처리액을 차감한 잔액이 차기이월결손금이다. 차기이월미처리결손금은 당기에 결손보전을 하고, 부족부분의 금액은 차기순이익액으로서 보전하거나 또는 차기에 자본감자에 의하여 보전할 수 있다.

예제 14-19 다음 자료에 의하여 광평상사주식회사의 결손금처리계산서를 작성하시오. 필요한 분개도 표시할 것. 단, 회계기간은 20×1년 1월 1일부터 20×1년 12월 31일이고, 처분확정일은 20×2년 3월 15일이다.

① 미처리결손금

전기이월이익잉여금	230,000원
당기순손실	1,250,000원

② 결손금처리액

감채적립금이입액에 의한 보전액	250,000원
별도적립금이입액에 의한 보전액	210,000원
이익준비금이입액에 의한 보전액	300,000원
자본잉여금이입액에 의한 보전액	150,000원

해답

① (차)	전기이월이익잉여금	230,000	(대) 집합손익	1,250,000
	미처리결손금	1,020,000		
② (차)	감채적립금	250,000	(대) 미처리결손금	1,020,000
	별도적립금	210,000		
	이익준비금	300,000		
	자본잉여금	150,000		
	차기이월결손금	110,000		

결손금처리계산서

제×기 20×1년 1월 1일부터 20×1년 12월 31일까지

광평상사주식회사 처분확정일 20×2년 3월 15일 (단위 : 원)

과 목	금 액	
Ⅰ. 미처리결손금		1,020,000
1. 전기이월이익잉여금	230,000	
2. 당기순손실	1,250,000	
Ⅱ. 결손금처리액		910,000
1. 감채적립금이입액	250,000	
2. 별도적립금이입액	210,000	
3. 이익준비금이입액	300,000	
4. 자본잉여금이입액	150,000	
Ⅲ. 차기이월결손금		110,000

연습문제

14-1 다음 사항을 설명하시오.

(1) 감자차익 (2) 자기주식처분이익 (3) 수권주식
(4) 주식발행초과금 (5) 주식배당 (6) 자본조정
(7) 인출금계정 (8) 이익잉여금 (9) 기타포괄손익누계액

14-2 다음 계정과목 중 자본잉여금에 해당하는 것에는 ○표, 이익잉여금에 해당하는 것에는 △표, 기타는 ×표를 하시오.

① 배당평균적립금 ( ) ② 제품보증충당부채 ( )
③ 영업권 ( ) ④ 감자차익 ( )
⑤ 자기주식처분이익 ( ) ⑥ 주식발행초과금 ( )
⑦ 대손충당금 ( ) ⑧ 이월이익잉여금 ( )
⑨ 이익준비금 ( ) ⑩ 별도적립금 ( )
⑪ 사채할인발행차금 ( ) ⑫ 채무면제이익 ( )

14-3 다음 거래를 분개하시오.

(1) 서울회사는 다음과 같이 주식회사를 설립하기로 하였다. 설립시 발행할 총주식 수는 1,000주, 그 중 발기인인수주식수 300주, 공모주식 700주로 1주의 액면금액은 @₩5,000이다. 금일 한양은행으로부터 공모주 700주에 대하여 @₩5,000을 청약증거금으로 불입받았다는 통지를 받다.

(2) 위의 발기인과 주식인수청약자에게 주식의 배정을 하고, 배정주에 대해서 납입을 시키되 청약증거금으로써 납입금에 충당하고, 나머지 금액을 납입시켜 주식을 발행하다.

(3) 부산주식회사는 액면 @₩5,000의 주식 500주를 1주에 대하여 @₩6,000으로 발행하고, 납입금은 당좌예금으로 하다.

(4) 회사설립시에 있어서 발기인인 김씨로부터 건물 10,000,000원과 기계 5,000,000원을 현물출자로 하여 주식의 납입금에 대신하였다.

(5) 대전주식회사는 미발행주식 500주를 법원의 인가를 얻어 1주에 대하여 @₩4,400 (액면 @₩5,000)으로 발행하고, 납입금은 당좌예금으로 하다.

14-4 다음 거래를 분개하시오.

(1) 당기의 순이익이 소액이므로 배당평균적립금 400,000원을 이입하여 배당에 충당하다.

(2) 만기일에 사채 35,000,000원을 수표를 발행하여 상환하다. 다만, 동액의 감채적립금이 적립되어 있다.

(3) 서신주식회사(자본금 40,000,000원, 결산 연 2회)는 당기 주주총회에서 다음과 같이 이익처분을 하기로 결정하다. 당기는 영업부진으로 당기순이익이 3,000,000원에 불과하므로 부족분은 배당평균적립금으로 충당하기로 하였다.

이익준비금	150,000	주주배당금	연 20%

14-5 다음 거래를 분개하시오.

(1) 이익준비금 3,500,000원과 주식발행초과금 1,500,000원을 자본에 전입하기로 주주총회에서 결의하고, 액면금액 @₩5,000의 신주 1,000주를 구주주에게 무상으로 교부하다.

(2) 감자차익 20,000,000원을 자본전입하고, 이에 대하여 주식을 발행하여 주주에게 무상으로 교부하다.

(3) 강북주식회사는 금번 자본금 1,000,000원을 증자하기로 하고, 기타자본잉여금 700,000원을 자본에 전입하여 무상주를 교부하고, 300,000원에 대하여는 유상으로 증자키로 하여 구 주주에게 현금으로 납입을 받다.

(4) 자본금 3,000,000원(1주 액면 @₩5,000)의 성북주식회사에서 결손금 800,000원을 보전하기 위하여 무상감자하기로 하고, 3주를 2주로 병합하여 자본금을 2,000,000원으로 감자키로 하다.

(5) 자본금 6,000,000원(1주 액면 @₩5,000, 발행주식수 200주)의 도봉주식회사에서 결손금 700,000원을 보전할 목적으로 자기주식 400주를 시가 3,000원으로 수표를 발행하여 매입·소각하다.

14-6 이익잉여금처분계산서와 자본변동표를 비교 설명하시오.

14-7 다음 자료에 의하여 결손금 처리에 관한 분개를 표시하시오.

(1) 미처리결손금

① 전기이월미처리결손금 30,000원

② 당기순손실 590,000원

(2) 이사회에서 의결된 결손금처리액

① 임의적립금으로 이입액 150,000원

② 이익준비금으로 이입액 80,000원

③ 채무면제이익으로 이입액 180,000원

④ 자본잉여금으로 이입액 75,000원

14-8 한일주식회사(자본금 20,000,000원)의 제4기(20×1년 1월 1일부터 20×1년 12월 31일까지)의 순이익은 4,500,000원이다. 전기로부터의 이월미처분이익잉여금이 300,000원이 있다. 또한 제4기 결산에 관하여 주주총회에서 별도적립금 300,000원과 배당평균적립금 400,000원을 이입하고, 다음과 같이 처분하기로 결의하다(주주총회일 20×2년 2월 15일).

이익준비금	250,000원	임원상여금	700,000원
주주배당금	연 10%	사업확장적립금	500,000원
임의적립금	460,000원	잔액은 차기로 이월	

위의 자료에 의하여 이익잉여금처분과 관련하여, 결산일과 주주총회일의 분개를 표시하시오.

제15장 수익과 비용

포괄손익계산서 항목

수익계정과 비용계정의 분류

지금까지 우리는 재무상태표 구성요소인 자산, 부채, 자본에 대하여 그 종류별로 구분하여 공부하였다. 이 장에서는 포괄손익계산서과목인 수익과 비용의 분류 및 순손익의 산출과정에 대하여 설명하기로 한다.

포괄손익계산서를 작성하는 데 있어서 수익과 비용의 원천을 기준으로 하여 수익과 비용을 명확히 대응시키는 노력이 중요하다. 즉, 관련된 수익과 이에 따른 비용을 적절히 대응시켜 포괄손익계산서에 표시함으로써 당기순이익의 산출과정을 이해할 수 있다.

그러면 먼저 수익과 비용을 그 원천에 따라서 종류별로 살펴보기로 한다.

1 · 1 수익계정의 분류

1. 영업수익(매출수익)

영업수익은 기업의 일반적 상거래, 즉 당해 기업의 주된 영업활동에서 발생하는 수익을 말한다. 영업수익은 업종에 따라 다르게 나타난다.

상품매매기업에 있어서 영업수익에 속하는 항목은 매출액이며, 서비스기업의 경우에는 수수료수익이 영업수익에 해당된다.

영업수익은 여러 수익항목중에서 가장 비중이 크고 중요하다.

2. 영업외수익

영업외수익이란 기업의 주된 영업활동 이외의 보조적 또는 부수적인 활동에서 순환적으로 발생하는 금융 또는 재무적인 수익으로서 중단사업손익에 해당하지 않는 것을 말한다.

영업외수익은 주된 영업활동에서 발생한 수익이 아니라는 점에서 영업수익과 구별되며, 순환적으로 발생한다는 점에서 일상적인 영업활동 이외의 거래에서 비경상적으로 발생하는 특별이익과 구별된다.

영업외수익에는 이자수익, 배당금수익, 임대료, 금융자산처분이익, 투자자산처분이익, 유형자산처분이익, 사채상환이익 등이 있다.

영업외수익 항목에 대하여 항목별로 설명하면 다음과 같다.

(1) 이자수익

이자수익은 금융기관에 예입한 예금이나 여유자금을 주주, 임원, 종업원, 관계회사 또는 외부에 대여한 경우 또는 국공채, 회사채 등 장단기적으로 투자한 유가증권에서 발생하는 이자를 기록하는 계정이다.

(2) 배당금수익

배당금수익은 단기투자목적이나 장기투자목적으로 보유하는 주식이나 출자금에 대하여 이익의 분배로 받는 배당금을 기록하는 계정이다.

(3) 임대료

임대료는 소유하고 있는 토지, 건물, 기계, 비품 등 부동산이나 동산을 타인에게 임대하여 사용하게 하고 그 대가로 받는 임대료 또는 사용료를 기록하는 계정이다.

(4) 금융자산처분이익

금융자산처분이익은 기업이 보유하고 있는 시장성 있는 일시소유목적 또는 단기매매목적의 주식, 사채, 국·공채 등 유가증권을 처분하는 경우 수취하는 금액이 장부가액보다 클 때 그 차액을 기입하는 계정이다.

유가증권을 처분할 때 수취하는 금액은 처분가액에서 거래수수료 및 증권거래세 등의 부대비용을 차감한 금액이 되므로, 거래에 따른 부대비용은 처분이익에서 차감하여 잔액만을 금융자산처분이익으로 계상한다.

예제 15-1 서울회사는 보유하고 있던 당기손익-공정가치측정금융자산 중 대구회사 주식 500주(취득원가 @₩15,000)를 주당 17,000원에 처분하고 거래수수료 100,000원을 차감한 금액을 현금으로 받다.

해답

(차)			(대)	
현 금	8,400,000		당기손익-공정가치측정금융자산	7,500,000
			금융자산처분이익(당기손익)	900,000

---

(5) 유형자산처분이익

유형자산처분이익이란 영업활동에서 사용하던 유형자산을 처분하는 경우 처분가액이 그 자산의 장부상 금액을 초과할 때 그 초과액을 기록하는 계정이다.

(6) 투자자산처분이익

투자자산처분이익은 보유하고 있는 투자부동산 등의 투자자산을 처분하는 경우 처분가액이 당해자산의 장부가액을 초과할 때 그 초과액을 기록하는 계정이다.

예제 15-2 삼성회사는 보유하고 있는 취득원가 40,000,000원, 감가상각누계액 25,000,000원의 임대용 건물을 18,000,000원에 처분하고 대금은 현금으로 받다. 삼성회사는 임대용 건물에 대하여 원가모형을 적용하고 있다.

해답

(차)		(대)	
현 금	18,000,000	투자부동산	40,000,000
감가상각누계액	25,000,000	투자자산처분이익	3,000,000

1·2 비용계정의 분류

1. 영업비

영업비란 기업의 본래의 주된 영업활동에 소비된 일체의 비용 중에서 전술한 영업수익을 획득하기 위해서 소비된 비용을 말하며, 이에는 매출원가(cost of goods sold)와 판매비와관리비(selling and administrative expense)가 있다.

매출원가는 매출한 상품의 원가를 말하며, 영업비 중에서 가장 중요한 것으로 다음과 같이 산출된다.

매출원가 = 기초상품재고액 + 당기순매입액 - 기말상품재고액

예제 15-3 다음의 자료를 이용하여 매출원가를 계산하시오.

기초상품재고액	500,000원	매입환출액	30,000원
당기상품총매입액	2,500,000원	매입에누리액	50,000원
기말상품재고액	400,000원		

해답

매출원가 = 기초상품재고액+(당기상품총매입액-매입환출액-매입에누리액)-기말상품재고액
= 500,000원 + (2,500,000원 - 30,000원 - 50,000원) - 400,000원
= 2,520,000원

판매비와관리비란 상품을 판매하여 수익을 창출하고, 기업을 유지·관리하는 활동을 수행하는 과정에서 발생하는 비용을 말한다. 이 비용은 기업이 기본적 영업활동을 하는 과정에서 발생하는 비용이라는 의미에서 실무에서는 영업비라고도 부른다.

상품매매기업의 기본적인 경영활동은 판매와 관리로 나누어 볼 수 있는데 판매비란 상품의 판매와 관련하여 발생하는 비용을 말하고 관리비란 사업 전체의 관리, 즉 인사, 재무, 회계, 기획, 총무 등 사업의 관리에 수반되는 비용을 의미한다.

판매활동에서 발생하는 비용과 관리활동에서 발생하는 비용은 위의 정의에서 보는 바와 같이 구분할 수 있으나 보통 판매업무와 관리업무가 같은 장소에서 일어나서 이를 명확히 구분하는 것이 어렵기 때문에 판매비와관리비를 구분하지 않고 일반적으로 이들을 합하여 '판매비와관리비'라고 부른다.

판매비에는 판매부서 종업원에 대한 급여 또는 판매수수료, 광고선전비, 견본비, 운반비, 포장비, 통신비, 대손상각비 등이 포함되며, 관리비에는 임원 및 관리직원에 대한 급여 및 수당, 복리후생비, 여비교통비, 통신비, 수도광열비, 소모품비, 보험료, 세금과공과금, 임차료, 감가상각비, 퇴직급여, 잡비 등이 포함된다.

기업의 규모에 따라 판매비와관리비에 대한 계정과목의 수는 달라지게 되는데 여기서는 포괄손익계산서에 많이 나타나는 중요한 판매비와관리비 항목에 대하여 살펴보기로 한다.

(1) 임원 및 종업원에 대한 급여

회사의 임원에 대하여 임원보수규정에 따라 규칙적으로 지급되는 임원급여와, 판매와 일반관리업무에 종사하는 종업원에 대한 급여, 상여금, 제수당 등을 급여계정에 기입한다.

(2) 퇴직급여

회사는 회계연도말 현재 전 임직원이 일시에 퇴직할 경우 지급하여야 할 총퇴직금 추계액을 퇴직급여충당부채로 설정하여야 한다.

(3) 복리후생비

복리후생비는 종업원에게 직접 지급되는 급여, 상여금 등과 근로환경의 개선 및 근로의욕의 향상 등을 위하여 지출하는 노무비적 성격을 갖는 비용을 기록한다.

(4) 여비교통비

여비교통비는 종업원에 대한 여비와 교통비를 지급하는 경우에 기입하는 계정이다. 여비란 업무수행을 위하여 장거리 출장을 가는 경우 여비지급규정에 따라 지급되는 금액이고, 교통비란 시내 등 가까운 거리에 출장가는 경우 소요된 실비로서 교통비를 말한다. 일반적으로 구분없이 여비교통비계정으로 기입하기도 한다.

종업원의 출장시 여비개산액을 지급하는 것은 가지급금으로 처리했다가 출장후 정산이 이루어지면 여비교통비로 대체한다.

(5) 통신비

통신비는 판매와 일반관리활동을 위하여 전신, 전화, 우편, 팩스, 인터넷 등을 이용하고 지급하는 비용을 기록하는 계정이다.

(6) 수도광열비

수도광열비는 사용한 수도료, 전기료, 가스료, 유류대 등에 소요되는 비용을 기록하는 계정이다.

(7) 세금과공과금

세금과공과금은 국가 또는 지방자치단체가 부과하는 국세, 지방세 등의 세금, 공공단체 관련협회 등에 지급한 공과금, 벌금, 과태료 등을 처리하는 계정이다. 이에 해당되는 것으로는 재산세, 자동차세, 사업소세, 상공회의소회비, 협회비, 조합비 등이 있다.

법인세차감전순이익에 부과되는 법인세, 지방소득세는 법인세비용계정에 기입하고, 자산의 구입시 부과되는 관세, 등록세, 취득세 등은 당해 자산의 취득원가에 산입한다.

(8) 광고선전비

광고선전비는 상품의 판매촉진이나 기업의 이미지 향상을 위한 광고선전활동을 위하여 지급하는 비용을 기록하는 계정이다.

(9) 대손상각비

대손상각비는 매출채권(외상매출금, 받을어음)이 거래상대방의 파산, 채권소멸시효의 종료 등으로 회수가 불가능한 것과 결산일 현재 회수가 불확실한 대손추산액을 계산한 금액을 비용처리하는 계정이다.

(10) 감가상각비

감가상각비는 업무와 관련하여 사용되는 유형자산인 건물, 기계장치, 차량운반구, 비품 등의 취득원가를 자산의 경제적 내용연수에 따라 합리적이고 체계적인 절차에 따라 배분하여 비용으로 기록하는 계정이다.

(11) 무형자산상각비

무형자산상각비는 결산시에 특허권, 실용신안권, 의장권, 상표권, 광업권, 어업권 등 무형자산에 대한 상각액을 기록하는 계정이다.

예제 15-4 신성회사는 취득원가 1,000,000원의 상표권을 결산기말에 100,000원(1,000,000원/10년) 상각하다.

해답

(차) 무형자산상각비	100,000	(대) 상표권	100,000

---

2. 영업외비용

영업외비용이란 기업의 주된 영업활동 이외의 부수적 활동에서 순환적으로 발생하는 비용으로 재무적 비용과 투자관련비용으로서 중단사업 손익에 해당하지 않는 것이 이에 속한다.

영업외비용은 정상적인 기업활동의 일환으로서 계속 반복하여 발생한다는 점에서 영업비용인 판매비와관리비와 같으나 매출수익을 얻기 위한 직접적인 비용이 아니고, 부수적·보조적으로 발생하는 비용이라는 점에서 영업비용과 다르다. 그리고 매기 계속 반복적으로 발생한다는 점에서 우연히 그리고 비반복적으로 발생하는 특별손실과 다르다.

예를 들면 이자비용, 기타의 대손상각비, 금융자산평가손실, 금융자산처분손실, 기부금, 유형자산처분손실, 투자자산처분손실, 재고자산감모손실 등이 영업외비용에 속하는 항목이다.

(1) 이자비용

이자비용은 기업이 외부로부터 조달한 타인자본에 대하여 지급한 금융비용을 기록하는 계정으로서 장·단기차입금에 대한 이자발생액이나 받을어음의 할인 등에 따른 할인료가 이에 속한다.

다만 유형자산을 건설하거나 제작하는 데 사용된 차입금에 대한 이자비용 중 당해 자산의 건설기간 동안 발생한 부분은 그 자산의 취득원가에 산입한다.

(2) 기타의 대손상각비

기타의 대손상각비는 매출채권 이외의 기타채권, 즉 대여금, 미수금 등에서 발생하는 대손액과 대손추산액을 기록하는 계정이다.

상품의 판매에서 발생한 외상매출금, 받을어음 등의 매출채권에 대한 대손상각비는 판매비와관리비로 분류한다.

예제 15-5 신성회사는 금년도에 거래처에 대여한 단기대여금 100,000원 중 50,000원이 채무자의 파산으로 회수불능하게 되다.

(1) 단기대여금의 대손충당금 잔액이 없다.
(2) 단기대여금의 대손충당금 잔액이 20,000원이다.
(3) 단기대여금의 대손충당금 잔액이 65,000원이다.

해답

(1) (차)	기타의 대손상각비	50,000	(대) 단기대여금	50,000
(2) (차)	대손충당금(단기대여금)	20,000	(대) 단기대여금	50,000
	기타의 대손상각비	30,000		
(3) (차)	대손충당금(단기대여금)	20,000	(대) 단기대여금	50,000

---

(3) 금융자산평가손실

금융자산평가손실은 일시적 자금운용목적으로 보유하는 시장성 있는 유가증권에 대하여 결산시에 공정가액법에 따라 평가한 결과 공정가액(시가)이 장부가액(취득원가)보다 하락한 경우 그 차액을 기록하는 계정이다.

(4) 금융자산처분손실

금융자산처분손실은 기업이 보유하고 있는 시장성 있는 일시소유목적의 주식, 사채, 국·공채 등의 당기손익-공정가치측정금융자산을 처분하는 경우 수취하는 금액이 장부가액에 미달할 때 그 차액을 처리하는 계정이다.

(5) 기부금

기부금은 영업과 관계가 없는 상대방에게 아무런 반대급부를 기대하지 않고 무상으로 증여하는 금전이나 기타의 자산가액을 기록하는 계정이다. 방위성금, 수재의연금, 학교, 문화, 종교단체 등에 지출한 금액이 이에 해당한다.

예제 15-6 서신회사는 태풍으로 피해를 입은 주민들을 위하여 수재의연금 3,000,000원을 현금으로 지출하였다.

해답

(차) 기부금	3,000,000	(대) 현 금	3,000,000

---

(6) 유형자산처분손실

유형자산처분손실이란 영업활동에 사용하던 유형자산을 처분하는 경우 처분가액이 장부금액보다 적을 때 그 차액을 기록하는 계정이다.

(7) 투자자산처분손실

투자자산처분손실은 보유하고 있는 투자자산을 처분하는 경우 처분가액이 장부금액보다 적을 때 그 차액을 기록하는 계정이다.

(8) 재고자산감모손실

재고자산감모손실은 기말에 상품 등 재고자산에 대한 재고실사결과 파손, 감량, 증발, 도난 등의 원인으로 실제재고액이 장부상 재고액보다 적은 경우의 차액 중 비정상적인 감모에 해당하는 금액을 기록하는 계정이다.

3. 법인세비용

법인세비용은 포괄손익계산서상의 법인세차감전순이익에 법인세율을 곱하여 계산된 금액으로 하며, 법인세에 부가하는 지방소득세 등의 세액을 포함한다.

1·3 중단영업손익

중단영업은 기업의 일부를 일괄매각방식 또는 기업분할방식으로 처분하는 경우의 당해영업을 말한다. 기업의 일부 영업부분을 폐지하는 경우 차기 이후에는 당기와 다른 규모의 영업활동이 이루어지므로 이런 사실을 적절히 공시하여야 한다.

따라서 중단영업관련손익은 계속영업관련손익과 분리하여 포괄손익계산서에 별도 구분하여 보고할 필요가 있다.

2절 수익·비용의 대응

2·1 수익·비용 대응의 의의

기업의 순손익을 산정하기 위해서는 일정기간 기업이 획득한 모든 수익과 그 수익을 획득하기 위해서 발생한 모든 비용을 대비하여야만 한다.

이와 같이 실현된 수익과 발생한 비용을 동일기간에서 관련시키는 것을 수익·비용의 대응원칙(principle of matching costs with revenue)이라고 한다. 즉 수익에 대한 비용인식의 원칙을 말한다.

수익·비용의 대응원칙은 포괄손익계산서상에서 수익·비용의 구분표시로서 구체화된다. 다시 말해 수익·비용의 대응원칙은 기간손익의 계산원칙이므로 대응계산의 결과가 포괄손익계산서상에 명시되어야만 한다.

한편, 포괄손익계산서의 작성원칙으로서 수익·비용의 구분표시로서 구체화된다.

2·2 수익·비용 대응표시방법

포괄손익계산서는 기업의 경영성과를 명확히 보고하기 위하여 그 회계기간에 속하는 모든 수익과 이에 대응하는 모든 비용을 적절하게 기재하여 법인세비용차감전 계속사업손익 또는 법인세비용차감전순손익을 표시하고, 이에 계속사업손익 법인세비용과 중단사업손익 등을 차감하여 당기순손익을 표시하여야 한다.

이에 의거한 수익·비용의 대응에 해당하는 내용은 다음과 같다.

1. 매출액과 매출원가의 대응

매출액에서 매출원가를 차감하면 매출총손익이 산출된다. 매출액은 기업 본래의 경상적인 판매활동에서 생기는 영업수익으로서 실현주의원칙에 의하여 당해 회계기간에 보고될 금액이 측정된다.

매출수익에 대응되는 비용은 매출원가이다.

상품매매기업의 경우 매출원가는 매입상품 중 회계기간 중에 매출된 상품의 원가부분이다. 이를 매출손익계산의 구분이라고 한다.

2. 매출총손익과 판매비와관리비의 대응

매출손익계산에서 산출된 매출총손익에서 판매비와관리비를 대응시키면 영업손익이 산출되며, 이 부분은 영업손익계산의 구분이라고 한다.

매출총손익과 판매비와관리비의 대응은 매출액과 매출원가와의 경우보다는 명확하지 못하기 때문에 상대적 대응으로서 기간적 대응이 이루어진다.

3. 영업손익과 영업외비용의 대응

영업손익계산에 의하여 산출된 영업손익에 영업외수익을 가산하고 영업외비용을 차감하면 법인세비용차감전계속사업손익 또는 법인세비용차감전순손익이 계산된다.

그러나 이 구분에서 대응표시되고 있는 영업외수익과 영업외비용의 사이에 어떠한 관계가 성립되는 것은 아니다. 다만 재무적 활동에서 생기는 손익도 영업손익과 마찬가지로 기간손익이 될 수 있다는 점에서 영업외비용을 영업이익과 영업외수익의 합계액에 대응시키는 것이다. 따라서 그 대응관계는 명확하지 못하고 기간적인 크기로서 일괄대응될 따름인 것이다.

4. 법인세비용차감전계속영업손익 또는 법인세비용차감전순손익과 계속영업손익법인세비용과의 대응

법인세비용차감전계속영업손익(또는 법인세비용차감전순손익)에서 계속영업손익법인세비용(또는 법인세비용)을 채감하면 계속영업손익(또는 당기순손익)이 산출된다. 즉, 중단영업부문이 없는 기업의 경우에는 이 과정에서 당기순손익이 산출된다.

5. 계속영업손익과 중단영업손익의 대응

계속영업손익에 중단영업손익을 가감하면 당기순손익이 산출된다.

2·3 당기순손익의 계산과정

이상과 같은 분류내용과 대응절차를 토대로 하여 수익·비용의 대응원칙에 따라 기업의 여러 목적에 활용될 수 있는 여러 종류의 손익을 계산할 수 있다. 즉 기업의 본래의 주된 영업활동을 통하여 벌어들인 영업손익, 정상적인 영업활동결과로 나타날 수 있는 법인세비용차감전계속영업손익(또는 법인세비용차감전순손익) 그리고 회계기간 중의 모든 상황을 포함하여 계산된 당기순손익을 일목요연하게 알 수 있는 것이다.

이상에서 설명한 당기순손익의 계산과정을 산식으로 표시하면 다음과 같다. 단, 괄호안은 중단영업부문이 없는 경우에 해당한다.

① 매출총손익=매출액－매출원가
② 영업손익=매출총손익－판매비와 관리비
③ 법인세비용차감전계속영업손익(또는 법인세비용차감전 순손익)=영업손익±영업외손익
④ 계속영업손익(또는 당기순손익)=법인세비용차감전계속영업손익(또는 법인세비용차감전순손익)－계속영업손익법인세비용(또는 법인세비용)
⑤ 당기순손익=계속영업손익 ± 중단영업손익

위와 같은 내용은 포괄손익계산서 양식에 포함되어 있다. 포괄손익계산서를 통하여 이를 확인해 보자.

연습문제

15-1 영업수익과 영업비용의 관계를 설명하시오.

15-2 계속영업손익과 중단영업손익을 설명하시오.

15-3 법인세비용에 대하여 설명하시오.

15-4 수익·비용의 대응원칙에 대하여 설명하시오.

15-5 당기순손익의 계산과정을 설명하시오.

15-6 다음 빈 칸에 적당한 숫자를 계산하여 기입하시오.

계정과목	갑회사	을회사	병회사
기초상품재고액	653,000	46,000	1,670,000
당기상품매입액	2,750,000	(①)	5,280,000
기말상품재고액	782,000	39,000	(①)
매출원가	(①)	254,000	(②)
매출액	(②)	370,000	7,460,000
매출총이익	460,000	(②)	2,010,000
판매비와관리비	(③)	(③)	1,526,000
영업이익	50,000	32,000	(③)
영업외수익	23,000	(④)	158,000
영업외비용	(④)	17,000	224,000
법인세비용차감전계속영업이익	45,000	29,000	(④)
계속영업손익법인세비용	35,000	11,000	(⑤)
계속영업이익	10,000	18,000	300,000
중단영업손실	4,000	(⑤)	120,000
당기순이익	6,000	10,000	180,000

15-7 다음 과목 중 판매비와관리비에 속하는 것에는 A, 영업수익은 B, 영업외수익은 C, 영업외비용은 D, 그리고 관계없는 것에는 G를 ( )에 써넣으시오.

① 임대료 ( )
② 대손상각비 ( )
③ 매입할인 ( )
④ 금융자산처분손실 ( )
⑤ 잡손실 ( )
⑥ 매출할인 ( )
⑦ 광고선전비 ( )
⑧ 이자수익 ( )
⑨ 퇴직급여 ( )
⑩ 잡비 ( )
⑪ 세금과공과금 ( )
⑫ 금융자산처분이익 ( )
⑬ 잡이익 ( )
⑭ 감가상각비 ( )
⑮ 수수료비용 ( )
⑯ 무형자산상각비 ( )
⑰ 소모품비 ( )
⑱ 금융자산평가손실 ( )
⑲ 이자비용 ( )
⑳ 접대비 ( )
㉑ 기부금 ( )
㉒ 전기오류수정손실 ( )
㉓ 유형자산처분이익 ( )
㉔ 대손충당금환입 ( )
㉕ 재해손실 ( )
㉖ 투자자산처분손실 ( )
㉗ 매출액 ( )
㉘ 수수료수익 ( )
㉙ 보험차익 ( )
㉚ 채무면제이익 ( )

15-8 다음 거래를 분개하시오.

(1) 상품 200,000원을 2/15, n/30 조건으로 외상매입하고 15일 이내에 외상매입대금을 지불하다.
(2) 전년도에 대손처리한 외상매출금 80,000원이 현금으로 회수되다.
(3) 손해보험에 가입되어 있는 상품 300,000원이 화재로 소실되어 보험회사에 보험금을 청구한 바 300,000원을 지급받기로 하다.
(4) 보유하고 있는 영업용 차량에 대한 당기분 자동차세 60,000원을 현금으로 납부하다.
(5) 취득원가 8,000,000원의 특허권을 결산시에 상각하다. 특허권의 내용연수는 10년을 적용하기로 하다.
(6) 보유하고 있는 당기손익-공정가치측정금융자산 중 경기회사주식 500주(취득원가 @₩10,000)를 주당 12,000원에 매각하고, 증권거래비용 100,000원을 차감한 금액을 현금으로 받다.

(7) 회사는 취득원가 2,000,000원, 감가상각누계액 700,000원의 영업용차량을 1,000,000원에 처분하고 대금은 현금으로 받다.

(8) 회사는 며칠 전 처분한 토지의 처분대금 미수액 450,000원이 매입자의 파산으로 회수불능하게 되어 대손처리하다.

(9) 삼성회사는 보유하고 있는 대구회사주식 30,000주(발행주식총수의 30%)를 모두 처분하다. 취득원가는 주당 @200원이고, 처분가액은 주당 @180원이다. 삼성회사는 기타포괄손익-공정가치측정금융자산 계정에 기입하고 있었다.

15-9 다음의 각 물음에 답하시오.

(1) 당회계기간의 총매출액 5,000,000원, 매출환입 200,000원, 매출할인 140,000원, 매출에누리 80,000원일 때 순매출액은 얼마인가?

(2) 당회계기간의 총매입액 3,000,000원, 매입에누리 200,000원, 기초상품재고액 600,000원, 기말상품재고액 500,000원일 때 매출원가를 계산하시오.

(3) 회사는 취득원가 5,000,000원, 감가상각누계액 3,500,000원의 영업용 건물을 1,800,000원에 처분하고, 대금은 현금으로 받다. 유형자산처분손익을 계산하시오.

(4) 서울회사는 다음과 같은 당기손익-공정가치측정금융자산을 보유하고 있다. 결산시에 계상할 금융자산평가손실금액을 계산하시오.

종 목	취득원가	시 가
부산회사주식	500,000원	450,000원
광주회사주식	280,000원	300,000원

제 Ⅳ 부
재무제표의 작성과 활용

제16장 결산정리기입과 재무제표 작성

제17장 현금흐름표

제18장 재무제표의 검증과 활용

제16장 결산정리기입과 재무제표 작성

결산정리기입의 의의

결산은 원장의 각 계정을 기초로 하여 이루어지는 것이기 때문에 각 계정에는 모든 거래가 정확하게 기입되어 있어야 한다.

제7장에서 설명한 시산표에서 차변합계와 대변합계가 일치된다고 하여 자산, 부채계정의 잔액이 기말의 공정가치와 일치하고, 수익, 비용계정의 잔액이 당해 회계기간 동안의 실제발생액을 올바르게 표시하고 있다는 것을 보증해 주는 것은 아니다.

기말의 각 계정잔액은 단지 금전이나 재화의 수불상황을 기록한 것에 불과하므로 자산, 부채의 계정잔액은 기말 현재의 실제가치와는 반드시 일치하는 것이 아니며, 또한 수익, 비용의 각 계정잔액이 반드시 수익, 비용의 당기발생액을 표시하는 것도 아니다.

예를 들면, 기말재고상품은 파손, 도난 등으로 인한 수량부족과 품질저하나 가격하락으로 인한 가치 저하가 있을 수 있으며, 유형자산은 물리적·기능적 원인에 의한 감가가 발생한다.

또한 소유하고 있는 당기손익-공정가치측정금융자산의 경우 취득원가 또는 장부가액과 기말 공정가치와 차이가 발생한다.

그러므로 결산일 현재의 기업의 재무상태를 적정하게 표시하기 위해서는 장부가액을 기말의 실제가치로 조정하여야 한다. 그리고 기업의 경영성적을 적정하게 표시하기 위해서 수익, 비용의 정확한 당기발생액을 집계하여야 하고, 이를 위하여 현금의 수입과 지출에 관계없이 당기에 귀속시켜야 할 수익, 비용을 계산하는 것이 중요하다.

이와 같이 결산시에 기업의 재무상태와 경영성적을 적정하게 표시하기 위하여 총계정원장의 계정잔액을 기말현재의 실제가치 또는 실제발생액에 일치시키는 절차를 결산정리 또는 결산수정이라 한다. 이를 위한 각 계정의 여러 가지 기입을 정리기입(adjustment entry) 또는 수정기입이라 하고, 또한 정리기입을 위하여 필요한 분개를 정리분개(adjustment journalizing) 또는 수정분개라고 한다.

결산시에 수행하는 결산정리는 상품매출손익의 계산을 비롯하여 자산에 속하는 계정과 수익, 비용에 속하는 계정에 대한 수정으로 이루어진다.

2절 상품매출손익의 계산

제10장에서도 설명한 바와 같이 상품매매에 대한 기장방법은 분기법(순수법), 총기법(혼합법)과 상품계정을 분할하여 기장하는 3분법 등으로 나눌 수 있다.
이에 따라 상품매출손익의 계산방법도 상품매매에 대한 3가지 기장방법별로 나누어 설명하기로 한다.

2·1 분기법으로 기장하는 경우

분기법은 상품의 매출시 상품매출이익(또는 상품매출손실)을 상품계정과는 별도로 분리하여 기장하므로 결산일에 다시 상품매출손익을 계산할 필요가 없다.

즉, 총계정원장에 기입된 상품매출이익(또는 상품매출손실)계정의 잔액이 바로 결산시 상품매출손익이 된다.

2 · 2 총기법으로 기장하는 경우

총기법에 의하여 상품매매거래를 기장한 경우에는, 상품매출이익(또는 상품매출손실)이 따로 계산되어 있지 않으므로 결산일에 계산하여야 한다. 즉 기말에 상품에 대한 실제재고조사를 실시하여 기말재고액을 계산하고 이를 차기로 이월시키기 위하여 상품계정의 대변에 기입한 후 차변의 합계와 대변의 합계를 비교하여 상품계정의 잔액을 산출한다. 이때 산출되는 잔액이 바로 상품매출이익(또는 상품매출손실)인데, 잔액이 대변이면 상품매출이익을 의미하고 차변이면 상품매출손실을 의미한다.

이상과 같은 내용을 수식으로 표시하여 상품계정의 기입내용과 비교하여 보면 다음과 같다.

〈수식〉

기초상품재고액 + 당기상품순매입액 − 기말상품재고액 = 상품매출원가

상품순매출액 − 상품매출원가 = 상품매출이익

또한 두 식을 정리하면,

상품매출이익 = (순매출액 + 기말상품) − (기초상품 + 순매입액)

(대변합계) (차변합계)

〈상품계정의 기입〉

상 품

기초상품재고액 당기상품순매입액	당기상품순매출액
상품매출이익	기말상품재고액

이 경우의 상품매출이익 산출에 관한 분개는 다음과 같다.

(차) 상 품 ××× (대) 상품매출이익 ×××

반대로 상품매출손실이 발생하는 경우 상품매출손실의 산출에 관한 분개는 다음과 같다.

(차) 상품매출손실 ××× (대) 상 품 ×××

예제 16-1 다음은 을지상사의 5월 중의 거래이다. 상품매출손익을 산출하고 이를 분개하시오. 단, 5월 1일 전월에서 이월된 상품은 100,000원이며, 5월 11일의 상품순매입액은 330,000원, 5월 15일의 상품순매출액은 250,000원, 5월 31일의 재고액은 210,000원이다.

해답

5월 31일 (차) 상 품 30,000 (대) 상품매출이익 30,000

상 품

차변		대변	
5/ 1 전월이월	100,000	5/15 제좌	250,000
5/11 제좌	330,000	5/31 차월이월	210,000
5/31 상품매출이익	30,000		
	460,000		460,000
6/ 1 전월이월	210,000		

2 · 3 3분법으로 기장하는 경우

3분법에 의해 상품매매를 기장하는 경우에 상품매출이익(또는 상품매출손실)은 기말결산시에 다음과 같은 과정을 통하여 계산된다.

> 매 출 원 가 = 기초상품재고액 + 순매입액 − 기말상품재고액
> 상품매출이익 = 순매출액 − 매출원가

상품매출이익을 계산하려면 먼저 매출원가를 계산해야 한다. 즉 순매출액은 매출계정의 대변잔액이므로 별도로 계산할 필요는 없으나, 매출원가계정은 따로 없으므로 이월상품계정과 매입계정을 통하여 매출원가를 계산하여야 한다. 그리고 결산시 설정된 손익계정의 대변에 순매출액을, 그리고 차변에 매출원가를 대체하면 상품매출이익(또는 상품매출손실)이 계산된다.

이를 다시 설명하면 다음과 같다.

(1) 기초상품재고액(전기이월액)을 이월상품계정에서 매입계정의 차변으로 대체한다
→ (기초상품 + 당기순매입액)의 계산과정

(차) 매 입 ××× (대) 이월상품 ×××

(2) 기말상품재고액(차기이월액)을 계산하여 매입계정에서 차감하여 이월상품계정의 차변에 대체한다 → (기초상품 + 당기순매입액 − 기말상품)의 계산과정

(차) 이월상품 ××× (대) 매 입 ×××

위의 (1), (2)의 대체분개에 의하여 매입계정에서 매출원가가 계산되었다. 그러므로 집합손익계정의 차변으로 매출원가를 대체시키고, 매출계정에서 순매출액을 집합손익계정의 대변에 대체시키면 상품매출이익이 계산된다.

(3) 매입계정에서 계산된 매출원가(즉 매입계정의 차변잔액)를 집합손익계정의 차변으로 대체시킨다.

(차) 집합손익 ××× (대) 매 입 ×××

(4) 매출계정에서 계산된 순매출액(즉 매출계정의 대변잔액)을 집합손익계정의 대변으로 대체시킨다.

(차) 매 출 ××× (대) 집합손익 ×××

(5) 이상과 같이 분개기장하면 손익계정에서 순매출액과 매출원가의 차액이 상품매출이익이 된다.

예제 16-2 다음은 종로상사의 20×1년 12월 31일에 있어서의 이월상품, 매입, 매출계정의 기입내용이다. 3분법에 의한 상품매출손익의 계산과정을 보이시오.

단, 12월 31일의 상품재고액은 294,000원이다.

이월상품

12/31	전월이월	160,000			

매 입

12/10	제 좌	195,000	12/15	외상매입금	7,000
12/20	외상매입금	144,000			
12/25	당 좌 예 금	50,000			

매 출

12/23	외상매출금	5,000	12/ 6	외상매출금	52,500
			12/18	제 좌	212,000
			12/28	외상매출금	26,000

해답

① 이월상품계정의 전기이월상품액을 매입계정에 대체한다.

(차) 매 입	160,000	(대) 이월상품	160,000

② 기말상품재고액을 매입계정 대변에서 차감한 후 이월상품계정 차변으로 대체한다.

(차) 이월상품	294,000	(대) 매 입	294,000

③ 매출원가를 매입계정에서 손익계정차변에 대체한다.

(차) 집합손익	248,000	(대) 매 입	248,000

④ 매출계정의 대변잔액인 순매출액을 손익계정 대변에 대체한다.

(차) 매 출	285,500	(대) 집합손익	285,500

이월상품

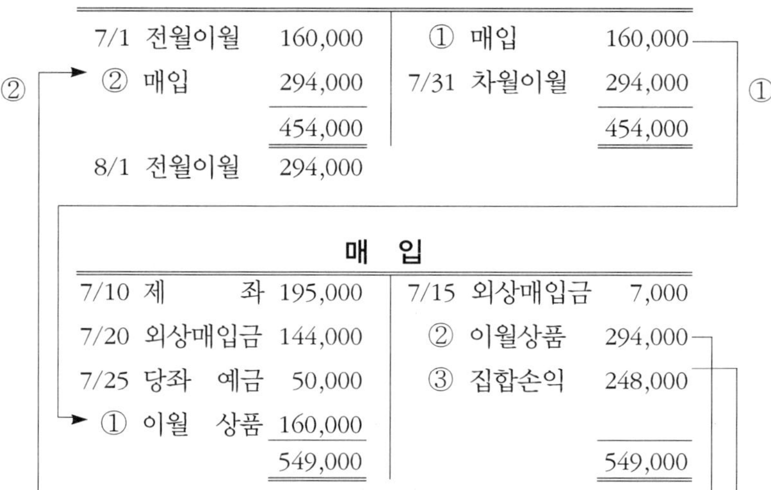

차변		대변	
7/1 전월이월	160,000	① 매입	160,000
② 매입	294,000	7/31 차월이월	294,000
	454,000		454,000
8/1 전월이월	294,000		

매 입

차변		대변	
7/10 제 좌	195,000	7/15 외상매입금	7,000
7/20 외상매입금	144,000	② 이월상품	294,000
7/25 당좌 예금	50,000	③ 집합손익	248,000
① 이월 상품	160,000		
	549,000		549,000

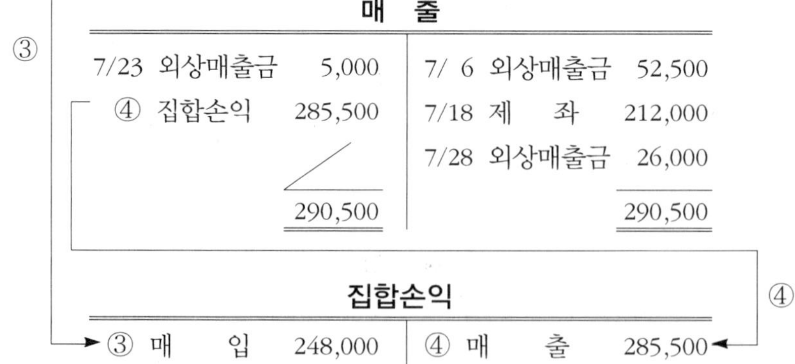

매 출

차변		대변	
7/23 외상매출금	5,000	7/ 6 외상매출금	52,500
④ 집합손익	285,500	7/18 제 좌	212,000
		7/28 외상매출금	26,000
	290,500		290,500

집합손익

차변		대변	
③ 매 입	248,000	④ 매 출	285,500

자산계정의 정리

자산계정의 정리는 총계정원장의 자산에 속하는 각 계정의 잔액이 기말 현재의 실제가치(공정가치)를 반영하고 있는가를 조사하여 수정하는 절차를 말하는데, 다음의 사항들이 주요 대상이다.

① 현금과부족계정의 정리
② 가수금과 가지급금계정의 정리
③ 매출채권(외상매출금, 받을어음)의 대손충당금의 설정
④ 기타채권(미수금, 대여금 등)의 대손충당금의 설정
⑤ 상품의 감모손실 및 평가손실의 계상
⑥ 기타금융자산(유가증권)의 평가
⑦ 유형자산의 감가상각
⑧ 무형자산의 상각
⑨ 소모품의 정리
⑩ 선급비용의 정리
⑪ 인출금의 정리(개인기업)
⑫ 선납세금의 정리(법인기업)

3·1 현금과부족 정리

현금계정의 잔액과 현금시재액의 차이에 대한 원인이 결산일까지 밝혀지지 않았을 때 부족액은 잡손실로, 과잉액은 잡이익으로 처리한다.

그러나, 결산일에 현금계정의 잔액과 현금시재액의 차이를 확인하면 현금과부족이 아닌, 부족액은 잡손실로, 과잉액은 잡이익으로 곧바로 처리한다.

3·2 가수금과 가지급금계정 정리

가수금과 가지급금은 미결산항목이므로 결산일에 반드시 그 내역을 밝혀야 한다. 가수금과 가지급금은 회수와 지급이 불분명한 계정이므로 이 계정들을 재무상태표에

그대로 보고하면 정보이용자들이 재무제표를 이해하는 것이 어려울 수 있다.

3·3 매출채권(외상매출금, 받을어음)의 대손충당금 설정

매출채권(외상매출금, 받을어음)의 기말잔액에는 차기 이후에 대손되리라고 예상되는 금액을 포함하고 있기 때문에 결산일에 대손이 예상되는 금액만큼 대손충당금으로 설정해야 한다.

결산일에 대손의 예상액을 대손상각비계정의 차변에 기입하여 당기의 비용으로 처리하는 동시에 매출채권의 잔액을 차감할 필요가 있다. 그러나 대손이 실제로 발생한 것도 아니고, 또한 어느 거래처에서 대손이 발생할 것인지도 알 수 없으므로 이들 채권을 직접 감소시키는 것은 곤란하다.

그래서 별도로 대손충당금계정을 설정하여 이 계정의 대변에 대손예상액을 기입함으로써 이들을 간접적으로 차감하는 방법을 이용하게 된다.

대손의 예상액은 과거의 경험을 고려하여 대손이 발생할 비율을 추정하고, 이 비율에 매출채권의 잔액을 곱하여 계산하는 방법과 채권의 경과일수(연령)에 따라 몇 개의 집단으로 분류하여 경과일수조사표(aging schedule ; 연령조사표)를 작성하고, 각각의 집단에 대하여 별도의 추정대손율(개별률 : individual rate)을 적용하여 추정하는 방법이 많이 사용된다.

매출채권(외상매출금, 받을어음)의 대손충당금은 보충법에 의해 설정한다.

3·4 기타채권(대여금, 미수금)의 대손충당금 설정

일반적인 상거래 이외에서 발생한 기타채권(미수금, 대여금 등) 중에는 차기 이후에 대손이 예상되는 금액이 포함되어 있다. 따라서 결산시 대손예상액만큼 대손충당금을 설정한다.

결산일에 대손의 예상액을 기타의 대손상각비계정(영업외비용)의 차변에 기입하여 당기의 비용으로 처리하는 동시에 기타채권(미수금, 대여금 등) 잔액을 차감한다. 기타채권(미수금, 대여금 등)의 대손충당금 역시 보충법에 의해 설정한다.

3·5 상품의 감모손실 및 평가손실 계상

장부상의 상품재고액과 실제재고액이 일치되지 않을 경우 장부상 상품재고액을 수정해야 한다.

실제재고액이 장부잔액보다 적은 경우에는 그 차액을 상품감모손실계정을 설정하여 그 차변에 기입하고, 상품재고액에서 그만큼 감소시켜야 한다. 이 때 정상적인 감모에 해당하면 매출원가에 반영하고, 비정상적인 감모에 해당하면 영업외비용(재고자산감모손실)로 회계처리한다.

기말상품재고액의 순실현가능가액이 원가보다 하락한 경우에는 그 차액을 상품평가손실계정을 설정하여 그 차변에 기입하고, 동시에 장부상의 재고액을 감소시키는 회계처리를 한다. 상품평가손실은 매출원가에 가산한다.

3·6 기타금융자산 평가

당기손익-공정가치측정금융자산과 기타포괄손익-공정가치측정금융자산은 가격변동으로 인하여 결산시 취득원가(장부가액)와 기말시가가 다르다. 이들 기타금융자산은 취득원가와 관계없이 반드시 공정가액으로 평가하여야 하며, 이 경우 시가를 공정가액으로 적용할 수 있다.

따라서 결산시 기업이 소유하고 있는 기타금융자산의 시가와 장부가액을 비교하여 평가손익을 계상하여야 한다. 기타금융자산의 회계처리에 대하여는 이미 설명하였다.

3·7 유형자산 감가상각

유형자산에 대하여 결산시마다 당해 기간의 감가상각비를 계산하여 기록하여야 한다. 감가상각비의 계산은 정액법, 정률법, 생산량비례법 등에 의하여 이루어진다. 또한 기장방법은 직접법과 간접법이 있는데, 유형자산은 일반적으로 간접법으로 기록한다.

3 · 8 무형자산 상각

유형자산에 대한 감가액을 감가상각비라고 하는 데 비하여 무형자산에 대한 감가액은 상각비 또는 감모상각라는 용어를 사용한다.

매기의 상각액은 정액법, 정률법, 생산량비례법으로 하며, 잔존가치는 0으로 한다. 무형자산 상각액은 직접법으로 기장하며, 상각액을 차감한 잔액을 재무상태표에 기재한다.

3 · 9 소모품 정리

소모품을 취득하고 소모품이라는 자산계정으로 처리하였다면 결산일에 소모품 재고조사를 하여 사용한 소모품은 소모품비로 대체하는 회계처리를 해야 한다.

① 구입시 : 자산계정에 계상

(차) 소모품	×××	(대) 현 금	×××

② 결산시 : 사용액을 비용처리

(차) 소모품비	×××	(대) 소모품	×××

예제 16-3 다음의 거래를 분개하시오.

(1) 5월 1일 소모품 100,000원을 구입하고 대금을 현금으로 지급하다. 자산으로 처리.
(2) 12월 31일 결산시에 소모품의 재고액이 30,000원으로 밝혀지다.

해답

(1)	(차) 소모품	100,000	(대) 현 금	100,000
(2)	(차) 소모품비	70,000	(대) 소모품	70,000

---

3 · 10 선급비용 정리

화재보험료, 재해보험료 등의 보험료 선급분과 이자비용, 수수료비용의 선급분 같은 당기와 차기 모두에 해당하는 비용을 선지급하고 선급비용이라는 자산계정으로 처리하였다면 결산일에 당기에 해당하는 금액은 선급비용이라는 자산계정에서 차감하고 해당 비용계정으로 대체하는 회계처리를 해야 한다.

① 지급시 : 자산계정에 계상

(차) 선급비용	×××	(대) 현 금	×××

② 결산시 : 당기에 해당하는 금액을 비용처리

(차) 비용 (보험료, 이자비용 등)	×××	(대) 선급비용	×××

예제 16-4 다음의 거래를 분개하시오.

(1) 6월 1일 업무용 승용차의 자동차보험에 가입하고 보험료 1,200,000원을 현금으로 지급하다. 보험가입기간은 20×1. 6. 1.~20×2. 6. 1.이고, 자산으로 처리하였다.

(2) 12월 31일 결산일에 보험료에 대한 정리분개를 하다.

해답

(1)	(차) 선급비용	1,200,000	(대) 현 금	1,200,000
(2)	(차) 보험료	700,000	(대) 선급비용	700,000

3·11 인출금 정리

개인기업의 경우, 대표자가 개인적 용도로 기업의 현금이나 상품 등을 인출하거나 추가출자 하는 등의 경우 회사의 자본금계정에서 직접 가감하지 않고 회계기간 중에는 인출금계정(자본)으로 처리한다. 이후 결산일에 인출금계정의 잔액을 자본금계정에 대체한다.

(차) 자본금	×××	(대) 인출금	×××

또는

(차) 인출금	×××	(대) 자본금	×××

예제 16-5 다음의 거래를 분개하시오.

(1) 6월 1일 업무용 승용차의 자동차보험에 가입하고 보험료 1,200,000원을 현금으로 지급하다. 보험가입기간은 20×1. 6. 1.~20×2. 6. 1.이고, 자산으로 처리하였다.
(2) 12월 31일 결산일에 보험료에 대한 정리분개를 하다.

해답

(1) (차) 선급비용 1,200,000 (대) 현 금 1,200,000
(2) (차) 보험료 700,000 (대) 선급비용 700,000

3 · 12 선납세금 정리

법인기업의 경우, 금융기관으로부터 이자를 받을 때 원천징수하여 미리 납부한 법인세와 법인세 중간예납액은 선납세금계정으로 처리한다. 기말 결산시 법인세추산액에서 기중에 미리 납부한 선납세금계정 잔액을 법인세비용계정에 대체한다.

(차) 법인세비용 ××× (대) 선납세금 ×××

예제 16-6 12월 31일 합계잔액시산표상의 선납세금계정 잔액은 1,600,000원이다. 이 금액은 모두 금융기관으로부터 법인의 이자수령시 원천징수액과 법인세중간예납액이다. 결산일에 법인세에 대체하여 계상하시오.

해답

(차) 법인세비용 1,600,000 (대) 선납세금 1,600,000

수익·비용계정의 정리

기말결산시 수익, 비용에 속하는 각 계정의 잔액은 현금 수지에 의하여 기록된 것에 불과하므로, 당해기간에 귀속해야 하는 수익, 비용을 모두 표시하는 것은 아니다. 따라서 당기에 귀속시켜야 하는 수익, 비용을 결정할 필요가 있는데, 이를 수익과 비용계정의 정리 또는 손익의 정리라고 한다.

결산시에는 수익, 비용에 속하는 각 계정의 잔액이 반드시 당기의 발생액만을 정확히 계산되었다고 볼 수 없다.

현금으로 주고 받아 이미 원장의 각 계정에 기입된 수익, 비용이라 할지라도 차기에 속하는 금액이 포함되어 있는 경우가 있다. 차기에 속하는 금액을 차기로 이월하는 한편 당기의 수익, 비용에서 제외시키는 것을 수익·비용의 이연이라 한다.

반대로 아직 현금으로 주고 받지 않은 수익, 비용이라도 당기에 발생한 것으로 보아야 하는 것이 있다. 이 경우에는 미리 당기의 수익, 비용에 계상하는 한편, 차기의 수익·비용에 산입되지 않도록 처리해야 하는데, 이것을 수익, 비용의 예상이라 한다.

따라서 결산에 앞서 수익, 비용을 이연하거나 또는 예상하여 당기분을 명확히 계산하는 것이 당기손익을 확정짓게 되므로 중요하다.

4·1 수익·비용의 이연

1. 수익의 이연(선수수익의 공제)

당기에 현금이 입금된 수익중에는 그 금액이 당기의 수익이 아니고 차기 이후의 수익에 속하는 것이 있다. 이것을 선수수익이라 하며, 임대료, 이자수익, 지대수익 등의 선수액에서 발생하며 차기의 수익이 되므로 유동부채로 표시된다.

선수수익은 차기 이후의 기간에 수익이 될 것이므로 당기의 수익으로 처리된 것에서 차감하여 차기로 이월해야 한다. 즉, 선수된 수익을 당해 수익계정의 차변에 기입하여 차감하는 동시에 부채계정인 선수수익계정의 대변에 기입하여 차기이월한다.

그리하여 당해 수익계정의 잔액만을 당기의 수익으로서 집합손익계정에 대체한다. 차기이월된 선수수익은 차기수익이므로 차기초일자로 다시 원래의 수익계정에 환원

하는 분개를 하여 대체하는데 이러한 분개를 재수정분개라고 한다.

예제 16-7 다음 사항을 분개하시오.

(1) 9월 1일 이자수익 1년분 12,000원을 미리 현금으로 받다.

(2) 12월 31일 결산일에 이자수익의 선수분 8,000원을 차기이월하다.

해답

(1) 9월 1일

(차) 현 금	12,000	(대) 이자수익	12,000

(2) 12월 31일

(차) 이자수익	8,000	(대) 선수이자	8,000

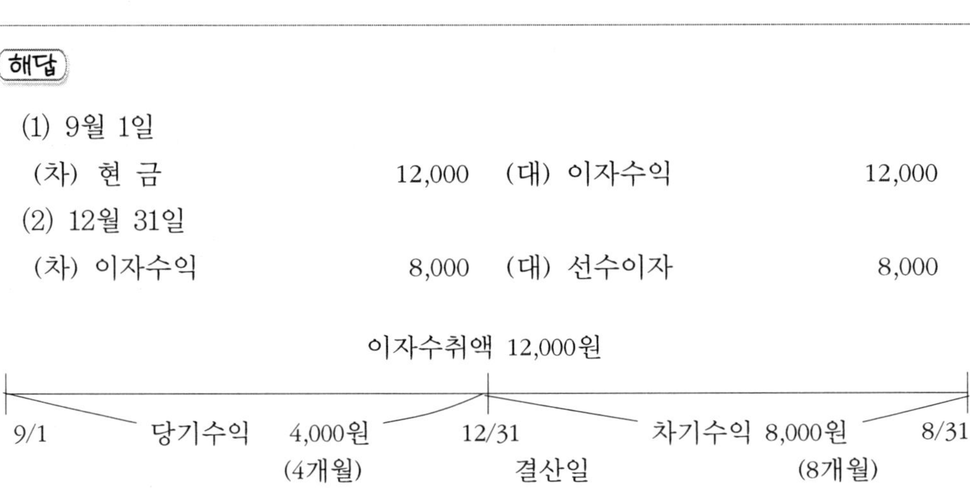

---

2. 비용의 이연

(1) 선급비용의 이연

화재보험료, 재해보험료 등의 보험료 선급분과 이자비용, 수수료비용의 선급분 같은 당기와 차기 모두에 해당하는 비용을 선지급하고 해당 비용계정으로 처리하였다면 결산일에 차기에 해당하는 금액은 해당 비용계정에서 소멸시키고 선급비용(자산)계정으로 대체하는 회계처리를 해야 한다.

① 지급시 : 비용계정에 계상

(차) 비용 (보험료, 이자비용 등)	×××	(대) 현 금	×××

② 결산시 : 차기에 해당하는 금액을 자산처리

(차) 선급비용	×××	(대) 비용 (보험료, 이자비용 등)	×××

예제 16-8 다음의 거래를 분개하시오.

(1) 9월 1일 점포의 화재보험료 6개월분 12,000원을 수표발행하여 지급하다. 비용으로 처리.

(2) 12월 31일 기말결산에서 (1)의 보험료 중 미경과분 4,000원을 차기로 이연하다.

해답

(1)	(차) 보험료	12,000	(대) 당좌예금	12,000
(2)	(차) 선급비용(선급보험료)	4,000	(대) 보험료	4,000

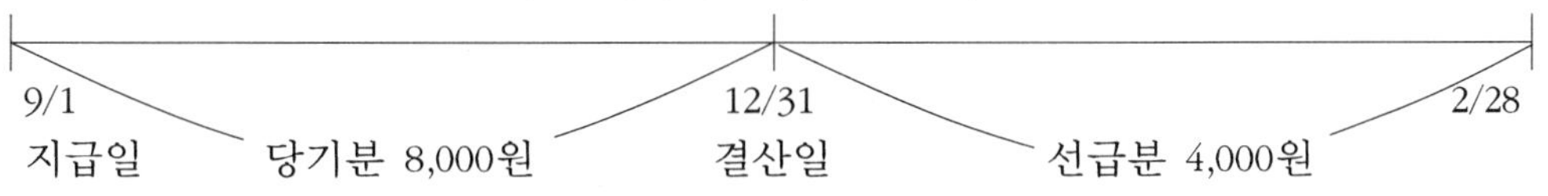

(2) 소모품비의 이연

소모품을 취득하고 소모품비이라는 비용계정으로 처리하고, 소모품비가 당기에 모두 사용되지 않고 소모품 재고로 남아있다면 결산일에 조사를 하여 남은 소모품은 소모품으로 대체하는 회계처리를 해야 한다.

① 구입시 : 비용계정에 계상

(차) 소모품비	×××	(대) 현 금	×××

② 결산시 : 남은 재고금액은 자산처리

(차) 소모품	×××	(대) 소모품비	×××

예제 16-9 다음의 거래를 분개하시오.

(1) 5월 1일 소모품 100,000원을 구입하고 대금을 현금으로 지급하다. 비용으로 처리.

(2) 12월 31일 결산일에 소모품의 재고가 30,000원이다.

해답

(1) (차) 소모품비 100,000 (대) 현 금 100,000
(2) (차) 소모품 30,000 (대) 소모품비 30,000

4 · 2 수익 · 비용의 예상

1. 수익의 발생(미수수익의 계상)

당기에 해당하는 수익이지만 결산일까지 아직 장부에 계상하지 않은 부분을 결산일에 당기의 수익으로 인식해야 한다. 이자수익, 임대료, 수수료수익 등에서 발생한다.

미수수익은 당기의 수익으로 귀속시켜야 하므로 당해 수익계정의 대변에 기입함과 동시에 미수수익이라는 자산계정을 설정하여 그 계정의 차변에 기입하여 차기이월한다.

예제 16-10 다음 거래를 분개하시오.
12월 31일 결산시에 당기분 미수이자 2개월분 20,000을 계상하다.

해답

(차) 미수이자 20,000 (대) 이자수익 20,000

2. 비용의 발생(미지급비용의 계상)

당기중에 비용으로 발생했으나 지급기일이 도래하지 않아 지급이 되지 않은 것을 미지급비용이라 하며, 이자비용, 세금과공과금, 급여, 수수료비용, 임차료 등에서 발생한다.

미지급비용은 당기비용으로 계상해야 하므로 당해 비용계정의 차변에 기입하는 동시에 미지급비용계정이라는 부채계정을 설정하여 그것의 대변에 기입하여 차기로 이월한다.

예제 16-11 다음 거래를 분개하시오.

12월 31일 결산시에 당기분 미지급광고료 3개월분 30,000원을 계상하시오.

해답

(차) 광고선전비	30,000	(대) 미지급비용	30,000

이상에서 설명한 수익과 비용의 이연 및 발생에 대한 회계처리를 요약해 보면 다음과 같다.

부 채	
	미지급비용 선 수 수 익

비 용	
발 생 (비용계상)	이 연 (비용차감)

자 산	
선급비용 미수수익	

수 익	
이 연 (수익차감)	발 생 (수익계상)

수익과 비용의 각 계정을 정리하면, 일시적인 자산의 성질을 가진 선급비용, 미수수익과 일시적인 부채의 성질을 가진 선수수익, 미지급비용이 발생한다. 이와 같이 결산기에 일시적으로 나타나는 선급·선수·미지급·미수의 여러 계정들을 일괄하여 경과계정이라 하는데, 이들은 차기초에 재수정분개를 통하여 소멸된다.

결산정리기입후의 정산표

5 · 1 결산정리기입과 정산표

시산표를 토대로 하여 미리 포괄손익계산서와 재무상태표에 기재할 금액을 일람표로 표시한 것이 정산표(working sheet)라고 하는 것은 이미 제7장에서 설명하였다.

제7장에서 작성한 정산표는 정산표 중에서 가장 간단한 형식이었는데 이것은 잔액시산표의 각 계정잔액이 결산일 현재의 각각의 정당한 금액을 표시하고 있는 것을 전제로 하고 있는 것이다.

그러나 실제는 그렇지 않기 때문에 결산에서 각각의 계정잔액이 결산일 현재의 실제가치를 표시하도록 수정하는 절차가 결산정리기입이라 함은 이미 설명하였다.

이에 따라 정산표를 작성할 때 잔액시산표의 바로 다음에 정리기입란을 두고, 이 난을 통하여 잔액시산표의 각 계정잔액을 수정(결산정리)한 다음 수정된 계정잔액을 포괄손익계산서와 재무상태표에 옮겨적는 방법이 필요하다.

이와 같은 형식의 정산표를 8위식 정산표라고 한다.

5 · 2 8위식 정산표의 작성절차

제7장의 결산에서 설명한 6위식 정산표는 정산표 중에서 가장 간단한 양식이었는데, 여기에서 설명하는 8위식 정산표는 결산정리사항을 기입하기 위한 정리기입란이 더 설정된 정산표 양식이다.

8위식 정산표의 작성방법은 다음과 같다.

(1) 총계정원장의 각 계정에 의하여 잔액시산표를 작성하고, 그 내용을 정산표의 계정과목란과 잔액시산표에 각각 옮겨 적는다.

(2) 결산정리를 위한 분개를 정리기입란에 기입한다. 특히, 상품매출이익(또는 상품매출손실)을 계산하기 위한 정리 분개의 기입을 예를 들어 설명하면 다음과 같다.

즉, 3분법으로 기장한 경우 총계정원장상의 각 계정의 잔액 중 이월상품계정에 45,000원, 매입계정에 233,000원, 매출계정에 285,000원이 기입되어 있고, 기말상품재고액이 50,000원이라면 다음과 같이 매출원가를 계산하는 분개를 한 후에 정산표의 정리기입란에 기입한다.

(차)	매 입	45,000	(대)	이월상품	45,000
	이월상품	50,000		매 입	50,000

정 산 표

계정과목	잔액시산표		정리기입		포괄손익계산서		재무상태표	
	차변	대변	차변	대변	차변	대변	차변	대변
이월상품	45,000		② 50,000	① 45,000				
매 입	233,000		① 45,000	② 50,000				
매 출		285,000						

결산정리사항에 대한 정리분개를 통하여 정리기입란에 기입되는 것들을 보면, 대손상각비, 감가상각비, 당기손익-공정가치측정금융자산평가손실, 선급비용, 선수수익, 미지급비용, 미수수익 등의 계정이 해당되는데 이러한 계정들은 기존의 잔액시산표상에 없기 때문에 정산표상의 계정과목란 하단에 새로 추가하여 기입한다.

(3) 잔액시산표란의 각 계정의 잔액에 정리기입란의 금액을 더하거나(같은 쪽일 때) 차감한(반대쪽일 때) 후 수익·비용의 금액은 포괄손익계산서란에 옮기고, 자산·부채·자본의 금액은 재무상태표란에 옮겨 기입한다.
정리기입이 없는 계정, 또는 (2)에서 추가 기입된 계정에 대해서는 잔액시산표란 또는 정리기입란의 금액을 포괄손익계산서란 또는 재무상태표란에 그대로 옮겨 적는다.

(4) 포괄손익계산서란의 차변과 대변은 이를 각각 합계한 다음 그 차액을 당기순이익 또는 당기순손실로 기입하고 마감한다.

(5) 재무상태표란의 차변과 대변은 이를 각각 합계한 다음 그 차액을 당기순이익 또는 당기순손실로 기입한 다음 마감한다.

정산표를 작성함에 있어서 정리사항이 많은 경우에는 정리기입란 다음에 정리후 잔액시산표란을 추가로 두어 여기에 잔액시산표의 숫자에 정리기입란의 숫자를 가감한 잔액을 기입하고 대차합계로 확인한 다음 이것을 포괄손익계산서란과 재무상태표에 나누어 기입하게 된다. 이렇게 하는 경우에는 정산표의 금액란이 10자리가 되므로 10위식 정산표라고 한다.

예제 16-12 광평상사의 20×1년도에 대한 잔액시산표와 결산정리사항은 다음과 같다.

잔액 시산표

20×1년 12월 31일 현재

차변	금액	대변	금액
현금	262,000	매입채무	120,000
당기손익-공정가치측정금융자산	193,000	가수금	10,000
매출채권	303,000	대손충당금	2,000
이월상품	263,000	감가상각누계액(건물)	105,600
건물	352,000	장기차입금	62,000
어업권	32,000	자본금	1,000,000
가지급금	18,000	매출	1,300,000
매입	952,000	이자수익	7,000
급여	122,000	수수료이익	4,000
세금과공과	33,000	잡이익	2,400
소모품비	21,000		
여비교통비	20,000		
이자비용	26,000		
잡손실	16,000		
	2,613,000		2,613,000

■ 결산정리사항

① 기말상품재고액은 300,000원이다.

② 당기손익-공정가치측정금융자산의 결산일 현재 종가는 180,000원이다.

③ 매출채권의 기말잔액의 대하여 2%의 대손충당금을 설정한다.

④ 가지급금은 상품매입을 위한 계약금으로 지급한 것이다.

⑤ 건물은 정액법(내용연수 10년, 잔존가치 0)으로 감가상각한다. 당기는 4차년도에 해당한다.

⑥ 어업권은 당기 초 취득한 것으로 정액법(내용연수 5년)으로 상각한다.

⑦ 잡손실 중 12,000원은 당기손익-공정가치측정금융자산의 처분에서 발생한 것이다.

⑧ 장기차입금에 대한 이자비용 발생분 3,000원을 계상한다.

⑨ 가수금은 외상매출금을 회수한 것으로 판명되다.

⑩ 이자수익 발생분 2,000원을 계상한다.

⑪ 법인세 추산액 50,000원을 비용으로 계상한다. 선납세금계정 잔액은 0원이다.

⑫ 소모품 미사용액 2,500원이 있다.

■ 요구사항

(1) 결산정리사항을 분개하시오.

(2) 8위식 정산표를 작성하시오.

해답

(1) 결산정리분개

①	(차) 매 입	263,000	(대)	이월상품	263,000
	이월상품	300,000		매 입	300,000
②	(차) 금융자산평가손실(당기손익)	13,000	(대)	당기손익공정가치측정금융자산	13,000
③	(차) 대손상각비	3,860*	(대)	대손충당금	3,860

* (303,000 − 10,000)×2% − 2,000 = ₩3,860

④	(차) 선급금	18,000	(대)	가지급금	18,000
⑤	(차) 감가상각비	35,200*	(대)	감가상각누계액	35,200

* (352,000 − 0)÷10 = 35,200

⑥	(차) 어업권상각비	6,400*	(대)	어업권	6,400

* (32,000-0)÷5=6,400

⑦	(차) 금융자산처분손실(당기손익)	12,000	(대)	잡손실	12,000
⑧	(차) 이자비용	3,000	(대)	미지급비용	3,000
⑨	(차) 가수금	10,000	(대)	매출채권	10,000
⑩	(차) 미수수익	2,000	(대)	이자수익	2,000
⑪	(차) 법인세비용	50,000	(대)	미지급법인세	50,000
⑫	(차) 소모품	2,500	(대)	소모품비	2,500

정 산 표

광평상사　　20×1년 1월 1일부터 20×1년 12월 31일까지　　(단위 : 원)

계정과목	잔액시산표		정리기입		포괄손익계산서		재무상태표	
	차변	대변	차변	대변	차변	대변	차변	대법
현금	262,000						262,000	
당기손익공정가치측정금융자산	193,000			② 13,000			180,000	
매출채권	303,000			⑨ 10,000			293,000	
이월상품	263,000		① 300,000	① 263,000			300,000	
건물	352,000						352,000	
어업권	32,000			⑥ 6,400			25,600	
가지급금	18,000			④ 18,000				
매입	952,000		① 263,000	①300,000	915,000			
급여	122,000				122,000			
세금과공과	33,000				33,000			
소모품비	21,000			⑫ 2,500	18,500			
여비교통비	20,000				20,000			
이자비용	26,000		⑧ 3,000		29,000			
잡손실	16,000			⑦ 12,000	4,000			
매입채무		120,000						120,000
가수금		10,000	⑨ 10,000					
대손충당금		2,000		③ 3,860				5,860
감가상각누계액		105,600		⑤35,200				140,800
장기차입금		62,000						62,000
자본금		1,000,000						1,000,000
매출		1,300,000				1,300,000		
이자수익		7,000		⑩ 2,000		9,000		
수수료수익		4,000				4,000		
잡이익		2,400				2,400		
	2,613,000	2,613,000						
금융자산평가손실			② 13,000		13,000			
대손상각비			③ 3,860		3,860			
선급금			④ 18,000				18,000	
감가상각비			⑤35,200		35,200			
어업권상각비			⑥ 6,400		6,400			
금융자산처분손실			⑦ 12,000		12,000			
미지급비용				⑧ 3,000				3,000
미수수익			⑩ 2,000				2,000	
법인세비용			⑪ 50,000		50,000			
미지급법인세				⑪ 50,000				50,000
소모품			⑫ 2,500				2,500	
당기순이익					53,440			53,440
			718,960	718,960	1,320,000	1,315,400	1,435,100	1,435,100

재무제표의 작성

6 · 1 재무제표의 의의와 종류

기업의 이해관계자인 주주, 채권자, 거래처, 정부 등에 대하여 기업의 영업활동에 대한 회계정보를 일정한 양식에 의하여 전달하기 위한 회계보고서를 재무제표(financial statements)라 한다.

재무제표는 회계의 최종 산물로서, 기업의 재무상태와 경영성과를 기업의 이해관계자에게 전달해줌으로써 그들의 경제적인 판단이나 의사결정에 도움을 주는 역할을 한다. K-IFRS에서는 재무제표의 종류로서 다음과 같이 규정하고 있다.

① 재무상태표
② 포괄손익계산서
③ 자본변동표
④ 현금흐름표
⑤ 주 석

재무제표가 제공하는 정보에는 수량적으로 표현되는 양적 정보와 서술적으로 표현되는 질적 정보가 있다. 즉, 재무상태표, 포괄손익계산서, 자본변동표, 현금흐름표상의 본문에 표시되는 화폐금액은 양적 정보에 해당되는 것이며, 주기[10]와 주석[11]은 질적 정보에 해당되는 것이다. 재무제표는 당해연도(당기)와 직전연도(전기)를 비교하는 형식으로 작성해야 하며, 계정식이 아닌 보고식으로 제출해야 한다.

---

10) 재무제표의 계정 또는 금액에 관하여 추가적인 정보를 제공하거나 보충하여 설명하는 방법을 주기(parenthetical information)라고 한다. 주기는 재무제표상의 특정한 항목 다음에 그 회계사실의 내용을 간단한 문구, 또는 숫자로 괄호를 사용하여 표시하는 것이다. 과거 주기가 재무제표의 종류에 포함되기도 하였으나, 현재는 포함되지 않는다.

11) 주석(footnotes)이란 재무제표상의 계정과목이나 금액을 추가적으로 설명하거나 보충설명할 경우에 사용되는 방법이다. 재무제표상의 해당 계정과목이나 금액 옆에 일련번호를 붙이고 그 계정과목 또는 금액이 표시된 페이지 말미에 또는 재무제표 말미에 그 내용을 기재하는 것을 말한다. 현재는 대부분 재무제표 말미에 있다.

6·2 재무제표의 작성과 표시의 일반기준

1. 공정한 표시와 K-IFRS의 준수

재무제표는 기업의 재무상태, 경영성과 및 현금흐름을 공정하게 표시해야 하며, K-IFRS에 따라 작성된 재무제표는 공정하게 표시된 재무제표로 본다. 또한, K-IFRS을 준수하여 재무제표를 작성하는 기업은 그러한 준수 사실을 주석에 기재한다.

2. 계속기업

경영진은 재무제표를 작성할 때 계속기업으로서의 존속가능성을 평가해야 한다.

경영진이 기업을 청산하거나 경영활동을 중단할 의도를 가지고 있지 않거나, 청산 또는 경영활동의 중단 외에 다른 현실적 대안이 없는 경우가 아니면 계속기업을 전제로 재무제표를 작성한다.

계속기업으로서의 존속능력에 중대한 의문이 제기될 수 있는 사건이나 상황과 관련된 중요한 불확실성을 알게 된 경우, 경영진은 그러한 불확실성을 공시하여야 한다.

3. 발생기준 회계

기업은 현금흐름 정보를 제외하고는 발생기준 회계를 사용하여 재무제표를 작성한다.

4. 중요성과 통합표시

유사한 항목은 중요성 분류에 따라 재무제표에 구분하여 표시하며, 상이한 성격이나 기능을 가진 항목은 구분하여 표시한다. 다만 중요하지 않은 항목은 성격이나 기능이 유사한 항목과 통합하여 표시할 수 있다.

5. 상계금지-총액주의

K-IFRS에서 요구하거나 허용하지 않는 한 자산과 부채 그리고 수익과 비용은 상계하지 아니한다. 즉, 자산과 부채, 수익과 비용은 총액으로 표시하여야 한다.

6. 보고 빈도

전체 재무제표(비교정보를 포함)는 적어도 1년마다 작성한다.

7. 비교정보

K-IFRS이 허용하거나 달리 요구하는 경우를 제외하고는 당기 재무제표에 보고되는 모든 금액에 대해 전기 비교정보를 공시한다.

당기 재무제표를 이해하는 데 목적적합하다면 주석에도 비교정보를 포함한다.

8. 표시의 계속성

재무제표 항목의 표시와 분류는 매기 동일하여야 한다. 다만, 사업내용의 중요한 변화나 재무제표를 검토한 결과 다른 표시나 분류방법이 더 적절한 것이 명백한 경우 또는 K-IFRS에서 표시방법의 변경을 요구하는 경우에는 예외로 한다.

9. 재무제표의 식별

재무제표는 동일한 문서에 포함되어 함께 공표되는 그 밖의 정보와 명확하게 구분되고 식별되어야 한다.

6 · 3 재무상태표의 작성

1. 재무상태표의 의의

재무상태표(financial position statement)는 일정 시점에 있어서 회계주체로서의 기업의 자산, 부채, 자본의 상태를 표시하는 회계보고서이다.

자산=부채(채권자의 청구권)+자본(소유주의 청구권)이라는 회계등식(재무상태표 등식)에 따라 특정 기업이 일정시점에서 가지고 있는 자산, 부채, 자본에 관한 사항을 구성 항목별로 정리하여 표시한 표이다. 여기에서 일정시점이란 재무상태표 작성일 현재를 말하는 것으로서 재무상태표일이라고도 하며 주로 기업의 회계기간말 즉, 결산일이다.

재무상태표는 재무상태를 표시한다는 점에서 중요한 회계보고서로 인식되고 있는

데 재무상태란 기업의 경제적 상태로서 기업이 소유하고 있는 경제적 자원(자산)의 가치 및 그 구성과 경제적 가치에 대한 청구권을 의미한다. 이러한 재무상태는 일반적으로 자산, 부채, 자본으로 구분 표시된다.

따라서 재무상태표는 기업의 일정기간 동안의 재무적인 변동내용을 표시해 주지는 못하지만 일정시점에서의 재무상태를 표시해 주기 때문에 작성시점에서의 재무상태나 자본의 조달원천 및 운용형태에 관한 사항을 나타내므로 여러 가지 경제적 의사결정을 위한 분석자료로 이용된다.

일반적으로 재무상태표가 제공하는 중요한 재무적 정보는 다음과 같다.

첫째, 기업의 자산, 부채, 자본에 관한 정보를 제공한다.

둘째, 기업의 지급능력 또는 유동성에 관한 정보를 제공한다. 지급능력 또는 유동성이란 기업이 부담하고 있는 부채의 상환능력을 말하는데 이는 재무상태표에 표시된 부채항목과 부채의 상환에 이용될 수 있는 자산항목을 비교함으로써 파악될 수 있다.

셋째, 기업의 자본구조에 관한 정보를 제공한다. 자본구조란 자본에 대한 부채의 비율을 말하는 것으로서 일반적으로 이 비율이 낮을수록 기업의 안전성이 높아진다는 것을 의미하며 자본구조가 양호하다고 할 수 있다.

넷째, 기업의 장기계획이나 투자의사결정에 유용한 정보를 제공한다. 재무상태표로부터 파악되는 자본의 조달원천 및 운용형태에 대한 정보를 통하여 기업은 장기경영계획을 수립하거나 투자의사결정을 할 수 있다.

2. 재무상태표의 작성기준

(1) 재무상태표의 구성항목

재무상태표는 다음과 같은 항목으로 구성된다.

① **자산** - 현금및현금성자산, 매출채권 및 기타 채권, 금융자산, 재고자산, 투자부동산, 지분법에 따라 회계처리하는 투자자산, 유형자산, 무형자산, 생물자산

② **부채** - 매입채무 및 기타 채무, 충당부채, 금융부채, 미지급법인세, 이연법인세부채

③ **자본** - 지배기업 소유주에 귀속부분(법정자본금, 이익잉여금), 비지배주주지분

④ 매각 예정의 자산 및 부채

(2) 유동과 비유동의 구분

유동성 순서에 따른 표시방법이 신뢰성 있고 더욱 목적적합한 정보를 제공하는 경우를 제외하고는 유동자산과 비유동자산, 유동부채와 비유동부채로 재무상태표에 구분하여 표시한다. 유동성 순서에 따른 표시방법을 적용할 경우 모든 자산과 부채는 유동성의 순서에 따라 표시한다.

기업이 재무상태표에 유동자산과 비유동자산, 그리고 유동부채와 비유동부채로 구분하여 표시하는 경우, 이연법인세자산(부채)은 유동자산(부채)으로 분류하지 아니한다.

(3) 유동자산의 분류기준

K-IFRS에 따라 유동자산으로 분류되는 자산의 기준은 다음과 같다.

첫째, 기업의 정상영업주기 내에 실현될 것으로 예상하거나, 정상영업주기 내에 판매하거나 소비할 의도가 있다.

둘째, 주로 단기매매 목적으로 보유하고 있다.

셋째, 보고기간 후 12개월 이내에 실현될 것으로 예상한다.

넷째, 현금이나 현금성자산으로서, 교환이나 부채 상환 목적으로의 사용에 대한 제한 기간이 보고기간 후 12개월 이상이 아니다.

다섯째, 그 밖의 모든 자산은 비유동자산으로 분류한다.

(4) 유동부채의 분류기준

K-IFRS에 따라 유동부채로 분류되는 부채의 기준은 다음과 같다.

첫째, 정상영업주기 내에 결제될 것으로 예상하고 있다.

둘째, 주로 단기매매 목적으로 보유하고 있다.

셋째, 보고기간 후 12개월 이내에 결제하기로 되어 있다.

넷째, 보고기간 후 12개월 이상 부채의 결제를 연기할 수 있는 무조건의 권리를 가지고 있지 않다.

다섯째, 그 밖의 모든 부채는 비유동부채로 분류한다.

(5) 보충 설명

K-IFRS에서는 재무제표에 표시되는 항목의 형식이나 순서에 아무런 제한을 두지 않고 있다. 다만, K-IFRS 제1호의 부록으로 제시된 예시재무제표는 비유동항목을

먼저 배열하고 있다.

과거의 기업회계기준서와 현행 일반기업회계기준서에는 유동성에 따라 구분(유동성구분법)하고, 유동성이 큰 항목부터 배열하는(유동성배열법) 두가지가 모두 적용된다. 그러나, K-IFRS은 유동성에 따라 구분(유동성구분법)만 명시되어 있다.

따라서 재무제표를 공시하는 기업들마다 다르게 비유동항목을 먼저 배열하기도 하고, 유동항목을 먼저 배열하기도 한다.

3. 재무상태표의 양식

재무상태표(보고식)

제2기 20×2년×월×일 현재
제1기 20×1년×월×일 현재

회사명 (단위 : 원)

과 목	당 기		전 기	
자산				
유동자산		×××		×××
현금 및 현금성자산	×××		×××	
당기손익-공정가치측정금융자산	×××		×××	
매출채권	×××		×××	
대손충당금	(×××)		(×××)	
상품	×××		×××	
제품	×××		×××	
비유동자산		×××		
기타포괄손익-공정가치측정금융자산	×××		×××	
토지	×××		×××	
건물	×××		×××	
감가상각누계액	(×××)		(×××)	
영업권	×××		×××	
산업재산권	×××		×××	
보증금	×××		×××	
자산총계		×××		×××
부채				
유동부태		×××		
매입채무	×××		×××	
단기차입금	×××		×××	
비유동부채		×××		×××
장기차입금	×××		×××	
부채총계		×××		×××
자본금		×××		×××

자 본 잉 여 금		×××		×××
주식발행초과금	×××		×××	
이 익 잉 여 금		×××		
이 익 준 비 금	×××		×××	
미처분이익잉여금	×××		×××	
자 본 총 계		×××		×××
부채 및 자본총계		×××		×××

재무상태표(계정식)

회사명 제2기 20×2년 12월 31일 현재 (단위 : 원)

유 동 자 산		×××	유 동 부 채		×××
현금 및 현금성자산	×××		매 입 채 무	×××	
당기손익-공정가치측정금융자산	×××		단 기 차 입 금	×××	
매 출 채 권	×××		비 유 동 부 채		×××
대 손 충 당 금	(×××)		장 기 차 입 금	×××	
상 품	×××		부 채 총 계		×××
제 품	×××		자 본 금		×××
비 유 동 자 산		×××	자 본 잉 여 금		×××
기타포괄손익-공정가치측정금융자산	×××		주식발행초과금	×××	
토 지	×××		이 익 잉 여 금		×××
건 물	×××		이 익 준 비 금	×××	
감가상각누계액	(×××)		미처분이익잉여금	×××	
영 업 권	×××		자 본 총 계		×××
산 업 재 산 권	×××				
보 증 금	×××				
자 산 총 계		×××	부채 및 자본총계		×××

6 · 4 포괄손익계산서의 작성

1. 포괄손익계산서의 의의

포괄손익계산서는 일정기간 동안 영업활동의 성과를 나타내 주는 회계보고서이다. 영업활동의 성과는 기업의 손익으로 측정된다. 손익계산은 기업의 손익, 즉 기업의 순가치 변동의 파악을 통하여 영업성적을 명확히하기 위한 것이나, 단순히 순가치

변동만을 보고하는 데서 더 나아가 구체적인 영업활동의 과정과 내용까지를 포괄손익계산서에 표시해 주고 있다.

포괄손익계산서는 투자자는 물론 경영자에게도 중요하며 채권자, 해당기업의 종업원 및 정부 등의 이해관계자에게도 지대한 관심사가 되지 않을 수 없다. 왜냐하면 포괄손익계산서에 표시되는 순이익이 투자자에게는 자기가 투자한 자본의 수익성과 장기적 안전성을 뜻함은 물론 이익배당의 기준이 되며, 채권자에게는 미래의 상환능력을 판단하는 기초자료가 되기 때문이다.

또한 포괄손익계산서는 기업의 역사를 표시하는 것이므로 경영자로서는 이를 통하여 기업의 영업활동의 경과적 내용을 구체적으로 파악할 수 있으며 경영정책이나 경영활동통제를 위한 지침이 될 수 있다.

2. 포괄손익계산서의 작성기준

(1) 포괄손익계산서의 표시방법

해당 기간에 인식한 모든 수익과 비용 항목은 다음 중 한 가지 방법으로 표시한다.

① 단일 포괄손익계산서

② 두 개의 보고서 : 당기순손익의 구성요소를 배열하는 보고서(별개의 손익계산서)와 당기 순손익에서 시작하여 기타포괄손익의 구성요소를 배열하는 보고서(포괄손익계산서)

(2) 포괄손익계산서에 표시되는 정보

단일 포괄손익계산서에는 적어도 당해 기간의 다음 금액을 표시하는 항목을 포함한다.

① 수익
② 금융원가(차입원가)
③ 법인세비용
④ 세후 중단영업손익
⑤ 당기순손익
⑥ 성격별로 분류되는 기타포괄손익의 각 구성요소
⑦ 총포괄손익

특히 당기순손익 및 총포괄손익은 포괄손익계산서에 지배주주의 몫과 소수주주의 귀속금액으로 구분하여 표시하여야 한다.

두 개의 보고서로 작성하는 경우 별개의 손익계산서에는 위의 ①-⑤의 내용을 표시하고 당기순이익을 지배주주 몫과 소수주주 몫으로 구분하여 표시한다.

(3) 기타포괄손익항목

기타 포괄손익항목으로는 다음과 같은 항목들이 있다.

① 유형자산의 재평가손익
② 매도가능금융자산의 재측정손익
③ 해외종속기업의 순투자자산의 환산시 발생하는 외화환산손익
④ 확정퇴직급여의 보험수리적손익

(4) 포괄손익계산서의 구분표시 방법

성격별 분류 또는 기능별 분류 중에서 신뢰성 있고 더욱 목적적합한 정보를 제공할 수 있는 방법을 적용하여 당기손익으로 인식한 비용의 분석내용을 표시한다.

성격별 분류는 다음과 같은 것을 의미한다.

첫째, 당기손익에 포함된 비용은 그 성격(예, 감가상각비, 원재료의 구입, 운송비, 종업원급여와 광고비)별로 통합하며, 기능별로 재분배하지 않는다.

둘째, 비용을 기능별 분류로 배분할 필요가 없기 때문에 적용이 간단하다.

기능별 분류는 다음과 같은 것을 의미한다.

첫째, 비용을 매출원가, 그리고 물류원가와 관리활동원가 등과 같이 기능별로 분류한다.

둘째, 적어도 매출원가를 다른 비용과 분리하여 공시한다.

셋째, 이 방법은 성격별 분류보다 재무제표 이용자에게 더욱 목적적합한 정보를 제공할 수 있지만 비용을 기능별로 배분하는데 자의적인 배분과 판단이 개입될 가능성이 있다.

넷째, 비용을 기능별로 분류하는 경우 비용의 성격에 대해서도 추가로 주석에 공시해야 한다.

현행 회계실무상 손익계산서에서 비용을 표시하는 방법은 기능별 분류와 성격별 분류를 혼합하여 사용하는 것으로 볼 수 있다. 즉, 대략적으로 비용을 매출원가, 판

매비와 관리비, 영업외비용으로 분류하여 기능별로 분류하고 세부적으로 성격별 내역을 표시한다.

3. 포괄손익계산서의 양식

(1) 단일형식(보고식)

포괄손익계산서

제9기 20×2년 12월 31일부터 20×2년 12월 31일부터
제8기 20×1년 12월 31일부터 20×1년 12월 31일부터

회사명 (단위 : 원)

과 목	당 기		전 기	
매출액		×××		×××
메출원가		×××		×××
기초상품재고액	×××		×××	
당기매입액	×××		×××	
기말상품재고액	×××		×××	
매출총이익		×××		×××
판매비와 관리비		×××		×××
급여	×××		×××	
운송비	×××		×××	
광고선전비	×××		×××	
보험료	×××		×××	
감가상각비	×××		×××	
영업이익		×××		×××
영업외수익		×××		×××
이자수익	×××		×××	
임대료	×××		×××	
영업외비용		×××		×××
이자비용	×××		×××	
유형자산처분손실	×××		×××	
법인세비용차감전순이익		×××		×××
법인세비용		×××		×××
당기순이익		×××		×××
기타포괄손익		×××		×××
토지재평가이익	×××		×××	
금융자산평가손실	(×××)		(×××)	
총포괄이익		×××		×××
주당순이익[12]		×××		×××

12) 주당순이익(earnings per share; EPS)은 보통주 1주당 순이익을 의미한다. 주당순이익은

(2) 분리형식(보고식)

손익계산서

제2기 20×2년 12월 31일부터 20×2년 12월 31일부터
제1기 20×1년 12월 31일부터 20×1년 12월 31일부터

회사명 (단위 : 원)

과 목	당 기		전 기	
매출액		×××		×××
메출원가		×××		×××
기초상품재고액	×××		×××	
당기매입액	×××		×××	
기말상품재고액	×××		×××	
매출총이익		×××		×××
판매비와 관리비		×××		×××
급여	×××		×××	
운송비	×××		×××	
광고선전비	×××		×××	
보험료	×××		×××	
감가상각비	×××		×××	
영업이익		×××		×××
영업외수익		×××		×××
이자수익	×××		×××	
임대료	×××		×××	
영업외비용		×××		×××
이자비용	×××		×××	
유형자산처분손실	×××		×××	
법인세비용차감전순이익		×××		×××
법인세비용		×××		×××
당기순이익		×××		×××
주당순이익		×××		×××

포괄손익계산서

제2기 20×2년 12월 31일부터 20×2년 12월 31일부터
제1기 20×1년 12월 31일부터 20×1년 12월 31일부터

회사명 (단위 : 원)

과 목	당 기		전 기	
당기순이익		×××		×××
기타포괄손익		×××		×××
토지재평가이익	×××		×××	
금융자산평가손실	×××		×××	

위와 같이 손익계산서 본문에 표시하고 그 산출근거는 주석으로 기재하여야 한다.

총포괄이익		×××		×××
주당순이익		×××		×××

(3) 단일형식(계정식)

포괄손익계산서

회사명 제2기 20×2년 1월 1일부터 20×2년 12월 31일 까지 (단위 : 원)

매출비용		×××	매출액		×××
기초상품재고액	×××				
당기매입액	×××				
기말상품재고액	×××				
매출총이익		×××			
		×××			×××
판매비와 관리비		×××	매출총이익		×××
급여	×××				
운송비	×××				
광고선전비	×××				
보험료	×××				
감가상각비	×××				
영업이익		×××			
		×××			×××
영업외비용		×××	영업이익		
이자비용	×××		영업외수익		
유형자산처분손실	×××		이자수익	×××	
법인세비용차감전순이익		×××	임대료	×××	
		×××			×××
법인세비용		×××	법인세비용차감전순이익		×××
당기순이익		×××			
		×××			×××
기타포괄손실		×××	당기순이익		×××
금융자산평가손실	×××		기타포괄이익		×××
총포괄이익		×××	토지재평가이익	×××	
		×××			×××
주당순이익		×××			

6·5 종합예제[13]

다음은 원경물산(주) 20×1년 12월 31일 결산수정전 잔액시산표와 결산수정사항이다. 8위식 정산표를 작성한 다음, 계정식 재무상태표와 보고식 포괄손익계산서를 단일 형식으로 작성하시오.

잔 액 시 산 표

원경물산(주) 20×1년 12월 31일 현재 (단위 : 원)

차변 계정	금액	대변 계정	금액
현금	100,000	매입채무	275,000
당좌예금	125,000	단기차입금	150,000
당기손익-공정가치측정금융자산	150,000	대손충당금	12,000
매출채권	700,000	감가상각누계액(건물)	110,000
상품	125,000	장기차입금	200,000
기타포괄손익-공정가치측정금융자산	200,000	사채	500,000
토지	400,000	퇴직급여충당부채	330,000
건물	750,000	자본금	500,000
산업재산권	160,000	미처분이익잉여금	80,000
보증금	110,000	매출	3,268,000
사채할인발행차금	50,000	임대료	70,000
매입	1,880,000		
급여	485,000		
소모품비	50,000		
보험료	120,000		
이자비용	90,000		
	5,495,000		5,495,000

결산수정사항

(1) 기말상품 재고액은 150,000원이다. 매출원가 계산은 3분법으로 한다.

(2) 현금실사 잔액은 97,000원이며, 차이 원인은 알 수가 없다.

(3) 은행계정조정표를 작성한 결과 당좌예금 계정에서 12,000원의 이자가 인출되었다는 사실을 확인하였다.

13) 송충석·송동섭·성용운, 「IFRS 회계원리」, 세학사. 2018.

(4) 당기손익-공정가치측정금융자산의 기말 공정가치는 185,000원이다.
(5) 매출채권 잔액에 대하여 2%의 대손을 추정하다.
(6) 기타포괄손익-공정가치측정금융자산의 기말 공정가치는 187,000원이다.
(7) 건물에 대하여 당기분 감가상각비를 100,000원 계상하다.
(8) 재평가모형에 의해 평가하고 있는 토지의 기말 공정가치는 500,000원이다.
(9) 20×0년 초에 취득한 산업재산권은 내용연수 5년, 정액법으로 상각한다.
(10) 사채할인발행차금 30,000원을 상각하다.
(11) 당기말 현재 모든 임직원이 퇴직할 경우에 지급해야 할 퇴직금추계액은 400,000원이다.
(12) 기말 현재 소모품 미사용액은 16,000원이다.
(13) 기말 현재 보험료 미경과액은 40,000원이다.
(14) 기말 현재 이자 미지급액은 35,000원이다.
(15) 기말 현재 임대료 선수액은 13,000원이다.
(16) 당기분 법인세비용으로 123,000원을 계상하다.

Ⅰ. 결산수정분개

(1)	(차)	매 입	125,000	(대)	이월상품	125,000
	(차)	이월상품	150,000	(대)	매 입	150,000
(2)	(차)	잡 손 실	3,000	(대)	현 금	3,000
(3)	(차)	이 자 비 용	12,000	(대)	당 좌 예 금	12,000
(4)	(차)	당기손익-공정가치측정금융자산	35,000	(대)	금융자산평가이익 (당기손익)	35,000
(5)	(차)	대 손 상 각 비	2,000	(대)	대 손 충 당 금	2,000

₩ 700,000×2%−₩12,000=₩2,000

(6)	(차)	금융자산평가손실	13,000	(대)	기타포괄손익-공정가치측정금융자산	13,000

* 금융자산평가손실은 포괄손익계산서의 기타포괄손익에 포함시킴과 동시에 재무상태표의 자본항목(기타포괄손익누계액)에도 포함시킨다.

(7)	(차)	감 가 상 각 비	100,000	(대)	감가상각누계액(건물)	100,000
(8)	(차)	토지	100,000	(대)	재 평 가 잉 여 금 (재평가이익)	100,000

* 유형자산에 대한 재평가이익이 발생한 경우에는 재평가잉여금 과목으로 재무

상태표의 자본항목(기타포괄손익누계액)으로 분류하고, 동시에 포괄손익계산서의 기타포괄손익에 재평가이익을 포함시킨다.(재평가손실은 당기손실로 처리됨)

(9) (차) 산업재산권상각비 40,000 (대) 산 업 재 산 권 40,000

₩160,000×1/4=₩40,000

(시산표상의 산업재산권 잔액 ₩160,000은 20×0년 초에 취득하여 첫 해 상각액을 직접차감하고 난 후의 금액이므로, 4년간 상각해야 할 금액)

(10) (차) 이 자 비 용 30,000 (대) 사채할인발행차금 30,000

(11) (차) 퇴 직 급 여 70,000 (대) 퇴직급여충당부채 70,000

* 퇴직금추계액 400,000원, 퇴직급여충당부채 장부금액 330,000원

퇴직급여충당부채는 보충법으로 설정하므로 차액 70,000원만 추가설정함.

(12) (차) 소모품 16,000 (대) 소 모 품 비 16,000

(13) (차) 선 급 비 용 40,000 (대) 보 험 료 40,000

(14) (차) 이 자 비 용 35,000 (대) 미지급비용 35,000

(15) (차) 임 대 료 13,000 (대) 선 수 수 익 13,000

(16) (차) 법 인 세 비 용 123,000 (대) 미지급법인세 123,000

Ⅱ. 정산표 작성

정 산 표

원경물산(주) 20×1년 1월 1일부터 20×1년 12월 31일까지 (단위 : 천원)

계정과목	잔액시산표		정리기입		포괄손익계산서		재무상태표	
	차변	대변	차변	대변	차변	대변	차변	대변
현 금	100			② 3			97	
당 좌 예 금	125			③ 12			113	
당기손익-공정가치측정금융자산	150		④ 35				185	
매 출 채 권	700						400	
이 월 상 품	125		① 150	① 125			150	
기타포괄손익-공정가치측정금융자산	200			⑥ 13			187	
토 지	400		⑧ 100				500	
건 물	750						750	
산 업 재 산 권	160			⑨ 40			120	
보 증 금	110						110	
사 채 할 인 발 행 차 금	50			⑩ 30			20	
매 입 채 무		275						275
단 기 차 입 금		150						150
대 손 충 당 금		12		⑤ 2				14
감 가 상 각 누 계 액(건물)		110		⑦ 100				210
장 기 차 입 금		200						200
사 채		500						500

퇴직급여충당부채		330		⑪ 70				400
자본금		500						500
미처분이익잉여금		80						80
매출		3,268				3,268		
임대료		70	⑮ 13			57		
매입	1,880		① 125	① 150	1,855			
급여	485				485			
소모품비	50			⑫ 16	34			
보험료	120			⑬ 40	80			
					167			
이자비용	90		③ 12					
계			⑩ 30					
	5,495	5,495	⑭ 35					
			① 1,880					
잡손실			② 3		3			
금융자산평가이익(당기손익)				④ 35		35		
대손상각비			⑤ 2		2			
금융자산평가손실(기타포괄손익)			⑥ 13				13	
감가상각비			⑦ 100		100			
재평가잉여금				⑧ 100				100
산업재산권상각비			⑨ 40		40			
퇴직급여			⑪ 70		70			
소모품			⑫ 16				16	
선급비용			⑬ 40				40	
미지급비용				⑭ 35				35
선수수익				⑮ 13				13
법인세비용			⑯ 123		123			
미지급법인세				⑯ 123				123
계			907	907	2,959	3,360	3,001	2,600
당기순이익					**401**			**401**
합계					3,360	3,360	3,001	3,001
당기순이익						401		
재평가이익						100		
금융자산평가손실(기타포괄손익)					13			
총포괄이익					**488**			
합계					501	501		

* 총포괄이익을 계산하기 위하여 당기순이익을 포괄손익계산서 대변에 다시 한 번 기입하고, 기타포괄이익은 대변에 기타포괄손실은 차변에 기입한 다음 대차차액을 구한다.

Ⅲ. 재무제표 작성 (단위 : 1,000원)

재 무 상 태 표

원경물산(주) 20×1년 12월 31일 현재 (단위 : 원)

자 산			부 채		
현금및현금성자산		210,000	매 입 채 무		275,000
당기손익-공정가치측정금융자산		185,000	단 기 차 입 금		150,000
매 출 채 권	700,000	686,000	미 지 급 비 용		35,000
대 손 충 당 금	(14,000)		선 수 수 익		13,000
소 모 품		16,000	미 지 급 법 인 세		123,000
선 급 비 용		40,000	장 기 차 입 금		200,000
상 품		150,000	사 채	500,000	480,000
기타포괄손익-공정가치측정금융자산		187,000	사채할인발행차금	(20,000)	
토 지		500,000	퇴직급여충당부채		400,000
건 물	750,000	540,000	**자 본**		
감가상각누계액	(210,000)		자 본 금		500,000
산 업 재 산 권		120,000	금융자산평가손실		(13,000)
보 증 금		110,000	재 평 가 잉 여 금		100,000
			미처분이익잉여금		481,000
		2,744,000			2,744,000

▸ 재무상태표 작성 시 유의사항

(1) 자산, 부채, 자본의 배열순서를 고려하여 과목나열

(2) 현금과 당좌예금의 합계금액을 현금 및 현금성자산으로 표시

(3) 대손충당금은 매출채권에서 차감하는 형식으로 기재

(4) 감가상각누계액은 유형자산(건물)에서 차감하는 형식으로 기재

(5) 미지급법인세는 금액이 중요하므로 미지급비용에 포함시키지 않고 별도로 표시

(6) 사채할인발행차금은 사채에서 차감하는 형식으로 기재

(7) 금융자산평가손실(기타포괄손익)은 기타포괄손익누계액(차감항목)이므로 자본에서 차감표시

(8) 재평가잉여금은 기타포괄손익누계액(가산항목)이므로 자본에 가산

(9) 당기순이익은 미처분이익잉여금에 포함하여 기재

포 괄 손 익 계 산 서

원경물산(주) 20×1년 1월 1일부터 20×1년 12월 31일까지 (단위 : 원)

과목	금액	금액
매출액		3,268,000
매출원가		1,855,000
기초상품재고액	125,000	
당기상품매입액	1,880,000	
기말상품재고액	150,000	
매출총이익		1,413,000
판매비와관리비		811,000
급여	485,000	
소모품비	34,000	
보험료	80,000	
대손상각비	2,000	
감가상각비	100,000	
산업재산권상각비	40,000	
퇴직급여	70,000	
영업이익		602,000
영업외수익		92,000
임대료	57,000	
금융자산평가이익	35,000	
영업외비용		170,000
이자비용	167,000	
잡손실	3,000	
법인세비용차감전순이익		524,000
법인세비용		123,000
당기순이익		401,000
기타포괄손익		87,000
금융자산평가손실	(−) 13,000	
토지재평가이익	100,000	
총포괄이익		488,000

▸ 포괄손익계산서 작성시 유의사항

(1) 포괄손익계산서는 구분식으로 작성

(2) 매출원가는 계산과정을 표시

(3) 금융자산평가손실(기타포괄손익)과 토지재평가이익은 기타포괄손익에 포함

IFRS 적용 재무제표 사례

1. 풀무원

분 기 연 결 재 무 상 태 표

제37기 1분기 2020년 03월 31일 현재
제36기 2019년 12월 31일 현재

주식회사 풀무원과 그 종속기업 (단위 : 원)

과 목	제37기 1분기		제36기	
자 산				
Ⅰ. 유동자산		495,299,608,741		467,836,335,564
현금및현금성자산	134,807,581,265		120,740,918,674	
단기금융자산	6,021,073,684		4,743,383,215	
매출채권및기타채권	217,202,566,767		214,277,675,761	
유동성리스채권	1,473,922,668		1,342,258,535	
단기투자자산	12,563,911,637		11,044,917,367	
당기법인세자산	517,079,402		552,934,033	
재고자산	108,315,362,129		105,967,509,480	
기타유동자산	14,398,111,189		9,166,738,499	
Ⅱ. 비유동자산		1,020,199,091,195		1,016,720,118,185
장기금융자산	3,480,142,135		3,348,707,604	
장기성매출채권및기타채권	25,363,393,950		38,105,417,721	
리스채권	1,132,710,155		2,108,172,951	
장기투자자산	10,292,756,849		10,158,592,259	
관계기업투자	30,850,501,606		30,113,403,541	
유형자산	861,759,067,158		847,207,722,958	
투자부동산	561,015,830		566,210,423	
무형자산	55,380,191,507		54,198,350,005	
이연법인세자산	24,693,949,612		24,205,023,481	
기타비유동자산	6,685,362,393		6,708,517,242	
자 산 총 계		1,515,498,699,936		1,484,556,453,749

자 본 및 부 채				
Ⅰ. 유동부채		617,530,166,925		621,185,641,614
매입채무및기타채무	213,885,023,699		264,635,605,753	
단기차입금	306,789,109,032		253,059,234,200	
유동성리스부채	40,831,319,257		41,271,238,336	
파생상품부채	135,847,537		109,885,432	
당기법인세부채	7,278,785,595		14,304,742,198	
기타유동부채	33,522,894,775		35,990,352,381	
기타충당부채	3,862,605,678		590,001,962	
기타유동금융부채	11,224,581,352		11,224,581,352	
Ⅱ. 비유동부채		426,832,570,498		400,268,852,423
장기성매입채무및기타채무	1,009,698,871		890,001,618	
장기차입금	192,961,783,255		169,434,233,488	
장기리스부채	174,370,243,265		179,844,400,984	
순확정급여부채	35,920,338,469		29,383,209,239	
기타충당부채	6,536,785,197		4,885,265,494	
이연법인세부채	489,062,320		630,634,037	
기타비유동부채	15,544,659,121		15,201,107,563	
부 채 총 계		1,044,362,737,423		1,021,454,494,037
Ⅰ. 지배기업 소유주에게 귀속되는 자본		403,873,534,326		397,029,923,849
자본금	21,062,765,000		21,062,765,000	
기타불입자본	145,051,919,187		145,050,958,699	
기타자본구성요소	12,416,890,145		6,255,167,060	
이익잉여금	225,341,959,983		224,661,033,090	
Ⅱ.비지배지분		67,262,428,187		66,072,035,863
비지배지분	67,262,428,187		66,072,035,863	
자 본 총 계		471,135,962,513		463,101,959,712
부 채 및 자 본 총 계		1,515,498,699,936		1,484,556,453,749

분 기 연 결 포 괄 손 익 계 산 서

제37기 1분기 2020년 01월 01일부터 2020년 03월 31일까지

제36기 1분기 2020년 01월 01일부터 2020년 03월 31일까지

주식회사 풀무원과 그 종속기업 (단위 : 원)

과 목	제37기 1분기		제36기 1분기	
	3개월	누적	3개월	누적
매출액	562,641,001,769	562,641,001,769	549,312,564,150	549,312,564,150
매출원가	415,862,720,356	415,862,720,356	415,231,445,862	415,231,445,862
매출총이익	146,778,281,413	146,778,281,413	134,081,118,288	134,081,118,288
물류비	40,351,712,290	40,351,712,290	37,293,475,956	37,293,475,956
판매비와관리비	93,428,308,875	93,428,308,875	88,775,961,375	88,775,961,375
매출채권에대한 손상차손	100,690,753	100,690,753	(54,485,300)	(54,485,300)
연구개발비	8,364,963,366	8,364,963,366	6,566,837,645	6,566,837,645
영업이익(손실)	4,532,606,129	4,532,606,129	1,499,328,612	1,499,328,612
금융수익	1,057,827,642	1,057,827,642	803,925,599	803,925,599
금융비용	6,504,045,642	6,504,045,642	6,443,358,520	6,443,358,520
관계기업순손익에 대한지분	699,367,012	699,367,012	207,694,476	207,694,476
기타영업외수익	4,394,115,671	4,394,115,671	1,501,631,150	1,501,631,150
기타영업외비용	1,203,361,785	1,203,361,785	1,674,243,999	1,674,243,999
법인세비용차감전순이익(손실)	2,976,509,027	2,976,509,027	(4,105,022,682)	(4,105,022,682)
법인세비용	(2,740,287,341)	(2,740,287,341)	3,539,751,784	3,539,751,784
당기순이익(손실)	5,716,796,368	5,716,796,368	(7,644,774,466)	(7,644,774,466)
기타포괄손익	8,836,824,143	8,836,824,143	3,213,960,214	3,213,960,214
당기손익으로재분류되지않는항목	(6,550,834)	(6,550,834)	14,851,106	14,851,106
기타포괄손익-공정가치로측정하는지분상품의공정가치변동	(6,550,834)	(6,550,834)	14,851,106	14,851,106
당기손익으로재분류되는항목	8,843,374,977	8,843,374,977	3,199,109,108	3,199,109,108
기타포괄손익-공정가치로측정하는채무상품의공정가치변동	0	0	(9,438,000)	(9,438,000)
해외사업환산손익	8,863,625,419	8,863,625,419	3,235,092,994	3,235,092,994
지분법적용대상관계기업과공동기업의기타포괄손익에대한지분(세후기타포괄손익)	0	0	(13,428,652)	(13,428,652)
파생상품평가손익	(20,250,442)	(20,250,442)	(13,117,234)	(13,117,234)
총포괄이익	14,553,620,511	14,553,620,511	(4,430,814,252)	(4,430,814,252)
당기순이익의 귀속 :				
지배기업의 소유주	7,157,033,653	7,157,033,653	(5,872,828,699)	(5,872,828,699)
비지배지분	(1,440,237,285)	(1,440,237,285)	(1,771,945,767)	(1,771,945,767)
총포괄이익의 귀속 :				
지배기업의 소유주	13,318,756,738	13,318,756,738	(2,180,731,928)	(2,180,731,928)
비지배지분	1,234,863,773	1,234,863,773	(2,250,082,324)	(2,250,082,324)
주당이익 :				
기본주당이익	183	183	(167)	(167)
희석주당이익	173	173	(167)	(167)

연습문제

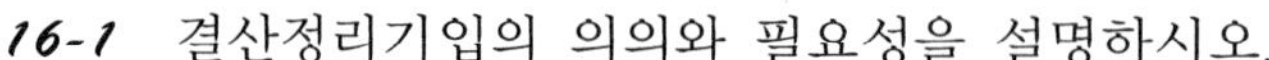

16-1 결산정리기입의 의의와 필요성을 설명하시오.

16-2 6위식 정산표와 8위식 정산표의 차이점을 설명하시오.

16-3 다음 결산정리에 관한 거래를 분개하시오.

(1) 기중에 사무용소모품 50,000원을 매입하여 비용계정으로 처리했었는데, 결산시 조사해보니 미사용분이 10,000원이 있다.

(2) 기중에 소모품을 대량으로 매입하여 자산계정으로 처리했었는데, 결산시 사용분을 조사해보니 80,000원이었다.

(3) 20×5년 3월 31일 결산시 광업권의 장부잔액 50,000원 중 당기분을 상각하다(단, 이 광업권은 20×1년 4월 1일에 취득하여 5년간 상각하기로 하고, 매년 정액법으로 상각하여 왔다).

(4) 당기에 현금으로 받은 임대료는 50,000원이다. 단, 계약된 당기 1년분의 집세는 60,000원이고, 임대료는 매월 말일에 받기로 하였다.

(5) 우표 미사용분이 5,000원이 있다.

(6) 정기예금에 대한 미수이자 6,000원을 계상하다.

(7) 차입금에 대한 이자 10,000원을 계상하다.

16-4 다음은 경인상사의 정산표이다. ( ) 속을 채우고, 기말정리사항을 추정하시오.

정 산 표

경인상사 20×1년 1월 1일부터 20×1년 12월 31일까지 (단위 : 원)

계정과목	잔액시산표		정리기입		포괄손익계산서		재무상태표	
	차 변	대 변	차 변	대 변	차 변	대 변	차 변	대 변
현 금	80,000						( )	
당 좌 예 금	1,710,000						( )	
당기손익-공정가치측정금융자산	270,000			( )			( )	
외 상 매 출 금	( )						800,000	
이 월 상 품	100,000		( )	( )			250,000	
비 품	1,500,000						( )	

외 상 매 입 금		(　　)						1,642,000
자 본 금		2,754,000						(　　)
매 출		(　　)				1,257,000		
수 수 료 수 익		44,000				(　　)		
매 입	1,192,000		(　　)	(　　)	1,042,000			
급 여	30,000				(　　)			
임 차 료	(　　)				15,000			
대 손 상 각 비			(　　)		16,000			
대 손 충 당 금				16,000				(　　)
금융자산평가손실(PL)			(　　)		100,000			
감 가 상 각 비			90,000		(　　)			
감가상각누계액				90,000				(　　)
당 기 순 이 익					8,000			(　　)
	5,697,000	5,697,000	556,000	556,000	1,301,000	1,301,000	4,510,000	4,510,000

16-5 다음의 총계정원장 잔액과 결산정리사항을 이용하여 결산정리 분개를 한 후 8위식 정산표를 작성하시오.

〈총계정원장잔액〉

현금	15,000원	받을어음	10,000원	외상매출금	18,000원
당기손익공정가치측정금융자산	13,000원	이월상품	17,000원	건물	25,000원
비품	12,000원	외상매입금	32,000원	차입금	20,000원
자본금	50,000원	매입	60,000원	매출	80,000원
급여	5,000원	잡비	2,300원	보험료	2,200원
광고선전비	2,700원	이자비용	1,800원	수수료수익	2,000원

〈결산정리사항〉

(1) 기말상품재고액

갑상품 50개 @₩330 16,500원

을상품 48개 @₩250 12,000원

(2) 단기매매목적으로 보유하고 있는 당기손익-공정가치측정금융자산 25주(장부가액 13,000원)의 기말 공정가치는 12,500원이다.

(3) 건물의 감가상각비는 1,250원이다.

(4) 비품의 감가상각비는 1,200원이다.

(5) 외상매출금의 기말잔액 18,000원에 대하여 4%의 대손충당금을 설정하다.

(6) 보험료 지급액 중 미경과분이 550원이다.

(7) 수수료 미수액 1,600원을 계상하다.

(8) 차입금에 대한 이자 800원을 계상하다.

(9) 현금의 실제 현재액이 장부잔액보다 500원이 부족하다.

16-6 다음 원장잔액과 결산정리사항으로 정산표를 작성하시오.

〈원장잔액〉 (단위: 원)

현금	326,000	자본금	1,000,000
외상매출금	380,000	이익준비금	130,000
받을어음	235,000	임의적립금	210,000
상품	752,000	이월이익잉여금	14,000
비품	340,000	매입	1,409,000
외상매입금	259,000	급여	364,000
지급어음	173,000	세금과공과금	245,000
가수금	30,000	복리후생비	178,000
차입금	150,000	매출할인	12,000
대손충당금(외상매출금)	2,000	매출	2,133,000
감가상각누계액(비품)	140,000		

〈결산정리사항〉

(1) 상품기말재고액 843,000원이다.

(2) 가수금은 전액 외상매출금의 회수액이다.

(3) 외상매출금 잔액의 2%를 대손충당금으로 설정하다.

(4) 받을어음 잔액의 2%를 대손충당금으로 설정하다.

(5) 비품은 정률법으로 12% 상각하다.

(6) 매출할인은 매출에누리이다.

(7) 수수료수익 27,000원을 계상하다.

16-7 재무제표의 중요성과 종류를 설명하시오.

16-8 재무상태표의 중요성과 작성기준을 설명하시오.

16-9 포괄손익계산서의 중요성과 작성기준을 설명하시오.

16-10 주기와 주석을 비교·설명하시오.

16-11 다음 자료에 의하여 포괄손익계산서를 작성하시오.

상품 총매출액	6,350,000원	기초상품재고액	1,600,000원
기말상품재고액	1,800,000원	광고선전비	85,000원
통신비	30,000원	이자수익	14,000원
매입에누리	200,000원	상품 총매입액	5,100,000원
대손상각비	20,000원	금융자산처분이익(당기손익)	40,000원
급여	150,000원	감가상각비	35,000원
매출환입액	300,000원	이자비용	122,000원
소모품비	45,000원	유형자산처분이익	48,000원

16-12 동경상사 결산시 총계정원장의 잔액과 정리사항은 다음과 같다. 이 자료에 의하여 정산표를 작성하고, 포괄손익계산서와 재무상태표를 작성하시오.

현금	96,000원	당좌예금	712,000원
외상매출금	300,000원	대손충당금(외상매출금)	6,800원
당기손익공정가치측정금융자산	160,000원	이월상품	900,000원
비품	280,000원	감가상각누계액(비품)	96,000원
건물	1,600,000원	감가상각누계액(건물)	300,000원
지급어음	140,000원	외상매입금	240,000원
차입금	100,000원	자본금	2,800,000원
매입	1,360,000원	급여	84,000원
보험료	24,000원	수수료비용	72,000원
매출	1,870,000원	금융자산처분이익(당기손익)	35,200원

〈정리사항〉

(1) 기말상품재고액	830,000원
(2) 외상매출금잔액의 3% 대손충당금 설정	
(3) 비품 감가상각비	14,000원
(4) 건물 감가상각비	48,000원
(5) 당기손익-공정가치측정금융자산 기말공정가치	128,000원
(6) 보험료 기간미경과분	8,000원
(7) 수수료비용 계상	8,000원
(8) 이자비용 계상	4,000원

제17장 현금흐름표

현금흐름표의 의의와 특성

현금흐름표(statement of cash flow)는 일정기간 동안 기업의 현금흐름을 나타내는 재무제표를 말한다. 현금및현금성자산의 변동내용을 명확하게 하기 위하여 현금의 유입과 유출에 관한 정보를 제공할 목적으로 작성한다.

K-IFRS에서는 회계정보이용자에게 유용한 현금흐름에 관한 정보를 제공하기 위하여 모든 기업이 현금흐름표를 작성·공시하도록 하고 있다.

기업의 배당금지급능력이나 부채상환능력은 기업의 현금조달능력에 의존하기 때문에 주주·채권자 등 회계정보이용자들에게 기업의 현금 및 현금성자산의 변동내용은 중요한 정보이다.

그러나 포괄손익계산서상의 당기순이익, 총포괄손익이 제공하는 이익창출능력 에 대한 정보만으로 기업의 현금조달능력을 평가하기에는 많이 부족하다. 당기순이익을 많이 계상하였음에도 불구하고 자금부족으로 주주나 채권자에게 배당금이나 부채의 원리금을 정해진 시점에 지급하지 못하는 경우도 있으며, 심한 경우에는 흑자도산을 하는 경우도 있기 때문이다.

이러한 이유는 재무상태표와 포괄손익계산서의 여러 항목이 발생기준(accrual basis)에 의하여 측정되고 또한 이들 항목 중 많은 것들이 인위적인 배분(유·무형자산의 감가상각 등)이나 추정(대손, 재고자산 원가흐름의 가정, 손상 등)에 의하여 보고되기 때문이다.

「일반적으로 인정된 회계원칙(GAAP)」에서는 발생기준으로 수익과 비용을 보고하기 때문에 현금수입과 현금지출과는 차이가 있다.

예를 들어 포괄손익계산서상 감가상각비를 비용으로 계상하였다 할지라도 감가상각비에 해당하는 실제 현금지출이 발생한 것은 아니다. 또 재고자산 외상매출의 경우 매출을 수익으로 보고하지만 반드시 현금수입이 발생한 것은 아니다.

그러므로 특정 회계기간에 많은 순이익을 보고했다 하더라도 많은 현금을 보유하는 것은 아니다. 따라서 많은 순이익을 보고한 기업이 배당지급과 부채상환을 할 수 없는 경우도 있고, 반대로 순손실을 보고한 기업이 많은 현금을 보유하여 경영활동을 더 잘 하는 경우도 있다.

이렇듯 발생기준에 따라 측정한 포괄손익계산서상의 순이익은 현금흐름을 반영하는 것이 아니므로 순이익만으로는 기업의 지급능력에 관한 충분한 정보가 되지 못한다.

재무상태표항목도 역시 발생기준에 의해서 측정·보고되므로 이들 항목으로 현금흐름을 파악하기는 어려우며, 또한 재무상태표항목은 회계기말에 경영활동의 결과만을 사후적으로 표시할 뿐 회계기간중에 경영활동의 동적 과정을 표시하지는 못한다.

따라서 오늘날 많은 이해관계자들은 발생주의에 의하여 작성되는 포괄손익계산서와 재무상태표 이외에 현금주의(cash basis)에 의해 작성되는 현금흐름표를 요구하게 되었다.

현금흐름표의 주요목적은 일정기간 동안 기업의 현금수입과 현금지출에 대한 정보를 제공하는 것이다. 그리고 기업의 영업활동, 투자활동 및 재무활동에 관한 정보를 현금주의에 따라 제공하는 데 있다.

현금흐름표는 ① 당기순손실이 발생하였는데도 현금잔액은 어떻게 하여 증가되었나? ② 사채발행액은 어떻게 사용되었나? ③ 공장의 증설은 어떤 자금으로 가능했나? ④ 배당금은 왜 증가하지 않았나? ⑤ 부채상환이 어떻게 가능했나? ⑥ 회계기간중 차입은 얼마나 이루어졌나? ⑦ 순이익보다 순현금흐름이 더 큰가 아니면 더 작은가? 등에 관한 정보를 제공한다.

현금흐름표는 기업의 일정기간 동안의 현금유입·유출에 관한 정보를 제공하지만 기간간의 관계에 대한 정보는 제공해주지 않으므로 미래의 현금흐름에 대한 장기전망을 하기에는 부족하다.

즉, 당해 기간의 현금유입 중 일부 특히 영업활동으로 인한 현금유입은 과거기간의 활동으로 인하여 유입된 것일 수도 있으며, 당해 기간 중의 현금유출 중 일부는 현재가 아닌 미래의 현금유입이 기대되거나 예상되어 이루어지는 것일 수도 있다.

따라서 현금흐름표는 단독으로 보다는 재무상태표나 포괄손익계산서 등과 함께 사용할 때 정보이용자의 회계정보 유용성이 높아진다.

현금의 개념 및 현금흐름의 구조와 유형별 구분

2·1 현금의 개념

현금흐름표에서 현금이란 재무상태표상의 현금및현금성자산을 말한다.

현금및현금성자산이란 통화 및 타인발행수표 등 통화대용증권, 당좌예금, 보통예금 및 현금성자산을 말한다. 이 경우 현금성자산이라 함은 큰 거래비용 없이 현금으로 전환이 용이하고 이자율변동에 따른 가치변동의 위험이 중요하지 않은 유가증권 및 단기금융상품으로서, 취득당시 만기(또는 상환일)가 3개월 이내에 도래하는 것을 말한다.

현금흐름표의 현금에 현금성자산을 포함시킨 이유는 다음과 같다.

첫째, 기업은 일반적으로 즉시 필요한 금액을 초과하여 보유하는 현금이 있을 경우 그 금액을 유동성이 높은 자산에 투자하게 된다. 이 경우 현금으로 보유하든지, 예금 또는 유동성이 높은 단기투자자산으로 보유하든지 간에 일반적으로 알려진 현금으로의 전환이 용이하기 때문에 회계정보이용자들이 유동성과 미래현금흐름 예측시 현금보유의 경우와 비교하여 어떤 차이도 발생되지 않는다.

둘째, 기업의 현금관리계획 수립시 지향하는 목표는 이자율이나 다른 요인의 변동으로 인한 유리한 가격변동 이익을 얻겠다는 기대보다는 일시적인 여유자금의 운영으로부터 이자수익을 얻으려는 데 있다.

따라서 현금흐름표상의 현금에는 현금(통화 및 통화대용증권, 당좌예금, 보통예금)뿐만 아니라 현금성자산도 포함시키고 있다.

2 · 2 현금흐름표의 구조

현금흐름표는 회계기간 동안 발생한 현금흐름을 영업활동, 투자활동 및 재무활동으로 구분하여 보고한다. 기업이 현금흐름을 활동별로 구분함에 있어서는 보고 기업의 사업 특성을 고려하여 가장 적절한 방법을 적용한다.

현금흐름을 활동별로 구분하는 이유는 현금흐름이 기업의 재무상태와 현금및현금성자산의 금액에 미치는 영향을 회계정보이용자가 평가할 수 있도록 정보를 제공할 수 있기 때문이다. 또한 이러한 구분을 통해 각 활동 간의 관계를 평가할 수도 있다.

하나의 거래에는 두 가지 이상의 활동으로 분류되는 현금흐름이 포함될 수 있다. 예를 들어 이자와 차입금을 함께 상환하는 경우, 원금상환은 재무활동으로 구분되지만, 이자지급은 재무활동으로 구분될 수도 있고, 영업활동으로 구분될 수도 있다.

현금흐름표의 구조를 요약하면 [표 17-1]과 같다.

[표 17-1] 현금흐름표의 구조

Ⅰ. 영업활동으로 인한 현금흐름
Ⅱ. 투자활동으로 인한 현금흐름
  1. 투자활동으로 인한 현금유입액
  2. 투자활동으로 인한 현금유출액
Ⅲ. 재무활동으로 인한 현금흐름
  1. 재무활동으로 인한 현금유입액
  2. 재무활동으로 인한 현금유출액
Ⅳ. 현금의 증가(감소) : Ⅰ+Ⅱ+Ⅲ
Ⅴ. 기초의 현금
Ⅵ. 기말의 현금

영업활동으로 인한 현금흐름은 직접법, 간접법의 두 가지 방법 중 선택적으로 적용할 수 있다.

2 · 3 현금흐름의 유형별 구분

현금흐름표(statement of cash flow)는 한 회계기간 동안 기업의 현금거래를 영업활동, 투자활동, 재무활동으로 구분하여 현금유입과 현금유출을 나타내는 재무제표이다.

현금흐름표를 작성하려면 우선 현금거래가 영업활동, 투자활동, 재무활동 중 어디에 속하는지를 구분해야 한다.

1. 영업활동으로 인한 현금흐름

영업활동으로 인한 현금흐름은 주로 기업의 주요 수익창출활동에서 발생한다. 따라서 영업활동 현금흐름은 일반적으로 당기순손익의 결정에 영향을 미치는 거래나 그 밖의 사건의 결과로 발생한다. 영업활동으로 인한 현금흐름의 예는 [표 17-2]와 같다.

[표 17-2] 영업활동으로 인한 현금흐름

현금유입	현금유출
· 상품, 제품등의 재화와 용역의 판매로 인한 현금유입(외상매출금과 받을어음 회수 포함) · 로열티, 수수료, 중개료 및 기타수익에 따른 현금유입 · 법인세의 환급(다만 재무활동과 투자활동에 명백히 관련되는 것은 제외) · 단기매매목적으로 보유하는 계약에서 발생하는 현금유입	· 상품, 재료 등의 재화와 용역의 구입에 따른 현금유출 · 종업원과 관련하여 직·간접으로 발생하는 현금유출 · 법인세의 납부(다만 재무활동과 투자활동에 명백히 관련되는 것은 제외) · 단기매매목적으로 보유하는 계약에서 발생하는 현금유출

2. 투자활동으로 인한 현금흐름

투자활동으로 인한 현금흐름은 미래수익과 미래현금흐름을 창출할 자원의 확보를 위하여 지출 되는 것이므로 영업활동 현금흐름이나 재무활동 현금흐름과 구분하여 표시한다. 투자활동으로 분류되는 현금지출은 재무상태표에 자산으로 인식되는 지출이어야 한다. 투자활동으로 인한 현금흐름의 예는 [표 17-3]과 같다.

[표 17-3] 투자활동으로 인한 현금흐름

현금유입	현금유출
· 유형자산, 무형자산 및 기타 장기성 자산의 처분에 따른 현금유입 · 다른 기업의 지분상품이나 채무상품 의 처분에 따른 현금유입(현금성자산으로 간주되는 상품이나 단기매매목적으로 보유하는 상품의 처분에 따른 유입액은 제외) · 제3자에 대한 선급금 및 대여금의 회수에 따른 현금유입(금융회사의 현금 선지급과 대출채권은 제외)	· 유형자산, 무형자산 및 기타 장기성자산의 취득에 따른 현금유출. · 다른 기업의 지분상품이나 채무상품의 취득에 따른 현금유출(현금성자산으로 간주되는 상품이나 단기매매목적으로 보유하는 상품의 취득에 따른 유출액은 제외) · 제3자에 대한 선급금 및 대여금(금융회사의 현금 선지급과 대출채권은 제외)

3. 재무활동으로 인한 현금흐름

재무활동으로 인한 현금흐름은 미래현금흐름에 대한 자본 제공자의 청구권을 예측하는 데 유용하므로 다른 활동의 현금흐름과 구분하여 표시할 필요가 있다. 재무활동으로 인한 현금흐름의 예는 [표 17-4]와 같다.

[표 17-4] 재무활동으로 인한 현금흐름

현금유입	현금유출
· 주식이나 기타 지분상품의 발행에 따른 현금유입 · 사채·어음의 발행과 장·단기차입에 따른 현금유입	· 주식의 취득이나 상환에 따른 소유주에 대한 현금유출 · 차입금의 상환에 따른 현금유출

K-IFRS에서는 이자지급, 이자수입 및 배당금수입은 당기순손익의 결정에 영향을 미치므로 영업활동으로 인한 현금흐름으로 구분할 수도 있고, 재무자원을 획득하는 원가이거나 투자자산에 대한 수익에 해당하기도 하여 투자활동으로 인한 현금흐름과 재무활동으로 인한 현금흐름으로 구분하는 것도 가능하다. 단, 매 기간 일관성있게 적용해야 하며, 별도의 항목으로 표시하도록 하고 있다.

현금흐름표의 작성방법

3·1 영업활동으로 인한 현금흐름의 표시

영업활동으로 인한 현금흐름은 일반적으로 기업의 주된 영업활동과정에서 발행한다. 주로, 상품 및 용역의 구매·판매활동과 제품의 생산·판매활동에서 발생하며, 투자활동과 재무활동에 속하지 않는 거래를 모두 포함한다.

영업활동으로 인한 현금흐름의 계산방법으로는 직접법과 간접법이 있는데 기업이 선택하여 적용할 수 있다. 직접법과 간접법 중 어느 방법을 사용하더라도 영업활동으로 인한 현금흐름은 동일한 금액이 계산된다.

그러나 K-IFRS는 직접법에 의하여 영업활동 현금흐름을 보고할 것을 권장하고 있다. 직접법을 적용하여 표시한 현금흐름은 간접법에 의한 현금흐름에서는 파악 할 수 없는 정보를 제공하며, 미래현금흐름을 추정하는 데 보다 유용한 정보를 제공하기 때문이다.

직접법과 간접법에 의한 영업활동으로 인한 현금흐름의 보고양식을 요약하면 [표 17-5]와 같다.

[표 17-5] 영업활동으로 인한 현금흐름의 구성

직 접 법	간 접 법
가. 매출 등 수익활동으로부터의 현금유입 나. 매입 및 종업원에 대한 현금유출 다. 이자수익 현금유입 라. 배당금수익 현금유입 마. 이자비용 현금유출 바. 법인세비용 현금유출	가. 법인세비용차감전순이익(손실) 나. 비현금항목의 가감 다. 투자활동과 재무활동으로 분류되는 항목의 가감 라. 영업활동과 관련된 자산·부채의 변동 가감 마. 이자·배당금 및 법인세비용의 별도 공시

1. 직접법

직접법이란 현금을 수반하여 발생한 수익 또는 비용항목을 총액으로 표시하되 현금유입액은 원천별로, 현금유출액은 용도별로 분류하여 표시하는 방법을 말한다.

중요한 항목으로는 매출 등 수익활동으로부터의 현금유입, 매입 및 종업원에 대한 현금유출, 이자수익 현금유입, 배당금수익 현금유입, 이자비용 현금유출, 법인세비용 현금유출로 구분하여 표시한다.

현금흐름표를 직접법에 의해 작성할 경우 직접법으로 작성한 경우에는 당기순이익과 당기순이익에 가감할 항목에 관한 사항을 주석으로 기재하여 한다. 이러한 까닭에 직접법을 사용하더라도 다음에서 설명하게 되는 간접법에 의한 당기순이익 조정항목을 별도로 표시하도록 하여 두 가지 방법을 모두 파악할 수 있게 하고 있는 것이다.

직접법에 의하여 현금흐름표를 작성하는 경우에도 영업활동으로 인한 현금흐름액을 계산하는 방법에는 다음과 같이 두 가지가 있다.

첫째, 당해 기업의 회계장부로부터 직접 중요한 수익·비용항목의 현금유입액과 현금유출을 구하는 방법과 둘째, 포괄손익계산서상의 매출액, 매출원가, 판매비와관리비 등에 현금의 유입과 유출이 없는 항목과 재고자산, 매출채권, 매입채무 등의 증감을 가감하여 계산하는 방법이 있다.

위의 두 가지 방법 중 첫째 방법은 회사의 장부에서 항목별로 현금의 유입액과 유출액을 구하는 방법이므로 별도의 조정이 필요하지 않지만, 둘째 방법으로 금액을 계산하는 경우에는 재무상태표와 포괄손익계산서의 항목을 상호관련시켜 가감조정을 해 주어야 한다. 실무적으로는 둘째 방법이 선호되고 있다.

[표 17-6]에서는 둘째 방법에 대하여 설명하기로 한다.

[표 17-6] 재무상태표와 포괄손익계산서의 항목을 상호관련시켜 가감조정하는 방법

Ⅰ. 영업활동으로 인한 현금흐름
가. 매출 등 수익활동으로부터의 현금유입액
　매출액(손익계산서상)
　－매출채권의 증가(＋감소)
　＋선수금의 증가(－감소)
　－장기성매출채권의 증가(＋감소)

+대손충당금의 증가(-감소)
−대손상각비

나. 매입 및 종업원에 대한 현금유출액
(1) 매출원가(손익계산서상)
+재고자산의 증가(−감소)
+선급금의 증가(- 감소)
−매입채무의 증가(+감소)
−감가상각비 등
−비현금비용(제조원가)
−미지급비용의 증가(+감소)
−선급비용의 감소(+증가)
(2) 판매비와관리비(손익계산서상)
−미지급비용의 증가(+감소)
−선급비용의 감소(+증가)
−비현금비용(감가상각비, 대손상각비 등)

다. 이자수익 현금유입액
이자수익(손익계산서상)
+미수이자의 감소(−증가)
+선수이자의 증가(−감소)
−장기성매출채권의 현재가치할인차금 상각분

라. 배당금수익 현금유입액
배당금수익(손익계산서상)
+미수배당금 감소(−증가)

마. 이자비용 현금유출액
이자비용(손익계산서상)
−미지급이자의 증가(+감소)
+선급이자의 증가(−감소)
−사채할인발행차금 상각분
−장기성매입채무의 현재가치할인차금 상각분

바. 법인세비용 현금유출액
법인세비용(손익계산서상)
−미지급법인세(순수법인세)의 증가(+감소)
−전기분 법인세 환수액(+추납액)

사. 기타

(1) 매출 등 수익활동으로부터의 현금유입액

매출 등의 수익활동으로부터의 현금유입액은 포괄손익계산서상의 매출액에 비교재무상태표상의 매출채권의 증가액(감소액)을 차감(가산)하여 계산한다. 또한 재무상태표상에 매출과 관련된 선수금이 있는 경우에는 그 증가액(감소액)을 매출액에 가산(차감)한다. 대손충당금이 있는 경우에는 그 증가액(감소액)을 매출액에 가산(차감)하며[14], 회계기간 중 발생한 대손상각비는 매출액에서 차감한다.

현금유입액 = 매출액－매출채권증가액(＋매출채권감소액)＋선수금증가액(－선수금감소액) +대손충당금증가액(-대손충당금감소액) - 대손상각비

위의 식에서 매출채권이 증가하면 현금유입이 없이 매출액이 증가한 것이므로 매출액에서 차감하여야 하며, 매출채권이 감소하면 현금의 회수가 이루어진 것이므로 매출액에 가산하여야 한다는 것을 의미한다.

마찬가지로 매출과 관련하여 선수금이 증가하면 현금유입이 이루어진 것이므로 매출액에 가산하여야 하며, 선수금이 감소하면 현금유입 없이 매출액이 증가한 것이므로 매출액에서 차감해 주어야 한다. 대손충당금의 증가는 결산시 대손상각비의 계상을 의미하는데,

대손상각비는 현금유출이 없는 비용이어서 매출액에 가산한다. 회계기간 중 발생한 대손상각비 및 대손충당금의 감소는 매출채권의 감소를 가져와 현금유입액의 감소를 가져왔기 때문에 매출액에서 차감한다.

(2) 매입 및 종업원에 대한 현금유출액

매입 및 종업원에 대한 현금유출액은 기업의 주된 영업활동에서 발생하는 현금유출액, 즉 재고자산의 매입 및 판매비와관리비에 관련된 현금유출액을 의미한다.

가. 매입에 대한 현금유출액

재고자산의 매입은 전액 현금으로만 이루어지는 것이 아니므로 매입에 대한 현금유출액은 포괄손익계산서상의 매출원가에 비교재무대상표상의 재고자산의 증가액(감소액)을 가산(차감)하여 계산하며, 또한 재무대상표상의 매입채무의 증가액(감소액)을 차감(가산)하며 선급금의 증가액(감소액)을 가산(차감)한다.

---

14) 매출채권에서 대손충당금을 차감한 매출채권 순액의 증감액을 매출액에서 차감(가산) 할 수도 있다.

매입에 대한 현금유출액 = 매출원가 + 재고자산증가액(－재고자산감소액)
－매입채무증가액(＋매입채무감소액)+선급금증가액(-선급금감소액)

위의 식에서 재고자산의 증가는 매입에 의한 증가를 의미하므로 현금유출이 이루어진 것으로 보아 현금유출액에 가산하며, 재고자산의 감소는 판매에 의한 감소를 의미하므로 매출원가에 대체(가산)가 이루어졌으나 현금유출이 없는 비용이므로 현금유출액에서 차감한다. 또한 매입채무의 증가는 현금유출 없이 매입이 이루어진 것이므로 현금유출액의 계산을 위하여 매출원가(매입)에서 차감하며, 매입채무의 감소는 매입채무의 지급을 위한 현금유출이 이루어진 것이므로 매출원가(매입)에 가산한다. 선급금의 증가는 재고자산의 매입을 위하여 현금유출이 발생한 것을 의미하므로 가산하며, 선급금의 감소는 현금유출 없이 매입을 증가시키므로 차감한다.

나. 판매비와관리비에 대한 현금유출액

판매비와관리비에 대한 현금유출액은 포괄손익계산서상의 판매비와관리비 계상액에 현금유출이 없는 비용(감가상각비 등)을 차감하여 계산하며, 또한 미지급비용의 증가액(감소액)을 차감(가산)하여 계산하다. 그리고 선급비용의 증가액(감소액)을 가산(차감)하여 계산한다.

판매비와 관리비에 대한 현금유출액 = 판매비와관리비 계상액－비현금비용
－미지급비용증가액(＋미지급비용감소액)＋선급비용증가액(－선급비용감소액)

위의 식에서 비현금비용은 감가상각비 등과 같이 현금유출이 없는 비용으로서 판매비와관리비에 대한 현금유출액에서 차감한다. 또한 미지급비용의 증가는 현금유출이 없는 비용의 계상을 의미하므로 현금유출액에서 차감하며, 미지급비용의 감소는 현금유출을 수반한 것이므로 가산한다. 그리고 선급비용의 증가는 현금유출을 가져오므로 가산하며, 선급비용의 감소는 현금유출이 없는 비용의 계상을 의미하므로 차감한다.

(3) 이자수익의 현금유입액

포괄손익계산서상의 이자수익은 현금유입과는 관계없이 당기에 인식(귀속)되는 이자수익만 계상된 것이므로 미수이자의 증감액과 선수이자의 증감액을 고려하여 다음과 같이 계산한다.

이자수익의 현금유입액 = 이자수익 계상액 − 미수이자증가액(+미수이자감소액) +선수이자증가액(−선수이자감소액)

위의 식에서 미수이자의 증가는 현금유입이 없는 수익의 계상이므로 현금유입액에서 차감하며, 미수이자의 감소는 미수이자의 현금회수를 의미하므로 현금유입액에 가산한다. 또한 선수이자의 증가는 현금유입을 의미하므로 가산하며, 선수이자의 감소는 이자수익으로 대체되는 것으로서 현금유입이 없으므로 차감한다.

(4) 배당금수익의 현금유입액

포괄손익계산서상의 배당금수익은 현금유입과는 관계없이 당기에 인식될 금액을 계상한 것이므로 미수배당금을 고려하여 다음과 같이 계산한다.

배당금수익의 현금유입액 = 배당금수익 계상액 − 미수배당금증가액(+미수배당금감소액)

위의 식에서 미수배당금의 증가는 현금유입이 없으므로 배당금수익에서 차감하며, 미수배당금의 감소는 현금의 회수이므로 배당금수익에 가산한다.

(5) 이자비용의 현금유출액

포괄손익계산서상의 이자비용은 현금유출과는 관계없이 발생기준에 의하여 당기 발생분을 계상한 것이므로 미지급이자와 선급이자를 고려하여 다음과 같이 계산한다.

이자비용의 현금유출액 = 이자비용계상액 − 미지급이자증가액 (+미지급이자감소액) + 선급이자증가액(−선급이자감소액)

위의 식에서 미지급이자의 증가액은 현금유출이 없으므로 이자비용에서 차감하며, 미지급이자의 감소액은 현금의 지급이므로 이자비용에 가산한다. 그리고 선급이자의 증가액은 현금유출에 해당하므로 이자비용에 가산하며, 선급이자의 감소액은 현금유출이 이루어지지 않기 때문에 이자비용에서 차감한다.

(6) 법인세비용의 현금유출액

포괄손익계산서상의 법인세비용은 현금유출과는 관계없이 발생기준에 의하여 당기분이 계상되는 것이므로 미지급법인세와 전기분 법인세환수액(추납액)을 고려하여 다음과 같이 계산한다.

> 법인세비용의 현금유출액 = 법인세비용 계상액 − 미지급법인세증가액 (+미지급법인세감소액) − 전기분법인세 환수액(+전기분법인세 추납액)

위의 식에서 미지급법인세의 증가액은 현금유출이 이루어지지 않은 것이므로 법인세비용 계상액에서 차감하며, 미지급법인세의 감소액은 현금의 지급이 이루어진 것이므로 법인세비용 계상액에 가산한다.

전기분 법인세의 환수액은 세무당국으로부터 현금으로 회수한 것이므로 법인세비용 계상액(유출액)에서 차감하며, 전기분 법인세의 추납액은 추가로 법인세를 납부한 것이므로 추가적인 현금유출로서 법인세비용 계상액(유출액)에 가산한다.

예제 17-1 다음 자료에 의하여 영업활동으로 인한 현금흐름을 직접법에 의하여 계산하시오.

(1) 재무상태표

	기초	기말
매출채권	700,000	780,000
미수이자수익	8,000	6,000
재고자산	690,000	670,000
선급판관비	22,000	18,000
매입채무	590,000	577,000
미지급판관비	21,000	38,000
미지급이자	19,000	13,000
미지급법인세	28,000	36,000

(2) 포괄손익계산서

수익:		
매출액	3,100,000	
이자수익	50,000	
배당금수익	47,000	3,197,000
비용 :		
매출원가	1,850,000	
판관비	920,000	
이자비용	140,000	

법인세비용	90,000	
유형자산처분손실	7,000	3,007,000
당기순이익		190,000

(3) 판매비와관리비에는 감가상각비 105,000원이 포함되어 있다.

해답

① 매출 등 수익활동으로부터의 유입액	
3,100,000－(780,000－700,000)＝	₩3,020,000
② 매입에 대한 유출액	
1,850,000＋(670,000－690,000)－(577,000－590,000)＝	(1,843,000)
③ 판매비와관리비에 대한 유출액	
920,000－105,000－(38,000－21,000)＋(18,000－22,000)＝	(794,000)
④ 이자수익 유입액	
50,000－(6,000－8,000)＝	52,000
⑤ 배당금수익 유입액	47,000
⑥ 이자비용 유출액	
140,000－(13,000－19,000)＝	(146,000)
⑦ 법인세 등 유출액	
90,000－(36,000－28,000)＝	(82,000)
영업활동으로 인한 현금흐름	₩254,000

2. 간접법

간접법은 포괄손익계산서상의 법인세비용차감전순이익에 가감조정항목으로서 1) 비현금항목(현금유출이 없는 비용과 현금유입이 없는 수익), 2) 투자 및 재무활동으로 인한 현금흐름으로 분류되는 항목, 3) 영업활동 관련 자산과 부채의 변동 등을 가감하여 표시하는 방법을 말한다.

즉, 포괄손익계산서상의 법인세비용차간전순이익은 발생주의에 의하여 계산되는 것으로서 이를 현금주의에 의한 법인세비용차감전순이익으로 조정하여야 한다.

K-IFRS에서는 직접법의 경우와 마찬가지로 이자의 수취와 지급, 배당금의 수취

와 지급[15], 법인세 지급에 따른 현금흐름정보를 별도로 공시하여 정보이용자들에게 쉽게 보이도록 규정하고 있다. 즉, 이자수익 현금유입액, 배당금수익 현금유입액, 이자비용 현금유출액, 법인세비용 현금유출액 등을 영업활동으로 인한 현금흐름으로 별도 공시하도록 규정하고 있다. 별도항목으로 공시되는 이들 이자와 배당금 및 법인세 현금흐름액은 직접법 적용시의 계산방법에 따라 산출된다.

간접법에 의한 영업활동으로 인한 현금흐름의 표시항목을 구체적으로 설명하면 다음과 같다.

(1) 법인세비용차감전순이익

포괄손익계산서상의 법인세비용차감전순이익(법인세비용차감전순손실)으로 한다.

(2) 비현금항목의 가산 또는 차감

비현금항목은 현금유출이나 현금유입이 이루어지지 않는 비용과 수익항목으로 구분되며, 이들 항목은 법인세비용차감전순이익에 가산 또는 차감하여야 한다.

가. 현금유출이 없는 비용의 가산

현금유출이 없는 비용은 포괄손익계산서에 비용으로 계상되어 법인세비용차감전순이익을 감소시켰지만 현금유출이 없었으므로 현금흐름을 계산하기 위해서는 그 금액만큼 법인세비용차감전순이익에 가산하여야 하는 비용항목이다. 감가상각비, 퇴직급여, 대손상각비, 사채할인발행차금상각액, 금융자산평가손실, 지분법손실, 손상차손 등이 이에 속하는 비용항목이다.

나. 현금유입이 없는 수익의 차감

현금유입이 없는 수익은 포괄손익계산서에 수익으로 계상되어 법인세비용차감전순익을 증가시켰지만 현금유입이 없었으므로 현금흐름을 계산하기 위하여 그 금액을 차감하여야 하는 수익항목이다. 금융자산평가이익, 대손충당금환입, 지분법이익, 손상차손환입 등의 수익이 이에 해당한다.

(3) 투자 및 재무활동으로 인한 현금흐름으로 분류되는 항목의 가산 또는 차감

투자 및 재무활동으로 인한 현금흐름으로 분류되는 비용과 수익항목을 법인세비용

---

15) K-IFRS에 의하면 배당금의 지급액은 재무활동 현금흐름과 영업활동 현금흐름 중에서 기업이 선택하여 표시할 수 있으나 재무활동 현금흐름으로 표시하는 것이 타당하다.

차감전순이익에 가감하여 그 영향을 제거하는 이유는 법인세비용차감전순이익에서 투자 및 재무활동으로 인한 현금흐름을 배제하고 영업활동으로 인한 현금흐름만을 남겨두기 위해서이다.

가. 투자 및 재무활동으로 인한 현금흐름으로 분류되는 비용의 가산

자산처분손실, 부채상환손실 등과 같은 투자 및 재무활동과 관련된 비용은 법인세비용차감전순이익의 계산에 이미 반영되어 법인세비용차감전순익을 감소시켰다. 그러나 투자활동인 자산처분과 재무활동인 부채상환에 대하여 현금흐름표에서 투자활동으로 인한 현금흐름과 재무활동으로 인한 현금흐름으로 분류하여 표시할 때, 장부가액이 아닌 처분가액(자산)과 상환가액(부채)으로 기입한다. 이때 발생할 수 있는 자산처분손실과 부채상환손실이 포괄손익계산서에 비용으로 표시되어 법인세비용차감전순이익을 차감시키게 되므로 영업활동으로 인한 현금흐름 계산시 법인세비용차감전순이익에 가산해주어야 한다.

예를 들어, 취득원가 100,000원, 감가상각누계액 30,000원의 비품을 60,000원에 처분하고 대금은 현금으로 받으면 다음과 같이 분개를 할 것이다.

(차)	현 금	60,000	(대)	비 품	100,000
	감가상각누계액	30,000			
	유형자산처분손실	10,000			

위의 거래에서 비품처분대금 60,000원은 투자활동으로 인한 현금흐름에 표시될 것이다. 그런데 유형자산처분손실 10,000원이 포괄손익계산서에 비용으로 표시되어 법인세비용차감전순이익을 10,000만큼 감소시키는 결과가 되어 영업활동으로 인한 현금흐름에 10,000원만큼 감소시킴으로써 현금흐름표상에 60,000원의 현금흐름이 50,000원의 현금흐름으로 잘못 표시될 수 있다.

따라서 유형자산처분손실 10,000원이 영업활동으로 인한 현금흐름에 영향을 주지 않게 하기 위해 법인세비용차감전순이익에 가산하는 절차가 필요하다.

나. 투자 및 재무활동으로 인한 현금흐름으로 분류되는 수익의 차감

자산처분이익, 부채상환이익 등과 같은 투자 및 재무활동과 관련된 수익은 법인세비용차감전순이익의 계산에 이미 반영되어 법인세비용차감전순이익을 증가시켰다. 그러나 투자활동인 자산처분과 재무활동인 부채상환 거래는 현금흐름표에서 투자활동으로 인한 현금흐름과 재무활동으로 인한 현금흐름으로 분류하여 표시할 때, 장부가액이 아닌 처분가액(자산)과 상환가액(부채)으로 기입한다. 이 경우 발생하는 자산처분이익과 부채상환이익은 포괄손익계산서에 수익으로 표시되어 법인세비용차감전순이익을 증가시키게 되므로 영업활동으로 인한 현금흐름 계산세 법인세비용차감전순이익에서 차감해야 한다.

예를 들어, 취득원가 100,000원의 토지를 120,000원에 처분하고 대금은 현금으로 수령하였다면, 다음과 같이 분개할 수 있다.

(차) 현 금	120,000	(대) 토 지	100,000
		유형자산처분이익	20,000

위의 거래에서 토지처분대금 120,000원은 투자활동으로 인한 현금흐름에 표시되며, 유형자산처분이익 20,000원은 포괄손익계산서에 수익으로 보고되어 법인세비용차감전순이익을 20,000원만큼 증가시킬 것이므로 영업활동으로 인한 현금흐름을 과대표시하는 결과가 된다. 따라서 유형자산처분이익은 법인세비용차감전순이익에서 차감하여 영업활동으로 인한 현금흐름에 미치는 영향을 제거하여야 한다.

(4) 영업활동과 관련된 자산과 부채의 변동의 가감

매출채권, 재고자산, 선급비용, 미수수익 등 유동자산의 감소분은 법인세비용차감전순손익에 가산하고 증가분은 차감한다. 반대로 매입채무, 미지급비용, 충당부채 등 유동부채의 증가분은 법인세차감전순손익에 가산하고 감소분은 차감한다.

이러한 조정이 필요한 이유는 당기손익을 산출하는 과정에서 수익과 비용으로 인식한 금액과 당기의 현금유출과 현금유입이 일치하지 않기 때문이다. 예를 들어 당기에 매출수익으로 인식한 금액이 1,000원이지만 현금매출이 600원이라면 나머지 400원은 매출채권의 증가로 나타날 것이다.

현금흐름표가 작성되는 과정에서 손쉽게 획득할 수 있는 자료는 발생주의에 의해 작성된 포괄손익계산서이다. 포괄손익계산서에서 얻은 매출액 1,000원과 재무상태표 전기와 당기 매출채권의 변동분에서 현금흐름 600원을 산출하기 위해서는 매출액 1,000원에서 매출채권의 증가분 400원을 차감하여야 한다.

매출채권, 재고자산, 선급비용, 미수수익 등 유동자산 항목과 매입채무, 미지급비용, 충당부채 등 유동부채 항목들이 분개를 통해 장부에 기록될 때 상대 계정과목은 현금흐름이거나 포괄손익계산서의 손익 항목으로 이루어진다. 따라서 포괄손익계산서의 항목별 손익금액과 재무상태표의 유동자산, 유동부채의 증감 자료를 통하면 현금흐름을 산출할 수 있다. 손익항목에서 출발하여 현금흐름을 산출하기 위해서는 유동자산의 감소와 유동부채의 증가는 가산하고 반대로 유동자산의 증가와 유동부채의 감소는 차감하여야 한다.

(5) 이자와 배당금 및 법인세 지급액의 별도 공시항목의 표시

이자, 배당금 및 법인세와 관련된 현금흐름을 현금흐름표의 영업활동으로 인한 현금흐름에 별도 공시하기 위해서는 다음과 같은 절차에 따를 필요가 있다.

첫째, 투자 및 재무활동으로 분류되는 비용과 수익 항목 아래에 포괄손익계산서의 이자비용을 가산 표시하고, 이자수익과 배당금수익을 차감표시한다. 왜냐하면 이자 및 배당과 관련된 현금흐름을 별도 공시하기 위해서는 법인세비용차감전순이익을 이들 항목의 가산 및 차감전의 금액으로 표시해야 하기 때문이다.

둘째, 미지급법인세, 이연법인세자산과 부채, 미지급이자와 선급이자, 미수이자와 선수이자, 미수배당금 등의 증가(감소)를 영업활동과 관련된 자산과 부채의 변동의 가감란에서 제외한다.

예제 17-2 예제 [17-1]의 자료를 이용하여 영업활동으로 인한 현금흐름액을 간접법에 의하여 계산하시오.

해답

1. 법인세비용차감전순이익	280,000
2. 비현금항목의 가감	
가. 현금의 유출이 없는 비용의 가산	
감가상각비	105,000
나. 현금의 유입이 없는 수익의 차감	
3. 투자 및 재무활동으로 분류되는 항목의 가감 등	
가. 투자와 재무활동 항목	
유형자산처분손실	7,000
나. 별도 공시를 위한 조정	
이자수익	(50,000)
배당금수익	(47,000)
이자비용	140,000

4. 영업활동과 관련된 자산과 부채의 변동 가감		
매출채권의 증가	(80,000)	
재고자산의 감소	20,000	
선급비용의 감소	4,000	
매입채무의 감소	(13,000)	
미지급판관비의 증가	17,000	
영업활동에서 창출된 현금흐름	383,000	
5. 이자, 배당금 및 법인세비용의 별도 공시		
이자수익 현금유입액	52,000	
배당금수익 현금유입액	47,000	
이자비용 현금유출액	(146,000)	
법인세비용 현금유출액	(82,000)	(129,000)
영업활동 총현금흐름	254,000	

3. 직접법과 간접법의 비교

직접법은 영업활동과 관련된 현금유입액은 원천별로, 현금유출액은 용도별로 분류하는 방법으로서 작성하는 데 시간과 노력이 많이 소요되나 작성 후 현금흐름의 정보를 이용하는 데는 간접법보다는 유용하다. 그러나 당기순이익과 영업활동으로 인한 현금흐름의 차이발생 원인을 보여주지 못하여 당해 기업의 당기순이익의 질을 평가하는데 유용한 정보를 제공하지 못한다[16].

간접법은 현금유입의 원천 및 현금유출의 용도별 파악이 불가능한 단점이 있으나 현금흐름표를 작성하는 데 시간과 노력이 상대적으로 적게 소요되며, 당기순이익과 현금흐름의 차이발생 원인에 대한 정보를 제공할 수 있다.

회계정보이용자가 영업활동으로 인한 현금흐름을 추적하는 데 있어서는 직접법이 간접법보다 유용한 방법이나 실무적으로는 간접법이 주로 사용되고 있다. 그러나 K-IFRS에서는 직접법의 적용이 권장되고 있다.

16) 경영자는 당기순이익과 영업활동으로 인한 현금흐름의 차이에 해당하는 발생액(accruals)을 이용하여 이익조정(earning management)을 하는 경우가 있다.

3·2 투자활동으로 인한 현금흐름의 표시

투자활동이란 현금의 대여와 회수활동, 지분증권과 채무증권, 투자자산, 유형자산 및 무형자산의 취득과 처분활동 등을 말한다. 투자활동으로 인한 현금흐름은 투자활동 중에서 현금유입과 현금유출을 수반하는 거래를 말하므로 건설중인 자산의 건물계정대체, 유형자산의 연불구입 및 연불매각 등의 비현금거래는 포함하지 않는다.

투자활동으로 인한 현금흐름은 [표 17-7]과 같이 구성되어 있다.

[표 17-7] **투자활동으로 인한 현금흐름의 구성**

Ⅱ 투자활동으로 인한 현금흐름
  1. 투자활동으로 인한 현금유입액
    가. 지분증권이나 채무증권 등의 처분
    나. 유형자산, 무형자산 등의 처분
    다. 장기성예금의 감소 및 대여금의 회수
    라. ……………………………………………
  2. 투자활동으로 인한 현금유출액
    가. 지분증권이나 채무증권의 취득
    나. 유형자산, 무형자산의 취득
    다. 현금의 대여
    라. 개발비의 지급
    마. ……………………………

1. 투자활동으로 인한 현금유입액

투자활동으로 인하여 현금이 유입되는 경우는 지분증권이나 채무증권의 처분, 장기성예금의 감소, 토지의 처분 등이다.

2. 투자활동으로 인한 현금유출액

투자활동으로 인하여 현금이 유출되는 경우는 현금의 단기대여, 지분증권이나 채무증권의 취득, 토지의 취득 등이며, 또한 개발비의 지급으로도 발생된다.

3·3 재무활동으로 인한 현금흐름의 표시

재무활동이란 현금의 차입 및 상환활동, 신주발행이나 배당금의 지급활동 등과 같이 부채 및 자본계정에 영향을 주는 거래를 말한다. 재무활동으로 인한 현금흐름은 재무활동 중에서 현금유입과 현금유출을 수반하는 거래를 말하므로 현금출자, 전환사채의 주식전환 등 비현금거래는 포함하지 않는다.

현금흐름표상의 재무활동으로 인한 현금흐름은 [표 17-8]과 같이 구성되어 있다.

[표 17-8] 재무활동으로 인한 현금흐름의 구성

Ⅲ 재무활동으로 인한 현금흐름
  1. 재무활동으로 인한 현금유입액
    가. 현금의 차입이나 어음의 발행
    나. 사채의 발행
    다. 보통주의 발행
    라. ………………………………………
  2. 재무활동으로 인한 현금유출액
    가. 차입금의 상환
    나. 사채의 상환
    다. 유상감자
    라. ………………………………

1. 재무활동으로 인한 현금유입액

재무활동으로 인하여 현금이 유입되는 경우는 현금의 차입이나 어음의 발행, 사채의 발행, 보통주의 발행 등이다.

2. 재무활동으로 인한 현금유출액

재무활동으로 인하여 현금이 유출되는 경우는 장·단기차입금의 상환, 사채의 상환, 유상감자 등이다.

예제 17-3 다음은 서울상사의 20×1년과 20×2년의 재무대상표비교표와 요약포괄손익계산서 및 기타자료이다.

재 무 상 태 표

서울상사 제xx기 20×2년 12월 31일 현재 (단위 : 원)
제xx기 20×1년 12월 31일 현재

	20×2년	20×1년	증감
현금과예금	226,000	50,000	176,000
매출채권	148,000	100,000	48,000
대손충당금	(8,000)	(5,000)	3,000
상품	291,000	300,000	(9,000)
선급보험료	2,500	2,000	500
당기손익-공정가치측정금융자산	10,000	40,000	(30,000)
감채기금	90,000	80,000	10,000
토지	100,000	100,000	-
건물	95,000	95,000	-
감가상각누계액	(26,250)	(22,500)	3,750
비품	215,000	90,000	125,000
감가상각누계액	(39,750)	(27,500)	12,250
	1,103,500	802,000	
매입채무	125,000	80,000	45,000
미지급판관비	18,000	15,000	3,000
미지급법인세	35,000	10,000	25,000
선수금	1,000	9,000	(8,000)
장기차입금	40,000	60,000	(20,000)
사채	250,000	250,000	-
사채할인발행차금	(8,500)	(9,000)	(500)
자본금	300,000	200,000	100,000
자본잉여금	116,000	5,000	111,000
감채기금적립금	90,000	80,000	10,000
이익잉여금	142,000	112,000	30,000
자기주식	(5,000)	(10,000)	(5,000)
	1,103,500	802,000	

요약포괄손익계산서

서울상사 20×2년 1월 1일부터 20×2년 12월 31일까지 (단위 : 원)

매 출	898,000
매출원가	(539,000)
매출총이익	359,000
판매비와관리비 및 영업외비용	(287,000)
금융자산처분이익	12,000
유형자산처분손실	(1,000)
법인세비용차감전순이익	83,000
법인세비용	(35,000)
당기순이익	48,000

〈기타자료〉

(1) 모든 매출과 매입은 외상으로 이루어졌다.

(2) 감채기금은 사채를 상환하기 위해 사용된다.

(3) 취득원가가 15,000원인 비품을 7,000원에 처분하였다.

(4) 판매비와관리비 및 영업외비용에는 다음 사항이 포함되어 있다.

보험료	2,000원
건물감가상각비	3,750원
비품감가상각비	19,250원
이자비용	18,000원

(5) 50,000원의 지급어음(만기 : 20×3. 6. 30)을 새 비품구입을 위해 발행하였다.

(6) 장기차입금은 매년 이자와 함께 20,000원씩 상환된다.

(7) 자기주식은 원가보다 1,000원 높게 처분하였다.

(8) 모든 배당은 현금으로 이루어졌다.

물음

서울상사의 20×2년도의 현금흐름표를 작성하시오.

해답

1. 직접법에 의한 현금흐름표의 작성

가. 영업활동으로 인한 현금흐름의 계산

(1) 매출 등 수익활동으로부터의 유입액

898,000 − (140,000−95,000) + (1,000 − 9,000) = 845,000

(2) 매입 및 종업원에 대한 유출액

가. 매입에 대한 현금유출액

539,000 + (291,000−300,000) − (125,000−80,000−50,000) = 535,000

* 매입채무의 증가액 중 50,000원은 비품구입에 의한 증가로서 현금흐름에 영향이 없는 거래이므로 제외한다.

나. 판매비와 관리비 및 영업외비용에 대한 현금유출액

287,000 − (3,750+19,250+500) − (18,000−15,000) + (2,500−2,000) = 261,000

(3) 법인세비용의 유출액

35,000 − (35,000−10,000) = 10,000

나. 현금흐름표 작성을 위한 조정분개

* 아래의 분개에서 ( ) 안의 Ⅰ, Ⅱ 등의 표시는 현금흐름표 양식의 배열위치를 의미하는 것이다. 따라서 분개된 내용을 현금흐름표의 양식에 채워 넣으면 현금흐름표를 쉽게 작성할 수 있다. 다만, Ⅰ번 항목(영업활동에 의한 현금흐름의 조정항목)의 경우에는 간접법에 의한 현금흐름표에만 사용된다. 이 방법을 양식법(format approach) 또는 간편법이라고 한다.

(1) 현금흐름표 작성을 위한 분개

① 분개 없음.

	차변	금액	대변	금액
②	(차) 감채기금	10,000	(대) 현 금(Ⅱ-2)	10,000
③	(차) 현금(Ⅱ-1)	7,000	(대) 비 품	15,000
	유형자산처분손실(Ⅰ)	1,000		
	비품감가상각누계액(비품)	7,000		
④	(차) 건물감가상각비(Ⅰ)	3,750	(대) 건물감가상각누계액(건물)	3,750
	비품감가상각비(Ⅰ)	19,250	비품감가상각누계액(비품)	19,250
⑤	(차) 비 품	50,000	(대) 미지급금	50,000
	* 현금흐름에 영향이 없는 거래			
⑥	(차) 장기차입금	20,000	(대) 현금(Ⅲ-2)	20,000
⑦	(차) 현 금(Ⅲ-1)	6,000	(대) 자기주식	5,000
			자본잉여금 (자기주식처분이익)	1,000
⑧	(차) 당기순이익	48,000	(대) 이익잉여금	48,000

(차) 이익잉여금	*160,000	(대)	이익잉여금	142,000
			감채적립금	10,000
			현금(Ⅲ-2)	8,000
			(배당금)	

* 112,000 + 48,000 = 160,000

⑨ (차) 매출채권(Ⅰ)	48,000	(대)	매 출	48,000
대손상각비(Ⅰ)	3,000		대손충당금	3,000
또는 (차) 매출채권(Ⅰ)	45,000	(대)	매 출	45,000
⑩ (차) 매출원가	*9,000	(대)	상품(Ⅰ)	9,000

* 재고자산의 감소

⑪ (차) 선급보험료(Ⅰ)	*500	(대)	현 금	500

* 선급비용의 증가

⑫ (차) 현금(Ⅱ-1)	42,000	(대)	당기손가-공정가치측정금융자산	30,000
			증권자산처분이익(Ⅰ)	12,000
⑬ (차) 비 품	90,000	(대)	현금(Ⅱ-2)	90,000
⑭ (차) 매입채무(Ⅰ)	*5,000	(대)	현금	5,000

* 매입채무의 감소

⑮ (차) 비용	*3,000	(대)	미지급비용(Ⅰ)	3,000

* 미지급비용의 증가

⑯ (차) 법인세비용	25,000	(대)	미지급법인세(Ⅰ)	*25,000

* 미지급법인세의 증가 - 현금흐름표에는 표시하지 않음.

⑰ (차) 선수금(Ⅰ)	*8,000	(대)	매출	8,000

* 선수금의 감소

⑱ (차) 이자비용(Ⅰ)	500	(대)	사채할인발행차금	*500

* 사채할인발행차금상각으로 당기순이익에 가산

⑲ (차) 현금(Ⅲ-1)	210,000	(대)	자본금	*100,000
			자본잉여금	110,000

* 자본계정 분석결과 유상증자가 발생한 것으로 간주

다. 현금흐름표의 작성

〈직접법〉

과 목	금 액	
Ⅰ. 영업활동으로 인한 현금흐름		39,000
가. 매출 등 수익활동으로부터의 유입액	845,000	
나. 매입에 대한 유출액	(535,000)	
다. 영업비 및 영업외비용 유출액	(261,000)	
라. 법인세비용 유출액	(10,000)	
Ⅱ. 투자활동으로 인한 현금흐름		(51,000)
1. 투자활동으로 인한 현금유입액		49,000
가. 당기손익-공정가치측정금융자산의 처분 (장부가 30,000원)	42,000	
나. 비품의 처분(장부가 8,000원)	7,000	(100,000)
2. 투자활동으로 인한 현금유출액	10,000	
가. 감채기금의 적립	90,000	
나. 비품의 구입		
Ⅲ. 재무활동으로 인한 현금흐름		188,000
1. 재무활동으로 인한 현금유입액	210,000	216,000
가. 보통주의 발행(액면가 100,000원)	6,000	
나. 자기주식의 처분(장부가 5,000원)		
2. 재무활동으로 인한 현금유출액		(28,000)
가. 장기차입금의 상환	(20,000)	
나. 배당금의 지급	(8,000)	
Ⅳ. 현금의 증가(감소)(Ⅰ+Ⅱ+Ⅲ)		176,000
Ⅴ. 기초의 현금		50,000
Ⅵ. 기말의 현금		226,000

2. 간접법에 의한 현금흐름표의 작성

간접법에 의한 경우는 직접법에 의한 경우와 비교할 때 'Ⅰ. 영업활동으로 인한 현금흐름'만 다음과 같이 달라진다.

〈간접법〉

과 목	금 액	
Ⅰ. 영업활동으로 인한 현금흐름		39,000
1. 법인세비용차감전순이익	83,000	83,000
2. 비현금항목의 가감		23,500
가. 감가상각비	23,000	
나. 사채이자 중 할인발행차금상각분	500	
3. 투자와 재무활동으로 분류되는 항목의 가감 등		7,000
가. 투자와 재무활동 항목		
비품처분손실	1,000	
당기손익-공정가치측정금융자산의 처분이익	(12,000)	
나. 별도공시를 위한 조정항목		
이자비용	18,000	
4. 영업활동관 관련된 자산과 부채의 변동 가감		(46,500)
가. 재고자산의 감소	9,000	
나. 미지급비용의 증가	3,000	
다. 매출채권의 증가	(45,000)	
라. 선급보험료의 증가	(500)	
마. 매입채무의 감소	(5,000)	
바. 선수금의 감소	(8,000)	
5. 이자 및 법인세비용의 별도 공시		
가. 이자비용 현금유출액	(18,000)	(28,000)
나. 법인세비용 현금유출액	(10,000)	

위에서 설명한 [예제 17-3]의 현금흐름표 작성법은 간편법으로서 재무상태표, 포괄손익계산서 및 추가 재무자료를 이용하여 간단한 분개과정을 거쳐서 바로 현금흐름표를 작성하는 방법이었다.

이는 현금흐름표의 구조만을 파악하고 있다면 빠른 시간 내에 현금흐름표를 작성할 수 있는 방법이다. 그런데 다른 교과서에서는 현금흐름표의 작성방법으로서 정산표를 이용하는 방법과 T계정을 그려서 분석하는 방법이 소개되고 있다.

정산표이용법과 T계정법에 의한 현금흐름표의 작성법은 이해하는 데 다소의 어려움이 있어서 독자들에게는 이 책에서 설명한 작성방법을 권유하고 싶다.

연습문제

17-1 현금흐름표의 특징을 설명하시오.

17-2 현금흐름표의 필요성을 설명하시오.

17-3 발생주의와 현금주의를 비교 · 설명하시오.

17-4 현금성자산의 개념을 설명하시오.

17-5 영업활동으로 인한 현금흐름의 표시방법으로서 직접법과 간접법을 비교·설명하시오.

17-6 다음은 송파상사의 20×1년과 20×2년 말의 비교재무상태표이다.

재무상태표

송파상사 제xx기 20×2년 12월 31일 현재 (단위 : 원)
제xx기 20×1년 12월 31일 현재

과 목	20×2. 12. 31	20×1. 12. 31
현금	491,000	100,000
당기손익-공정가치측정금융자산	180,000	230,000
매출채권	400,000	340,000
대손충당금	(40,000)	(15,000)
단기대여금	250,000	290,000
상품	360,000	410,000
선급금	210,000	180,000
기타포괄손익-공정가치측정금융자산	900,000	650,000
장기대여금	490,000	390,000
토지	510,000	510,000
건물	620,000	470,000
감가상각누계액	(280,000)	(210,000)
비품	245,000	315,000
감가상각누계액	(165,000)	(180,000)
광업권	150,000	200,000

개발비	260,000	150,000
	4,581,000	3,830,000
매입채무	444,000	411,000
단기차입금	662,000	549,000
선수금	160,000	240,000
사채	1,400,000	1,000,000
사채할인발행차금	(150,000)	(200,000)
장기차입금	860,000	780,000
자본금	600,000	500,000
자본잉여금	410,000	300,000
이익잉여금	325,000	400,000
자기주식	(130,000)	(150,000)
	4,581,000	3,830,000

또한 20×2년도 포괄요약손익계산서는 다음과 같다.

요약포괄손익계산서

송파상사 20×2년 1월 1일부터 20×2년 12월 31일까지 (단위 : 원)

수익 :	매출	1,370,000	1,920,000
	이자수익	270,000	
	배당금수익	150,000	
	기타포괄손익-공정가치측정금융자산처분이익	100,000	
	사채상환이익	30,000	
비용 :	매출원가	590,000	(1,795,000)
	급여	510,000	
	이자비용	300,000	
	감가상각비(건물)	70,000	
	감가상각비(비품)	55,000	
	금융자산평가손실	20,000	
	금융자산처분손실	20,000	
	대손상각비	25,000	
	비품처분손실	35,000	
	무형자산상각비	90,000	
	사채할인발행차금상각	30,000	
	광업권상각비	50,000	
순이익 :			125,000

〈추가정보〉

1. 당해연도 중 취득원가 150,000원의 당기손익-공정가치측정금융자산을 130,000원의 가격으로 처분하였다. 또한 당사가 보유하고 있는 기말의 당기손익-공정가치측정금융자산 중 30,000원은 20×2년 12월 1일에 취득한 채권으로 만기가 20×3년 2월 5일이다.
2. 당해연도 중 단기대여금의 회수는 210,000원이었고, 장기대여금의 회수는 150,000원이었다.
3. 선급금은 매입과, 선수금은 매출과 관련된 것이다. 또한 당사의 매출과 매입은 모두 외상으로 이루어진다.
4. 장부가액 250,000원의 기타포괄손익-공정가치측정금융자산 을 350,000원에 처분하였다.
5. 당해연도 중 장부가액 110,000원(취득원가 : 180,000원)인 비품을 75,000원에 처분하였다.
6. 당해연도 중 단기차입금의 차입은 231,000원, 장기차입금의 차입은 330,000원 발생하였다.
7. 미상각 사채할인발행차금이 120,000원인 액면가액 600,000원의 사채를 450,000원에 상환하였고, 또한 액면 1,000,000원의 사채를 액면가액의 90%로 할인발행하였다.
8. 당해연도 중 자기주식 200,000원을 230,000원에 재발행하였다.
9. 이익잉여금의 감소는 전액 배당금 지급이다.

물음

송파상사의 20×2년도 현금흐름표를 작성하시오.

17-7 다음의 자료를 이용하여 현금흐름표를 간접법으로 작성하시오.

비교재무상태표

〈자료 1〉 제xx기 20×1년 12월 31일 현재 (단위 : 원)

과 목	기초재무상태표	기말재무상태표	증 감	
			차 변	대 변
현 금	15,000	22,500	7,500	
매 출 채 권(순액)	20,000	19,000		1,000
재 고 자 산	30,000	33,500	3,500	
장 기 투 자 자 산	100,000	81,000		19,000
토 지	50,000	64,000	14,000	
건 물(순 액)	–	49,000	49,000	
합 계	215,000	269,000		
매 입 채 무	20,000	18,000	2,000	
단 기 차 입 금	15,000	12,000	3,000	
사 채	25,000	17,500	7,500	
담 보 부 사 채	–	50,000		50,000
계	60,000	97,500		
자 본 금	135,000	147,500		12,500
이 익 잉 여 금	20,000	24,000		4,000
계	155,000	171,500		
합 계	215,000	269,000	86,500	86,500

〈자료 2〉

매 출	50,000원
매출 원가	25,500원
매출총이익	24,500원
영 업 비	8,000원
영업 이익	16,500원

〈자료 3〉

① 매출채권 50,000원

② 매입채무 29,000원

③ 재고자산증가 3,500원

④ 매출채권회수	51,000원
⑤ 매입채무지급	31,000원
⑥ 영업비지급(현금)	7,000원
⑦ 토지매입(현금)	14,000원
⑧ 사채의 평가발행	5,000원
⑨ 배당금지급(현금)	12,500원
⑩ 단기차입금지급	3,000원
⑪ 장기투자자산처분(장부가액으로 현금판매)	19,000원
⑫ 주식의 평가발행에 의한 사채상환	12,500원
⑬ 건물에 대한 감가상각비	1,000원
⑭ 기중에 건물취득(담보부사채 발행지급)	50,000원

제18장 재무제표의 검증과 활용

일반적으로 인정된 회계원칙

1·1 일반적으로 인정된 회계원칙의 의의

재무제표에 의하여 전달되는 정보가 이해관계자들로부터 신뢰성을 인정받고 외부 이해관계자들의 이익을 보호하기 위해서는 재무제표가 적정하게 작성되었는지 여부를 판단하는 기준이 필요하다.

이러한 판단기준으로서 역할을 담당하는 일단의 원칙(기준)이 요구되어 일정한 절차를 거쳐 집약된 원칙들이 나타나게 되었다. 이와 같은 원칙(기준)들을 「일반적으로 인정된 회계원칙」(generally accepted accounting principles : GAAP)이라고 한다.

GAAP는 회계담당자가 회계업무를 수행하는 경우에나 회계감사인이 기업이 작성한 재무제표를 감사함에 있어서 준거하여야 할 기준이 된다.

일반적으로 인정된 회계원칙의 특징을 살펴보면 다음과 같다.

첫째, GAAP는 역사적 발전의 산물로서 시간의 경과나 경제환경의 변화에 따라 진보하고 변화한다.

둘째, GAAP는 회계전문관계자들간의 합의에 의해 형성된다.

즉, GAAP는 그 제정이나 개정에 있어서 다양한 이해관계자들의 의견수렴과 공청회 등을 통한 여론수렴절차를 거치기 때문에 GAAP에 의해 제공되는 정보는 공정성과 형평성을 유지하게 된다.

일반적으로 인정된 회계원칙은 표준적인 회계처리방법을 명문으로 정한 것이다. 은행제도와 증권거래제도가 발전함에 따라 주주나 채권자 등의 투자자들이 회계처리방법의 표준화를 요구하게 되었다.

또한 회계정보의 품질검사를 담당하는 공인회계사들의 입장에서 무엇이 적정한 회계처리인지를 확인해 줄 수 있는 기준의 필요성이 요구됨에 따라 일반적으로 인정된 회계원칙이 생겨난 것이라고 할 수 있다.

일반적으로 인정된 회계원칙은 반드시 성문화되어야 할 필요는 없다. 회계이론과 회계관습도 훌륭한 회계기준이 된다.

그러나 1930년 전후의 세계공황을 계기로 이해관계자들을 보호하기 위하여 미국에서 성문화되기 시작하여 많은 나라에서 증권거래법 등에 근거를 두고 일반적으로 인정된 회계원칙이 성문화되어 왔다.

1·2 우리나라의 일반적으로 인정된 회계원칙

1. 기업회계기준의 생성 및 발전과정

우리나라에서 「기업회계기준」이 처음 제정된 것은 1958년이다. 한국전쟁의 후유증이 어느 정도 치유되고 경제가 안정됨에 따라 금융제도의 발전, 증권시장의 육성, 외자도입 촉진, 조세제도의 정비작업 등이 추진되었으며, 이에 따라 기업회계제도가 확립되어야 할 필요가 있어 「기업회계원칙」과 「재무제표규칙」이란 명칭으로 처음으로 기업회계에 관한 기준이 제정되었다.

그 후 여러 차례의 경제개발 5개년계획의 성공적 수행으로 국내경제가 급속히 팽창하고 증권시장이 활발해짐에 따라 상장법인에 대한 투자자들의 보호를 위한 공시강화를 위해 「상장법인 등의 회계처리에 관한 규정」 및 「상장법인 등의 재무제표에 관한 규칙」이 추가로 제정되었다.

그러다가 1980년 말 일정규모 이상의 주식회사에 대하여 외부감사인에 의한 회계감사를 실시함으로써 회계처리에 적정을 기하고 이로써 이해관계자들을 보호하고 기업의 건전한 발전을 도모하기 위하여 「주식회사의 외부감사에 관한 법률」이 제정되었고, 동법 제13조에 근거를 두고 1981년말 당시 증권관리위원회가 당시 재무부장관의 승인을 얻어 「기업회계기준」을 제정하였다.

「기업회계기준」이 제정됨으로써 종래 「기업회계원칙」과 「재무제표규칙」, 「상장법인 등의 회계처리에 관한 규정」과 「상장법인 등의 재무제표에 관한 규칙」 등 여러 가지 명칭으로 혼재하던 회계기준의 통합이 이루어졌다.

「기업회계기준」은 회사의 회계와 감사인의 감사에 통일성과 객관성을 부여하기 위한 회계처리 및 보고에 관한 기준으로서 우리나라의 일반적으로 인정된 회계원칙(GAAP)의 골격을 이루고 있다. 「기업회계기준」은 이후 상법개정 및 여건변화에 따라 몇 차례 개정된 바 있다.

우리나라 「기업회계기준」은 법적으로는 외부감사의 대상이 되는 일정규모 이상의 주식회사 적용에 한정되는 것이다. 그러나 실제로는 외부감사 대상이 아닌 기업에 대하여도 회계처리시 기준이 되었다.

1998년도부터 기업회계기준에 대한 개정 등의 권한은 증권관리위원회에서 금융위원회로 이관되었다. 그리고 1999년 한국회계기준원이 사단법인으로 설립되면서 다시 한국회계기준원으로 이관되었다.

한국회계기준원이 「기업회계기준」을 제정하거나 개정하는 경우에는 회계기준위원회의 심의뿐만 아니라 한국회계학회, 한국공인회계사회, 한국상장회사협의회 등의 의견을 수렴하고 공청회도 개최한다. 「기업회계기준」의 적용대상은 주식회사의 외부감사에 관한 법률의 적용을 받는 기업(상장기업, 등록기업을 포함)은 물론 주식회사의 외부감사에 관한 법률의 적용을 받지 아니하는 기업의 회계행위에도 준용하였다.

다만, 중소기업에 대하여는 재무제표 작성에 따른 비용 등을 고려하여 법인세기간배분, 자산·부채의 현재가치평가, 주당순이익, 장기할부매출 등에 대한 회계처리의 예외를 인정하는 특례규정을 두었다.

그런데 「주식회사의 외부감사에 관한 법률」 제13조의 규정에 의하여 1981년 제정된 「기업회계기준」은 처음부터 법조문형식을 유지하여 왔기 때문에 실무상 적용에 필요한 상세한 규정들이 결여되어 있고, 국제회계기준이나 미국의 회계기준과의 비교도 사실상 불가능하다는 비판을 받아 왔다.

이에 따라 2001년부터 한국회계기준원은 국제회계기준이나 미국회계기준의 경우처럼 기준서(statement) 형식으로 전환을 시작하였다. 2001년 3월 30일 기업회계기준서 제1호 "회계변경과 오류수정"이 공표되어 기업회계기준 제73조와 제79조를 대신하게 되었다. 이후 2007년 12월 31일까지 기업회계기준서 제25호까지 공표되었다. 이러한 흐름을 반영하여 2007년 국제회계기준 도입에 대한 로드맵이 마련되기까지 「기업회계기준」은 「기업회계기준서」와 「기업회계기준해석서」로 구성되었으며, 실무상의 지침을 제공하기 위하여 「기업회계기준 적용사례」가 발간되어 왔다.

우리나라의 회계기준 수준을 국제회계기준(IFRS)에 합치시켜 회계신인도를 높이

기 위하여 한국회계기준원은 2007년 3월 국제회계기준 도입을 위한 로드맵을 발표하였다. 이에 따라 한국회계기준원은 그 동안 국제회계기준을 한국어로 번역 및 체계화하여 이를 한국채택국제회계기준(K-IFRS)라는 이름으로 2007년 11월 23일 제정하여 공표하고 2011년부터는 국내 모든 상장회사에 대하여 의무적 도입을 결정하였다. 이후 현재 모든 상장회사가 K-IFRS에 따라 재무제표를 작성하고 있다.

2. 현행 기업회계기준의 적용 체계

우리나라의 상장회사는 2009년부터 국제회계기준을 자진 도입한 기업을 시작으로 하여 2011년부터 의무 도입이 시행되고 있다. K-IFRS의 체계는 다음과 같이 구성되어 있다.

첫째, 국제회계기준의 제정기구가 국제회계기준위원회(IASC)이었던 기간에 발표되었던 국제회계기준(IAS)에 대한 한국어 번역 기준은 일련번호가 1000단위로 시작하여 끝자리는 관련 IAS번호와 일치하도록 하였다.

둘째, 국제회계기준의 제정기구가 국제회계기준심의회(IASB)로 바뀐 이후 발표된 국제회계기준(IFRS)에 대한 한국어 번역 기준은 일련번호가 1100단위로 시작하여 뜰자리는 관련 IFRS번호와 일치하도록 하였다.

그리고 한국회계기준원의 회계기준위원회는 종전의 기업회계기준서를 수정·보완한 편람식 '일반기업회계기준'을 2009년 11월 27일자로 제정하였다. 일반기업회계기준은 '주식회사의 외부감사에 관한 법률'의 적용대상 기업 중 K-IFRS에 따라 회계처리하지 아니하는 기업의 회계와 감사인의 감사에 통일성과 객관성을 부여하기 위하여 동 기업의 회계처리 및 보고에 관한 기준을 정함을 목적으로 제정된 것이다. 일반기업회계기준의 적용 및 해석의 일관성을 위하여 필요한 경우에는 일반기업회계기준해석 등이 제정되고 있다.

한편 외부감사 대상이 아닌 주식회사의 경우 정보이용자가 비교적 적고, 회계처리의 대상이 되는 거래 자체가 단순하며, 회계처리능력을 가진 인력도 충분하지 못하므로 이러한 회사가 적용하는 회계기준은 내용이 단순하고 적용하기 쉽도록 제정할 필요가 있다. 이에 따라 2013년 2월 1일에 고시된 '중소기업회계기준'(법무부고시 제2013-0029호)은 일반기업회계기준과의 일관성을 기초로 하되, 회계정보의 유용성을 크게 저하시키지 않는 범위에서 회계처리의 단순화와 법인세법 등과의 조화를 고려하는 것을 원칙으로 제정되었다. 중소기업회계기준은 법무부 장관이 금융위원회 및 중소기업청장과 협의하여 고시하는 회계기준이며, 외부감사 대상이 아닌 주식회사를 대상으로 하므로 비교적 규모가 작은 회사에 일반적으로 발생하는 거래 등에 적용되는 회계기준이다.

3. 국제회계기준의 도입

외환위기 이후 우리나라 정부는 기업회계 선진화를 위해 회계감독을 강화하고 제도개선을 지속적으로 실시하여 왔으나 국제적으로는 국제회계기준 미사용국으로 분류되어 국제자본시장에서 한국기업회계가 전폭적으로 신뢰를 받지 못하는 한 원인이 되어왔다.

이에 따라 코리아 디스카운트(Korea Discount)의 원인 중 '회계기준 미흡' 요인을 제거하여 회계정보에 대한 대내외 신뢰도를 높일 필요성이 대두되어 국제회계기준을 2011년부터 전면적으로 도입하였다. 영어로 된 국제회계기준을 한국어로 전환한 것을 K-IFRS이라고 하는데, K-IFRS은 국제회계기준(IFRS)과 완전히 동일한데, 다만, 한국의 법체계에 맞추어 형식을 다소 변경한 것이어서 기준서/해석서 번호, 적용범위, 경과규정 등 형식적 차이만 존재한다.

1·3 미국의 일반적으로 인정된 회계원칙

미국의 회계는 1920년대까지 증권발행에 있어 사기적 행위를 규제한 주법(州法)인 청공법(Blue Sky Law)과 금융기관에 제출되는 재무제표의 표준화를 위하여 연방준비은행(Federal Reserve Board)이 제시한 통일회계(Uniform Accounting)를 제외하고는 규제가 없는 자유방임적 회계이었다.

그러나 1929년의 경제공황(恐慌)으로 자유방임적 경제체제를 보완하여야 할 필요성이 제기되었으며, 이에 따라 증권법(Securities Act, 1933)과 증권거래법(Securities Exchange Act, 1934)이 제정되어 통일된 회계원칙의 제정권한을 부여받은 증권거래위원회(Securities and Exchange Commission : SEC)가 설립되었다.

그러나 SEC는 1938년에 일반적으로 인정된 회계원칙의 제정권한을 미국공인회계사회(American Institute of Certified Public Accountant : AICPA) 등의 민간단체에 위임하였다.

이에 따라 미국 GAAP는 AICPA 등의 민간단체에 의하여 제정되어 오고 있는데, 그 발전단계를 다음과 같이 3단계로 구분할 수 있다.

1. 회계절차위원회(1938년~1959년)

미국공인회계사회는 회계절차위원회(Committee on Accounting Procedure: CAP)를 1930년에 설치하였는데, SEC가 GAAP의 제정권한을 위임함에 따라 CAP는 1938년에 확대되었다.

CAP는 회계원칙과 절차에 관한 의견서를 회계연구공보(Accounting Research Bulletins: ARB)로서 발간하였는데, 그것은 미국의 GAAP로서 준수되었다. 그러나 CAP는 GAAP를 신속하게 제정하지 못하였고 기업환경변화에 적응하지 못하여 1959년도에 해산되었다. CAP는 해산될 때까지 ARB를 51호까지 발간하였으나 그 내용이 다소 모호하다는 비난을 받았다.

2. 회계원칙심의회(1959년~1973년)

AICPA는 CAP 대신에 회계원칙심의회(Accounting Principles Board: APB)를 1959년에 발족시켰으며, 또한 GAAP를 발전시키는 역할을 담당하는 연구기관으로 회계연구부(Accounting Research Division)를 설치하였다.

APB는 회계연구부의 연구결과를 기초로 하여 GAAP를 성문화하고 회계상의 문제점에 대해 논의하기 위하여 1959년부터 1973년까지 의견서(Opinion) 31호, 보고서(Statement) 4호, 의견서주해(Accounting Interpretations of the APB) 101호를 공표하였다.

APB Opinion은 GAAP로서 중요성을 가지며, APB statement는 회계에 관한 이론적 구조를 확립하고 특정한 회계문제를 분석한 것이다. 그러나 APB는 GAAP를 제정하는 데 신속하지 못하였고 위원이 비상근으로 숫자도 많으며, 의사결정이 회계법인의 영향을 받는다는 등의 비난으로 1973년에 해체되었다.

3. 재무회계기준심의회(1973년~현재)

AICPA는 1972년에 독립된 재무회계재단(Financial Accounting Foundation : FAF)을 설립하였고, 1973년에 이 재단의 자금지원을 받는 재무회계기준심의회(Financial Accounting Standard Board : FASB)가 설치되었다.

FASB는 APB를 대신하여 GAAP를 제정하게 되었다. FASB가 APB와 다른 점은 위원이 보수를 받는 상근직이었으며, 공인회계사가 아닌 사람도 위원으로 참여함으로써 APB의 문제점이 해소되었다.

FASB는 GAAP에 해당되는 재무회계기준보고서(Statements of Financial Accoun- ting Standards : SFAS)와 주해서(FASB Interpretation)뿐만 아니라 토의자료(Discu- ssion Memorandum), 기술정보(Technical Bulletins), 재무회계 개념보고서(Statement of Financial Accounting Concepts : SFAC) 등을 공표해 오고 있다.

미국증권거래위원회(SEC)는 FASB가 공표한 재무회계기준보고서(SFAS), 주해서 (FASB Interpretation) 등은 실질적으로 권위있는 지지를 받는다고 공표하였다.

재무제표의 신뢰성 확보

2 · 1 재무제표에 대한 신뢰성확보수단으로서의 회계감사

1. 회계감사의 의의 및 필요성

기업이 공표한 재무제표를 이용하는 사람들은 재무제표가 일반적으로 인정된 회계원칙에 따라 작성되었는가를 확인하고 싶어 한다.

즉 외부정보이용자들은 독립된 제3자에 의하여 재무제표의 신뢰성을 검증받고자 하는데, 가장 설득력 있는 검증방법은 독립된 전문가로서 공인회계사의 회계감사(auditing)이다. 회계감사는 회사의 재무제표가 GAAP에 따라 작성되었는지를 결정하기 위해 회사의 회계기록을 독립된 제3자가 비판적으로 검사하는 절차이다. 이에 따라 감사인은 회계감사를 종료한 후 회사가 GAAP를 준수하여 재무제표를 작성하였는지의 여부에 대하여 의견을 표명하게 된다.

미국회계학회(American Accounting Association : AAA)가 발표한 「기초적 감사개념에 관한 보고서(A Statement of Basic Auditing Concept : ASOBAC)」에서는 회계감사에 대한 사회적 요구가 증대되는 이유로서 다음과 같이 4가지를 들고 있다.

첫째, 재무제표 이용자들은 기업이 보고한 재무제표에 대하여 그들 자신과 경영자들과의 이해대립을 우려하여 회계감사를 요청하게 된다.

둘째, 재무제표이용자들은 기업이 보고한 재무제표에 포함된 정보가 어느 한쪽에도 치우치지 않고 또한 GAAP에 의하여 제공되었음을 보장받고자 하는 노력의 일환으로 독립된 제3자에 의한 회계감사를 요청하게 된다.

셋째, 재무제표 이용자들은 회계처리의 복잡성 때문에 자신들이 입수한 정보의 질을 평가하는 데 있어서 어려움을 겪게 된다. 또한 회계처리과정에서 고의성 없는 오류가 포함될 가능성이 있다. 이러한 이유 때문에 재무제표이용자들은 전문가가 비판적으로 검증하는 회계감사를 필요로 한다.

넷째, 이해관계자집단과 재무제표의 기초가 되는 정보원천과의 격리상태 때문에 재무제표 이용자들은 전문가인 제3자에게 의뢰하여 조사하게 함으로써 잘못된 자료로 잘못된 의사결정을 하는 과오를 방지할 수 있다.

2. 회계감사의 역사

감사(audit)란 듣는다(hear)라고 하는 라틴어 audire에서 유래한 용어이나 현대적 의미의 감사는 이와 다르다. 오늘날 우리가 알고 있는 감사는 적어도 13세기 영국으로 거슬러 올라간다. A. C. Littleton의 저서 「1900년까지의 회계진화」에 의하면, 경영자가 가장 정직하게 기업경영의 책임을 수행하는 것이 중요한 문제이기 때문에 감사의 목적은 그 책임의 정당한 수행 여부를 검증하는 것이었다. 이 목적을 달성하기 위해 오류 또는 누락을 인식하는 사람 앞에 사실들을 제시할 필요가 있었다. 과거에는 읽고 쓸 수 있는 사람이 매우 적었으므로 흔히 계정을 청취하였고, 이 때문에 audit란 단어는 바로 듣는다(hear)를 의미하였다.

미국에서의 감사는 주주가 직접 경영하지 않는 대규모의 주식회사가 탄생하여 재무제표의 독립적인 검토가 필요하게 된 1900년 이후에 시작되었다. 이러한 감사의 필요성 때문에 감사전문직이 발전하였다.

독립된 감사인의 보고서가 첨부된 재무제표를 공표한 최초의 회사는 United Stated Steel이었다. 1903년 미국의 6대 회계법인 중의 하나인 Price Waterhouse & Co.가 작성한 감사의견은 오늘날의 감사보고서에 비해 훨씬 강한 문구로 되어 있었다. 1903년이 아닌 오늘날에 감사를 했었다면 Price Waterhouse & Co.의 감사의견은 당시와 크게 달랐을 것이다.

2 · 2 재무제표에 대한 감사인의 의견표명

감사 종료 후 감사인은 재무제표가 「회계기준」에 준거하여 작성되었는지의 여부에 대하여 의견을 표명한다. 즉, 감사인은 일반적으로 인정된 감사기준(generally accepted auditing standards : GAAS)에 의거 감사절차를 수행한 후 적발한 사항에 따라 다음과 같은 4가지 의견 중의 하나를 표명해야 한다.

감사인의 의견표명은 감사보고서를 통하여 이루어지는데, 감사보고서(audit reports)는 감사인이 감사의 결과를 이해관계자에게 보고하는 수단이다.

1. 적정의견(unqualified opinion)

적정의견은 감사인이 독립성을 유지하고 감사범위에 제한을 받지 않고 회계감사기준에 준거하여 감사를 수행한 결과, 재무제표 작성에 적용된 회계처리방법과 재무제표 표시방법이 일반적으로 안정된 회계원칙에 일치되고, 재무제표에 중요한 영향을 줄 수 있는 불확실한 사실이 없다고 인정되는 경우에 표명되는 의견이다. 즉, 회사에 의해 작성된 재무제표가 그 회사의 재무상태, 경영성과, 이익잉여금의 변동과 현금흐름의 내용을 「회계기준」에 따라 적정하게 표시하고 있음을 입증하는 의견이다.

적정의견은 감사를 받는 모든 기업이 기대하는 감사의견이며 우리나라의 경우에는 대부분의 기업이 적정의견을 받고 있다.

적정의견은 [표 18-1]과 같이 정형화된 감사보고서를 통하여 표시된다.

[표 18-1] 적정의견 감사보고서(특기사항이 없는 경우)

감사보고서

ㅇㅇ주식회사
주주 및 이사회 귀중

20×3년 ×월 ×일

본 감사인은 ㅇㅇ주식회사의 20×2년 12월 31일 현재의 재무상태표와 동일로 종료되는 회계연도의 포괄손익계산서, 자본변동표 및 현금흐름표를 감사하였습니다. 이 재무제표의 작성책임은 회사 경영자에게 있으며 본 감사인은 독립적인 입장에서 동 재무제표에 대하여 감사를 실시하고 그 적정성 여부에 대한 의견을 표명하는 것입니다. 이를 위하여 본 감사인은 회계감사기준을 준수하였습니다.

본 감사인의 의견으로는 상기 재무제표는 ㅇㅇ주식회사의 20×2년 12월 31일 현재의 재무상태와 동일로 종료되는 회계연도의 경영성과, 그리고 자본의 변동과 현금흐름의 내용을 기업회계기준에 따라 적정하게 표시하고 있습니다.

비교 표시된 20×1년 12월 31일로 종료되는 회계연도의 재무제표는 본 감사인이 감사하였으며, 20×2년 ×월 ×일자 감사의견은 적정의견이었습니다.

서울특별시 ㅇㅇ구 ㅇㅇ동 ㅇㅇ번지
ㅇㅇ회계법인
대표사원 공인회계사 ㅇㅇㅇ(인)

주 1) 특기사항은 없고, 당 감사인이 계속 감사한 경우(전기 감사의견은 적정의견)를 가정한 것임.
주 2) 감사인의 명칭과 주소가 인쇄된 보고서 용지를 사용하는 경우에는 감사인 명칭과 주소의 기재를 생략할 수 있음.

2. 한정의견(qualified opinion)

한정의견은 재무제표 작성에 적용된 회계처리방법과 재무제표 표시방법 중 일부가 「회계기준」에 위배되거나 감사의견을 형성하는 데 필요한 합리적인 증거를 입수하지 못함으로써 이에 관련된 사항이 재무제표에 주는 영향이 중요한 정도가 아닌 경우에 표명되는 의견이다. 즉, 한정의견은 특정한 재무제표항목 또는 계정잔액을 제외하고는 「회계기준」에 따라 재무제표가 적정하게 작성되었음을 입증하는 의견이다.

한정의견이 표명된 감사보고서의 양식은 [표 18-2]와 있다.

[표 18-2] 한정의견 감사보고서(K-IFRS 위배)

감사보고서

ㅇㅇ주식회사
주주 및 이사회 귀중　　　　　　　　　　　　　　　20×3년 ×월 ×일

본 감사인은 ㅇㅇ주식회사의 20×2년 12월 31일 현재의 재무상태표와 동일로 종료되는 회계연도의 포괄손익계산서, 자본변동표 및 현금흐름표를 감사하였습니다. 이 재무제표의 작성책임은 회사 경영자에게 있으며 본 감사인은 독립적인 입장에서 동 재무제표에 대하여 감사를 실시하고 그 적정성 여부에 대한 의견을 표명하는 것입니다. 이를 위하여 본 감사인은 회계감사기준을 준수하였습니다.

회사는 20×2년 중에 취득한 기계장치의 감가상각비 ×××백만 원을 계상하지 아니하였고, 유동성 장기차입금 ×××백만 원을 비유동부채로 분류하였습니다. 이로 인하여 기업회계기준에 따라 회계처리하였을 경우보다 상기 재무제표상의 유형자산은 ×××백만 원 과대표시되어 있고, 유동부채는 ×××백만 원 과소표시, 당기순이익 ×××백만 원 수정 후 이월이익잉여금이 ×××백만 원 각각 과대표시되어 있습니다.

본 감사인의 의견으로는 위의 문단에서 설명하고 있는 사항을 제외하고는 상기 재무제표는 ㅇㅇ주식회사의 20×2년 12월 31일 현재의 재무상태와 동일로 종료되는 회계연도의 경영성과 그리고 자본의 변동과 현금흐름의 내용을 기업회계기준에 따라 적정하게 표시하고 있습니다.

비교표시된 20×1년 12월 31일로 종료되는 회계연도의 재무제표는 본 감사인이 감사하였으며 20×2년 ×월 ×일자 감사의견은 한정의견이었습니다.

주) 특기사항은 없고, 당 감사인이 계속 감사한 경우(전기 감사의견은 한정의견)를 가정한 것임.

3. 부적정의견(adverse opinion)

부적정의견은 적정의견과 완전히 대립되는 의견이다. 부적정의견은 매우 부당한 회계처리방법 또는 정당한 이유없이 회계처리방법의 변경이나 한정사항이 재무제표에 중요한 영향을 주고 있다고 인정되는 경우에 표명된다.

회계기준에 위배되는 사항이 재무제표에 특히 중요한 영향을 줌으로써 재무제표가 전체적으로 왜곡 표시되어 무의미하다고 인정되는 경우에는 부적정의견을 표명해야 한다.

부적정의견이 표명된 감사보고서의 예는 [표 18-3]과 같다.

[표 18-3] 부적정의견 감사보고서

감사보고서

ㅇㅇ주식회사
주주 및 이사회 귀중 20×3년 ×월 ×일

본 감사인은 ㅇㅇ주식회사의 20×2년 12월 31일 현재의 재무상태표와 동일로 종료되는 회계연도의 포괄손익계산서, 자본변동표 및 현금흐름표를 감사하였습니다. 이 재무제표의 작성책임은 회사경영자에게 있으며 본 감사인은 독립적인 입장에서 동 재무제표에 대하여 감사를 실시하고 그 적정성 여부에 대한 의견을 표명하는 것입니다. 이를 위하여 본 감사인은 회계감사기준을 준수하였습니다.

회사는 (1) 퇴직급여충당부채 당기설정액 ×××백만 원을 과소계상하였고, (2) 기계장치에 대한 감가상각비 ×××백만 원을 과소계상하였고, (3) 외화부채의 평가손실 ×××백만 원을 계상하지 않았으며, (4) 미지급 법인세 ×××백만 원을 과소계상하고 있습니다. 이로 인하여 기업회계기준에 따라 회계처리하였을 경우보다 상기 재무제표상의 자산은 ×××백만 원 과대표시되어 있고, 부채는 ×××백만 원 과소표시되어 있습니다. 따라서 당기순이익이 ×××백만 원, 수정 후 이월이익잉여금이 ×××백만 원 각각 과대표시되어 있습니다.

본 감사인의 의견으로는 위의 문단에서 설명하고 있는 사항을 제외하고는 상기 재무제표는 ㅇㅇ주식회사의 20×2년 12월 31일 현재의 재무상태와 동일로 종료되는 회계연도의 경영성과 그리고 자본의 변동과 현금흐름의 내용을 기업회계기준에 따라 적정하게 표시하고 있습니다.

비교표시된 20×1년 12월 31일로 종료되는 회계연도의 재무제표는 본 감사인이 감사하였으며 20×2년 ×월 ×일자 감사의견은 부적정의견이었습니다.

주) 특기사항은 없고, 당 감사인이 계속 감사한 경우(전기 감사의견은 부적정의견)를 가정한 것임.

4. 의견거절(disclaimer of opinion)

의견거절은 감사의견을 형성하는 데 필요한 합리적인 증거를 입수하지 못하여 재무제표 전체에 대한 의견표명이 불가능한 경우, 기업의 존립에 의문을 제기할 만한 객관적인 사항이 중요한 경우 또한 감사인이 감사를 수행함에 있어서 독립성이 결여되어 있는 경우 등 재무제표의 적정성에 대하여 의견표명을 하지 못하는 경우에 제시된다.

감사범위의 제한으로 합리적인 증거를 얻지 못하여 회계감사기준에 준거할 수 없는 사정이 있는 경우에는 감사인은 의견표명을 하지 못하며, 또한 의견표명이 이루어졌다 할지라도 대부분의 경우 무의미하게 된다. 의견거절이 표시된 감사보고서는 [표 18-4]와 같다.

[표 18-4] 의견거절감사보고서(감사범위 제한)

감사보고서

ㅇㅇ주식회사
주주 및 이사회 귀중 20×3년 ×월 ×일

본 감사인은 ㅇㅇ주식회사의 20×2년 12월 31일 현재의 재무상태표와 동일로 종료되는 회계연도의 포괄손익계산서, 자본변동표 및 현금흐름표를 감사하였습니다. 이 재무제표의 작성책임은 회사 경영자에게 있으며 본 감사인은 독립적인 입장에서 동 재무제표에 대하여 감사를 실시하고 그 적정성 여부에 대한 의견을 표명하는 것입니다. 그러나 다음 문단에서 설명하는 바와 같이 본 감사인은 회계감사기준에 따라 감사를 실시하지 못하였습니다.

회사는 20×2년 12월 31일 현재 재무상태표에 ×××백만 원으로 계상되어 있는 재고자산을 실사하지 아니하였으며, 이에 따라 재고자산의 수량을 확인하지 못하였습니다.

위의 문단에서 설명한 바와 같이 감사의견을 표명하기에는 본 감사인이 실시한 감사의 범위가 충분하지 아니하였습니다. 따라서 본 감사인은 상기 재무제표에 대한 감사의견의 표명을 거절합니다.

비교표시된 20×1년 12월 31일로 종료되는 회계연도의 재무제표는 ㅇㅇ회계법인이 감사하였으며 20×2년 ×월 ×일자 동 감사인의 감사의견은 의견거절이었습니다.

주) 특기사항은 없고, 감사인이 변경된 경우(전기 감사의견은 의견거절)를 가정한 것임.

재무제표의 분석과 활용

3 · 1 재무제표분석의 의의와 목적

1. 재무제표분석의 의의

재무제표분석(financial statement analysis)은 기업의 회계자료인 재무상태표, 포괄손익계산서, 현금흐름표 등을 비교·분석하여 기업의 재무상태와 경영성과를 판단하고 그 원인을 파악하는 절차이다.

초기의 재무제표분석은 금융기관들의 대출의사 결정시 대출금의 원금 및 이자에 대한 상환능력을 파악하기 위한 목적에서 금융기관이 실시한 외부신용분석, 즉 대출처의 신용상태 파악으로부터 비롯되었다. 이후 재무제표분석은 투자분석과 세무분석을 위한 용도 등으로 그 범위가 확대되었으며, 기업의 경영의사 결정을 효율화하기 위한 내부목적의 재무제표분석도 다양하게 개발되면서 재무제표분석의 중요성이 널리 인식되어 왔다.

한편 재무제표분석은 과거 실적의 분석을 통한 현재의 경영성과 및 재무상태의 파악에서 나아가 미래의 경영활동 및 재무상태를 예측하는 미래지향적 분석으로 그 내용이 확장되고 있다.

따라서 재무제표분석은 기업내부 및 외부의 이해관계자들이 기업의 경영실태 및 재무상황을 판단하고, 이를 바탕으로 미래의 경영성과를 예측함으로써 이해관계자들의 목적을 달성하도록 해주는 일련의 기업체 평가분석방법을 총칭하는 것이다.

즉 재무제표분석이란 재무 및 비재무자료 등의 수집·확보를 바탕으로 기업경영활동에 영향을 미치는 모든 요소에 대한 분석을 수행하여 기업의 전반적 경영 및 재무상황을 판단하고, 향후의 경영성과를 예측함으로써 기업의 이해관계자에게 의사결정에 필요한 유용한 정보를 제공하는 모든 활동을 포함한다고 볼 수 있다.

2. 재무제표분석의 목적

재무제표분석의 주요목적은 이해관계자의 의사결정에 유용한 기업의 정보를 제공하는 것이다. 따라서 재무제표분석은 기업을 분석하는 이해관계자가 누구이냐에 따라 그 목적이 달라질 수 있다.

첫째, 투자자는 기업에 주식투자의 형태로 자금을 제공한 이해관계자로서 배당금의 수령과 주가차익을 얻는 데 관심을 집중시키기 때문에 기업의 장기적인 경영성과가 얼마나 확대될 것인가에 관심을 가지고 재무제표분석을 행하게 된다.
따라서 투자자는 기업의 장기적인 수익성 확보와 안전성을 중요시 하게 된다.

둘째, 기업에 자금을 대여하는 채권자는 기업의 채무상환능력, 즉 채무의 원금 및 이자에 대한 원활한 상환능력을 파악하기 위하여 재무제표분석을 실시한다. 그런데 채권자가 단기의 자금대여자인지 또는 장기의 자금대여자인지에 따라 재무제표분석의 목적이 달라질 수 있다.

단기자금대여자는 기업의 단기적인 채무 지급능력파악에 분석의 초점을 두게 되며, 주요 분석대상도 단기적인 현금흐름을 중심으로 한 자금의 융통성 분석에 중점을 두게 된다. 장기자금대여자는 기업의 장기채무에 대한 적기상환능력의 검토가 재무제표분석의 목적이 되며, 주요 분석대상 역시 수익성, 재무구조 등 장기적인 기업의 채무상환능력을 판단하는 데 필요한 항목을 중요시한다.

셋째, 경영자는 기업의 자원을 효율적으로 관리하고 활용하여 기업의 경영성과를 증대시키고, 건전한 재무상태를 유지하여야 한다. 따라서 경영자는 제품의 판매단가와 품질수준, 원가경쟁력, 관리효율성 제고 등에 큰 관심을 가지게 된다. 이러한 관점에서 경영자의 재무제표분석은 전반적인 경영활동에 관한 효율 측정 및 원인분석에 초점을 맞추게 되며, 경영관리에 유용한 기초정보의 확보를 위해 이루어지게 된다.

넷째, 노동조합은 수익성, 임금, 복리후생비 등 노동조합의 활동과 관련된 부분에 재무제표분석의 초점이 맞추어진다.

다섯째, 정부의 정책담당자는 경제 관련 정책의 입안과 집행 등에 관련된 부분에 재무제표분석의 초점을 두게 될 것이다.

3 · 2 재무제표분석의 방법

재무제표분석은 대부분 재무비율분석에 의하여 이루어진다.

재무비율분석(financial ratio analysis)이란 재무제표상에 나타나는 계정과목간의 관계를 비율로 산출하여 기업의 재무상태와 경영성과를 파악하는 방법 또는 기술을 말한다.

따라서 우리가 생각할 수 있는 재무비율의 가지수는 대단히 많아질 수 있다. 그러나 재무비율분석은 기업의 재무상태와 경영성과를 판단하는 데 있어서 유용한 경제적 의미를 제공해 줄 수 있어야 한다는 관점에서 볼 때, 재무제표분석의 주체에 따라 유용한 의미를 가지는 재무비율의 정형화 내지 공식화가 요구된다.

그리고 산출된 재무비율은 두 항목간의 관계를 이해하기 쉽도록 해야 하며, 다른 기업과의 비교 및 다른 회계기간과의 비교가 가능하여야 한다.

이에 따라 재무비율분석은 하나의 기업 또는 하나의 회계기간에 이용되는 절대적인 분석보다는 대부분의 경우 표준치(표준비율)와의 상대적 비교에 의하여 실시된다.

즉 재무비율분석을 통하여 산출된 특정재무비율의 우량 또는 불량의 정도를 판단하기 위하여 표준치(표준비율)와의 비교가 필요하다.

표준치(표준비율)로 사용되는 것은 다음과 같다.

첫째, 이상적 표준비율은 해당 국가의 국민경제적 여건과 소속산업의 특성에 따라 서로 다른 비율을 가질 수 있는 것으로 과학적 기법을 통해 산출된 비율이 아니라 지금까지 경험적으로 보아 우수한 수준이라고 판단되는 이상적인 재무비율인 것이다. 이러한 이상적 표준비율은 재무제표분석을 실시하는데 있어서 절대적 기준을 될 수 없으나 비교대상 표준비율의 확보가 어려울 경우 1차적 판단의 기준으로서 활용될 수 있다.

둘째, 산업평균비율은 해당 산업별로 표본집단을 선정하고 표본집단 재무자료를 확보하여 이것의 가공을 통하여 산출해 낸 표준비율로 실무에서 가장 널리 활용되는 표준비율이다. 산업평균비율은 모집단의 특성과 표준비율의 추출방법에 따라 그 비율에 다소의 차이가 발생하고 있다. 우리나라에서는 한국은행이 발간하는「기업경영분석」이나 한국산업은행이 발간한「재무분석」이 산업표준비율로 활용되고 있다.

셋째, 경쟁업체 비율은 분석대상업체와 경쟁관계에 있는 경쟁업체의 재무자료를 확보하여 이것을 표준비율로서 활용하는 경우이다. 이는 동일한 산업특성을 가진 업체의 상호비교에는 효과적인 면이 있으나 동일 업종 내 재무비율의 비교이기 때문에 산업환경이 다른 기업체와의 비교평가는 어려운 단점이 있다. 그러나 산업환경에 대한 별도의 분석이 이루어진 경우라면 경쟁업체와의 상호 비교평가가 적절한 재무분석방법이 될 수 있을 것이다.

3·3 재무제표분석의 실제

재무제표분석은 재무비율분석에 의하여 실시되는데, 일반적으로 소개되는 재무비율은 여러 가지가 있으나, 이 책에서는 중요하다고 생각되는 재무비율에 대하여서만 설명하기로 한다.

다음의 [표 18-5]에 나타나 있는 재무비율은 이 책에서 설명하고자 하는 재무비율을 요약한 것이다.

[표 18-5] 주요재무비율의 분류체계

비율분류	정보내용	주요 재무비율
수 익 성	경영의 화폐적 효율성을 나타내는 지표로 매출액이나 투하자본에 대한 이익으로 표시되는데, 기업의 이익창출능력에 관한 정보를 제공한다.	1) 매출액순이익률 2) 자기자본이익률
활 동 성	경영의 물리적 효율성을 나타내는 지표로서 매출액을 특정자산으로 나누어 회전율로 표시되는데, 기업의 자산활용능력에 관한 정보를 제공한다.	1) 총자산 회전율
안 전 성	기업의 채무상환능력의 측정과 타인자본의존도를 측정하는 비율로써 기업의 지급능력에 관한 정보를 제공한다.	1) 유동비율 2) 부채비율 3) 자기자본비율
성 장 성	기업의 외형이나 수익면에서 상대적 지위가 향상되는 정도를 나타내는 비율로서 기업의 성장잠재력에 관한 정보를 제공한다.	1) 매출액 증가율
시장가치	증권시장에서 형성되는 주식가격과 관련된 비율로서 위험과 수익관계에 의한 실질적 가치정보를 제공한다.	1) 주당순이익 2) 주가이익비율

위의 표에서 제시된 주요 재무비율을 중심으로 각 재무비율의 계산결과와 그 의미를 파악함으로써 재무비율에 의한 재무제표분석을 보다 현실감 있게 이해하기 위하여 실제 기업의 재무제표를 대상으로 재무비율을 산출하여 보기로 한다.

재무비율분석을 위한 사례로서 제시되는 A회사, B회사, C회사는 가전제품을 생산·판매하는 대기업으로 특정년도 요약 제무제표를 사용하였다.

A, B, C 회사의 요약 재무상태표와 요약포괄손익계산서가 다음과 같이 [표 18-6]과 [표 18-7]에 제시되어 있다.

[표 18-6] A, B, C회사의 요약재무상태표

(단위 : 백만원)

계정과목	A회사	B회사	C회사
I. 유동자산	3,986,215	1,425,161	1,755,714
II. 비유동자산	5,105,598	3,003,220	1,311,657
자산총계	9,091,813	4,428,381	3,067,371
I. 유동부채	3,400,567	1,802,011	1,632,388
II. 비유동부채	2,826,881	1,376,155	692,929
(부채총계)	6,227,448	3,178,167	2,325,316
(자본총계)	2,864,365	1,250,214	742,055
부채 및 자본 총계	9,091,813	4,428,381	3,067,371

[표 18-7] A, B, C회사의 요약포괄손익계산서

(단위 : 백만원)

계정과목	A회사	B회사	C회사
I. 매출액	11,518,080	5,149,166	2,498,188
II. 매출원가	7,216,684	4,014,698	1,921,243
(매출총이익)	4,301,397	1,134,468	576,944
III. 판매비 및 관리비	1,693,873	695,557	279,961
(영업이익)	2,607,524	438,911	296,984
IV. 영업외수익	371,983	97,899	67,940
V. 영업외비용	1,832,872	413,273	317,117
(법인세전순이익)	1,146,634	123,537	44,806
VI. 법인세비용	201,585	18,900	9,985
(당기순이익)	945,048	104,637	34,821

1. 수익성 분석

수익성 비율(profitability ratio)은 기업이 비용보다 많은 수익을 창출하는 능력, 즉 화폐적 효율성(monetary efficiency)을 의미한다. 수익성을 나타내는 비율은 기업의 경영성과를 나타내는 동태적인 비율로서 기업의 총괄적인 경영성과와 이익창출 능력을 표시하는 지표이기 때문에 가장 중요시되는 비율이다. 대부분의 수익성 비율은 분자에는 화폐단위로 측정되는 성과가 표시되고, 분모에는 수익창출의 바탕이 되는 요소인 매출액, 투하자본 등이 표시된다.

(1) 매출액 순이익률

매출액에 대비하여 경영성과의 지표인 당기순이익이 어떻게 나타나고 있는지를 파악하기 위하여 당기순이익을 매출액으로 나눈 비율이다.

매출액 순이익률은 기업이 1회계기간동안 매출 100원 얼마의 당기순이익을 얻고 있는지를 나타내준다.

매출액순이익률을 산출하는 계산식은 다음과 같다.

$$\text{매출액순이익률}(\%) = \frac{\text{당기순이익}}{\text{매출액}} \times 100$$

사례에서 제시된 A, B, C 회사의 매출액순이익률을 계산하면 다음과 같다.

$$\text{A회사}: \frac{945{,}048}{11{,}518{,}080} \times 100 = 8.20\%$$

$$\text{B회사}: \frac{104{,}637}{5{,}149{,}166} \times 100 = 2.03\%$$

$$\text{C회사}: \frac{34{,}821}{2{,}498{,}188} \times 100 = 1.40\%$$

그런데, 당시의 산업평균비율을 보면, 한국은행의 「기업경영분석」에서는 4.30%, 한국산업은행의 「재무분석」에서는 3.98%인 것으로 나타나고 있다. 따라서 A회사의 수익성은 매우 좋은 편이나 B회사와 C회사의 수익성은 매우 저조한 것으로 분석된다.

(2) 자기자본이익률

자기자본이익률(return on equity)은 당기순이익을 자기자본으로 나눈 비율이다. 주주의 입장에서 볼 때, 자기자본이익률은 자기자본의 투자 효율성을 나타내주는 것이기 때문에 최소한 주주 자신이 생각하는 비율이 달성되어야 주주는 계속적으로 주식을 보유하게 될 것이다.

자기자본이익률은 다음과 같은 계산식으로 산출된다.

$$\text{자기자본이익률}(\%) = \frac{\text{당기순이익}}{\text{연평균자기자본}^{*}} \times 100$$

* 연평균자기자본 = (기초자기자본 + 기말자기자본) ÷ 2

사례에서 제시된 A, B, C 회사의 자기자본이익률을 계산하면 다음과 같다.
여기에서는 자기자본으로서 기말의 자기자본만을 사용하였다.

A회사 : $\frac{945,048}{2,864,365} \times 100 = 33\%$

B회사 : $\frac{104,637}{1,250,214} \times 100 = 8.37\%$

C회사 : $\frac{34,821}{742,055} \times 100 = 4.7\%$

그런데, 당시의 산업평균비율을 보면, 한국은행이 발간한 「기업경영분석」과 한국산업은행이 발간한 「재무분석」에 각각 19.33%와 14.96%로 나타나고 있다. 따라서 A회사의 자기자본 이익률은 대단히 높으나, B회사와 C회사는 매우 낮은 것으로 분석된다.

2. 활동성분석

활동성비율(activity ratio)은 기업이 경영활동을 위하여 취득한 재무상태표상의 자산을 얼마나 활발하게 활용하였는지를 나타내주는 비율이다. 이 비율은 매출액을 활용도를 평가하고자 하는 특정자산(예를 들면 총자산)으로 나누어 회전률로 표시하기 때문에 회전율비율(turnover ratio)이라고도 한다.

여기에서 회전율은 특정자산(예를 들면, 총자산)을 분석기간 동안 몇 번씩 활용하였는지를 나타내 주는 것이기 때문에 수익성비율이 화폐적 효율성을 측정하는 비율인 반면에 활동성비율은 물리적 효율성(physical efficiency)을 측정하는 비율이라고 할 수 있다.

(1) 총자산회전율

총자산회전율(total assets turnover)은 매출액을 총자산으로 나눈 비율이다. 이 비율은 매출액이 1년간의 경영활동의 성과이기 때문에 기업경영활동에 투하된 총자산이 1년동안 몇번 회전하였는지를 나타내므로 자산활용의 효율성을 나타내주는 비율이다. 즉, 총자산회전율이 높다는 것은 총자산의 투자로 인하여 상대적으로 높은 매출을 올리고 있다는 것을 의미하므로 총자산의 활용에 있어서 효율적인 것으로 평가할 수 있다.

총자산회전율은 다음의 계산식에 의해 산출된다.

$$\text{총자산회전율(회)} = \frac{\text{매출액}}{\text{연평균총자산}^*}$$

* 연평균총자산 = (기초총자산 + 기말총자산)÷2

사례에서 제시된 A, B, C 회사의 총자산회전율을 계산하면 다음과 같다.

여기에서는 연평균 총자산 대신에 기말의 총자산을 사용하였다.

$$\text{A회사} : \frac{11,518,080}{9,091,813} = 1.277\text{회}$$

$$\text{B회사} : \frac{5,149,166}{4,428,381} = 1.163\text{회}$$

$$\text{C회사} : \frac{2,498,188}{3,067,371} = 0.851\text{회}$$

그런데, 당시의 산업평균비율을 보면 한국은행이 발간한 「기업경영분석」에서는 1 · 24회, 한국산업은행이 발간한 「재무분석」에서는 1 · 11로 나타나고 있다.

따라서 A, B 회사는 산업평균정도의 총자산회전비율을 나타내고 있으나 C회사는 산업평균에서 훨씬 못미치는 것으로 나타났다.

3. 안정성분석

안정성비율(safety ratio)은 기업의 채무상환능력과 타인자본의 의존도를 나타내는 비율이다.

(1) 유동비율

유동비율(liquid ratio)은 기업이 단기채무의 상환에 사용할 수 있는 유동자산을 얼마나 보유하고 있는가를 나타내는 비율로서 기업이 부담하고 있는 단기채무의 지급능력을 나타내주는 비율이다.

유동비율은 높을수록 우수한 것으로 판단되며, 낮을수록 기업의 단기채무에 대한 지급능력이 떨어지는 것으로 판단되는 것이다.

미국의 은행가들은 청산기준에 의하여 유동비율이 200% 이상인 기업을 건전한 상태로 보고 있다.

유동비율은 다음과 같은 계산식에 의하여 산출된다.

$$\text{유동비율(\%)} = \frac{\text{유동자산}}{\text{유동부채}} \times 100$$

사례에서 제시된 A, B, C 회사의 유동비율을 계산하면 다음과 같다.

$$\text{A회사}: \frac{3,986,215}{3,400,567} \times 100 = 117.2\%$$

$$\text{B회사}: \frac{1,425,161}{1,802,011} \times 100 = 79.1\%$$

$$\text{C회사}: \frac{1,755,714}{1,632,388} \times 100 = 107.6\%$$

위의 계산에서 보듯이 A, B, C 회사는 미국의 은행가들이 평가한 건전성기준에는 훨씬 미달되는 것으로 나타나 있다.

또한 당시의 산업평균비율을 보면 한국은행이 발간한 「기업경영분석」에서는 107.9%, 한국산업은행이 발간한 「재무분석」에서는 110.9%로 나타나고 있다. 따라서 A, C 회사는 산업평균수준을 상회 또는 유지하고 있는 수준나 B회사는 훨씬 못 미치고 있는 것으로 보인다.

(2) 자기자본비율과 부채비율

자기자본비율은 기업의 총자산 중에서 자기자본이 어느 정도 차지하고 있는지를 파악하기 위한 것으로서 자기자본을 총자산으로 나누어 계산한다. 또한 부채비율은 기업의 유동부채와 비유동부채를 합한 부채총액을 자기자본으로 나누어 계산된 비율이다.

$$\text{자기자본비율}(\%) = \frac{\text{자기자본}}{\text{총자산}} \times 100$$

$$\text{부채비율}(\%) = \frac{\text{총부채}}{\text{자기자본}} \times 100$$

자기자본비율이나 부채비율은 모두 기업의 재무적 위험을 나타내는 지표가 된다. 재무적 위험이란 채권자로부터 제공받은 자금에 대하여 원금과 이자를 제대로 상환해야 할 의무를 수행하지 못할 위험을 의미한다. 자기자본비율이 높은 경우에는 재무적 위험이 낮으며, 부채비율이 높은 경우에는 재무적 위험이 높다고 할 수 있다.

사례에서 제시된 자료를 이용하여 A, B, C 회사의 자기자본비율과 부채비율을 계산하면 다음과 같다.

$$\text{A회사}: \text{자기자본비율} = \frac{2,864,365}{9,091,813} \times 100 = 31.51\%$$

$$\text{부채비율} = \frac{6,227,448}{2,864,365} \times 100 = 217.42\%$$

$$\text{B회사 : 자기자본비율} = \frac{1,250,214}{4,428,381} \times 100 = 28.24\%$$

$$\text{부채비율} = \frac{3,178,167}{1,250,214} \times 100 = 254.21\%$$

$$\text{C회사 : 자기자본비율} = \frac{742,055}{3,067,371} \times 100 = 24.20\%$$

$$\text{부채비율} = \frac{2,325,316}{742,055} \times 100 = 313.37\%$$

그런데 당시의 산업평균비율을 보면, 한국은행이 발간한 「기업경영분석」에서는 자기자본비율 28.2%, 부채비율 254.3%로 나타나고 있으며, 한국산업은행이 발간한 「재무분석」에서는 자기자본비율 29.7%, 부채비율 236.8%로 나타나고 있다.

따라서 A회사는 산업평균이상의 재무적 안전성을 보여주고 있으며, B회사는 산업평균수준의 재무적 안정성을 보여주고 있다. 그러나 C회사는 산업평균수준에서 미달되고 있다.

4. 성장성 분석

성장성비율(growth ratio)은 일정기간동안 기업의 재무상태나 경영성과가 얼마만큼 향상되었는지를 나타내는 비율로서 기업의 향후 수익창출능력, 성장잠재력, 시장에서의 경쟁력 등을 표시해 주는 지표이다. 성장성비율은 재무제표의 각 항목에 대한 일정기간 동안의 증가율로 측정한다.

(1) 매출액증가율

매출액증가율은 기업의 성장성을 표시하는 대표적인 재무비율로서 당해년도의 매출액이 전년도의 매출액에 비하여 어느 정도 증가하였는지를 나타내는 비율이다. 매출액증가율은 당기매출액증가분을 전기매출액으로 나누어 계산된다.

$$\text{매출액증가율} = \frac{\text{당기매출액} - \text{전기매출액}}{\text{전기매출액}} \times 100$$

매출액증가율이 높다는 것은 그 업종이 성장업종이거나 분석대상기업의 시장점유율 확대로 시장지위가 확대된다는 것을 의미하므로 매출액증가율은 경쟁력 및 성장잠재력 등에 대한 유용한 정보를 제공한다.

앞의 사례에서는 전년도 매출액이 제시되어 있지 않아서 구체적으로 계산할 수는 없다. 그러나 A회사의 전년도 매출액은 8,154,758백만 원으로 밝혀져 A회사의 매출액증가율만을 계산해 보기로 한다.

$$\text{A회사 : 매출액증가율} = \frac{11,518,080-8,154,758}{8,154,758} \times 100 = 41.25\%$$

A회사의 매출액증가율은 41.25%로서 산업평균(한국은행의 28.47%, 한국산업은행의 28.18%)보다 훨씬 높게 나타나고 있다.

5. 시장가치분석

시장가치비율(market value ratio)이란 분석대상기업의 주식이 증권시장에서 어떻게 평가되고 있는지를 나타내는 지표이다. 즉, 증권시장에서 형성되는 주식가격과 재무제표상의 수치 등을 결합하여 산출한 비율들을 시작가치비율이라고 한다.

(1) 주당순이익

주당순이익(earning per share : EPS)은 일반적으로 활용되고 있는 기업성과지표로서 당기순이익을 발행주식수로 나눈 수치이다. 즉 보통주 1주당 귀속되는 당기순이익을 말한다.

$$\text{주당순이익(원)} = \frac{\text{당기순이익}}{\text{발행주식수}}$$

위의 식에서 당기순이익은 우선주가 발행되어 있는 경우, 우선주배당액을 차감한 당가순이익을 의미하며, 발행주식수는 회계기간 중의 증·감자 등을 고려하여 가중평균한 주식수이다.

사례에서 제시된 자료를 보면 발행주식수가 제공되고 있지 않아서 주당순이익을 계산할 수는 없으나, 당시에 공표된 자료에 의하면 A회사는 18,452원, B회사는 1,249원, C회사는 469원으로 알려져 있다.

(2) 주가이익비율

주가이익비율(price earning ratio : PER)은 보통주의 1주당시장가격을 주당순이익으로 나눈 비율이다. 주가이익비율이 높다는 것은 주당순이익에 대하여 증권시장에서 평가하는 가치, 즉 투자자들이 지불하는 대가가 크다는 것을 의미한다. 주가이익비율은 다음의 계산식에 의하여 산출된다.

$$주가이익비율 = \frac{주가}{주당순이익}$$

기업의 재무적 위험 등과 같은 기업의 위험이 동일하다고 하면 기업의 성장성이 높은 기업일수록 주가이익비율이 높게 나타난다. 사례에서는 자료가 제시되지를 않아서 이 비율을 계산할 수는 없다.

연습문제

18-1 우리나라에서 적용되고 있는「일반적으로 인정된 회계원칙」의 체계를 설명하시오.

18-2 미국에서 형성 · 발전된「일반적으로 인정된 회계원칙」을 시대순으로 설명하시오.

18-3 재무제표의 신뢰성 확보 방안에 대하여 설명하시오.

18-4 감사담당자로서 공인회계사의 자격과 역할을 설명하시오.

18-5 감사종료 후 감사인이 감사한 재무제표에 대하여 표명하는 의견에 대하여 설명하시오.

18-6 여러분들이 재무제표이용자라면 감사인의 각 의견표명의 종류에 따라 감사보고서를 어떻게 활용할 것인가?

18-7 재무제표분석의 필요성을 설명하시오.

18-8 표준비율에 대하여 설명하시오.

18-9 여러분들이 투자가 입장이라면 어떤 재무비율을 중요시하여 투자의사결정을 할 것인가?

18-10 여러분들이 은행의 대출담당자라면 어떤 재무비율을 중요시하여 대출의사결정을 할 것인가?

18-11 다음은 동아유업의 20××년 재무제표자료이다. 동아유업의 기업역사는 70년이며, 현재 증권거래소에 상장되어 있다.

자료 1 : 재무상태표

자 산		부채 및 자본	
(1) 현금예금	15,235	(1) 매입채무	33,344
(2) 당기손익인식금융자산	548	(2) 단기차입금	21,313
(3) 매출채권	34,338	(3) 미지급법인세	2,892
(4) 미수수익	215	(4) 미지급배당금	7
(5) 선급금	6,823	(5) 유동성장기부채	11,098
(6) 재고자산	29,978	(6) 사채	25,695
(7) 매도가능금융자산	12,088	(7) 퇴직급여충당부채	5,005
(8) 유형자산	30,888	(8) 자본금	18,180
		(9) 이익잉여금	12,579
	130,113		130,113

자료 2 : 포괄손익계산서

1. 매출액	215,657
2. 매출원가	179,717
3. 판매비와관리비	24,343
4. 영업외수익	
(1) 이자수익	2,538
(2) 수수료수익	3,064
5. 영업외비용	
(1) 이자비용	10,224
6. 법인세비용	3,083
7. 당기순이익	3,892

* 전년도의 매출액은 193,298원이었다.

위의 자료를 이용하여 다음의 재무비율을 계산하시오.

(1) 유동비율(%) (2) 자기자본비율(%)

(3) 매출액순이익률(%) (4) 자기자본이익률(%)

(5) 총자산회전율(회) (6) 매출액증가율(%)

부 록

Ⅰ. 연습문제 해답

Ⅱ. 재무제표 양식

Ⅰ. 연습문제 해답

≪제1장≫ 생략, ≪제2장≫ 생략

≪제3장≫

3-3 (1) 부채, 자본 (2) 자산, 부채, 자본 (3) 기말자본, 기초자본 또는 (기초자본, 기말자본) (4) 순이익, 순손실 (5) 비용, 수익

3-4 (1) 포 (2) 재 (3) 재 (4) 포 (5) 재 (6) 재 (7) 포 (8) 재 (9) 포 (10) 재 (11) 재 (12) 재 (13) 재 (14) 재 (15) 포 (16) 포 (17) 재 (18) 포 (19) 재 (20) 포 (21) 재 (22) 포 (23) 포 (24) 포

3-5 (1) 18,000 (2) 6,800 (3) 6,000 (4) 38,800 (5) 5,000

3-6 (1) 351,200원 (2) 83,200원 (3) 268,000원

3-7 (1) 40,000, 136,000, △16,000 (2) 124,000, 190,000, 86,000
(3) 110,000, 60,000 70,000 (4) 302,000, 172,000, 152,000
(5) 386,000, 360,000, △100,000

3-8 (1) 자본 600,000원 (2) 당기순이익 100,000원

3-9 당기순이익 156,000원

3-10 (1) 기말자본 1,290,000원 (2) 당기순이익 290,000원

재 무 상 태 표

을지상사 20×1년 12월 31일 현재 (단위 : 원)

자 산	금 액	부채 · 자본	금 액
현 금	420,000	외상매입금	180,000
외상매출금	220,000	단기차입금	340,000
상 품	500,000	자 본 금	1,000,000
건 물	670,000	당기순이익	290,000
자산총액	1,810,000	부채와자본총액	1,810,000

3-11 당기순이익 79,000원

재 무 상 태 표

퇴계상사 20×1년 12월 31일 현재 (단위 : 원)

자 산	금 액	부채 · 자본	금 액
현 금	519,000	외상매입금	300,000
외상매출금	440,000	단기차입금	120,000
상 품	360,000	자 본 금	920,000
단기대여금	100,000	당기순이익	79,000
자산총액	1,419,000	부채와자본총액	1,419,000

포 괄 손 익 계 산 서

퇴계상사 20×1년 1월 1일 ~ 20×1년 12월 31일 (단위 : 원)

비 용	금 액	수 익	금 액
급 여	9,400	수수료 수익	91,600
잡 비	3,000	이 자 수 익	3,000
이 자 비 용	3,200		
당기순이익	79,000		
	94,600		94,600

3-12 당기순이익 60,000원, 상품매출이익 184,000원

경기상사 20×1년 12월 31일 현재 (단위 : 원)

자 산	금 액	부채 · 자본	금 액
현 금	200,000	외상매입금	180,000
외상매출금	340,000	자 본 금	1,000,000
상 품	700,000	당기순이익	60,000
자산총액	1,240,000	부채와자본총액	1,240,000

포 괄 손 익 계 산 서

경기상사 20×1년 1월 1일 ~ 20×1년 12월 31일 (단위 : 원)

비 용	금 액	수 익	금 액
급 여	60,000	상품매출이익	184,000
잡 비	10,000		
보 관 료	8,000		
임 차 료	30,000		
보 험 료	16,000		
당기순이익	60,000		
	184,000		184,000

3-13 기말자본 616,000원 당기순손실 384,000원

재 무 상 태 표

종로상사 20×1년 12월 31일 현재 (단위 : 원)

자 산	금 액	부채 · 자본	금 액
예 금	300,000	외상매입금	130,000
단기대여금	420,000	미지급금	120,000
상 품	260,000	단기차입금	100,000
외상매출금	70,000	자 본 금	1,000,000
비 품	146,000	당기순이익	△384,000
자산총액	1,196,000	부채와자본총액	1,196,000

3-14 당기순이익 54,000원

포 괄 손 익 계 산 서

을지상사 20×1년 1월 1일 ~ 20×1년 12월 31일 현재 (단위 : 원)

과 목	금 액	
수 익		
용 역 수 익	680,000	
수수료 수익	108,000	788,000
비 용		
임 차 료	284,000	
급 여	180,000	
광고선전비	72,000	
이 자 비 용	198,000	734,000
당기순이익		54,000

재 무 상 태 표

을지상사 20×1년 12월 31일 현재 (단위 : 원)

과 목	금 액	과 목	금 액
현 금	954,000	미지급금	990,000
토 지	342,000	단기차입금	1,422,000
건 물	900,000	자 본 금	720,000
외상매출금	990,000	당기순이익	54,000
	3,186,000		3,186,000

3-15 당기순이익 71,000원

포 괄 손 익 계 산 서

동대문상사 20×1년 1월 1일 ~ 20×1년 12월 31일 현재 (단위 : 원)

과 목	금 액	
수 익		
이 자 수 익	560,000	
잡 이 익	19,000	
배 당 금 수 익	35,000	
임 대 료	14,000	628,000
비 용		
광 고 선 전 비	320,000	
접 대 비	45,000	
임 차 료	27,000	
여 비 교 통 비	34,000	
보 험 료	29,000	
급 여	57,000	
수 수 료 비 용	28,000	
이 자 비 용	17,000	557,000
당기순이익		71,000

≪**제4장**≫

4-1 (3) (5) (7) (8) (9) (10) (11)

4-2 (1) 교환거래 (2) 교환거래 (3) 혼합거래 (4) 혼합거래 (5) 손익거래

4-3 (1) 일부대체거래 (2) 현금거래 (3) 전부대체거래 (4) 일부대체거래 (5) 현금거래

4-4 (1) 외부거래 (2) 외부거래 (3) 내부거래 (4) 외부거래

4-5

(1) 자산(외상매출금)의 증가 - 자산(상품)의 감소
수익(상품매출이익)의 발생
370,000원 300,000원, 70,000원

(2) 자산(기계장치)의 증가 - 자산(현금)의 감소
1,000,000원 1,000,000원

(3) 자산(현금)의 증가 - 자산(단기대여금)의 감소
수익(이자수익)의 발생
1,530,000원 1,500,000원, 30,000원

(4) 자산(현금)의 증가 - 수익(수수료수익)의 발생
200,000원 200,000원

(5) 자산(현금)의 증가 – 자본(자본금)의 증가
자산(건물)의 증가
1,000,000원, 2,000,000원 3,000,000원
(6) 부채(단기차입금)의 감소 – 자산(현금)의 감소
비용(이자비용)의 발생
1,000,000원, 10,000원 1,010,000원
(7) 비용(보험료)의 발생 – 자산(현금)의 감소
비용(잡비)의 발생
100,000원, 50,000원 150,000원
(8) 자산(현금)의 증가 – 자산(외상매출금)의 감소
500,000원 500,000원
(9) 자산(상품)의 증가 – 자산(현금)의 감소
부채(외상매입금)의 증가
2,500,000원 1,500,000원, 1,000,000원
(10) 부채(외상매입금)의 감소 – 자산(현금)의 감소
700,000원 700,000원

4-6

(1) 상품 150,000원을 외상으로 매입하다.
(2) 현금 1,000,000원을 출자하여 개업하다.
(3) 외상매입금 100,000원을 어음을 발행하여 지급하다.
(4) 외상매출금 100,000원을 현금으로 회수하다.
(5) 이자 50,000원을 현금으로 지급하다.
(6) 이자 50,000원을 예금계좌로 입금받다.
(7) 단기대여금 2,000,000원과 이자 150,000원을 현금으로 받다.
(8) 단기차입금 1,000,000원과 이자 70,000원을 현금으로 지급하다.
(9) 상품 2,000,000원 매입하고 1,000,000원은 현금으로 지급하고, 나머지는 한달 후에 지급하기로 하다.
(10) 상품 매입 외상대금 1,000,000원을 이자 50,000원과 같이 3개월 만기 어음을 발행하여 지급하다.

4-7

자산 = 부채 + 자본(수익-비용)

(1) (현금↑200,000) (단기차입금↑200,000)
(2) (비품↑ 56,000) (미지급금 ↑ 56,000)

(3) (기계장치↑800,000)
(현금↓800,000)
(4) (상품↑60,000)
(현금↓60,000)
(5) (상품↓60,000) (상품매출이익↑20,000)
(외상매출금↑80,000)
(6) (현금↑40,000)
(외상매출금↓40,000)
(7) (현금↓66,000) (급여↓66,000)
(8) (상품↑40,000) (외상매입금 ↑40,000)
(9) (상품↓40,000) (상품매출이익↑20,000)
(현금↑60,000)
(10) (현금↓10,000) (이자비용↓10,000)
(11) (현금↑15,000) (이자수익↑15,000)

≪제5장≫

5-6

(1)	(차)	현금 건물	6,000,000 3,000,000	(대) 자본금	9,000,000
(2)	(차)	예금	300,000	(대) 현금	300,000
(3)	(차)	현금	210,000	(대) 이자수익	210,000
(4)	(차)	외상매입금	450,000	(대) 현금	450,000
(5)	(차)	현금	450,000	(대) 상품 상품매출이익	300,000 150,000
(6)	(차)	급여 잡비	450,000 150,000	(대) 현금	600,000
(7)	(차)	현금	60,000	(대) 수수료수익	60,000
(8)	(차)	현금	600,000	(대) 외상매출금	600,000
(9)	(차)	현금	1,000,000	(대) 단기차입금	1,000,000
(10)	(차)	단기차입금 이자비용	700,000 5,000	(대) 현금	705,000

5-7

(1) 은행예금 300,000원을 인출하여 단기차입금을 상환하다.
(2) 현금 100,000원을 12개월 후 상환하기로 하고 차입하다.
(3) 외상매출금 50,000원을 현금으로 회수하다.

(4) 단기차입금 100,000원과 그에 대한 이자 2,000원을 현금으로 지급하다.
(5) 상품 500,000원을 매입하고, 대금 중 300,000원은 현금으로 지급하고, 잔액은 외상으로 하다.
(6) 현금 100,000원을 6개월 후 받기로 하고 대여하다.
(7) 급여 500,000원과 잡비 100,000원을 현금으로 지급하다.
(8) 단기대여금 100,000원과 그에 대한 이자 2,000원을 현금으로 회수하다.
(9) 외상매입금 200,000원을 현금으로 회수하다.
(10) 서비스를 제공하고 그에 대한 수수료로 현금 10,000원을 받다.

5-8

현 금

(1) 자본금	150,000	(2) 상품	50,000
(4) 제 좌	60,000	(3) 이자비용	10,000
(9) 수수료수익	7,000	(5) 외상매입금	10,000
(10)제좌	30,000	(6) 비품	15,000
		(7) 상품	50,000
		(8) 제좌	25,000

자 본 금

		(1) 현금	150,000

비품

(6) 현금	15,000		

상 품

(2) 제좌	70,000	(4) 현금	50,000
(7) 제좌	100,000	(10) 제좌	40,000

외상매입금

(5) 현금	10,000	(2) 상품	20,000
		(7) 상품	50,000

외상매출금

(10) 제좌	20,000		

상품매출이익

		(4) 현금	10,000
		(10) 제좌	10,000

임차료

(8) 현금	25,000		

이자비용

(3) 현금	10,000		

급여

(8) 현금	10,000		

수수료수익

		(9) 현금	7,000

5-9

(1) 현금 1,500,000원을 출자하여 회사를 설립하다.
(2) 외상매입금 700,000원을 현금으로 지급하다.
(3) 상품 250,000원을 매입하고 대금은 현금으로 지급하다.
(4) 수수료 60,000원을 현금으로 받다.
(5) 단기대여금 500,000원을 현금으로 회수하다.
(6) 급여 50,000원을 현금으로 지급하다.
(7) 상품 30,000원을 판매하고 대금은 현금으로 받다.
(8) 상품 300,000원을 매입하고 대금은 현금으로 지급하다.
(9) 상품 200,000원을 판매하고 대금은 외상으로 하다.
(10) 상품 150,000원을 매입하고 대금은 추후에 지급하기로 하다.

5-10 ① 2,000 ② 1,400 ③ 4,600 ④ 6,000 ⑤ 6,000 ⑥ 1,000 ⑦ 2,800
⑧ 4,200 ⑨ 4,200 ⑩ 1,000 ⑪ 2,000

5-11 50,000원

외상매출금

10/15상품	400,000	10/17	현금	350,000
		잔액		50,000

≪제6장≫

6-1, 6-2 생략

6-3 (1) 전표, 분개장 (2) 총계정원장 (3) 주요부, 보조원장, 보조기입장,
(4) 전기, 전표 (5) 병립식, 분할식, 병립식 (6) 표준식, 잔액식, 잔액식
(7) 입금전표, 출금전표, 대체전표

6-4 보조기입장 (○) : (3) (5) (6) (7) (11) (13) (14)
보조원장 (×) : (1) (2) (4) (8) (9) (10) (12)

6-5 (1) 5월 10일 현금 1,000,000원을 1년 이내 상환하기로 하고 차입하다.
(2) 5월 20일 비품 20,000원을 현금으로 구입하다.
(3) 5월 28일 비품 300,000원을 외상으로 구입하다.
(4) 5월 30일 단기차입금 중 600,000원을 은행예금에서 이체하여 지급하다.

6-6

[분개장에의 기입]

(병립식) **분 개 장** (1)

일자		적요	원면	차변	대변
5	1	(현금)	1	600,000	
		(자본금)	9		600,000
		현금출자하여 개업			
	3	(건물)	5	180,000	
		(현금)	1		180,000
		건물의 구입			
	5	(비품)	6	6,000	
		(현금)	1		6,000
		비품의 구입			
	6	(상품)	4	150,000	
		(현금)	1		150,000
		성동상사로부터 A상품 매입			
	8	(단기대여금)	3	60,000	
		(현금)	1		60,000
		갑상사에 대여(1년)			
	10	(현금)	1	500,000	
		(단기차입금)	8		500,000
		을상사로부터 차입(10개월)			
	13	(현금) 제좌	1	90,000	
		(상품)	4		75,000
		(상품매출이익)	10		15,000
		동아상사에 A상품 매출			
	14	(상품)	4	129,000	
		(외상매입금)	7		129,000
		종로상사로부터 B상품 매입			
	17	(외상매출금) 제좌	2	105,000	
		(상품)	4		97,000
		(상품매출이익)			8,000
		서울상사에 A상품, B상품 매출			
	18	(외상매입금)	7	120,000	
		(현금)	1		120,000
		종로상사에 지급			
	19	(현금)	1	105,000	
		(외상매출금)	2		105,000
		서울상사로부터 회수			

	적요	원면	차변	대변
20	(현금) 제좌	1	61,500	
	(단기대여금)	3		60,000
	(이자수익)	11		1,500
	갑상사로부터 단기대여금 및 이자회수			
21	제좌 제좌			
	(현금)	1	21,000	
	(외상매출금)	2	30,000	
	(상품)	4		42,000
	(상품매출이익)	10		9,000
	강남상사에 매출			
25	(급여)	12	15,000	
	(현금)	1		15,000
	5월분 급여 지급			
30	(잡비)	13	7,500	
	(현금)	1		7,500
	5월분 잡비 지급			
			2,180,000	2,180,000

[총계정원장에의 전기]

총계정원장

현 금 (1)

일	자	적 요	분 면	금 액	일	자	적 요	분 면	금 액
5	1	자본금	1	600,000	5	3	건 물	1	180,000
	10	단기차입금	1	500,000		5	비 품	1	6,000
	13	제 좌	1	90,000		6	상 품	1	150,000
	19	외상매출금	1	105,000		8	단기대여금	1	60,000
	20	제 좌	1	61,500		18	외상매입금	1	120,000
	21	제 좌	1	21,000		25	급 여	1	15,000
						30	잡 비	1	7,500

외상매출금 (2)

일	자	적 요	분 면	금 액	일	자	적 요	분 면	금 액
5	17	제 좌	1	105,000	5	19	현 금	1	105,000
	21	제 좌	1	30,000					

단 기 대 여 금 (3)

일	자	적 요	분 면	금 액	일	자	적 요	분 면	금 액
5	8	현 금	1	60,000	5	20	현 금	1	60,000

상 품 (4)

일	자	적 요	분 면	금 액	일	자	적 요	분 면	금 액
5	6	현 금	1	150,000	5	13	현 금	1	75,000
	14	외상매입금	1	129,000		17	외상매출금	1	97,000
						21	제 좌	1	42,000

건 물 (5)

일	자	적 요	분 면	금 액	일	자	적 요	분 면	금 액
5	3	현 금	1	180,000					

비 품 (6)

일	자	적 요	분 면	금 액	일	자	적 요	분 면	금 액
5	5	현 금	1	6,000					

외상매입금 (7)

일	자	적 요	분 면	금 액	일	자	적 요	분 면	금 액
5	18	현 금	1	120,000	5	14	상 품	1	129,000

단 기 차 입 금 (8)

일	자	적 요	분 면	금 액	일	자	적 요	분 면	금 액
					5	10	현 금	1	500,000

자 본 금

(9)

일	자	적 요	분 면	금 액	일	자	적 요	분 면	금 액
					5	1	현 금	1	600,000

상품매출이익 (10)

일	자	적 요	분 면	금 액	일	자	적 요	분 면	금 액
					5	13	현 금	1	15,000
						17	외상매출금	1	8,000
						21	제 좌	1	9,000

이자수익 (11)

일	자	적요	분면	금액	일	자	적요	분면	금액
					5	20	현 금	1	1,500

급 여 (12)

일	자	적요	분면	금액	일	자	적요	분면	금액
5	25	현 금	1	15,000					

잡 비 (13)

일	자	적요	분면	금액	일	자	적요	분면	금액
5	30	현 금	1	7,500					

6-7 (1) 대체전표 (2) 출금전표 (3) 출금전표 (4) 입금전표 (5) 입금전표 (6) 출금전표

≪제7장≫

7-1~7-5 생략

7-6 차변, 대변합계 : 500,000원

잔액시산표

차 변	계정과목	대변
62,000	현 금	
105,000	단 기 투 자 자 산	
	외 상 매 입 금	69,000
167,000	상 품	
50,000	비 품	
75,000	외 상 매 출 금	
	단 기 차 입 금	80,000
	자 본 금	300,000
	상 품 매 출 이 익	46,000
	수 수 료 수 익	5,000
28,000	급 여	
9,000	광 고 선 전 비	
4,000	여 비 교 통 비	
500,000		500,000

7-7 잔액란차변합계 : 1,294,500원

합계잔액시산표

차변		계정과목	대변	
잔액	합계		합계	잔액
77,600	(391,400)	현금	313,800	
422,000	1,372,000	단기투자자산	(950,000)	
(276,900)	(276,900)	미수금		
(293,400)	293,400	비품		
	336,000	외상매입금	446,400	(110,400)
		단기차입금	200,000	(200,000)
		자본금	(600,100)	(600,10)
(150,600)	150,600	급여		
(74,000)	74,000	임차료		
		수수료수익	376,200	(376,200)
		이자수익	(7,800)	7,800
(1,294,500)	(2,894,300)		2,894,300	(1,294,500)

7-8 자본금 : 1,000,000원, 급여 : 250,000원

잔액시산표

차변	계정과목	대변
300,000	현금	
508,000	외상매출금	
450,000	단기투자자산	
200,000	토지	
700,000	기계장치	
	단기차입금	830,000
	미지급금	35,000
	자본금	1,000,000
	수수료수익	1,006,000
	이자수익	23,000
250,000	급여	
47,000	이자비용	
350,000	판매비	
17,000	보험료	
2,894,000		2,894,000

7-9 당기순이익 : 7,000원

정 산 표

수원상사 (단위 : 원)

계정과목	잔액시산표		포괄손익계산서		재무상태표	
	차 변	대 변	차 변	대 변	차 변	대 변
현 금	140,000				140,000	
외 상 매 출 금	10,000				10,000	
상 품	25,000				25,000	
비 품	2,000				2,000	
건 물	60,000				60,000	
단 기 차 입 금		30,000				30,000
자 본 금		200,000				200,000
상 품 매 출 이 익		14,000		14,000		
이 자 수 익		500		500		
급 여	5,000		5,000			
잡 비	2,500		2,500			
당 기 순 이 익			7,000			7,000
	244,500	244,500	14,500	14,500	237,000	237,000

7-10 이월시산표차변합계 : 1,180,000원

7-11 손익계정잔액 : 88,000원

7-12 (1) 잔액시산표차변합계 : 948,000원 (4) 당기순이익 : 43,000원

≪제8장≫

8-1 현금계정 : 통화, 우편환증서, 송금수표, 타인발행당좌수표, 자기앞수표, 주식배당권, 만기공사채이자표, 달러화 등 외국통화, 여행자수표

8-2

(1) (차) 현금	1,300,000	(대)	매출채권	1,300,000
(2) (차) 현금과부족	13,000	(대)	현금	13,000
(3) (차) 통신비	10,000	(대)	현금과부족	10,000
(4) (차) 잡손실	3,000	(대)	현금과부족	3,000
(5) (차) 상품	870,000	(대)	당좌예금	500,000
			단기차입금 (당좌차월)	370,000

(6)	(차)	단기차입금 (당좌차월)	370,000	(대) 매출채권 (외상매출금)	600,000
		당좌예금	230,000		
(7)	(차)	통신비	25,000	(대) 당좌예금	125,000
		여비교통비	50,000		
		소모품비	25,000		
		보관료	10,000		
		잡비	15,000		

8-3

8/12	(차)	소액현금	200,000	(대) 당좌예금	200,000
8/22	(차)	통신비	55,000	(대) 당좌예금	180,000
		소모품비	20,000		
		도서인쇄비	24,000		
		수선비	54,000		
		복리후생비	13,000		
		잡비	14,000		
8/31	(차)	통신비	12,000	(대) 당좌예금	75,000
		소모품비	19,000		
		도서인쇄비	6,000		
		수선비	22,000		
		잡비	16,000		

8-4 올바른 잔액 : 2,310,000,

수정분개 : (차) 현금 90,000 (대) 당좌예금 90,000

은행계정조정표

20×1년 12월 31일

(은행의 당좌예금잔액증명서)		(회사 당좌예금출납장)	
증명서잔액	2,210,000	출납장잔액	2,400,000
차감 : ① 기발행수표 미지급액	(−) 550,000	차감 : ③ 기장오류	(−)90,000
매입처 인천상사 250,000			
수원상사 300,000			
가산 : ② 미기입 예입수표	650,000		
조정잔액	2,310,000	조정잔액	2,310,000

8-5 ① 조정잔액 : ₩52,500

②

	차변	금액		대변	금액
(차)	당좌예금	45	(대)	현금	45
(차)	부도어음	3,000	(대)	당좌예금	3,010
	수수료비용	10			
(차)	당좌예금	1,525	(대)	받을어음	1,450
				이자수익	75
(차)	수수료비용	25	(대)	당좌예금	25

은행계정조정표

20×1년 12월 31일

(은행의 당좌예금잔액증명서)		(회사 당좌예금출납장)	
증명서잔액	55,000	출납장잔액	53,965
차감 : ② 기발행수표 미지급액		차감 : ④ 부도수표	(−)3,000
매입처 #305 1,000	(−) 6,500	은행수수료	(−)10
#308 2,500		⑤ 은행수수료(어음)	(−)25
#310 3,000			
가산 : ① 미기입 예입수표	4,000	가산: ③ 기장오류	45
		⑤ 어음대금 입금	1,450
조정잔액		이자회수	75
	52,500	조정잔액	52,500

8-6 기발행 미지급수표 : ₩70,740

은행계정조정표

20×1년 12월 31일

(은행의 당좌예금잔액증명서)		(회사 당좌예금출납장)	
증명서잔액	106,480	출납장잔액	69,080
차감 : ② 기발행수표 미지급액		차감 : ② 은행수수료	(−)4,540
매입처	(−)70,740	⑤ 기장오류	(−)6,800
		가산:	
가산 : ① 미기록입금액	64,000	⑤ 어음대금 입금	40,000
		이자회수	2,000
조정잔액	99,740	조정잔액	99,740

8-7

	차변	금액	대변	금액
(1) (차)	당기손익-공정가치측정금융자산	2,600,000	(대) 현금	2,615,000
	수수료비용	15,000		
(2) (차)	현 금	597,000	(대) 당기손익-공정가치측정금융자산	500,000
	수수료비용	3,000	금융자산처분이익(당기손익)	100,000
(3) (차)	당기손익-공정가치측정금융자산	3,000,000	(대) 현 금	3,010,000
	수수료비용	10,000		
(4) (차)	현 금	1,190,000	(대) 당기손익-공정가치측정금융자산	900,000
	수수료비용	10,000	금융자산처분이익(당기손익)	300,000
(5) (차)	당기손익-공정가치측정금융자산	300,000	(대) 금융자산처분이익(당기손익)	300,000

≪제9장≫

9-1 ~ 9-3 생략

9-4

	차변	금액	대변	금액
(1) (차)	상품	200,000	(대) 지급어음	200,000
(2) (차)	받을어음	100,000	(대) 상품	100,000
(3) (차)	비품	500,000	(대) 미지급금	500,000
(4) (차)	당좌예금	98,000	(대) 받을어음	100,000
	매출채권처분손실	2,000		
(5) (차)	지급어음	200,000	(대) 당좌예금	200,000
(6) (차)	상품	120,000	(대) 받을어음	50,000
			당좌예금	70,000
(7) (차)	부도어음	300,000	(대) 받을어음	300,000

9-5

(1) 소지어음이 부도되어 어음대금 200,000원을 상환청구하고 지급거절증서 작성비용 등 5,000원을 현금으로 지급하다.

(2) 상환청구하였던 부도어음대금 400,500원과 만기일 이후 법정이자 700원을 현금으로 받다.

(3) 배서양도(할인)한 어음 200,000원이 부도로 확인되어 양수인에게 어음대금 200,000원을 수표발행하여 지급하고 어음채무자에게 상환청구하다.

(4) 상품 500,000원을 매입하고, 대금은 약속어음을 발행하여 지급하고 인수운임 2,000원은 현금으로 지급하다.

9-6

	차변	금액		대변	금액
(1)	(차) 부도어음	503,000	(대)	당좌예금	503,000
(2)	(차) 현금	505,000	(대)	부도어음	503,000
				이자수익	2,000

9-7 (1) ① 상품을 외상으로 매입한 경우

② 상품 이외의 자산을 외상으로 취득한 경우

(2) ① 회수불능인 매출채권(외상매출금)을 직접 대손처리하는 경우(대손충당금 잔액이 없는 경우)

② 회수불능인 매출채권(외상매출금)을 대손처리시 대손충당금 잔액과 상계하는 경우

9-8

	차변	금액		대변	금액
(1)	(차) 가지급금	100,000	(대)	현금	100,000
(2)	(차) 여비교통비	115,000	(대)	가지급금	100,000
				현금	15,000
(3)	(차) 급여	2,600,000	(대)	예수금(소득세 등)	350,000
				보통예금	2,250,000
(4)	(차) 매출채권(외상매출금)	3,000,000	(대)	상품	3,500,000
	운반비	70,000		현금	70,000
	선수금	500,000			
(5)	(차) 선급금	2,000,000	(대)	당좌예금	2,000,000
(6)	(차) 상품	7,020,000	(대)	선급금	2,000,000
				매입채무(외상매입금)	5,000,000
				현금	20,000
(7)	(차) 가수금	800,000	(대)	매출채권(외상매출금)	500,000
				단기대여금	300,000

9-9

〈제1기〉

일자	차변	금액	대변	금액
7/26	(차) 대손상각비	75,000	(대) 매출채권(외상매출금)	75,000
12/31	(차) 대손상각비	60,000	(대) 대손충당금	60,000

〈제2기〉

8/27	(차) 대손충당금	40,000	(대)	매출채권(외상매출금)	40,000
12/31	(차) 대손상각비	40,000	(대)	대손충당금	40,000

〈제3기〉

1/23	(차) 대손충당금	50,000	(대)	매출채권(외상매출금)	50,000
2/29	(차) 대손충당금	10,000	(대)	매출채권(외상매출금)	40,000
	대손상각비	30,000			
5/13	(차) 현금	15,000	(대)	대손충당금	15,000
6/30	(차) 대손상각비	10,000	(대)	대손충당금	10,000

9-10

(1)	(차) 대손충당금	80,000	(대)	매출채권(외상매출금)	100,000
	대손상각비	20,000			
(2)	(차) 대손충당금	20,000	(대)	대손충당금환입	20,000

≪제10장≫

10-1 매출원가=기초재고액+당기매입액-기말재고액

매출원가=당기매출액-매출이익

	기초재고액	당기매입액	매출원가	기말재고액	당기매출액	매출이익
(1)	120,000	350,000	(385,000)	85,000	400,000	(15,000)
(2)	70,000	200,000	(205,000)	(65,000)	300,000	95,000
(3)	40,000	(535,000)	(390,000)	185,000	500,000	110,000
(4)	(70,000)	120,000	(125,000)	65,000	200,000	75,000
(5)	10,000	80,000	(75,000)	15,000	(100,000)	25,000

10-2

〈순수법〉

(1)	(차) 상품	215,000	(대)	당좌예금	100,000
				매입채무(외상매입금)	100,000
				현금	15,000
(2)	(차) 매출채권(외상매출금)	450,000	(대)	상품	300,000
	운반비	8,000		상품매출이익	150,000
				현금	8,000
(3)	(차) 현금	220,500	(대)	매출채권(외상매출금)	225,000
	상품	4,500			

		차변	금액		대변	금액
(4)	(차)	상품	50,000	(대)	매출채권(외상매출금)	120,000
		상품매출이익	70,000			
(5)	(차)	매입채무(외상매입금)	2,000	(대)	상품	2,000

〈혼합법〉

		차변	금액		대변	금액
(1)	(차)	상품	215,000	(대)	당좌예금	100,000
					매입채무(외상매입금)	100,000
					현금	15,000
(2)	(차)	매출채권(외상매출금)	450,000	(대)	상품	450,000
		운반비	8,000		현금	8,000
(3)	(차)	현금	220,500	(대)	매출채권(외상매출금)	225,000
		상품	4,500			
(4)	(차)	상품	70,000	(대)	매출채권(외상매출금)	70,000
(5)	(차)	매입채무(외상매입금)	2,000	(대)	상품	2,000

〈3분법〉

		차변	금액		대변	금액
(1)	(차)	매입	215,000	(대)	당좌예금	100,000
					매입채무(외상매입금)	100,000
					현금	15,000
(2)	(차)	매출채권(외상매출금)	450,000	(대)	매출	450,000
		운반비	8,000		현금	8,000
(3)	(차)	현금	220,500	(대)	매출채권(외상매출금)	225,500
		매출	4,500			
(4)	(차)	매출	70,000	(대)	매출채권(외상매출금)	70,000
(5)	(차)	매입채무(외상매입금)	2,000	(대)	매입	2,000

10-3

		차변	금액		대변	금액
8월 1일	(차)	매입	100,000	(대)	외상매입금	100,000
8월 5일	(차)	외상매출금	121,000	(대)	매출	121,000
8월 8일	(차)	매입	164,000	(대)	외상매입금	160,000
					현금	4,000
8월 13일	(차)	외상매입금	10,000	(대)	매입	10,000
8월 18일	(차)	외상매입금	10,000	(대)	매입	10,000
8월 21일	(차)	외상매출금	141,000	(대)	매출	141,000
8월 27일	(차)	매출	2,000	(대)	외상매출금	2,000

10-4

(1) 선입선출법에 의한 상품재고장

상품재고장 (선입선출법)

날짜	적 요	입 고			출 고			잔 액		
		수량	단가	금액	수량	단가	금액	수량	단가	금액
4/ 1	전월이월	100	100	10,000				100	100	10,000
4/10	매 입	200	120	24,000				100 200	100 120	10,000 24,000
4/20	매 출				100 150	100 120	10,000 18,000	50	120	6,000
4/30	매 입	200	130	26,000				50 200	120 130	6,000 26,000
4/30	차월이월				50 200	120 130	6,000 26,000			
		500		60,000	500		60,000			
5/1	전월이월	50 200	120 130	6,000 26,000				50 200	120 130	6,000 26,000

(2) 후입선출법에 의한 상품재고장

상품재고장 (후입선출법)

날짜	적 요	입 고			출 고			잔 액		
		수량	단가	금액	수량	단가	금액	수량	단가	금액
4/ 1	전월이월	100	100	10,000				100	100	10,000
4/10	매 입	200	120	24,000				100 200	100 120	10,000 24,000
4/20	매 출				200 50	120 100	24,000 5,000	50	100	5,000
4/30	매 입	200	130	26,000				50 200	100 130	5,000 26,000
4/30	차월이월				50 200	100 130	5,000 26,000			
		500		60,000	500		60,000			
5/1	전월이월	50 200	100 130	5,000 26,000				50 200	100 130	5,000 26,000

(3) 총평균법에 의한 상품재고장

상품재고장 (총평균법)

날짜	적 요	입 고			출 고			잔 액		
		수량	단가	금액	수량	단가	금액	수량	단가	금액
4/1	전월이월	100	100	10,000				100	100	10,000
4/10	매 입	200	120	24,000				300	120	36,000
4/20	매 출				250	120	30,000	50	120	6,000
4/30	매 입	200	130	26,000				250	120	30,000
4/30	차월이월				250	120	30,000			
		500		60,000	500		60,000			
5/1	전월이월	250	120	30,000				250	120	30,000

(4) 이동평균법에 의한 상품재고장

상품재고장 (이동평균법)

날짜	적요	입 고			출 고			잔 액		
		수량	단가	금액	수량	단가	금액	수량	단가	금액
4/1	전월이월	100	100	10,000				100	100	10,000
4/10	매 입	200	120	24,000				300	113.3	33,990
4/20	매 출				250	113.3	28,325	50	113.3	5,665
4/30	매 입	200	130	26,000				250	126.7	31,675
4/30	차월이월				250	126.7	31,675			
		500		60,000	500		60,000			
5/1	전월이월	250	126.7	31,675				250	126.7	31,675

4/10 평균단가=(10,000+24,000)/300=113.333... ≒ 113.3

4/30 평균단가=(5,665+26,000)/250=126.666... ≒ 126.7

단가결정방법	매출원가(250개)	기말재고액(250개)
선 입 선 출 법	28,000원	32,000원
후 입 선 출 법	29,000원	31,000원
총 평 균 법	30,000원	30,000원
이 동 평 균 법	28,325원	31,675원

10-5

선입선출법 : 매출원가: 50개*360원+50개*360원+30개*400원=48,000원

기말재고액: 120개*400원=48,000원

또는 96,000원-48,000원=48,000원

후입선출법 : 매출원가: 50개*360원+80개*400원=50,000원
기말재고액: 50개*360원+70개*400원=46,000원
또는 96,000원-50,000원=46,000원

총평균법 : 단가: (36,000원+60,000원)/(100개+150개)=384원/개
매출원가: 130개*384원=49,920원
기말재고액: 120개*384원=46,080원
또는 96,000원-49,920원=46,080원

이동평균법 : 매출원가: (50개*360원)+[{(18,000원+60,000원)/(50개+150개)}*80개]=49,200
기말재고액: 120개*390원=46,800원
또는 96,000원-49,200원=46,800원

10-6

(1)	(차) 매입	200,500	(대) 매입채무 (외상매입금)	200,500
(2)	(차) 매출채권 (외상매출금)	80,700	(대) 매출	80,000
			현금	700

10-7

(1) 재고자산감모손실 금액: (700개-690개)*@₩1,000 =10,000원
재고자산평가손실 금액: 690개*(@₩1,000-@₩900)=69,000원

(2)	(차) 매출원가	10,000	(대) 재고자산	10,000
(3)	(차) 매출원가	69,000	(대) 재고자산평가충당금	69,000

≪제11장≫

11-1 생략

11-2

(1) 할인차금상각표의 작성

일 자	현금이자① (100,000×9%)	이자수익② (직전④×11%)	할인차금상각액③ (②-①)	장부가액④ (직전 ④+③)
20×1. 1. 1				₩92,608
20×1. 12. 21	₩9,000	₩10,187	₩1,187	93,795
20×2. 12. 21	9,000	10,317	1,317	95,112
20×3. 12. 21	9,000	10,462	1,462	96,574
20×4. 12. 21	9,000	10,623	1,623	98,197
20×5. 12. 21	9,000	10,803	1,803	100,000

(2) 상각후원가측정금융자산인 경우

<u>20×1년도말</u>

(차)	현금	9,000	(대)	이자수익	10,187
	상각후원가측정금융자산	1,187			

<u>20×2년도말</u>

(차)	현금	9,000	(대)	이자수익	10,317
	상각후원가측정금융자산	1,317			

<u>20×3년도말</u>

(차)	현금	9,000	(대)	이자수익	10,462
	상각후원가측정금융자산	1,462			

<u>20×4년도말</u>

(차)	현금	9,000	(대)	이자수익	10,623
	상각후원가측정금융자산	1,623			

<u>20×5년도말</u>

(차)	현금	9,000	(대)	이자수익	10,623
	상각후원가측정금융자산	1,623			
	현금	100,000		상각후원가측정금융자산	100,000

11-3

		(차)			(대)		
(1)	8/31	(차)	당기손익-공정가치측정금융자산	1,600,000	(대)	현금	1,600,000
(2)	9/15	(차)	당기손익-공정가치측정금융자산	2,750,000	(대)	당좌예금	750,000
			수수료비용	27,500		현금	2,027,500
(3)	11/20	(차)	당좌예금	1,000,000	(대)	당기손익-공정가치측정금융자산	1,650,000
			현금	800,000		금융자산처분이익 (당기손익)	150,000
(4)	12/31	(차)	금융자산평가손실 (당기손익)	300,000	(대)	당기손익-공정가치측정금융자산	300,000

11-4

	(차)			(대)		
(1)	(차)	당기손익-공정가치측정금융자산	7,000,000	(대)	당좌예금	7,379,720
		미수이자	379,720			
(2)	(차)	현금	700,000	(대)	미수이자	379,720
					이자수익	320,280

11-5

	(차)			(대)		
(1)	(차)	당기손익-공정가치측정금융자산	150,000	(대)	당좌예금	150,000
		수수료비용	1,500		현금	1,500

(2) (차) 당기손익-공정가치측정금융자산 95,000 (대) 현금 95,000
(3) (차) 현금 10,000 (대) 배당금수익 10,000
(4) (차) 금융자산평가손실 15,000 (대) 당기손익-공정가치측정금융자산 15,000
(당기손익)
(5) (차) 현금 159,000 (대) { 당기손익-공정가치측정금융자산 140,000
금융자산처분이익 19,000
(당기손익)

11-6

20×1. 12. 31 주식취득시
(차) 당기손익-공정가치측정금융자산 3,600,000 (대) 현금 3,600,000
20×2. 4. 25 배당금수령시
(차) 현금 150,000 (대) 배당금수익 150,000
20×2. 12. 31 결산시
(차) 당기손익-공정가치측정금융자산 300,000 (대) 금융자산평가이익 300,000
(당기손익)
20×3. 1. 5 주식매각시
(차) 현금 2,100,000 (대) { 당기손익-공정가치측정금융자산 1,950,000
금융자산처분이익 150,000
(당기손익)

≪제12장≫

12-1 ~ 12-5 생략

12-6

(1) (차) { 감가상각누계액(건물) 640,000 / 현금 300,000 / 미수금 100,000 (대) { 건물 1,000,000 / 유형자산처분이익 40,000
(2) (차) { 건물 340,000 / 수선비 60,000 (대) 당좌예금 400,000
(3) (차) 수선비 100,000 (대) 현금 100,000
(4) (차) 전신전화 가입권 500,000 (대) 당좌예금 500,000

12-7

정액법: $\text{정 액 법} = \dfrac{(3,000,000\text{원} - 300,000\text{원})}{8\text{년}} = 337,500\text{원}/\text{년}$

* 정률법 8차년도 감가상각비 계산
미상각잔액 400,452원 * 0.25 = 100,113원

8차년도 정률 상각 후 잔존가치는 300,339원 이지만 잔존가치는 300,000원이어야 하므로 8차년도 미상각잔액 300,339원 - 300,000원=339원을 감가상각비에 추가계상해 줌.

연도별	정액법			정률법		
	당해연도분 상 각 액	상 각 누계액	미상각 잔 액	당해연도분 상 각 액	상 각 누계액	미상각 잔 액
1	337,500	337,500	2,662,500	750,000	750,000	2,250,000
2	337,500	675,000	2,325,000	562,500	1,312,500	1,687,500
3	337,500	1,012,500	1,987,500	421,875	1,734,375	1,265,625
4	337,500	1,350,000	1,650,000	316,406	2,050,781	949,219
5	337,500	1,687,500	1,312,500	237,305	2,288,086	711,914
6	337,500	2,025,000	975,000	177,979	2,466,064	533,936
7	337,500	2,362,500	637,500	133,484	2,599,548	400,452
8	337,500	2,700,000	300,000	100,452*	2,700,000	300,000

12-8

일 자	분 개
20x1. 7. 1	(차)비품 3,000,000 (대)현금 3,000,000
20x1.12. 31	(차)감가상각비 135,000 (대)감가상각누계액 135,000
20x2. 6. 30	(차)감가상각누계액 270,000 (대) 비품 3,000,000 미수금 2,500,000 유형자산처분손실 230,000

* 감가상각비(정액법):

$$감가상각비(정액법) = \frac{(3,000,000원 - 300,000원)}{10년} = 270,000원/년$$

x1년도 270,000원 * 6개월/12개월=135,000원

x2년도 매각시점까지 감가상각비: 270,000원 * 6개월/12개월=135,000원

12-9

	차변		대변	
(1) (차)	건물	150,000	(대) 당좌예금	200,000
	수선비	50,000		
(2) (차)	감가상각누계액(차량운반구)	2,000,000	(대) 차량운반구	4,500,000
	현금	3,000,000	유형자산처분이익	500,000

	차변	금액		대변	금액
(3) (차)	감가상각누계액(차량운반구)	3,600,000	(대)	차량운반구	10,000,000
	차량운반구	9,000,000		당좌예금	4,000,000
	유형자산처분손실	1,400,000			

12-10

(1) 20×1. 1. 1

	차변	금액		대변	금액
(차)	광업권	4,500,000	(대)	당좌예금	4,500,000

(2) 20×1. 12. 31

	차변	금액		대변	금액
(차)	광업권상각비	900,000	(대)	광업권	900,000

$$\text{광업권상각비} = 4{,}500{,}000\text{원} \times \frac{300{,}000\text{톤}}{1{,}500{,}000\text{톤}} = 900{,}000\text{원/톤}$$

12-11

		차변	금액		대변	금액
(1)	(차)	개발비	2,000,000	(대)	당좌예금	2,000,000
(2)	(차)	개발비상각비	400,000	(대)	개발비	400,000
(3)	(차)	특허권	20,700,000	(대)	개발비	20,000,000
					현금	700,000

≪제13장≫

13-4

		차변	금액		대변	금액
①	(차)	당좌예금	19,400,000	(대)	사채	20,000,000
		사채할인발행차금	600,000			
②	(차)	이자비용	716,666.67	(대)	사채할인발행차금	50,000
					미지급이자비용	666,666.67
③	(차)	이자비용	800,000	(대)	당좌예금	800,000
④	(차)	사채	4,000,000	(대)	당좌예금	3,952,000
					사채할인발행차금	48,000
⑤	(차)	이자비용	716,666.67	(대)	사채할인발행차금	50,000
					미지급이자비용	666,666.67

* 미지급이자비용에 대해서는 제16장을 참조할 것.

13-5

		차변	금액		대변	금액
(1)	(차)	퇴직급여충당부채	2,000,000	(대)	현금	2,000,000
(2)	(차)	퇴직급여	5,500,000	(대)	퇴직급여충당부채	5,500,000

≪제14장≫

14-1 생략. 본문참고

14-2 (1) ○표 : ④ ⑤ ⑥ (2) △표 : ① ⑧ ⑨ ⑩ (3) ×표 : ② ③ ⑦ ⑪ ⑫

14-3

		차변 계정	금액		대변 계정	금액
(1)	(차)	별단예금	3,500,000	(대)	주식청약증거금	3,500,000
(2)	(차)	별단예금	1,500,000	(대)	자본금	5,000,000
		주식청약증거금	3,500,000			
(3)	(차)	당좌예금	3,000,000	(대)	자본금	2,500,000
					주식발행초과금	500,000
(4)	(차)	건물	10,000,000	(대)	자본금	15,000,000
		기계장치	5,000,000			
(5)	(차)	당좌예금	2,200,000	(대)	자본금	2,500,000
		주식할인발행차금	300,000			

14-4

		차변 계정	금액		대변 계정	금액
(1)	(차)	배당평균적립금	400,000	(대)	미지급배당금	400,000
(2)	(차)	사채	35,000,000	(대)	당좌예금	35,000,000
		감채적립금	35,000,000		별도적립금	35,000,000
(3)	(차)	미처분이익잉여금	3,000,000	(대)	이익준비금	150,000
		배당평균적립금	1,150,000		배당금	4,000,000

14-5

		차변 계정	금액		대변 계정	금액
(1)	(차)	이익준비금	3,500,000	(대)	자본금	5,000,000
		주식발행초과금	1,500,000			
(2)	(차)	감자차익	20,000,000	(대)	자본금	20,000,000
(3)	(차)	기타자본잉여금	700,000	(대)	자본금	1,000,000
		현금	300,000			
(4)	(차)	자본금	1,000,000	(대)	전기이월결손금	800,000
					감자차익	200,000
(5)	(차)	자본금	2,000,000	(대)	이월결손금	700,000
					당좌예금	1,200,000
					감자차익	100,000

14-6 생략. 본문참고.

14-7

	차변	금액		대변	금액
(1)	(차) 미처리결손금	620,000	(대)	이월결손금	30,000
				손익	590,000
(2)	(차) 임의적립금	150,000	(대)	미처리결손금	620,000
	이익준비금	80,000			
	기타자본잉여금	180,000			
	자본잉여금	75,000			
	차기이월미처리결손금	135,000			

14-8

	차변	금액		대변	금액
(1)	(차) 손익	4,500,000	(대)	미처분이익잉여금	4,800,000
	전기이월미처분이익잉여금	300,000			
(2)	(차) 미처분이익잉여금	4,800,000	(대)	이익준비금	250,000
	배당평균적립금	400,000		임의적립금	460,000
	별도적립금	300,000		사업확장적립금	500,000
				미지급배당금	2,000,000
				임원상여금	700,000
				차기이월미처분이익잉여금	1,590,000

≪제15장≫

15-1 ~ 15-5 생략, 본문참고

15-6

	①	②	③	④	⑤
갑	2,621,000	3,081,000	410,000	28,000	20,000
을	247,000	116,000	84,000	14,000	8,000
병	1,500,000	5,450,000	484,000	418,000	118,000

15-7

A : ② ⑦ ⑨ ⑩ ⑪ ⑭ ⑯ ⑰ ⑳

B : ㉗ ㉘(서비스업의 경우)

C : ① ⑧ ⑫ ⑬ ㉓ ㉔ ㉙ ㉚

D : ④ ⑤ ⑮ ⑱ ⑲ ㉑ ㉒ ㉕ ㉖ ㉘(서비스업이 아닌 경우)

G : ③ ⑥

15-8

	차변	금액		대변	금액
(1)	(차) 매입	200,000	(대)	외상매입금	200,000
				현금	196,000

	(차) 외상매입금	200,000	(대) 매입	4,000
(2)	(차) 현금	80,000	(대) 대손충당금(외상매출금)	80,000
(3)	(차) 미수금	300,000	(대) 상품	300,000
(4)	(차) 세금과공과금	60,000	(대) 현금	60,000
(5)	(차) 무형자산상각비	800,000	(대) 특허권	800,000
(6)	(차) 현금	5,900,000	(대) 당기손익-공정가치측정금융자산	5,000,000
			금융자산처분이익	900,000
(7)	(차) 현금	1,000,000		
	감가상각누계액(차량운반구)	700,000	(대) 차량운반구	2,000,000
	유형자산처분손실	300,000		
(8)	(차) 기타의 대손상각비	450,000	(대) 미수금	450,000
(9)	(차) 현금	5,400,000	(대) 기타포괄손익-공정가치측정금융자산	6,000,000
	금융자산처분손실 (당기손익)	600,000		

15-9

(1) 4,580,000 (2) 2,900,000 (3) 300,000 (4) 30,000

≪제16장≫

16-1, 16-2 생략. 본문참고.

16-3

(1)	(차) 소모품	10,000	(대) 소모품비	10,000
(2)	(차) 소모품비	80,000	(대) 소모품	80,000
(3)	(차) 광업권상각비	25,000	(대) 광업권	25,000
(4)	(차) 미수금	10,000	(대) 임대료	10,000
(5)	(차) 선급비용	5,000	(대) 통신비	5,000
(6)	(차) 미수수익	6,000	(대) 이자수익	6,000
(7)	(차) 이자비용	10,000	(대) 미지급비용	10,000

16-4 **정 산 표**

20×1년 1월 1일부터 20×1년 12월 31일까지

계정과목	잔액시산표		정리기입		포괄손익계산서		재무상태표	
	차 변	대 변	차 변	대 변	차 변	대 변	차 변	대 변
현 금	80,000						(80,000)	
당 좌 예 금	1,710,000						(1,710,000)	
당기손익공정가치측정금융자산	270,000			(100,000)			(170,000)	
외 상 매 출 금	(800,000)						800,000	
이 월 상 품	100,000		(250,000)	(100,000)			250,000	
비 품	1,500,000						(1,500,000)	
외 상 매 입 금		(1,642,000)						1,642,000
자 본 금		2,754,000						(2,754,000)
매 출		(1,257,000)				1,257,000		
수 수 료 수 익		44,000				(44,000)		
매 입	1,192,000		(100,000)	(250,000)	1,042,000			
급 여	30,000				(30,000)			
임 차 료	(15,000)				15,000			
대 손 상 각 비			(16,000)		16,000			
대 손 충 당 금				16,000				(16,000)
금 융 자 산 평 가 손 실			(100,000)		100,000			
감 가 상 각 비			90,000		(90,000)			
감 가 상 각 누 계 액				90,000				(90,000)
당 기 순 이 익					8,000			(8,000)
	5,697,000	5,697,000	556,000	556,000	1,301,000	1,301,000	4,510,000	4,510,000

〈기말정리사항추정〉

(1) 기말상품재고액은 250,000원이다.

(2) 대손충당금은 외상매출금의 2%를 설정하였다.

(3) 당기손익-공정가치측정금융자산의 기말평가액은 170,000원이다.

(4) 비품의 감가상각비는 90,000원이다.

16-5 〈결산수정분개〉

(1)	(차) 매 입	17,000	(대) 이월상품	17,000
	(차) 이월상품	28,500	(대) 매 입	28,500
(2)	(차) 금융자산평가손실	500	(대) 당기손익-공정가치측정금융자산	500
(3)	(차) 감가상각비	1,250	(대) 감가상각누계액(건물)	1,250
(4)	(차) 감가상각비	1,200	(대) 감가상각누계액(비품)	1,200
(5)	(차) 대손상각비	720	(대) 대손충당금	720
(6)	(차) 선급비용	550	(대) 보험료	550
(7)	(차) 미수수익	1,600	(대) 수수료수익	1,600
(8)	(차) 이자비용	800	(대) 미지급비용	800
(9)	(차) 잡손실	500	(대) 현금	500

정 산 표

20×1년 1월 1일부터 20×1년 12월 31일까지

계정과목	잔액시산표		정리기입		포괄손익계산서		재무상태표	
	차변	대변	차변	대변	차변	대변	차변	대변
현금	15,000			500			14,500	
받을어음	10,000						10,000	
외상매출금	18,000						18,000	
당기손익-공정가치측정금융자산	13,000			500			12,500	
이월상품	17,000		28,500	17,000			28,500	
건물	25,000						25,000	
비품	12,000						12,000	
외상매입금		32,000						32,000
차입금		20,000						20,000
자본금		50,000						50,000
매출		80,000				80,000		
수수료수익		2,000		1,600		3,600		
매입	60,000		17,000	28,500	48,500			
급여	5,000				5,000			
보험료	2,200			550	1,650			
잡비	2,300				2,300			
광고선전비	2,700				2,700			
이자비용	1,800		800		2,600			
합계	184,000	184,000						
금융자산평가손실			500		500			
감가상각비			2,450		2,450			
감가상각누계액(건물)				1,250				1,250
감가상각누계액(비품)				1,200				1,200
대손상각비			720		720			
대손충당금(외출)				720				720
선급비용			550				550	
미수수익			1,600				1,600	
미지급비용				800				800
잡손실			500		500			
당기순이익					16,680			16,680
합계			52,620	52,620	83,600	83,600	122,650	122,650

16-6

〈결산수정분개〉

(1)	(차) 매입	52,000	(대) 이월상품	752,000	
	(차) 이월상품	843,000	(대) 매입	843,000	
(2)	(차) 가수금	30,000	(대) 외상매출금	30,000	

(3) (차) 대손상각비 5,600 (대) 대손충당금(외상매출금) 5,600

*외상매출금 380,000×2%=7,600-2,000(보충법)=5,600

(4) (차) 대손상각비 4,700 (대) 대손충당금(받을어음) 4,700

*받을어음 235,000×2%=4,700

(5) (차) 감가상각비 24,000 (대) 감가상각누계액(비품) 24,000

*비품의 미상각잔액

(비품 340,000-감가상각누계액(비품) 140,000=200,000)×2%=24,000

(6) (차) 매출 12,000 (대) 매출할인 12,000

(7) (차) 미수수익 27,000 (대) 수수료수익 27,000

정 산 표

회사명 20×1년 1월 1일 ~ 20×1년 12월 31일 (단위 : 원)

계정과목	잔액시산표		정리기입		포괄손익계산서		재무상태표	
	차변	대변	차변	대변	차변	대변	차변	대변
현금	326,000						326,000	
외상매출금	380,000			30,000			350,000	
받을어음	235,000						235,000	
이월상품	752,000		843,000	752,000			843,000	
비품	340,000						340,000	
외상매입금		259,000						259,000
지급어음		173,000						173,000
가수금		30,000	30,000					
차입금		150,000						150,000
대손충당금(외출)		2,000		5,600				7,600
감가상각누계액(비품)		140,000		24,000				164,000
자본금		1,000,000						1,000,000
이익준비금		130,000						130,000
임의적립금		210,000						210,000
이월이익잉여금		14,000						14,000
매입	1,409,000		752,000	843,000	1,318,000			
급여	364,000				364,000			
세금과공과금	245,000				245,000			
복리후생비	178,000				178,000			
매출할인	12,000			12,000				
매출		2,133,000	12,000			2,121,000		
합계	4,241,000	4,241,000						
대손상각비			10,300		10,300			
대손충당금(받을어음)				4,700				4,700
감가상각비			24,000		24,000			
수수료수익				27,000		27,000		
미수수익			27,000				27,000	
당기순이익					8,700			8,700
합계			1,671,300	1,671,300	2,148,000	2,148,000	2,121,000	2,121,000

16-7 ~ 16-10 생략

16-11 **포 괄 손 익 계 산 서**

20×1.1.1부터 20×1.12.31까지 (단위 : 원)

매출액		6,050,000
매출원가		4,700,000
기초상품재고액	1,600,000	
당기상품매입액	4,900,000	
기말상품재고액	1,800,000	
매출총이익		1,350,000
판매비와관리비		365,000
급여	150,000	
통신비	30,000	
광고선전비	85,000	
대손상각비	20,000	
감가상각비	35,000	
소모품비	45,000	
영업이익		985,000
영업외수익		102,000
이자수익	14,000	
금융자산처분이익	40,000	
유형자산처분이익	48,000	
영업외비용		122,000
이자비용	122,000	
당기순이익		965,000

16-12

〈결산수정분개〉

(1) (차) 매 입	900,000	(대) 이월상품	900,000
(차) 이월상품	830,000	(대) 매 입	830,000
(2) (차) 대손상각비	2,200	(대) 대손충당금(외상매출금)	2,200

*외상매출금 300,000×3%=9,000-6,800(보충법)=2,200

(3) (차) 감가상각비	14,000	(대) 감가상각누계액(비품)	14,000
(4) (차) 감가상각비	48,000	(대) 감가상각누계액(건물)	48,000
(5) (차) 금융자산평가손실	32,000	(대) 당기손익-공정가치측정금융자산	32,000

(6) (차) 선급비용 8,000 (대) 보험료 8,000
(7) (차) 수수료비용 8,000 (대) 미지급비용 8,000
(8) (차) 이자비용 4,000 (대) 미지급비용 4,000

정 산 표

20×1.1.1부터 20×1.12.31까지 (단위 : 원)

계정과목	잔액시산표		정리기입		포괄손익계산서		재무상태표	
	차변	대변	차변	대변	차변	대변	차변	대변
현금	96,000						96,000	
당좌예금	712,000						712,000	
외상매출금	300,000						300,000	
대손충당금(외출)		6,800		2,200				9,000
당기손익-공정가치측정금융자산	160,000			32,000			128,000	
이월상품	900,000		830,000	900,000			830,000	
비품	280,000						280,000	
감가상각누계액(비품)		96,000		14,000				110,000
건물	1,600,000						1,600,000	
감가상각누계액(건물)		300,000		48,000				348,000
외상매입금		240,000						240,000
지급어음		140,000						140,000
차입금		100,000						100,000
자본금		2,800,000						2,800,000
매출		1,870,000				1,870,000		
금융자산처분이익(당기손익)		35,200				35,200		
매입	1,360,000		900,000	830,000	1,430,000			
급여	84,000				84,000			
보험료	24,000			8,000	16,000			
수수료비용	72,000		8,000		80,000			
합계	5,588,000	5,588,000						
대손상각비			2,200		2,200			
감가상각비			62,000		62,000			
금융자산평가손실(당기손익)			32,000		32,000			
선급비용			8,000				8,000	
미지급비용				12,000				12,000
이자비용			4,000		4,000			
당기순이익					195,000			195,000
합계			1,846,200	1,846,200	1,905,200	1,905,200	3,954,000	3,954,000

재무상태표

20×1.12.31현재 (단위 : 원)

과목	당기	
자 산		
유 동 자 산	2,057,000	2,065,000
현 금 및 현 금 성 자 산	808,000	
당기손익-공정가치측정금융자산	128,000	
외 상 매 출 금	300,000	
대 손 충 당 금 (외 출)	(9,000)	
상 품	830,000	
선 급 비 용	8,000	
비 유 동 자 산		1,422,000
비 품	280,000	
감 가 상 각 누 계 액 (비 품)	(110,000)	
건 물	1,600,000	
감 가 상 각 누 계 액 (건 물)	(348,000)	
자 산 총 계		3,487,000
부 채		
유 동 부 채		
외 상 매 입 금	240,000	
지 급 어 음	140,000	
차 입 금	100,000	
미 지 급 비 용	12,000	
비 유 동 부 채		0
부 채 총 계		492,000
자 본		
자 본 금	2,800,000	
이 익 잉 여 금	195,000	
자 본 총 계		2,995,000
부 채 와 자 본 총 계		3,487,000

포 괄 손 익 계 산 서

20×1.1.1부터 20×1.12.31까지 (단위 : 원)

과목		
매출액		1,870,000
매출원가		1,430,000
기초상품재고액	1,360,000	
당기상품매입액	900,000	
기말상품재고액	830,000	
매출총이익		440,000
판매비와관리비		164,200
급여	84,000	
보험료	16,000	
대손상각비	2,200	
감가상각비	62,000	
영업이익		275,800
영업외수익		35,200
금융자산처분이익	35,200	
영업외비용		116,000
이자비용	4,000	
수수료비용	80,000	
금융자산평가손실	32,000	
당기순이익		195,000

≪제17장≫

17-1 ~ 17-5 생략. 본문참고

17-6

(1) 현금흐름표 작성을 위한 분개

		차변	금액		대변	금액
①	(차)	현금	130,000(II-1)	(대)	당기손익-공정가치측정금융자산	150,000
		금융자산처분손실	20,000(I)		현 금	90,000(II-2)
		당기손익-공정가치측정금융자산	90,000(I -2)			

* 당기손익-공정가치측정금융자산 중 30,000원은 현금성자산으로서 현금에 포함되므로 현금유출이 아님.

		차변	금액		대변	금액
	(차)	금융자산평가손실	20,000(I)	(대)	당기손익-공정가치측정금융자산	20,000
②	(차)	현금	210,000(II-1)	(대)	단기대여금	210,000
		단기대여금	170,000(I -2)		현금	170,000
		현금	150,000(II-1)		장기대여금	150,000(II-2)
		장기대여금	250,000(I -2)		현금	250,000(II-2)

번호	구분	계정과목	금액	구분	계정과목	금액
③	(차)	선급금	30,000(Ⅰ)	(대)	현금	30,000
		선수금	80,000(Ⅰ)		매출	80,000

* 선급금의 증가와 선수금의 감소

번호	구분	계정과목	금액	구분	계정과목	금액
④	(차)	현금	350,000(Ⅱ-1)	(대)	기타포괄손익-공정가치측정금융자산	300,000(Ⅰ-2)
		기타포괄손익-공정가치측정금융자산	50,000(Ⅰ-2)		금융자산처분이익	100,000(Ⅰ)
		기타포괄손익-공정가치측정금융자산	500,000(Ⅰ-2)		현금	500,000(Ⅱ-2)
⑤	(차)	현금	75,000(Ⅱ-1)	(대)	감가상각누계액(비품)	70,000(Ⅰ-2)
		비품	180,000(Ⅰ-2)		현금	110,000(Ⅱ-2)
		유형자산처분손실	35,000(Ⅰ)		감가상각누계액(비품)	55,000(Ⅰ-2)
		비품	110,000(Ⅰ-2)			
		비품감가상각비	55,000(Ⅰ)			
⑥	(차)	현금	231,000(Ⅲ-1)	(대)	단기차입금	231,000(Ⅰ-2)
		단기차입금	148,000(Ⅰ-2)		현금	148,000(Ⅲ-2)
		현금	330,000(Ⅲ-1)		장기차입금	330,000(Ⅰ-2)
		장기차입금	250,000(Ⅰ-2)		현금	250,000(Ⅲ-2)
⑦	(차)	사채	600,000(Ⅰ-2)	(대)	사채할인발행차금	120,000(Ⅰ-2)
					현금	450,000(Ⅲ-2)
					사채상환이익	30,000(Ⅰ)
	(차)	현 금	900,000(Ⅲ-1)	(대)	사채	1,000,000(Ⅰ-2)
		사채할인발행차금	100,000(Ⅰ-2)			
	(차)	이자비용	30,000(Ⅰ)	(대)	사채할인발행차금	30,000(Ⅰ-2)
⑧	(차)	현금	230,000(Ⅲ-1)	(대)	자기주식	200,000(Ⅰ-2)
					자본잉여금	30,000(Ⅰ-2)
	(차)	자기주식	180,000(Ⅲ-1)	(대)	현금	180,000(Ⅲ-2)
⑨	(차)	당기순이익	125,000(Ⅰ-2)	(대)	이익잉여금	125,000(Ⅰ-2)
		이익잉여금	525,000*(a-2)		이익잉여금	325,000(Ⅰ-2)
					현금	200,000(Ⅲ-2)

* 400,000＋125,000

번호	구분	계정과목	금액	구분	계정과목	금액
⑩	(차)	매출채권	60,000(Ⅰ)	(대)	매출	60,000(Ⅰ-2)
		대손상각비	25,000(Ⅰ)		대손충당금	25,000(Ⅰ-2)
또는	(차)	매출채권	35,000(Ⅰ)	(대)	매출	35,000(Ⅰ-2)
⑪	(차)	매출원가	50,000(Ⅰ-2)	(대)	상품	50,000(Ⅰ)

* 재고자산의 감소

⑫	(차)	건물	150,000(Ⅰ-2)	(대)	현금	150,000(Ⅱ-2)
		감가상각비	70,000(Ⅰ)		감가상각누계액(건물)	70,000(Ⅰ-2)
⑬	(차)	광업권상각비	50,000(Ⅰ)	(대)	광업권	50,000(Ⅰ-2)
⑭	(차)	무형자산상각비	90,000(Ⅰ)	(대)	개발비	90,000
		개발비	200,000(Ⅰ-2)		현금	200,000(Ⅱ-2)
⑮	(차)	현금	30,000(Ⅲ-1)	(대)	단기차입금	30,000(Ⅰ-2)
⑯	(차)	매입	33,000(Ⅰ-2)	(대)	매입채무	33,000(Ⅰ)

* 매입채무의 증가

⑰	(차)	현금	180,000(Ⅲ-1)	(대)	자본금	100,000(Ⅰ-2)
					자본잉여금	80,000(Ⅰ-2)

* 자본계정 분석결과 유상증자로 판단

(2) 현금흐름표 요약

Ⅰ. 영업활동으로 인한 현금흐름	303,000
Ⅱ. 투자활동으로 인한 현금흐름	(555,000)
Ⅲ. 재무활동으로 인한 현금흐름	673,000
Ⅳ. 현금의 증가	421,000

17-7

(1) 현금흐름표작성을 위한 분개

①	(차)	매출채권(Ⅰ)	50,000	(대)	매출	50,000

* 매출채권의 증가

②	(차)	매입	29,000	(대)	매입채무(Ⅰ)	29,000

* 매입채무의 증가

③	(차)	재고자산(Ⅰ)	3,500	(대)	현금	3,500

* 재고자산의 증가

④	(차)	현금	51,000	(대)	매출채권(Ⅰ)	51,000

* 매출채권의 감소(회수)

⑤	(차)	매입채무(Ⅰ)	31,000	(대)	현금	31,000

* 매입채무의 감소

⑥ 분개없음. 이미 당기순이익에 반영되었음.

⑦	(차)	토지(Ⅱ-2)	14,000	(대)	현금	14,000
⑧	(차)	현금	5,000	(대)	사채(Ⅲ-1)	5,000
⑨	(차)	배당금(Ⅲ-2)	12,500	(대)	현금	12,500
⑩	(차)	단기차입금(Ⅲ-2)	3,000	(대)	현금	3,000

⑪ (차) 현금 19,000 (대) 장기투자자산(Ⅱ-1) 19,000

⑫ (차) 사채 12,500 (대) 자본금 12,500

* 현금의 유입과 유출이 없는 거래로서 주석으로 기재

⑬ (차) 감가상각비(Ⅰ) 1,000 (대) 건물 1,000

⑭ (차) 건물 50,000 (대) 담보부사채 50,000

* 현금의 유입과 유출이 없는 거래로서 주석으로 기재.

(2) 현금흐름표 요약

Ⅰ. 영업활동으로 인한 현금흐름	13,000
Ⅱ. 투자활동으로 인한 현금흐름	5,000
Ⅲ. 재무활동으로 인한 현금흐름	(10,500)
Ⅳ. 현금의 증가	7,500

≪제18장≫

18-11 (1) 127% (2) 23.7% (3) 1.8% (4) 12.7% (5) 1.66회 (6) 10.4%

Ⅱ. 재무제표 양식

다음은 K-IFRS에 따라 작성된 재무제표 및 주석으로 기재하는 양식의 예시이다.

재무제표 표시의 예시

XYZ 그룹 - 20X7년 12월 31일 현재의 연결재무상태표

(단위: 천원)

	20X7년 12월 31일	20X6년 12월 31일
자산		
비유동자산		
유형자산	350,700	360,020
영업권	80,800	91,200
기타무형자산	227,470	227,470
관계기업투자	100,150	110,770
기타포괄손익-공정가치측정금융자산	142,500	156,000
	901,620	945,460
유동자산		
재고자산	135,230	132,500
매출채권	91,600	110,800
기타유동자산	25,650	12,540
현금및현금성자산	312,400	322,900
	564,880	578,740
자산총계	1,466,500	1,524,200
자본 및 부채		
지배기업의 소유주에게 귀속되는 자본		
납입자본	650,000	600,000
이익잉여금	243,500	161,700
기타자본구성요소	10,200	21,200
	903,700	782,900
비지배지분	70,050	48,600
자본총계	973,750	831,500
비유동부채		
장기차입금	120,000	160,000
이연법인세	28,800	26,040
장기충당부채	28,850	52,240
비유동부채합계	177,650	238,280

유동부채		
매입채무와 기타미지급금	115,100	187,620
단기차입금	150,000	200,000
유동성장기부채	10,000	20,000
당기법인세부채	35,000	42,000
단기충당부채	5,000	4,800
유동부채합계	315,100	454,420
부채총계	492,750	692,700
자본 및 부채 총계	1,466,500	1,524,200

XYZ 그룹 – 20X7년 12월 31로 종료하는 회계연도의 연결포괄손익계산서

(포괄손익을 단일의 보고서에 표시하고 당기손익 내 비용을 기능별로 분류하는 예시)

(단위: 천원)

	20X7년	20X6년
수익	390,000	355,000
매출원가	(245,000)	(230,000)
매출총이익	145,000	125,000
기타수익	20,667	11,300
물류원가	(9,000)	(8,700)
관리비	(20,000)	(21,000)
기타비용	(2,100)	(1,200)
금융원가	(8,000)	(7,500)
관계기업의 이익에 대한 지분(1)	35,100	30,100
법인세비용차감전순이익	161,667	128,000
법인세비용	(40,417)	(32,000)
계속영업이익	121,250	96,000
중단영업손실	–	(30,500)
당기순이익	121,250	65,500
기타포괄손익:		
해외사업장환산외환차이(2)	5,334	10,667
기타포괄손익-공정가치측정금융자산(2)	(24,000)	26,667
현금흐름위험회피(2)	667	4,000
자산재평가차익	933	3,367
확정급여제도의 보험수리적손익	(667)	1,333
관계기업의 기타포괄손익에 대한 지분(3)	400	(700)
기타포괄손익의 구성요소와 관련된 법인세(4)	4,667	(9,334)
법인세비용차감후기타포괄손익	(14,000)	28,000
총포괄이익	107,250	93,500

당기순이익의 귀속:		
지배기업의 소유주	97,000	52,400
비지배지분	24,250	13,100
	121,250	65,500
총포괄이익의 귀속:		
지배기업의 소유주	85,800	74,800
비지배지분	21,450	18,700
	107,250	93,500
주당이익 (단위: 원):		
기본 및 희석	0.46	0.30

대체적인 방법으로, 기타포괄손익의 구성요소는 포괄손익계산서에 세후금액으로 표시될 수 있다.

법인세비용차감후기타포괄손익:	20X7년	20X6년
해외사업장환산외환차이	4,000	8,000
기타포괄손익-공정가치측정금융자산	(18,000)	20,000
현금흐름위험회피	(500)	(3,000)
자산재평가차익	600	2,700
확정급여제도의 보험수리적손익	(500)	1,000
관계기업의 기타포괄손익에 대한 지분	400	(700)
법인세비용차감후기타포괄손익(4)	(14,000)	28,000

(1) 관계기업의 소유주에게 귀속되는 관계기업 이익에 대한 지분을 의미한다(즉, 관계기업에 대한 세후의 비지배지분이다).

(2) 당기의 차손익과 재분류조정에 대한 공시를 주석에 표시하는 누적표시를 예시한다. 대체적인 방법으로 총계표시가 사용될 수 있다.

(3) 관계기업의 소유주에게 귀속되는 관계기업 기타포괄손익에 대한 지분을 의미한다(즉, 관계기업에 대한 세후의 비지배지분이다.).

(4) 기타포괄손익의 각 구성요소와 관련된 법인세는 주석에 공시한다.

XYZ 그룹 – 20X7년 12월 31일로 종료하는 회계연도의 연결손익계산서

(포괄손익을 두 개의 보고서에 표시하고 당기손익 내 비용을 성격별로 분류하는 예시)

(단위: 천원)

	20X7년	20X6년
수익	390,000	355,000
기타수익	20,667	11,300
제품과 재공품의 변동	(115,100)	(107,900)
기업이 수행한 용역으로서 자본화되어 있는 부분	16,000	15,000
원재료와 소모품의 사용액	(96,000)	(92,000)
종업원급여비용	(45,000)	(43,000)
감가상각비와 기타 상각비	(19,000)	(17,000)
유형자산손상차손	(4,000)	-
기타비용	(6,000)	(5,500)
금융원가	(15,000)	(18,000)
관계기업의 이익에 대한 지분(5)	35,100	30,100
법인세비용차감전순이익	161,667	128,000
법인세비용	(40,417)	(32,000)
계속영업이익	121,250	96,000
중단영업손실	-	(30,500)
당기순이익	121,250	65,500
당기순이익의 귀속:		
지배기업의 소유주	97,000	52,400
비지배지분	24,250	13,100
	121,250	65,500
주당이익 (단위: 원):		
기본 및 희석	0.46	0.30

(5) 관계기업의 소유주에게 귀속되는 관계기업 이익에 대한 지분을 의미한다(즉, 관계기업에 대한 세후의 비지배지분이다).

XYZ 그룹 - 20X7년 12월 31일로 종료하는 회계연도의 연결포괄손익계산서

(포괄손익을 두 개의 보고서에 표시하고 당기손익 내 비용을 성격별로 분류하는 예시)

(단위: 천원)

	20X7년	20X6년
당기순이익	121,250	65,500
기타포괄손익:		
해외사업장환산외환차이	5,334	10,667
기타포괄손익-공정가치측정융자산	(24,000)	26,667
현금흐름위험회피	(667)	(4,000)
자산재평가이익	933	3,367
확정급여제도의 보험수리적 손익	(667)	1,333
관계기업의 기타포괄손익에 대한 지분(6)	400	(700)
기타포괄손익 구성요소와 관련된 법인세(7)	4,667	(9,334)
법인세비용차감후기타포괄손익	(14,000)	28,000
총포괄이익	107,250	93,500
총포괄이익의 귀속:		
지배기업의 소유주	85,800	74,800
비지배지분	21,450	18,700
	107,250	93,500

XYZ 그룹 - 20X7년 12월 31로 종료하는 회계연도의 연결자본변동표

(단위: 천원)

	납입자본	이익잉여금	해외사업 장환산	매도가능금 융자산	현금흐름 위험회피	재평가 잉여금	총계	비지배 지분	총자본
20X6년 1월 1일 현재 잔액	600,000	118,100	(4,000)	1,600	2,000	-	717,700	29,800	747,500
회계정책의 변경	-	400	-	-	-	-	400	100	500
재작성된 금액	600,000	118,500	(4,000)	1,600	2,000	-	718,100	29,900	748,000
20X6년 자본의 변동									
배당	-	(10,000)	-	-	-	-	(10,000)	-	(10,000)
총포괄손익(11)	-	53,200	6,400	16,000	(2,400)	1,600	74,800	18,700	93,500
20X6년 12월 31일 현재 잔액	600,000	161,700	2,400	17,600	(400)	1,600	782,900	48,600	831,500
20X7년 자본의 변동									
유상증자	50,000	-	-	-	-	-	50,000	-	50,000
배당	-	(15,000)	-	-	-	-	(15,000)	-	(15,000)
총포괄손익(12)	-	96,600	3,200	(14,400)	(400)	800	85,800	21,450	107,250
이익잉여금으로 대체	-	200	-	-	-	(200)	-	-	-
20X7년 12월 31일 현재 잔액	650,000	243,500	5,600	3,200	(800)	2,200	903,700	70,050	973,750

XYZ 그룹 – 20X7년 12월 31로 종료하는 회계연도의 연결자본변동표

(단위: 천원)

	납입자본	이익잉여금	해외사업장환산	기타포괄손익공정가치측정금융자산	현금흐름위험회피	재평가잉여금	총계	비지배지분	총자본
20X6년 1월 1일 현재 잔액	600,000	118,100	(4,000)	1,600	2,000	–	717,700	29,800	747,500
회계정책의 변경	–	400	–	–	–	–	400	100	500
재작성된 금액	600,000	118,500	(4,000)	1,600	2,000	–	718,100	29,900	748,000
20X6년 자본의 변동									
배당	–	(10,000)	–	–	–	–	(10,000)	–	(10,000)
총포괄손익(11)	–	53,200	6,400	16,000	(2,400)	1,600	74,800	18,700	93,500
20X6년 12월 31일 현재 잔액	600,000	161,700	2,400	17,600	(400)	1,600	782,900	48,600	831,500
20X7년 자본의 변동									
유상증자	50,000	–	–	–	–	–	50,000	–	50,000
배당	–	(15,000)	–	–	–	–	(15,000)	–	(15,000)
총포괄손익(12)	–	96,600	3,200	(14,400)	(400)	800	85,800	21,450	107,250
이익잉여금으로 대체	–	200	–	–	–	(200)	–	–	–
20X7년 12월 31일 현재 잔액	650,000	243,500	5,600	3,200	(800)	2,200	903,700	70,050	973,750

찾아보기

(ㅊ)

■ 공저자 약력 ■

□ **김종호** 서울대학교 공과대학 졸업
미국 University of Missouri-Columbia(회계학 박사)
경원대학교 경영회계학부 초빙교수
현) 미국 California State University 교수
[논문] "Information Content of Earnings Forecast" 외 다수

□ **홍정화** 동국대학교 대학원 경영학박사(회계학전공)
미국 California State University 객원교수
미국 University of Washington 객원교수
전) (사)한국회계정보학회 회장
전) (사)한국상업교육학회 회장
전) (사)한국회계정보학회 고문
전) (사)한국상업교육학회 고문
현) 가천대학교 경영대학 명예교수
[저서] 원가회계(공저, 박영사, 1995)
객관식 회계학요론(공저, 법문사, 1998)
현대인의 회계상식(공저, 도서출판 두남, 1999)
기업회계기준해설(공저, 무역경영사, 1999)
현대회계이론(공저, 신론사, 2003)
중급재무회계(공저, 신론사, 2003)
기업과 회계(공저, 도서출판 두남, 2008)
현대원가회계(공저, 신론사, 2012)
회계사상 및 제도사(공저, 도서출판 두남, 2013)

□ **김원배** 미국 Pennsylvania, University of Scranton, MBA
미국 New Jersey 공과대학, 컴퓨터공학 석사과정 수료
미국 New York University, MIS 박사과정 수료
단국대학교 대학원 경영학박사(회계학전공)
현) (사)한국상업교육학회 부회장
현) 가천대학교 경영대학 교수
[저서] 관리회계(번역 공저, 이앤비플러스, 2015)
회계정보시스템(번역 공저, 이앤비플러스, 2014)

□ **김태석** 건국대학교 대학원 경영학박사(회계학전공)
경희대학교 대학원 경영학박사(재무관리전공)
전) (사)글로벌경영학회 회장
현) (사)한국상업교육학회 회장
현) 백석대학교 경상학부 교수

□ 차 진 화　가천대학교 대학원 경영학박사(회계학전공)
현) 가천대학교 경영대학 겸임교수
현) (사)한국상업교육학회 부회장
현) 한국세무사회 조세연구소 연구위원 및 편집위원
[저서] 취업을 대비한 컴퓨터활용(공저, 신론사, 2006)
전산회계1급 실무(공저, 도서출판 현, 2007)
전산세무2급 실무(공저, 도서출판 현, 2007)
전산회계실무(공저, 도서출판 현, 2008)
전산세무회계(공저, 도서출판 현, 2008)
실무활용을 위한 엑셀2007(공저, 도서출판 현, 2008)
전산회계1급(공저, 도서출판 현, 2010)
현대원가회계(공저, 신론사, 2012)

회계원리 입문 - 제11판

초 판 1쇄 발행 —— 1997년 8월 10일
개 정 1쇄 발행 —— 1999년 3월 10일
제 3판 1쇄 발행 —— 2000년 2월 25일
제 4판 1쇄 발행 —— 2001년 2월 25일
제 5판 1쇄 발행 —— 2002년 2월 10일
제 6판 1쇄 발행 —— 2003년 2월 10일
제 7판 1쇄 발행 —— 2004년 2월 15일
제 8판 1쇄 발행 —— 2006년 8월 20일
제 8판 2쇄 발행 —— 2007년 7월 23일
제 9판 1쇄 발행 —— 2010년 2월 15일
제 9판 2쇄 발행 —— 2011년 2월 10일
제10판 1쇄 발행 —— 2012년 2월 25일
제10판 2쇄 발행 —— 2013년 1월 30일
제10판 3쇄 발행 —— 2014년 1월 25일
제10판 4쇄 발행 —— 2016년 2월 5일
제10판 5쇄 발행 —— 2019년 2월 20일
제11판 1쇄 발행 —— 2020년 8월 30일
제11판 2쇄 발행 —— 2021년 2월 25일
지은이 —— 김종호 · 홍정화 · 김원배 · 김태석 · 차진화
펴낸이 —— 전두표
펴낸곳 —— 도서출판 두남
서울시 강동구 성내로6길 34-16 두남빌딩
신고 : 제25100-1988-9호
TEL : (02) 478-2065~7, 478-2311
FAX : (02) 478-2068
E-mail : dunam1@unitel.co.kr
http://www.dunam.co.kr

정가 30,000원

ISBN 978-89-6414-890-7　93320